应急科技创新
在社会治理中的应用及发展

张鼎华 著

华南理工大学出版社
SOUTH CHINA UNIVERSITY OF TECHNOLOGY PRESS
·广州·

图书在版编目（CIP）数据

应急科技创新在社会治理中的应用及发展/张鼎华著. —广州：华南理工大学出版社，2020.8
ISBN 978-7-5623-6305-7

Ⅰ.①应… Ⅱ.①张… Ⅲ.①技术革新-应用-突发事件-公共管理-研究-中国 Ⅳ.①D63

中国版本图书馆CIP数据核字（2020）第080038号

应急科技创新在社会治理中的应用及发展
张鼎华 著

出 版 人：卢家明
出版发行：华南理工大学出版社
（广州五山华南理工大学17号楼，邮编510640）
http://www.scutpress.com.cn E-mail: scutc13@scut.edu.cn
营销部电话：020-87113487 87111048（传真）
责任编辑：林起提
印 刷 者：广州市新怡印务股份有限公司
开　　本：787mm×1092mm　1/16　印张：19.5　字数：496千
版　　次：2020年8月第1版　2020年8月第1次印刷
定　　价：78.00元

版权所有　盗版必究　印装差错　负责调换

编委会

编委会主任：张鼎华

编委会副主任：叶由根

编　　　委：戴奋强　古晓杰　黄　滔　姜　莹
　　　　　　刘　成　李嘉莉　李嘉冠　李卫俊
　　　　　　李　丞　仇少贤　沈鑫皓　谭　诺
　　　　　　徐丹萍　姚祖发　宁超乔

前 言

在社会经济快速发展和现代化进程全面推进的过程中,人口、资源、环境矛盾日益突出,城市生态脆弱,突发事件频发。当今的社会治理面临着环境恶化、自然灾害频发、事故灾害监管任务繁重、公共卫生与食品安全问题和社会公共安全形势严峻等威胁;同时它们会产生连锁反应,形成多灾种耦合。典型的如南方雨雪冰冻灾害引发的交通堵塞、供电中断等多种灾害并发,管理复杂,后果严重。如何及时预见风险,及早预防,主动保障,使各级突发事件对社会治理和城市运行造成的影响最小化,有效遏制各种"城市病",确保城市不间断运行,是政府和相关城市治理部门亟需解决的问题。因此,城市的公共安全是社会治理和城市发展的基础和必要条件,是创新社会治理模式、维护社会稳定的基石。面对众多的突发事件,如何加强城市运行管理、提高防灾减灾能力和社会安全防控水平,科技创新是解决问题的最有效途径之一。

国家"十三五"科技规划公共安全重点专项,确定了七个方面重点任务,涉及社会安全、生产安全、重大基础设施、城镇、应急装备、前沿科学等。城镇公共安全是国家对于公共安全保障当中非常重视的一部分。

沿海城市聚集了更多的人口与财富,同时受环境影响往往较内陆城市更大,台风、洪涝、雪灾(冰灾)、地震时有发生,城市生命线系统在自然灾害的冲击下不可避免地会遭到破坏,一个环节的崩溃往往会引发连锁反应,最终导致整个城市生命线系统的瘫痪。城市生命线系统通常包含供电、通信、交通、供水和供气等工程系统及其以服务社会为主的网络,这些子系统是城市基础设施的重要结构,高度现代化的城市也极度依赖城市生命线系统。

与此同时,在系统连锁崩溃的紧急情况下,社会群体心理与行为变化过程各要素间的交互效应、中介效应、调节效应、循环效应,演化出其自组织现象和复杂性规律,群体心理行为变化形成过程中内因与外因诸要素的相互作用和联系,导致人们在受灾时容易缺乏理智思考而产生冲动或偏激的行为,往往会使灾害雪上加霜,进一步加剧连锁反应对于城市生命线系统的影响。

另外,部分灾害的相互耦合,往往会产生更大规模的复杂自然灾害事件。这一事件的复杂性和时效性致使决策者需要在短时间内对灾害情景和灾情发展阶段等加以分析和判断。灾害情景随着时间发展演变的特性给决策制定带来挑战，在不借助专业知识、经验、历史信息等外部数据进行决策支持的情况下，决策者难以制定出较优的解决方案。大规模复杂自然灾害事件难以在实验室中模拟和重现，更加难以对风险进行评估和评价，因此，借鉴历史应急处置过程中的相关资料和经验成为制定有效决策方案的重要手段之一。

范维澄院士从城市公共安全的角度，提出由突发事件、承灾载体和应急管理三个主体构成的公共安全"三角形"理论模型。结合该理论模型分析可以看出，台风释放出能量的灾害要素导致沿海城市暴雨、洪涝耦合的自然灾害事件，随着自然灾害事件情景的不断深入演化，释放出的能量和物质灾害要素将导致城市基础设施，即由电网、电信网、交通网和供水网等组成的城市生命线系统产生连锁崩溃；基础设施连锁崩溃释放出的物质、能量、信息三种灾害要素的耦合导致城市公共卫生和食品突发事件，对城市居民个体心理产生影响，伴随着灾害的持续，居民个体间行为的互相影响此时如不加以有效引导和控制，及时消除灾害要素，最终将导致群体行为效应的产生。群体行为控制得当与否直接影响着城市生命线系统的修复与应急管理。

由此可见，自然灾害、基础设施、公共卫生以及食品和群体行为构成了一个复杂的灾害情景系统，这里涉及三个问题：复杂自然灾害情景构建与推演、强风雨导致的城市基础设施连锁崩溃分析建模、基于上述两点复杂灾害背景下的个体心理－个体间影响－群体行为演化的分析建模，而且以上三大类问题是互相影响、耦合演化的，需要应用现代理论和科学技术，构建现代应急科技体系对其加以分析研究和控制。

本书借助灾害系统论、公共安全"三角形"理论模型等应急科技理论，将自然灾害、城市电力、电信等城市生命线系统，食品安全和群体性社会安全突发事件，串成一个复杂系统，对其建模分析，在此基础上结合区块链、人工智能等现代先进科技手段给出应对策略和工程解决方案，并介绍第二代国家应急平台、社会治理大数据平台等当今公共安全和应急管理领域的最新研究成果。同时在本书的最后，从应急产业扶持政策体系等7个维度分析了我国以及广东省的城市应急产业科技创新体系；并详细分析自然灾害应急、电力和群体性事件三个主体的相关政策，总结了应急管理的法律法规、政策和行政管理制度的创新决策分析，给出了制定广东省应急科技产业技术路线图的基本流程和思路以供参考。

因此，本书以系统风险的环境特征和发生机理的视角研究应急科技创新与现代城市社会治理结合及应用发展的问题，具有一定的现实和理论意义。

编者

2020年5月1日

目 录

1 城市公共安全风险阐述 ·· 1
  1.1 城市公共安全综述 ·· 1
  1.2 城市公共安全风险阐述 ·· 1

2 城市公共安全相关理论及技术 ·· 7
  2.1 公共安全"三角形"理论模型"4+1"方法学 ··· 7
  2.2 多维情景空间方法 ··· 10
  2.3 深度学习 ··· 13
  2.4 强化学习 ··· 15
  2.5 区块链技术 ·· 16
  2.6 本章小结 ··· 19

3 城市电力系统公共安全风险评估 ··· 20
  3.1 城市电力公共安全阐释及因子分析 ·· 20
  3.2 城市电力系统公共安全风险评估体系构建 ·· 28
  3.3 案例分析——惠州市电力系统公共安全风险评估体系 ························· 40
  3.4 本章小结 ··· 44

4 灾害情景下城市电信系统的协同应急管理及风险评估 ···································· 46
  4.1 电信系统灾害事件应急管理现状及存在问题 ······································· 46
  4.2 灾害情景下电信系统协同应急管理的"三角形"建模及其风险评估 ······ 53
  4.3 电信系统的协同应急管理体系的完善 ·· 63
  4.4 本章小结 ··· 67

5 城市食品安全突发事件应急管理研究 ·· 68
  5.1 广州市食源性畜禽产品质量安全突发事件应急管理研究 ····················· 68
  5.2 基于区块链的广东省肉类蔬菜溯源体系建设 ······································· 96
  5.3 广东省食品安全突发事件应急处置体系 ·· 101
  5.4 本章小结 ··· 116

6 基于情景链视角的社会安全事件应急对策研究 ·· 117
  6.1 基于情景链视角的群体性暴乱事件分析模型构建 ······························ 117
  6.2 案例分析——运用扎根理论法 ·· 124
  6.3 基于人工智能的群体性事件的预测与演化 ·· 146

6.4 本章小结 ··· 152

7 沿海城市生命线系统风险分析与安全规划 ··· 153
  7.1 广东省沿海城市生命线系统风险环境特点分析 ···································· 154
  7.2 广东省沿海城市生命线系统风险发生机制分析 ···································· 157
  7.3 广东省沿海城市生命线系统安全规划现状和问题 ·································· 166
  7.4 完善广东沿海城市生命线系统安全规划 ·· 181
  7.5 本章小结 ··· 191

8 案例分析——广东省茂名市典型自然灾害场景集构建及应对方案 ··················· 193
  8.1 茂名市区域环境风险分析 ··· 193
  8.2 茂名市电力系统风险发生机制分析 ··· 195
  8.3 茂名电网"情景-次级情景"分析 ··· 216
  8.4 基于情景的应急管理分析 ··· 228
  8.5 本章小结 ··· 231

9 前沿成果介绍 ·· 232
  9.1 基于"情景-应对"的第二代国家应急平台研究项目 ····························· 232
  9.2 社会治理大数据平台 ·· 236
  9.3 基于大数据平台的现代治安防控体系 ··· 239
  9.4 城市安全空间构建理论和城市生命线安全运行监测系统 ························· 245
  9.5 本章小结 ··· 253

10 构建城市应急产业科技创新体系 ··· 254
  10.1 应急管理的相关法律法规、政策和行政管理制度 ································ 254
  10.2 城市应急产业科技创新体系 ·· 263
  10.3 应急科技产业技术路线图 ··· 281

附录 ·· 286
参考文献 ··· 297

1 城市公共安全风险阐述

1.1 城市公共安全综述

1.1.1 城市公共安全概念

城市公共安全是指城市中的安全问题，是城市问题与安全问题的耦合。由于城市和安全问题的复杂性、交互性，城市公共安全成为复杂系统问题，具有脆弱性、社会敏感性和影响广泛性。城市公共安全的内涵分为广义和狭义两个方面，广义上的城市公共安全是指非特定的大部分城市成员的财产、健康以及社会生产生活的安全，即城市中的社会成员自身和环境所有方面的安全。狭义上的城市公共安全是指整个城市的治安安全。

本文所指的"城市公共安全"实际是指广义上的城市公共安全，本文重点研究维持城市正常运转，与生产生活密切相关的城市公共安全问题，诸如维持生命线运行、保障高危生产用户、突发事件应对等。

1.1.2 城市公共安全结构

1. 自然安全

自然灾害是传统意义上的影响城市公共安全的重要因素，突发事件如地震、洪水等灾害将导致整个城市的公共安全遭受致命的打击。保障城市公共安全必须具有一定的抵御自然灾害的能力，能够妥善处置突发性的自然灾害事件，才能保障城市生产生活秩序安定有序。

2. 经济安全

经济是整个社会中政治和文化的基础，城镇的形成前提是具有有序的经济秩序与稳定的经济环境。

3. 社会安全

社会安全主要包括：公共突发事件，对公共突发事件的妥善处置是保障社会公共安全的必要条件；生产安全，包括劳动生产中的人身、设备和环境安全、道路交通安全等；城市生命线的安全，指城市的公共基础设施功能安全，这是保证城市安全生活的基础条件。

1.2 城市公共安全风险阐述

1.2.1 城市电力系统公共安全风险

安全是人类在生产过程中，将系统的运行状态对人类的生命、财产、环境可能产生的损害控制在人类能接受水平以下的状态。安全是免除了不可接受的损害风险的状态。安全的保障是人民正常生产生活的必要条件,也是维持社会正常运转的基本要求。人的安全需求包括满足生存条件,保障生命安全,维护财产隐私和处理突发事件等。而对于整个城市而言,安全既包括保障所有社会成员个体安全,也包括城市功能机构的安全和稳定,因而具有更为广泛的安全需求。电力系统作为城市重要的基础生命线,是社会发展的重要基础,也是维持城市正常运转的根本。如果重要区域供电中断或者发生大面积停电事故,可能会导致其他生命线系统功能缺失等一系列连锁反应,最终将在经济上造成巨大的损失、政治上造成恶劣的影响,进而危及社会公共安全,整个社会都可能会陷入瘫痪状态。

本章首先阐述城市公共安全的概念,并定义城市电力系统公共安全内涵,辨识城市电力系统可能导致的公共安全风险。

电力系统是由发电厂、送变电线路、供配电所和用电等环节组成的电能生产与消费系统。它的功能是将自然界的一次能源通过发电动力装置转化成电能,再经输电、变电和配电将电能供应到各用户。城市电力系统主要指的是在城市区域内电力网络与电力用户组成的系统,它作为城市生命线系统的组成部分,为城市用户提供电力基础服务。本书中,城市电力系统公共安全风险主要指,因灾害要素引起的电力系统设备故障或者供电可靠性降低,从而引发电力供应中断,若应急准备不足,将造成用户经济损失和社会秩序混乱的严重后果。

近年来,国内外发生多起电力安全事故事件,造成严重后果和较大社会影响,引起了国内外广泛关注。城市电力系统所面临的公共安全风险主要有以下几个方面。

1. 电力供应中断的风险

(1) 自然灾害导致的大面积停电风险。2016 年因自然灾害导致严重故障的事件多次发生,其中 14 号台风"莫兰蒂"对某地区电网造成严重损失,6 座 220 kV 变电站以及多座 110 kV 变电站全停。由于电网输送通道长时间、全天候极限运行,系统抵御自然灾害的能力减弱。台风、山火、凝冻等自然灾害若超过设防标准,可能会造成多个设备同时跳闸、地区电网全停或者重要枢纽变电站全停,从而可能导致大面积停电。

(2) 设备运行安全风险。设备制造质量不良,"入口关"把关不严,导致设备投运后发生故障,影响电网安全可靠运行。增量设备资产质量存在问题,投运数年内设备故障、缺陷高发,存量设备品类多、型号多导致物流运维成本激增,"批次性"缺陷时有发生,如高压电缆附件制造质量不良、GIS 设备制造不良、支撑绝缘子存在气孔裂纹等,设备质量问题可能存在直接导致设备损坏和负荷损失的安全风险。架空输电线路、变电站、配电台区长期暴露在自然环境中,存在风险点多面广、防控难度大等特点,线路、电缆保护区内的大面积高秆作物、违章建筑、违章跨越施工、盗窃破坏、山火等外力破坏事件呈上升趋势,严重威胁输电线路安全稳定运行。

2. 危害公共安全的事故风险

(1) 输配电线路交叉跨越公共区域风险。输配电线路跨越交通要道、临近加油站及城中村等电网设施发生断、掉线故障,将可能影响交通安全及加油站、城中村消防安全。跨越铁路、高速公路及通航河流输配电线路发生断、掉线等故障,将可能影响铁路、高速公路及通航河流的交通安全。

(2) 重要区域停电造成不良社会影响的风险。城市电力系统承担的保供电用户和区域呈逐年增长趋势，一旦发生重要保供电场所停电事件，极有可能造成重大不良影响。如铁路干线、高铁及地铁牵引站失电可能导致列车停运，引发社会混乱，煤炭、石油、化工等厂矿企业长时间停电、电压暂降可能导致人身伤亡、设备损害、污染物泄漏。应急处置不当，还将面临法律风险。

3. 应急措施未落实风险

（1）停电事故应急处理不当存在扩大社会影响的风险。特殊社会条件或在极端情况下，局部停电若应急处理不当，存在引发不良社会影响的风险，主要有以下几种情况：停电事故引发社会不稳定事件或群体性事件的风险；新闻舆论引导不及时不到位，导致新闻报道不客观，影响企业形象和行业形象的风险；与地方政府及重要客户的信息交换、应急处置联动协调不到位，客户供电服务水平不高，造成次生事故事件，引发不良社会影响的风险。

（2）人员触电的公共安全风险。城市域电力设备设施社会人员触电伤害事故事件时有发生，影响范围较广，且主要集中在配电网系统，对社会造成不良影响。2016年发生了两起社会人员触电事件，引起了社会媒体高度关注，对社会造成不良影响。

1.2.2　城市电信系统公共安全风险

相比西方发达国家，我国应急通信管理起步较晚，以时间划分总体分为三个阶段。第一阶段为1998年以前的邮电时期，实行政企合一的管理体制，当时我国通信基础相对薄弱。由于通信网能力不强及公共灾害事故频发，借助全程全网的垄断优势，原国家邮电部初步建立了统一的应急通信保障体系并在1998年抗洪抢险中发挥了重要作用。第二阶段为1998年至2003年时期，自1998年起我国电信业开始重组，政企分开，应急通信发展进入振荡期。在这一时期通信网络迅速发展，但应急通信因企业各自为政，发展受到影响。第三阶段是2003年非典爆发以后，国家对突发事件的应急管理逐步重视。各行业各部门应急预案开始制订并完善，自此应急通信保障体系逐步完善。2004年我国原信息产业部起草并制定了《国家通信保障应急预案》，2005年颁布了《信息产业部互联网安全应急预案》。这两部预案的颁布形成我国应对突发性灾害事件应急通信保障和通信故障恢复的行动总纲，具有重大指导意义。总体上，我国应急管理实行"横向到边，纵向到底，重在基层"的预案体系，在这一原则基础上，国家应急通信保障管理形成了国家级（信息产业部）、省（区、市）通信管理局、电信运营企业这三层级组成的通信保障应急预案体系，近年来应急通信体系建设便是基于此体系进行完善、细化和优化的。

现代通信网络高速发展，结构复杂，其运行风险体现在以下三个方面：一是自然风险，广东省主要气候为热带和亚热带季风气候，自然灾害多为强雷、暴雨、洪涝和台风等；二是人为风险，人为破坏电信通信光缆、电缆和通信设备导致的通信事故时有发生；三是运行环境风险，由于通信设备长时间不间断运行，对运行环境及设备质量有较高要求，尤其依赖于电力的稳定输送。

1.2.3 城市食品安全风险

1.2.3.1 食源性畜禽产品风险

俗话说："民以食为天，食以安为先。"植物性食品和动物性食品构成了人类生存的两大基本要素。随着人类社会的繁荣发展和全球经济水平的飞速提高，人类的生活水平得到了大幅度提升，人类对于赖以生存的物质要求也水涨船高，因此，食品生产和制造企业的规模逐年扩大，食品贸易逐步走向国际化。与此同时，层出不穷的食品安全问题也逐渐步入人类的视线，俨然成为现今全球人类都非常关注的问题。

食源性畜禽产品作为人类日常摄入的动物性食品中的重要组成部分，对人类的身体健康和生命安全发挥着举足轻重的作用。人类在日常生活和工作中如果直接接触到染病或者病死的畜禽动物及其产品，有可能会被感染而诱发人类的其他疾病；腐败的、携带有致病菌的、被有毒有害物质污染了的畜禽产品一旦作为食物被人类直接或煮熟后摄入体内，其蕴藏的病原体、致病菌以及蓄积的有毒有害物质就极有可能危及人体的健康，进而诱发传染性疾病或是发生食品中毒事件，严重者甚至会危及人的生命安全。食品安全事故的频频发生直接导致了公众对政府的监管效能失去信心，据有关民意调查显示，当今我国消费者大部分对食品安全现状感到忧心忡忡，很多人指出政府监管部门的执法人员不作为或敷衍了事，有关部门在食品安全事故发生后互相推诿责任、各环节的监管部门之间缺乏良好配合和及时沟通，相关信息不公开、不对称、不透明，目前法律对于食品安全事故的责任人和企业的惩戒力度不够，没有起到警示和震慑的作用。

早在1998年5月，我国香港媒体首次大幅报道了当地的群体性"瘦肉精"中毒事件，共有17名香港市民出现不同程度的中毒症状，他们都食用了来自内地的供港猪内脏，原因是不法养殖户在喂养过程中添加了名叫盐酸克伦特罗（属于β-受体激动剂的一种，常被俗称为"瘦肉精"）的物质；同一年，广东省高明市也出现了市民"瘦肉精"中毒的情况，前后共7人入院；次年，浙江嘉兴市爆发大规模的"瘦肉精"群体性中毒事件，先后共57名市民出现了不同程度的中毒症状，大众议论纷纷；2009年初，广州市爆发了更大规模的"瘦肉精"群体性中毒事件，多达70名市民入院治疗。2011年3月，"瘦肉精"猪肉流入双汇集团的济源分公司而被CCTV新闻频道曝光。2015年3月19日，深圳市市场稽查局在深圳嘉铭仓储有限公司查获走私的问题冻肉6117吨，货值约为3.45亿元人民币，该批冻肉被检测出含有违禁药物莱克多巴胺（"瘦肉精"），成批冻肉超过保质期而腐坏变质，部分冻肉甚至在2013年就过了保质期。

在畜禽生产环节，生产者为了追求更大的经济效益，较普遍使用一些性价比较高的抗菌药物，如：喹诺酮类、磺胺类、四环素类、喹乙醇等，甚至是使用禁用的呋喃唑酮类药物；也有在饲料中非法超量使用有机砷制剂等促生长添加剂的情况。以上现象说明生产者对法规、投入品使用规范、质量安全标准的认识和理解存在不足，也存在为了取得更大经济效益的主观因素。可以看出，目前城市食源性畜禽产品质量安全仍然存在不少隐患，绝不可掉以轻心。

按照《国务院关于进一步加强食品安全工作的决定》（国发〔2004〕23号）文件的

规定，市商业、农业、质监、卫生、工商、环保等行政管理部门按市人民政府的统一规划和部署在各自职权范围内依法履行职责，做好食品安全监督管理工作，其中农业行政管理部门所属的各级动物卫生监督机构具体承担动物及动物产品产地、屠宰、运输、流通环节的检疫监督工作，质检部门负责动物产品加工环节的监管，工商部门负责流通环节的监管，卫生部门负责餐饮业和食堂等消费环节的监管，动物及动物产品进出口的相关工作由质检部门所属的出入境检验检疫机构承担"。但是每个部门都有各自执行的法律法规体系，各机构、各体系之间在食品安全监管方面缺乏统一的协调规划，导致出现了争夺权利的时候一哄而上，出现问题的时候却争相躲避的尴尬局面。食源性畜禽产品从生产到餐桌分割为多个部门管理，多头执法的形式导致了在出现食源性畜禽产品质量安全事件后的责任追究环节，各部门互相抵赖甚至推卸责任。

1.2.3.2 肉菜流通风险

肉类、蔬菜是城乡居民重要的基本生活必需品。近年来，党中央、国务院高度重视，我国肉类蔬菜安全水平明显提高。但由于农产品产业化程度较低，缺乏完善的质量标准、质量控制体系，政府监管也缺乏手段。此外，贫困地区农产品行业从业人员素质普遍偏低，缺乏有效的质量安全控制手段和预警体系。肉类蔬菜生产和流通的组织化程度均较低，技术水平相对落后，索证索票、购销台账制度欠缺，管理难度大，质量安全隐患仍然较多。近年来，肉类蔬菜等食品安全事件时有发生，引起广大消费者的普遍担忧和社会各界广泛关注。

因此，运用信息技术实现索证索票、购销台账的电子化，建立肉类蔬菜流通追溯体系，做到流通节点信息互联互通，形成完整的流通信息链条和责任追溯链条，有利于提高流通主体的安全责任意识，强化防范措施，形成溯源追责机制，创造放心肉菜渠道品牌；有利于消费者查询和维权，改善消费预期，促进消费；有利于增强政府部门对问题食品的发现和处理能力，提高食品安全监管和公共服务水平；有利于促进现代流通体系的不断完善，提高市场运行调控水平；有利于促使生产者按照食品安全标准从事生产加工，从源头提升产品质量安全水平。

1.2.4 社会安全事件风险

随着我国社会经济的快速发展和人民生活水平的日益提高，以及城市化进程的全面推进，人们在分享到了经济社会发展成果的同时，随着当前中国社会和经济结构正经历着深刻的变革，由于利益分配等各种原因，社会各个阶层的矛盾也在激化，其直接表现形式就是触发以群体性事件为代表的社会安全事件，同时也成为我国社会风险的直接表现形式之一。

而且，无论是自然灾害引发的电力、电信等城市生命线系统灾害，还是食品安全等公共卫生事件，根据公共安全"三角形"理论模型的事件链建模分析，如果对相关灾害要素控制不够得力，其最终都会演化成为以群体性事件为主的社会安全事件，即任何的风险和危机处理不当，都有可能触发群体性事件。因此，防范和应对群体性突发事件，防止"蝴蝶效应"是当前我国社会风险防范和应对工作中最重要的一环。

1.2.5 沿海城市生命线系统风险

城市生命线系统是一个由各个环节、小系统组成的整体，它的破坏不仅会造成直接的经济损失，还会影响城市居民的正常生活和经济可持续发展。随着沿海城市工业化和城镇化发展，沿海城市对生命线系统的依赖程度越来越高，生命线系统成为沿海城市发展不可或缺的关键因素之一。但是由于生命线各系统间存在着级联关系和耦合作用，一旦系统中的某一环节遭到破坏，整个系统都将处于瘫痪状态，对其依赖性极高的沿海城市也将无法正常运转。如在当前只能预测台风路径而无法准确预测台风等级以及无法控制灾害破坏程度的情况下，一旦遭受到强台风的袭击，沿海城市生命线系统将产生连锁反应，衍生出各种灾害事件链，影响着沿海城市的居民的正常生活，使整个城市陷入惊慌、恐惧的局势中，影响沿海城市及其政府的形象，使政府处于危机当中。

城市安全规划将灾害源、防护对象、目标和应急救援力量合理地布局起来，作为城市安全规划的一部分，科学的城市生命线系统安全规划可以减少城市功能失效事件的发生及其突发事件带来的损失。城市生命线系统的安全关系着城市的发展和社会公众的生活，因此对于生命线系统的安全保障，必须成为政府的一个重要职责，城市生命线系统的安全规划也就成为政府保障城市安全运行和公众利益需求的重要公共政策。灾害问题和风险分析是安全规划的第一步，只有在此基础上才能制定科学合理的沿海城市生命线系统安全规划。

2 城市公共安全相关理论及技术

2.1 公共安全"三角形"理论模型"4+1"方法学

在严峻且复杂的公共安全形势的背景下,清华大学公共安全研究院范维澄教授提出了公共安全体系——"三角形"模型,分别由突发事件、承灾载体、应急管理构成"三角形"的三条边,并将突发事件的作用称为灾害要素,将其归类为物质、能量和信息,三者联结"三角形"的三条边,使其成为一个闭合的模型。此外,根据承灾载体的破坏特性,范维澄教授将承灾载体划分为本体破坏和功能破坏性两种破坏形式。公共安全体系"三角形"理论模型如图 2-1 所示。

纵观突发事件从发生、发展到造成灾害直至采取应急措施的全过程,可以发现突发事件及其应对中存在三个主体:其一是灾害事故本身,通常称之为"突发事件";其二是突发事件作用的对象,可以称之为"承灾载体";其三是采取应对措施的过程,通常称之为"应急管理"。突发事件、承灾载体、应急管理三者构成了一个"三角形"的闭环框架。

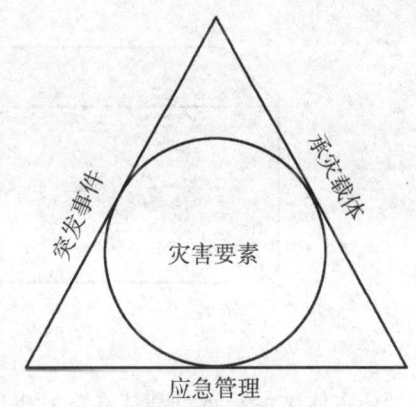

图 2-1 公共安全体系"三角形"理论模型

"突发事件"是安全研究的基础线索,包括自然事件、事故灾害、公共卫生事件和社会安全事件。"突发事件"是由灾害要素导致的,对其作用对象即承灾载体,具有十分强的破坏性,其破坏性是已经或即将施加于承灾载体。"突发事件"的爆发是一个量变到质变的过程,量变是一个缓慢的过程,而其"突发"的特点是指"灾害要素"超过某一临界值或触发因素在瞬间或短时间发生,"突发"是指这一质变的过程短。

"灾害要素"是指可能导致突发事件发生的因素,它本质上是一种客观存在。当"灾害要素"和"致灾因子"超过了临界值或遇到一定的触发因素后已经或即将爆发突发事件的时候,它具有物质、能量、信息三种形式,如图 2-2 所示。"物质"一般是指物理形式的存在,如危化品、病毒、微生物等;"能量"一般是指某种运动形式,如地壳运动、风、水能等,是看不到摸不着的;"信息"一般是指谣言、信息公开程度等。

认识突发事件、承灾载体、应急管理三方面的属性特点,掌握三者间的联系和规律,是实现知己知彼、有的放矢的城市公共安全保障的重要基础。

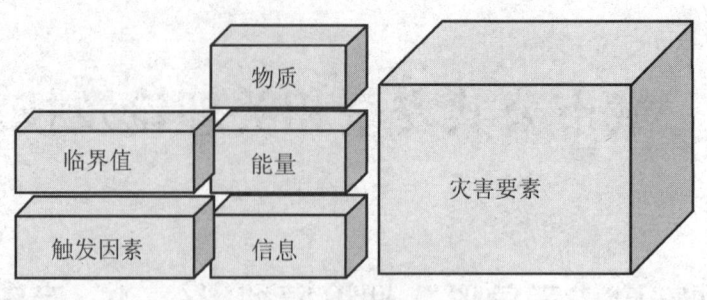

图 2-2　灾害要素作用图

"承灾载体"是"突发事件"的作用对象。"三角形"模型根据承灾载体的在突发事件中的破坏表现，将其分为本体破坏和功能破坏。本体破坏是指承灾载体的实体破坏，例如电力系统的断杆等，其破坏程度和可能性用脆弱性衡量；功能破坏是承灾载体无法履行功能的破坏，可以是因实体性破坏而导致其功能的丧失，也可以是在实体没有遭受破坏情况下无法履行其功能，其破坏程度和可能性用鲁棒性（robustness，鲁棒性就是系统的健壮性）衡量。承灾载体"三角形"框架如图 2-3 所示。

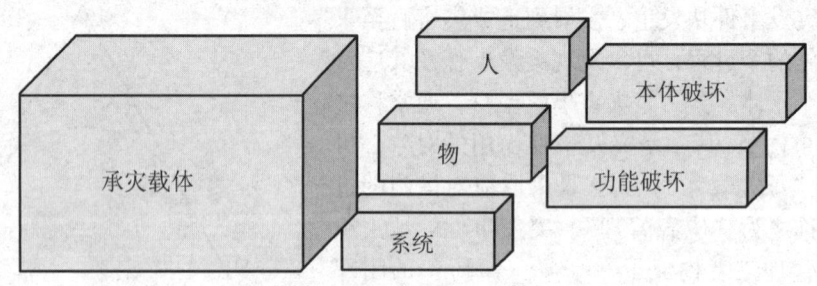

图 2-3　承灾载体"三角形"框架

本体破坏指承灾载体在突发事件作用下发生的实体破坏，是最常见的破坏形式。例如地震导致建筑物倒塌、桥梁公路断裂、管网系统破坏等，火灾导致房屋、设施被烧毁和人员烧伤等。功能破坏指由于突发事件的作用导致承灾载体原本具有的各种功能无法履行。典型的功能破坏例子是 2008 年初的雨雪冰冻灾害，多个省市的公路铁路无法通行，在道路本体没有遭受破坏的情况下，其承担的交通功能无法履行，交通功能的破坏造成了严重的灾害性后果。

承灾载体在突发事件作用下发生本体破坏的可能性和程度，通常用脆弱性来衡量，脆弱性越大的承灾载体越容易发生本体破坏，破坏程度也更严重；承灾载体在突发事件作用下发生功能破坏的可能性和程度，可以用鲁棒性来衡量，鲁棒性越强的承灾载体在突发事件作用下保有原有功能的能力越强。

"应急管理"的目标是保护突发事件中的"承灾载体"，可以采用预防或减少突发事件破坏的各种干预手段，包括体制、机制、法制、资源等方面。应急管理的本质是管理灾害要素及其演化与作用过程。应急管理的核心是获知应急管理的重点目标，掌握应急管理的科学方法和关键技术，把握应急管理措施实施的恰当时机和力度。如图 2-4 所示。

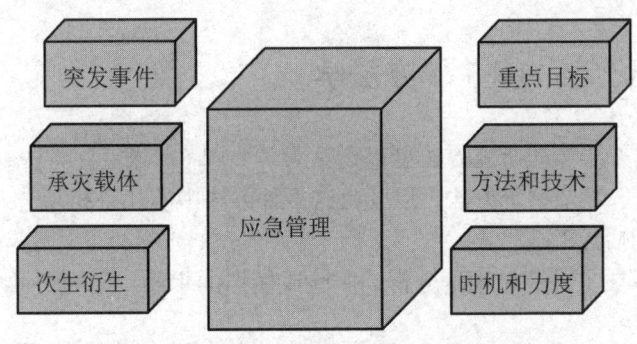

图 2-4 应急管理"三角形"框架

应急管理必须基于对突发事件和承灾载体的综合分析来实施，同时应重视提高应急能力建设。

(1) 针对可能的突发事件的特点和规律、承灾载体的特征和布局，分析应急管理的需求，从体制、机制、法制、预案和设施、资源、队伍、保障等方面进行科学有效的预防准备。

(2) 基于对突发事件作用机理和规律、承灾载体脆弱性与鲁棒性的认识，确定合理有效的监测监控源头、范围、方式、方法等；对应急管理的组织、流程、设施、资源、队伍、基础保障等进行全面详实的数据统计并及时更新；对应急管理流程进行跟踪记录。

(3) 基于对即将发生或已经发生的突发事件当前态势的掌握和可能发展趋势的分析，结合对承灾载体可能破坏及破坏程度的认识，对突发事件可能导致的综合性后果进行科学有效的分析预测和预警。对所需的应急管理组织机构、设施、资源、力量等方面进行预先分析，对所采取的应急措施的程度、规模等是否恰当有效进行判断；基于全面综合的风险评估和应急管理能力评估，对应急管理能力的冗余度进行预测预警。

(4) 在应急管理过程中需要根据突发事件和承灾载体的综合灾情的实时发展与态势进行分析，及时调整应对方案和措施，从而使应急管理更加科学有效；应急过程中的组织、流程、设施、资源、队伍、基础保障等各方面的协同应对。

(5) 对突发事件应对过程进行总结评估，对损耗的应急设施、资源、队伍、基础保障等进行补充修整，恢复应急能力。

2.1.1 事件链原理

承灾载体自身蕴含着"灾害要素"，无论承灾载体是本体破坏或是功能破坏，其蕴含的"灾害要素"一旦被释放，将可能发生突发事件的次生灾害，形成"事件链"。在"事件链"中，次生事件的灾害要素来自于上一级原生事件中承灾载体的破坏，当承灾载体因破坏所蕴含的灾害要素超过了临界值或触发因素，将导致次生事件以及衍生事件。就如"多米诺骨牌"效应一样，将其中一环抽去或触发碰倒，灾害连锁反应就会发生。"事件链"很好地解释了连锁反应的因果关系和事件的演化过程。

2.1.2 公共安全"4+1"方法学

公共安全科技方法学的研究方法可以概括为"4+1":确定性方法、随机性方法、基于监测探测的方法、复杂系统方法,以及由这4种方法中的几个相互嵌入形成的综合性方法(综合性方法概括为1)。

(1)确定性方法主要通过理论分析、实验或模拟的手段,研究公共安全的相关机理、规律和方法。

(2)随机性方法主要通过概率统计与分析的方法研究公共安全在时间序列和空间序列上的规律。

(3)基于监测探测的方法可以获得基本特征与信息,并作为随机性方法与确定性方法的重要支持。

(4)对于涉及众多因素的公共安全问题,复杂系统方法是一种有效的研究方法,例如,复杂网络、博弈论、智能计算、非线性科学方法等。

公共安全事件很复杂,单纯用某一种办法通常无法解决,需要把4种方法综合起来。例如综合风险评估,它是多因素、多灾种、多环节的问题,就要用4种方法进行综合研究。

首先,基于统计原理获得风险发生的随机性规律,即突发事件发生的可能性或概率。

第二,基于事件动力学机理获得风险作用的确定性规律,即突发事件发生发展的演化规律和可能产生的作用类型、强度及时空特性。

第三是基于承灾载体的脆弱性分析和破坏机理获得风险后果的确定性规律,也就是承灾载体的损毁程度。

基于上述三者,再统筹考虑我们应急管理的能力,获得一个综合风险评估的结果,即得到危害及其发生的概率。所以,我们在做风险评估时,这4种方法都是需要用到的。

2.2 多维情景空间方法

多维情景空间方法借鉴案例推理,建立以情景为核心的案例信息检索、利用、修正、维护。传统案例推理方法将案例各侧面信息进行数学化表达,形成案例属性空间,案例全体属性进入案例推理循环,在突发事件小样本空间中,难以找到匹配度高的案例进行重用。多维情景空间方法区别于传统案例推理方法,该方法建立案例属性层级空间结构且在情景层面进行检索和重用。利用多维情景空间方法定义案例拆分方式建立案例模型,案例模型层级结构的提出优化了框架表达方法,模型不同层级展现详细程度不一致的信息。通过为案例信息赋值,定义模型层级之间的关系,可进一步建构量化案例模型。在此基础上可以实现对不同层级案例信息的检索和重用,细小维度的案例信息检索使推理过程更加具有实际操作意义。以单个案例为例,首先提取案例的典型、关键情景和次级情景,进一步将情景和次级情景拆分为对象与要素。考虑要素动态变化的特性,可以以要素作为坐标轴,要素的状态变化作为坐标轴上的刻度值,建立多维坐标空间。一个或多个要素组成对象,对象和要素坐标点构成次级情景空间。将情景进行对象和要素化表达,情景即可表示为该多维空间中的"点"。多维情景空间方法原理如图 2-5 所示。

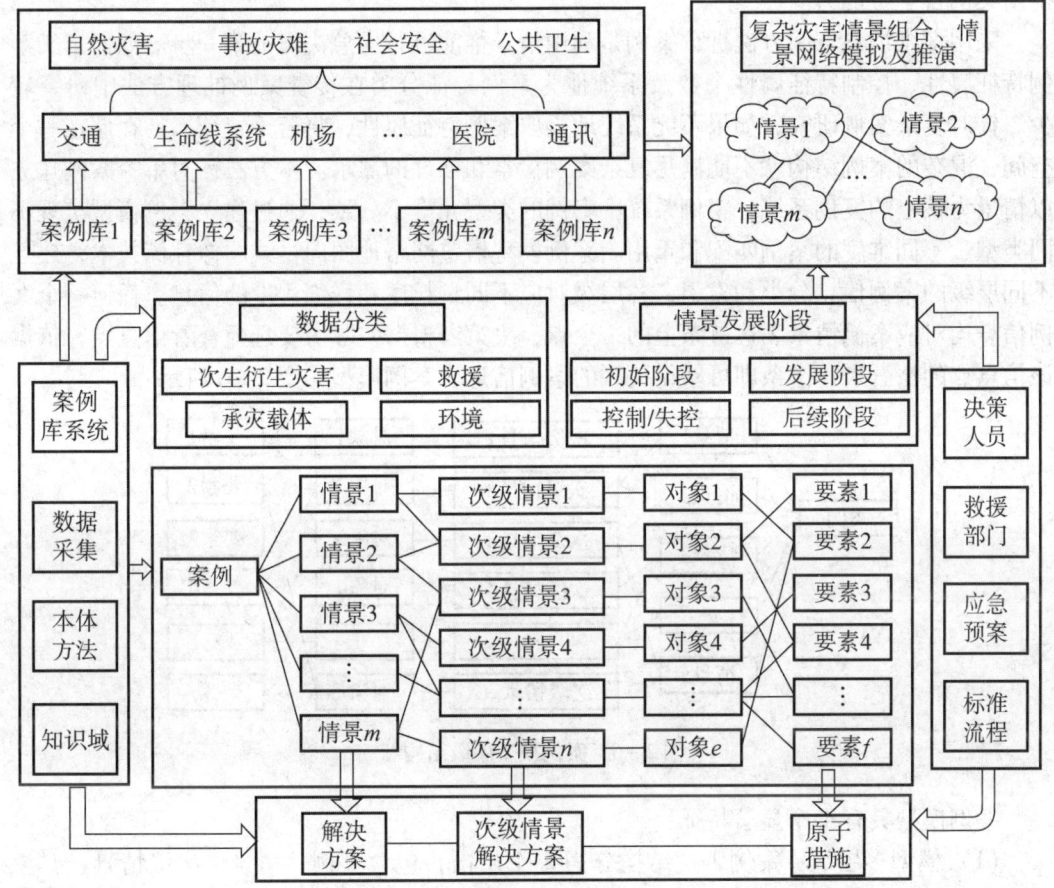

图 2-5 多维情境-空间方法

如图 2-5 所示，多维情景空间方法旨在通过建立良好的案例表达和存储结构，提高检索和重用效率以便更高效地辅助应急决策过程。利用多维情景空间方法建设案例库系统，运用网络爬虫等数据采集方法采集数据，针对大量数据的拆分问题，运用文献调研、专家打分、本体建模方法等多种方法对数据进行拆分、建立相关数学模型。由于案例数据来源和种类众多，为使检索过程更迅速，本文借鉴公共安全"三角形"思想将相关案例数据拆分为次生衍生灾害相关、救援相关、承灾载体相关和环境相关四大种类，数据种类的设定适用于案例模型任意一层，数据的分类和细化有助于优化案例属性表达。知识域作为真实案例信息的补充，辅助制定更完善的解决方案。解决方案和原子措施的执行依靠决策人员、救援部门等相关人员，因此研究将决策相关内容作为一个独立的空间与解决方案进行关联。众所周知，应急决策过程中时间对救援成效的影响十分明显，因此时间影响因素即情景发展阶段应归纳入多维情景空间方法，考虑情景的时空特性以便系统地实现对决策支持。总结多维情景空间方法的特征具有以下几点。

（1）层级化和具有方向性的数值案例特征属性为推测情景演化和评估决策有效性提供量化依据。

(2) 随着案例和情景数量增多,通过训练案例和情景可实现更好的检索与推演过程,提高案例自学习能力。

采用多维情景空间方法拆分案例是利用情景推演进行应急决策的第一步。如何定义案例特征属性、控制特征属性个数及系统地为案例特征分类在传统案例推理方法中研究较少。针对复杂案例研究,如果不能系统地提取案例特征属性,将若干特征属性存储在一个空间,混杂的案例结构就不能满足复杂案例检索和推理的需求。本方法针对单个案例建立以情景为核心的案例系统,案例系统中案例的类型允许不一致,通过建立案例模型实现不同类型、不同维度的案例匹配和重用。案例模型借鉴网络地图向量式图像存储技术,建立不同层级的案例信息分类和索引,各层级对应不同颗粒度和详细程度的信息。任何一个案例信息均对应案例情景表达链条上的一个点,决策者根据实际需要选择查看信息点,依据该信息点的情景表达链条即可获得关联的案例信息。案例模型如图2-6所示。

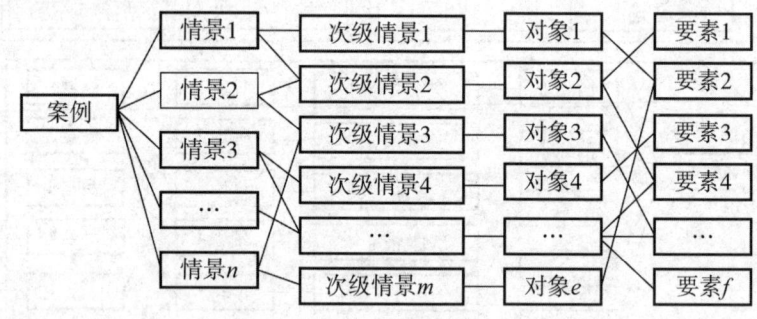

图2-6 案例模型层级结构图

案例模型具有4个显著特征:

(1) 模型多层级:案例表达结构分为5个层次,包含案例、情景、次级情景、对象和要素五类,信息颗粒度逐层递减。层级结构一方面将案例信息初步分类,另一方面为案例检索提供索引。层级结构的建立提高了案例结构化程度,此结构优化过程使后续情景推理和决策过程更加容易推进和具备应用价值。

(2) 模型多维度:情景由次级情景、对象、要素等组成,要素坐标轴量化案例信息的各属性,要素坐标轴被定义为坐标空间中的一个点。情景由多个案例属性特征组成,即对情景的描述是多维度的。从案例层面分析,情景本身作为一个案例信息点同其他情景共同构成案例情景空间。

(3) 模型普适性:情景提取于案例,不同类型案例可能包含相同情景,例如情景"人群聚集"出现在地震灾害中,该情景亦出现在恐怖袭击事件中。针对同一情景的应急处置有相似之处,因此小颗粒度的案例信息单元设置模糊了案例类型界限,使应急决策过程中可用参考信息大大增加。

(4) 案例模型层级关系:模型包含案例层级信息间一对一、一对多和多对多三种关系。一个案例包含多个情景;一个情景可能包含多个次级情景;对象与次级情景一一对应;要素作为案例底层信息与各层均为多对多关系,要素作为模型的底层信息是共享的。

分析案例信息层级表达模式,以情景为案例表示核心的案例模型所展现的情景表达模式如图2-7所示。

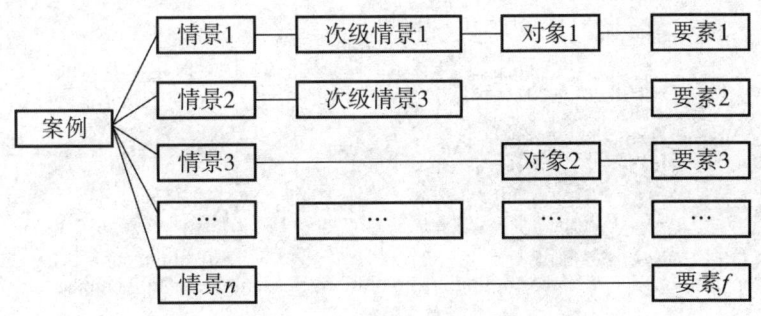

图 2-7 案例情景表达模式

图 2-7 清晰地表达了 4 种情景表达类型:"情景—次级情景—对象—要素";情景—对象—要素";"情景—次级情景—要素";"情景—要素"。从图 2-7 可以看出要素作为案例库的底层信息是组成情景必不可少的单元;次级情景和对象则不是必备的情景表达内容。除次级情景与对象为一一对应关系,模型中其余各层信息之间的关系均为一对多、多对多,因此实际的情景表达多为树状结构,而非链条结构。图 2-7 将情景表达方式简化为链式表达,目的是突出情景表达的 4 种模式。图 2-6 和图 2-7 表明案例模型层级间关系复杂且关联关系不尽相同。清晰的案例信息关联关系有助于情景推演,为决策者提供判断依据。

2.3 深度学习

深度学习(deep learning)是机器学习的一个重要分支,目前在目标识别、语音感知和语言理解等人工智能任务中取得了很大的进步。深度学习架构由多层非线性运算单元组成,每个较低层的输出作为更高层的输入,可以从大量输入数据中学习有效的特征表示,学习到的高阶表示中包含输入数据的许多结构信息,是一种从数据中提取表示的好方法,能够用于分类、回归和预测等特定问题。应急事件发生于非线性的社会系统中,结构十分复杂,规律难以把握,而深度学习具有优异的特征表现能力,为解决非线性的复杂问题提供了有效的工具。

深度学习是一类算法集合,包含多个重要算法:卷积神经网络(convolutional neural network)、循环神经网络(recurrent neural network)、深度置信网络(deep belief network)等。对于不同问题,需要选用不同网络模型才能达到更好效果。

2.3.1 卷积神经网络模型

卷积神经网络(简称 CNN)是一种前馈神经网络,它的神经元的连接是启发于动物视觉皮层。LeNet 是早期推动深度学习发展的卷积神经网络之一,这是 Yann Le Cun 从 1988 年以来进行的许多次的成功迭代后得到的开创性工作。一般地,CNN 的基本结构包括两层:一是特征提取层,每个神经元的输入与前一层的局部接受域相连,并提取该局部的特征;二是特征映射层,网络的每个计算层由多个特征映射组成,每个特征映射是一个平面,平面上所有神经元的权值相等。图 2-8 是 CNN 的基本结构,由输入层、卷积层、下采样层、全连接层和输出层组成。

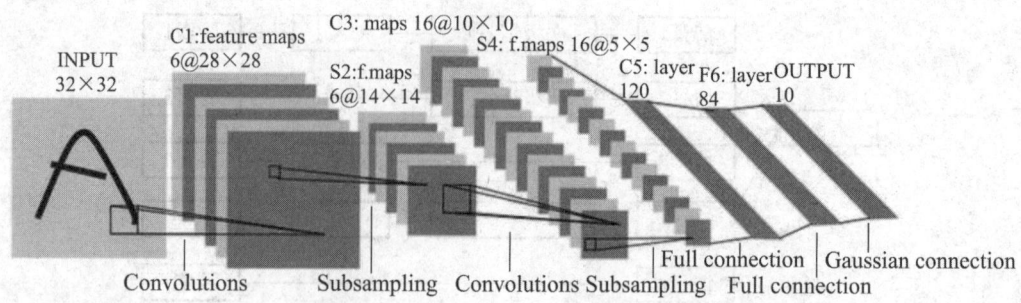

图 2-8 卷积神经网络结构

卷积层和下采样层是卷积神经网络最重要的组成部分，一般会取若干个，采用卷积层和下采样层交替设置；经若干个卷积层和下采样层后，连接着至少一个全连接层。卷积神经网络使用四个关键的想法来利用输入信号的属性：局部连接、权值共享、池化以及多网络层的使用，这样能更好地进行特征学习。

2.3.2 循环神经网络

循环神经网络（简称RNN）是一类用于处理序列数据的神经网络，其标准结构如图2-9所示。

这是一个标准的RNN结构图，图中每个箭头代表做一次变换，也就是说箭头连接带有权值。左侧是折叠起来的样子，右侧是展开的样子，左侧中h旁边的箭头代表此结构中的"循环"体现在隐层，隐层的神经元之间带有权值，即前面的隐层将会影响后面的隐层。图中o代表输出，y代表样本给出的确定值，L代表损失函数。由此可见，"损失"也是随着序列的推进而不断积累的。除上述特点之外，标准的RNN图还有以下特点：

（1）权值共享，图中的W全是相同的，U和V也一样；

（2）每一个输入值都只与它本身的那条路线建立权连接，不会和别的神经元连接。RNN有多个变体，如长短期记忆网络（long short-term memory，简称LSTM）和门循环单元（gate recurrent unit，简称GRU）。

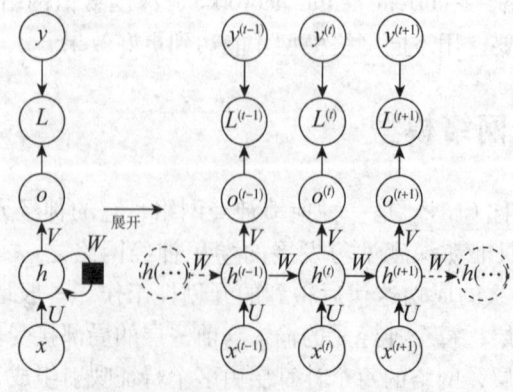

图 2-9 循环神经网络标准结构

2.3.3 深度置信网络

深度置信网络（简称 DBN）可以解释为贝叶斯概率生成模型，由多层随机隐变量组成，上面的两层具有无向对称连接，下面一层得到来自上一层的自顶向下的有向连接，最底层单元的状态为可见输入数据向量。DBN 由若干结构单元堆栈组成，如图 2-10 所示，结构单元通常为 RBM。

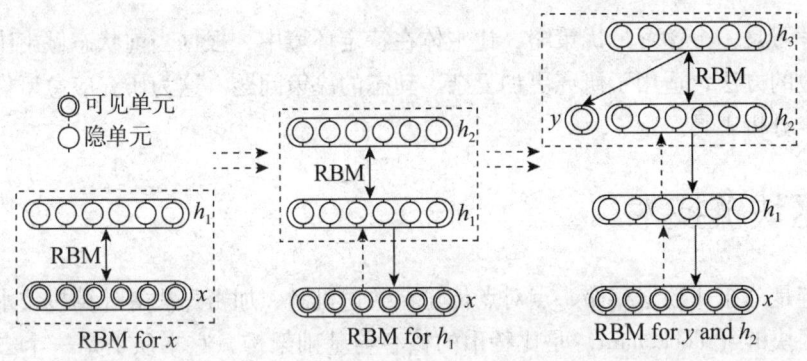

图 2-10 DBN 的生成过程

堆栈中每个 RBM 单元的可视层神经元数量等于前一 RBM 单元的隐层神经元数量。根据深度学习机制，采用输入样例训练第一层 RBM 单元，并利用其输出训练第二层 RBM 模型，将 RBM 模型进行堆栈，通过增加层来改善模型性能。

2.4 强化学习

强化学习（reinforcement learning，简称 RL）是机器学习的一个重要分支，近年来在人工智能领域中大放异彩。强化学习的本质在于通过不断试错，从环境的反馈中学习到经验，调整策略，使回报最大化。其基本模型如图 2-11 所示。

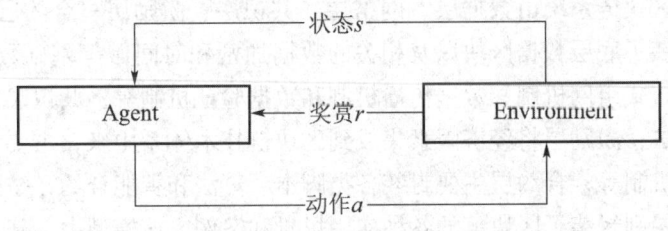

图图 2-11 强化学习基本模型

强化学习任务通常可用马尔可夫决策过程（markov decision process，简称 MDP）来描述。设系统是一个有限状态的离散马尔可夫决策过程，记为一个五元组（S, A, $\{P_{sa}\}$, γ, R），其中，S 为离散的状态空间；A 为离散的行动空间；对于 $s \in S$, $a \in A$, P_{sa} 为状态转移概率分布，表示在状态 s 下采取行动 a 的概率；γ 为折扣因子，$\gamma \in [0, 1]$；R 为奖励函数，$R: S \times A \rightarrow R$。在某个时间段，系统初始状态为 s_0，在概率 $P_{s_0 a_0}$ 下，Agent 选择动作 a_0 转移到状态 s_1；然后在概率 $P_{s_1 a_1}$ 下，选择动作 a_1 从状态 s_1 转移到状态 s_2，以此类推。因此，对于 $s_i \in S$，$a_i \in A$，$P_{s_i a_i} \in \{P_{sa}\}$，$i = 1, 2, 3, \cdots, n$，马尔可夫决策过程可以表示为：

$$S_0 \xrightarrow[P_{s_0 a_0}]{a_0} S_1 \xrightarrow[P_{s_1 a_1}]{a_1} S_2 \xrightarrow[P_{s_2 a_2}]{a_2} S_3 \xrightarrow[P_{s_3 a_3}]{a_3} \cdots$$

强化学习是一个学习最优策略，让主体在特定环境中，根据当前状态做出决策，并取得最大回报的方法，适用于研究更加复杂、动态的决策问题。这为研究应急事件模拟仿真提供了一个分析工具。

2.5 区块链技术

区块链是分布式数据存储、点对点传输、共识机制、加密算法等计算机技术的新型应用模式。区块链（blockchain）是比特币的核心与基础架构，它本质上是一个去中介化的数据库，同时作为比特币的底层技术，是一串使用密码学方法相关联产生的数据块，每一个数据块中包含了一次比特币网络交易的信息，用于验证其信息的有效性（防伪）和生成下一个区块。

狭义来讲，区块链是一种按照时间顺序将数据区块以顺序相连的方式组合成的一种链式数据结构，并以密码学方式保证的不可篡改和不可伪造的分布式账本。

广义来讲，区块链技术是利用块链式数据结构来验证与存储数据、利用分布式节点共识算法来生成和更新数据、利用密码学的方式保证数据传输和访问的安全、利用由自动化脚本代码组成的智能合约来编程和操作数据的一种全新的分布式基础架构与计算方式。

2.5.1 基础架构模型

一般说来，区块链系统由数据层、网络层、共识层、激励层、合约层和应用层组成。其中，数据层封装了底层数据区块以及相关的数据加密和时间戳等基础数据与基本算法；网络层则包括分布式组网机制、数据传播机制和数据验证机制等；共识层主要封装网络节点的各类共识算法；激励层将经济因素集成到区块链技术体系中来，主要包括经济激励的发行机制和分配机制等；合约层主要封装各类脚本、算法和智能合约，是区块链可编程特性的基础；应用层则封装了区块链的各种应用场景和案例。该模型中，基于时间戳的链式区块结构、分布式节点的共识机制、基于共识算力的经济激励和灵活可编程的智能合约是区块链技术最具代表性的创新点。如图 2-12 所示。

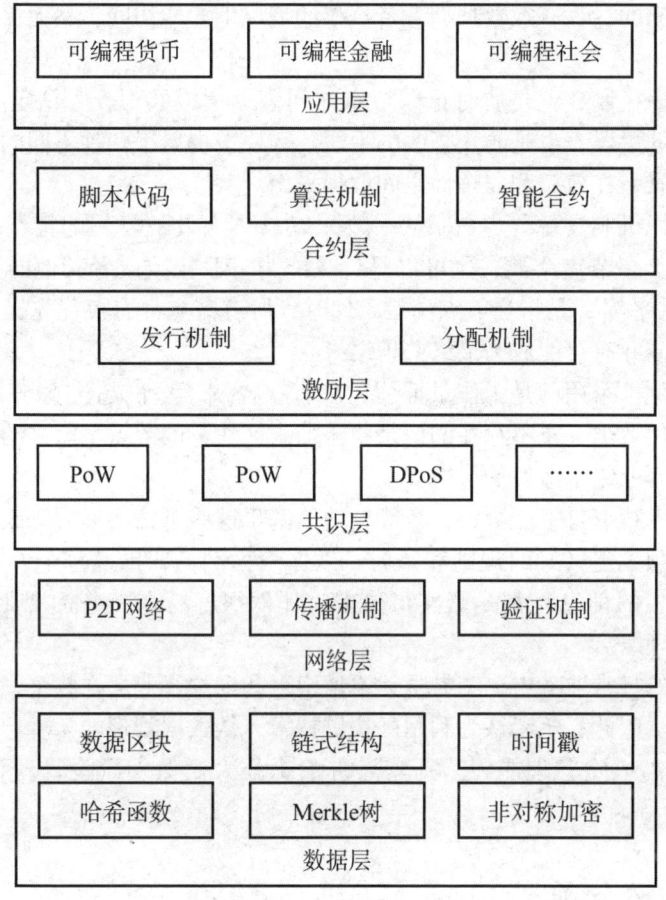

图 2-12 区块链的基础架构

2.5.2 区块链核心技术简介

区块链主要解决交易的信任和安全问题，因此它针对这个问题提出了四个技术创新：

第一个是分布式账本，就是交易记账由分布在不同地方的多个节点共同完成，而且每一个节点记录的都是完整的账目，因此它们都可以参与监督交易合法性，同时也可以共同为其作证。

跟传统的分布式存储有所不同，区块链的分布式存储的独特性主要体现在两个方面：一是区块链的每个节点都按照块链式结构存储完整的数据，传统分布式存储一般是将数据按照一定的规则分成多份进行存储。二是区块链每个节点的存储都是独立的、地位等同的，依靠共识机制保证存储的一致性，而传统分布式存储一般是通过中心节点往其他备份节点同步数据。

没有任何一个节点可以单独记录账本数据，从而避免了单一记账人被控制或者被贿赂而记假账的可能性。也由于记账节点足够多，理论上讲除非所有的节点被破坏，否则账目就不会丢失，从而保证了账目数据的安全性。

第二个是非对称加密和授权技术，存储在区块链上的交易信息是公开的，但是账户身份信息是高度加密的，只有在数据拥有者授权的情况下才能访问，从而保证了数据的安全和个人的隐私。

第三个是共识机制，就是所有记账节点之间怎么达成共识，去认定一个记录的有效性，这既是认定的手段，也是防止篡改的手段。区块链提出了四种不同的共识机制，适用于不同的应用场景，在效率和安全性之间取得平衡。

区块链的共识机制具备"少数服从多数"以及"人人平等"的特点，其中"少数服从多数"并不完全指节点个数，也可以是计算能力、股权数或者其他的计算机可以比较的特征量。"人人平等"是指当节点满足条件时，所有节点都有权优先提出共识结果、直接被其他节点认同并有可能成为最终共识结果。

以比特币为例，采用的是工作量证明，只有在控制了全网超过51%的记账节点的情况下，才有可能伪造出一条不存在的记录。当加入区块链的节点足够多的时候，这基本上是不可能的，从而杜绝了造假的可能。

最后一个技术特点是智能合约，智能合约是基于这些可信的不可篡改的数据，可以自动化地执行一些预先定义好的规则和条款。以保险为例，如果说每个人的信息（包括医疗信息和风险发生的信息）都是真实可信的，那就很容易在一些标准化的保险产品中，去进行自动化的理赔。

在保险公司的日常业务中，交易虽然不像银行和证券行业那样频繁，但是对可信数据的依赖有增无减。因此，笔者认为利用区块链技术，从数据管理的角度切入，能够有效地帮助保险公司提高风险管理能力。具体来讲主要分为投保人风险管理和保险公司风险监督。

2.5.3 区块链分类

区块链分为三类，在货币发行的《区块链：定义未来金融与经济新格局》一书中就有详细介绍，其中混合区块链和私有区块链可以认为是广义的私链。

（1）公有区块链（public block chains）：世界上任何个体或者团体都可以发送交易，且交易能够获得该区块链的有效确认，任何人都可以参与其共识过程。公有区块链是最早的区块链，也是应用最广泛的区块链，各大bitcoins系列的虚拟数字货币均基于公有区块链，世界上有且仅有一条该币种对应的区块链。

（2）联合（行业）区块链（consortium block chains）：由某个群体内部指定多个预选的节点为记账人，每个块的生成由所有的预选节点共同决定（预选节点参与共识过程），其他接入节点可以参与交易，但不过问记账过程（本质上还是托管记账，只是变成分布式记账，预选节点的多少，如何决定每个块的记账者成为该区块链的主要风险点），其他任何人可以通过该区块链开放的API进行限定查询。

（3）私有区块链（private block chains）：仅仅使用区块链的总账技术进行记账，可以是一个公司，也可以是个人，独享该区块链的写入权限，本链与其他的分布式存储方案没有太大区别。目前（Dec2015）保守的巨头（传统金融）都想实验尝试私有区块链，而公链的应用例如bitcoin已经工业化，私链的应用产品还在摸索当中。

2.5.4 区块链特征

(1) 去中介化。由于使用分布式核算和存储，体系不存在中心化的硬件或管理机构，任意节点的权利和义务都是均等的，系统中的数据块由整个系统中具有维护功能的节点来共同维护。

(2) 开放性。系统是开放的，除了交易各方的私有信息被加密外，区块链的数据对所有人公开，任何人都可以通过公开的接口查询区块链数据和开发相关应用，因此整个系统信息高度透明。

(3) 自治性。区块链采用基于协商一致的规范和协议（比如一套公开透明的算法）使得整个系统中的所有节点能够在信任的环境自由安全地交换数据，使得对"人"的信任变成了对机器的信任，这样任何人为的干预都不起作用。

(4) 信息不可篡改。信息一旦经过验证并添加至区块链，就会被永久地存储起来，除非能够同时控制住系统中超过51%的节点，否则单个节点对数据库的修改是无效的，因此区块链的数据稳定性和可靠性极高。

(5) 匿名性。由于节点之间的交换遵循固定的算法，其数据交互是无需信任的（区块链中的程序规则会自行判断活动是否有效），因此交易对手无须通过公开身份的方式让对方对自己产生信任，这对信用的累积非常有帮助。

2.6 本章小结

本章对当前主流的应急和信息科技的基本理论技术进行介绍和叙述，包括：公共安全"三角形"理论模型、公共安全"4+1"方法学、多维情景空间方法、机器学习以及区块链技术等；对作为城市生命线系统和社会灾害治理中的电力、电信、食品以及群体性事件的复杂自然灾害情景构建与推演、强风雨导致的城市基础设施连锁崩溃分析建模、基于多灾种触发下的个体心理－个体间影响－群体行为演化的分析建模连锁反应键，以及相关城市生命线系统的风险评估理论技术体系。

3 城市电力系统公共安全风险评估

城市电力系统作为城市生命线的重要组成部分,是保障城市及其居民生存和发展的根本条件,为城市居民生产生活提供服务。安全可靠的电力供应成为城市稳定的重要因素,由于现代城市供电普遍具有规模巨大、结构复杂、联系广泛的特点,使各种电力突发公共事件具有灾害源多、涉及环节多、次生灾害多、损失巨大、影响面广等特点。

城市电力危机通常表现为因电力生产、传输、分配、使用等环节出现故障或者供电可靠性降低导致的电力供应中断。电力危机发生后,会对用户和社会造成直接损失与间接损失,可能引发严重的次生事件,影响其他生命线系统如供水、供热、交通、通信等的正常运行,若长时间未能恢复电力供应,还可能导致社会秩序混乱,影响社会公共安全稳定。风险评估是对系统中失效事件发生的可能性以及这些事件的后果严重程度的综合描述。传统的分析对电力系统公共安全风险分析较少。近年来,国内外发生了一系列的大面积停电事件,如 2003 年的美国和加拿大停电事故、2008 年的中国南方地区冰冻灾害引起的大停电、2012 年的印度大停电等,这些都极大地暴露了传统电力企业风险评估手段存在的局限性,缺少从公共安全的角度进行评估,并且风险防范应对不足。实践证明,电力系统大面积停电总是很难避免的,造成的影响往往不局限于电力系统,对社会经济、公共安全、人民生活都造成较大影响。如果仅在电力系统内部进行风险评估,结果很可能是片面的,无法真正体现大面积停电带来的公共安全影响。因此,从公共安全的角度进行电力系统风险评估显得尤为重要,通过建立城市电力系统公共安全风险的评估体系,有助于促使政府和电力企业相互合作,对城市规划和安全防护、应急管理均具有重要意义。

本章主要从公共安全的角度入手,应用公共安全"三角形"理论模型及相关理论,系统性地对城市电力系统风险进行分析评估。通过分析城市电力系统影响公共安全的因素,构建城市电力系统公共安全风险评估体系,建立城市电力系统公共安全风险评估模型,并以广东省惠州市为案例对评估模型进行验证。对规划城市电力系统、指导城市公共安全发展具有一定意义。

3.1 城市电力公共安全阐释及因子分析

3.1.1 基于"三角形"框架的城市电力系统公共安全风险体系

突发事件从发生、发展到造成灾害直至采取应急措施的全过程,涉及一个原理:突发事件、承灾载体、应急管理、灾害要素以及事件链原理。

1. 灾害要素

灾害要素是可能引发突发事件的因素。灾害要素是客观存在的,一般有能量、物质、信息三种形式。当灾害要素达到临界，或遇到触发条件时将导致突发事件，在未触发前并不造成破坏作用。城市电力系统危害因素主要指自然灾害、环境破坏等一系列危害系统安全运行的要素集合。主要分为自然灾害和外力破坏两方面。

（1）自然灾害。自然灾害直接影响城市电力系统的安全，当发生严重自然灾害如台风、地震、洪灾、冰灾时，容易导致城市电力系统运行供应中断。具有代表性的事件是2008年南方冰灾、2013年台风"天兔"等，导致大量电力运行设备故障，多地失去电力供应，造成严重的社会影响。

（2）外力破坏。外力破坏是造成电力事故的常见因素，主要包括斗车触碰高压线、挖断电缆、偷盗电力器材等，其通常只影响到系统中单一节点，范围较小。然而当发生在设备密集区如枢纽变电站、同构电缆时，将造成严重后果。

2. 突发事件

突发事件一般定义为突然发生的，造成或可能造成严重社会危害、危及公共安全、需要应急处置的事件。突发事件主要有以下特征：①因灾害要素引发；②破坏强度高；③已经或可能对承灾载体造成影响。

突发事件通常都具有如下特点：①突发事件的发展都存在一定的规律；②适当的人为干预能够转变事件的发展过程；③突发事件的作用表现为物质作用、能量作用、信息作用和耦合作用四种形式。

3. 承灾载体

承灾载体是受突发事件影响的对象，通常指人、物、系统等任何部分。承灾载体的脆弱性与鲁棒性决定了公共安全的水平，是公共安全能力的重要指标。承灾载体的破坏导致其蕴含的要素被意外释放，可能衍生次生事故。

城市电力系统作为城市生命线以及公共安全的承灾载体，其承灾能力主要分为两个方面：城市电力供应系统可靠性和电力用户系统可靠性。

城市电力系统可靠性指的是城市电力系统的抗冲击能力，包括充裕度（adequacy）和安全性（security）两个方面。充裕度指电力系统当前运行特性的安全裕度，即在一定强度的故障冲击下，仍能保持系统安全运行，主要关键指标包括设备稳定、系统稳定等。安全性指的是系统在承受突然扰动的情况下，维持用户持续电力供应的能力，包括电力一次设备安全性、继电保护系统安全性、通信及自动化系统安全性。

用户系统可靠性指的是用户系统防破坏能力以及对电力供应的依赖程度，主要包括用户供电回路、自备电源情况、用户重要等级等方面内容。

4. 应急管理

应急管理是指降低突发事件发生的可能性，降低事故后果等一系列的管控手段。应急管理的本质是管理灾害要素，评估事故发生原因及后果，采取措施阻止事故进一步恶化，以及处理次生事件。应急管理作为突发事件的预防与控制手段，是评估城市电力系统公共安全风险体系的关键内容。

5. 事件链原理

承灾载体遭到破坏可能导致其蕴含的灾害要素被释放，从而导致突发事件及其次生事件，而次生事件进一步衍生构成了事件链。研究事件链衍生原理并阻断其扩散是应急管理的重要内容。研究抑制事件链的形成过程的方法，需要研究三个方面的内容：

（1）系统脆弱性。系统脆弱性对原发灾害事故有扩大作用。系统中某些节点相对于其他节点，因自身特性或外部环境等因素，其发生灾害的可能性较高，或者抵御灾害事故的能力较弱，因而这类节点更易受到冲击，以及导致次生事故。例如，供电过于集中的枢纽变电站，设备数量繁多，产生故障的可能性高，容易导致严重后果；电力电缆与燃气管线的交汇节点，存在交叉影响的可能，事故后果将影响供电、燃气系统。

（2）系统敏感性。系统敏感性主要指系统容易产生较大的社会影响。系统中某些环节因其拓扑结构联络紧密，地位特殊重要，其发生灾害事故时，社会负面影响加大，容易导致严重的事故后果。例如城市电力系统作为城市公共服务敏感点，若其出现严重事故，将影响基础设施电力供应，从而导致交通运输、无线通信、供水等基础服务中断，造成秩序混乱，引起社会公共恐慌；灾害事故不仅造成物资损失，还会引起秩序混乱，增加事故的危害程度，甚至影响社会稳定。

（3）人群影响。城市居民作为灾害事故的风险承担元素，除了人身、财产方面的损失外，群体心理受到的影响更为广泛。其影响主要有以下几个方面：①当发生灾害事故后，社会正常秩序受到干扰甚至中断，一旦形成恐慌心理，将影响人群做出有效的应急行动；②事故发生后，人群应急行为呈现随机性和不确定性，在经过尝试－失误－尝试的循环行为后，可能失去常识性的判断力而做出失误决策，导致本可以避免的后果；③谣言散播扩大社会影响，导致次生灾害。

3.1.2 城市电力供应中断类型

电力供应中断主要分为以下几个方面：

1. 计划性检修

计划性检修影响系统可靠性，系统可靠性主要评价停电频率和停电总时长。计划性检修可能会造成局部地区停电，一般电力部门会提前发布信息以便用户做好准备。另一方面，计划性检修往往涉及多个电力设备同停，或者枢纽设备停电，将削弱当前电力供应系统的可靠性和供电裕度，并且它的施工过程复杂，涉及吊车作业、带电作业、高空作业等，存在多个风险点，容易导致严重电力事故。

2. 供电能力不足

电力供应不足主要分为系统性缺电和结构性缺电。系统性缺电指的是当全网发电能力不足以满足用电需求时，全网运行频率将下降，为了保证电力系统供电安全，需切除部分负荷以满足安全需求。结构性缺电指的是局部地区供电系统因设备载流量、主变容量等供电能力不足，导致局部缺电。尤其在南方夏季和北方冬季，用户电力需求会急剧上升，为了缓解供电压力，电力企业会安排部分区域采取有序用电措施。

3. 输变配电设备故障

电力从发电厂送出，经输电设备、变电设备以及配电设备最终输送到用户，经历多个环节，其中任一环节的故障都可能导致电力供应中断。导致电力设备故障的原因有很多，一般分为自然灾害、外力破坏、设备质量等。

通过以上分类，将电力供应中断风险进一步划分为以下指标，如图3－1所示。

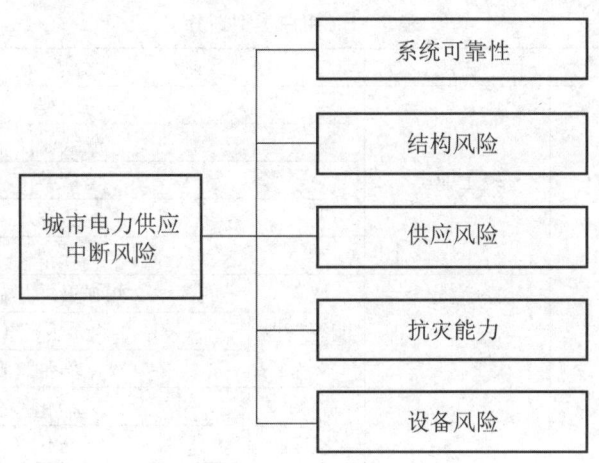

图 3-1 城市电力供应中断风险

3.1.3 城市电力供应中断影响

城市电力供应中断影响，是指在电力系统中由于外力原因或者部分设备发生故障而造成电力供应中断，对用户和社会造成经济损失以及影响公共安全。供电中断产生在发电厂发电、线路输电、变电站配电、电力用户用电的整个过程之中，因此停电对发电企业、电网公司和社会经济均会造成直接损失。城市电力供应中断影响涉及面较复杂，不仅直接影响工业生产和居民生活，而且可能导致其他生命线系统功能缺失，引发连锁反应。

从降低用户侧风险的角度来看，配置足够适用的供电电源能够有效地提高用户供电可靠性。根据国家相关规定，按照用户失电造成的后果的严重程度划分为Ⅰ、Ⅱ、Ⅲ类。Ⅰ类用户需配置三路电源，并且保证其中两路电源应当来自两个不同的变电站，当任何两路电源发生故障时，第三路电源能保证独立正常供电；Ⅱ类用户需配置两路电源，两路电源应当来自两个不同的变电站，当一路电源发生故障时，另一路电源能保证独立正常供电；Ⅲ类用户应具备双回路供电条件，供电电源可以来自同一个变电站的不同母线段。

除了供电电源外，同时要求用户根据情况配置自备应急电源。根据不同用户类别、设备需求及供电容量，配置UPS、自备机组、柴油发电机等自备电源，以保证应急照明、机房、消防设备及压力阀门、水库闸门等保安负荷的供电。

在性质上不同类型的用户损失后果及其影响也存在差异，因此下文分析各类型的电力用户在供电中断后的影响。用户类型划分见表3-1。

1. 轻工业类

轻工业电力用户负荷特性差异大，电力供应中断对其影响也不完全相同。对轻工业类用户而言，停电主要导致经济方面损失，如因失电导致生产中断，造成产品成本提高、生产设备损坏、产品质量产量下降、原材料因生产线停止而浪费、冷库和恒温库停止工作造成产品变质等。

表 3-1 用户类型划分

一级	二级	分类	
工业供电类用户	轻工业类	纺织类	
		造纸业	
		烟草类	
		食品类	
		……	
	重工业类	能源行业	煤矿及非煤矿（高危）
			天然气（高危）
			石油（高危）
		化工业	盐化（高危）
			石化（高危）
			煤化（高危）
			冶金（高危）
		机械电子	机械类
			电子类
		制造业	
		……	
社会公共基础设施	公共事业类	给排水部门（生命线）	
		供气部门（生命线）	
		供热部门（生命线）	
		污水、垃圾处理部门（生命线）	
		通信部门（生命线）	
	交通运输类	航空部门（生命线）	
		轨道交通部门（生命线）	
		道路交通部门（生命线）	
	公共机构类	行政机构、指挥中心、监狱	
		重要军事部门	
		广播电视类	
		医疗卫生类	
社会供电类用户	人员密集区域	商业、金融、服务类	
		教育科研类	
		重大活动场所	
		居民用户类	

2. 重工业类

重工业电力用户用电规模大、用电稳定、耗电量大。重工业用户中有相当多的用户为重要保供电用户，要求持续、稳定地供电，若出现短时停电，不仅造成重大经济损失，甚至会造成环境污染、人身伤亡等事故。

高危石油化工业特点是连续性生产,生产过程中涉及高温、高压、易爆、易燃、腐蚀、毒害等危险因素,一旦停电可能造成生产设备损坏,甚至发生爆炸、火灾、有毒化学品泄漏,造成重大社会影响。因此石油化工业对电力供应的可靠性要求高,对电气设备性能要求严格。电源配置上规划多回路供电电源,并配置相应的自备机组以及安稳控制装置,保证保安负荷不被中断。

3. 城市生命线

公共事业类与交通运输类用户组成了城市生命线系统,为城市经济和社会发展提供支撑基础。城市生命线系统是由供电、供水、供热、供气、交通、通信各个系统所形成的稳定运行和协调发展的系统,城市生命线的平稳运行直接关系城市公共安全,与居民生产生活秩序密切相关。因此,以城市生命线为代表的城市公共基础设施安全是公共安全的重要研究对象。如图3-2所示。

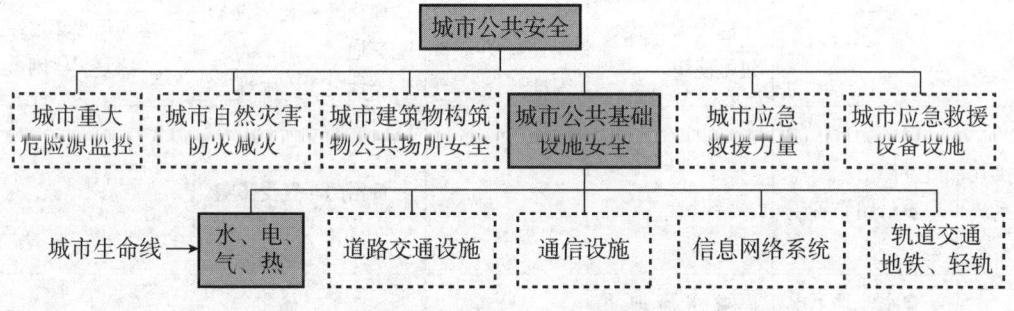

图3-2 城市公共基础设施安全

城市生命线系统具有相互性作用。尽管不同生命线系统各自独立,但当灾害发生后,各生命线之间的构成、功能、恢复障碍与诱发次生事故存在多种联系,因此当任一子系统功能遭到破坏,都会严重威胁其余子系统的功能,引发连锁反应,进一步扩大威胁及破坏整个城市的正常运行。以各子系统的相互作用为基础,对相互作用类型进行分类,以梳理其相互关系。以下将城市生命线系统相互作用划分为4种类型:

(1) 功能性相互作用,是指一个子系统功能的正常发挥依赖于与之关联的其他子系统功能的正常发挥,也就是当与之关联的子系统功能失效时,会导致该系统的功能无法正常发挥。当城市电力供应系统失效,将影响供水系统泵机停止运转,从而导致供水系统失效;导致通信系统集控、服务器、路由、基站因失电而失去功能;导致轨道交通系统运转效率下降甚至停滞,使道路交通系统中的信号系统瘫痪,引发交通严重堵塞;导致供气系统压力调节失效。

(2) 布设型相互作用,即因子系统的相邻铺设,当一个系统发生故障时,引发另一个系统也遭到破坏。在电力输电线路与公路或轨道交叉跨越处,当发生输电线路断线或临近铁塔倒塌等故障,将引起交通系统瘫痪。

(3) 替代型相互作用,即一个系统的功能可替代关联的其他子系统,当该系统失效时,会极大增加功能替代系统的需求。如城市居民供热系统失效,将增加城市电力供应系统的需求。

（4）恢复型相互作用，即破坏后功能恢复与修复进程之间会相互影响，当多种生命线系统失效时，其中某种生命线系统会影响其他系统的修复进程。如公路交通系统失效时，将导致其他系统难以将检修人员及工具输送至故障区域。

根据以上分类方式，对五个典型生命线系统之间的相互作用关系进行分析，如表3-2所示。

表3-2 生命线系统相互作用分析

影响主体	被影响客体				
	供电系统	供气系统	给排水系统	交通系统	通信系统
供电系统	—	○气源厂、球罐站、压力调节 ■作为替代物过量使用	○水厂、排涝站泵机失效 ☆修复工作困难	○电力机车无能源；信号系统瘫痪 ●交叉跨越线路影响交通 ☆修复工作困难	○网络设备、基站瘫痪 ●通信线路损坏 ☆修复工作困难
供气系统	■作为替代物过量使用 ●沿路布置受影响	—	—	●沿路布置受影响	—
给排水系统	●水淹地下电缆或变电站 ○电厂冷却水不足	●水淹地下管线 ☆延迟供气火灾抢险	—	●水淹公路、隧道 ☆修复工作困难	●水淹地下管线
交通系统	○影响燃料送出 ☆修复工作困难	☆修复工作困难	☆修复工作困难	—	☆修复工作困难
通信系统	☆修复工作困难	○影响中心指挥 ☆修复工作困难	○影响中心指挥 ☆修复工作困难	●影响中心指挥 ☆修复工作困难	—

注：●—布设型相互作用；○—功能性相互作用；☆—恢复型相互作用；■—替代型相互作用。

从表中可知，城市电力系统功能失效对其他系统的影响最为严重，基本都导致其他系统功能失效，且难以开展修复工作。

4. 公共机构类

公共机构类主要包括党政机关、指挥中心、监狱系统、重要军事部门、广播电视媒体、医疗卫生系统等，此类用户负荷特性随作息时间而变化。若城市电力供应中断导致此类用户失电，将造成严重的政治影响，危害社会稳定。如军事、公安、三防等指挥中心失去职能运作造成混乱；监狱、看守所等防控措施失效导致逃脱事件；广播电视媒体中断导致社会影响；医院手术因停电中止而造成人员伤亡，血库保存失效造成损失等。

5. 社会供电类用户

社会供电类用户主要包括商业、金融、服务类，教育科研类，城镇居民用户，重大活动场所等。此类用户负荷一般较低，但数量多且分布密集，一般划分为人员密集区域。通常经济越发达的区域，密集程度越高，越依赖电力供应。若城市电力供应中断，通常产生广泛影响，如消费活动、社交活动和商业活动终止而造成损失；居民恐慌导致发生拥挤、踩踏事件；重大比赛、表演活动终止而造成影响等。

通过以上分析，对于电力供应中断主要影响的用户，根据中断后果将其归类。将电力供应中断影响的风险进一步划分为以下类型，如图3-3所示。

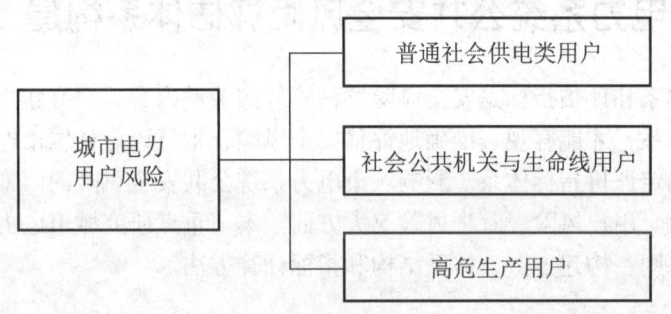

图3-3 城市电力用户风险

3.1.4 城市电力系统公共安全管理风险划分

安全管理主要包括了安全组织管理、安全管理法规体系、群众安全意识管理、应急救助等。

城市安全组织管理能力主要指安全管理工作体系和安全管理计划的建立、贯彻和执行的全过程管理。安全管理工作体系指的是从组织上确定事故发生前与发生后的管理主体、组织主体和执行主体。安全管理计划是组织和实施救灾工作的行动方案与内容，组织周全的安全管理计划可使安全管理行动有序地进行，降低事故影响。

安全管理法规体系是通过法律法规的约束，规范政府和民众安全管理活动，建立各地区相应的安全管理法律体系，将安全管理工作纳入法制化轨道。

群众安全意识管理指的是对人民群众进行公共安全知识和安全管理宣传教育，提高事故后自救和互救能力，规范信息传递渠道，进而有利于恢复社会正常秩序，降低事故影响。

应急救助主要分为事故前、事故中、事故后的救助措施，主要包括应急管理规划的构建情况，城市生命线系统的保障、恢复和重建能力，物流存储拨配能力，信息有效沟通能力等。做好事故应急工作是预防事故扩大，减缓事故影响的关键措施。

通过以上分析，将城市电力系统公共安全管理风险划分为3类，如图3-4所示。

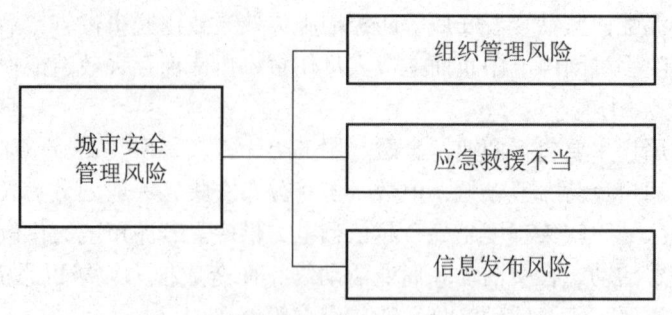

图 3-4 城市安全管理风险

3.2 城市电力系统公共安全风险评估体系构建

风险评估体系和评估指标是安全风险评估管理的关键内容，只有建立全面、清晰、实用的评估指标体系，才能客观、准确地评估安全风险，本章以评估城市电力系统公共安全风险为基础，确定评价指标体系。影响城市电力系统公共安全风险的因素较多，总体来说归结为系统风险、用户风险、管理风险三大方面。本节重点研究城市电力系统公共安全风险体系的构建原则、构建方法、体系结构和指标计算方法。

3.2.1 评估指标体系的构建原则

建立城市电力供应系统公共安全风险体系，目的是评估当城市发生电力供应中断时对公共安全造成的影响及后果。为实现该目标，构建体系应遵循以下原则：

(1) 系统性原则。构建评价体系既要统筹兼顾各方面的内容，又要避免指标体系之间重叠，应采用系统论方法设计评价体系，使体系的子系统及其要素满足系统优化的需求。评价体系应以数量较少、层次较少的指标，直观全面地反映评价对象的本质。

(2) 可操作性原则。在确定评价体系的指标时，应考虑到指标在评价中具有可操作性，即指标要简化，计算测量要简便，优先选择可以通过渠道获取真实、可靠数据的指标。同时应尽可能地选择客观指标和现行统计指标，减少主观指标和设计新指标。

(3) 通用可比原则。通用可比原则主要指的是纵向比较和横向比较。通过比较评价对象不同时期的异同以及评价对象之间的优劣，发现存在的问题，为提出管理措施提供依据。因此应选择具有可比性的评价指标，能够发挥评价体系的比较作用。

(4) 层次性原则。评价指标体系应结构合理，层次分明，逻辑连贯。城市电力系统公共安全风险是多层次、多因素综合影响和作用的结果，因此评价体系应具有层次性。通过不同方面反映城市电力系统的实际情况并通过一定的梯度，准确反映指标间的支配关系。

3.2.2 评估指标体系的构建方法

城市电力系统公共安全具有多层级结构、多指标关联的鲜明特征，应采用科学、合理的方法构建指标体系。针对研究对象的具体特点，本节采用层次分析法（AHP）作为构建评估体系的框架模型，对城市电力系统公共安全进行定性和定量相结合的综合评估。

层次分析法（AHP）是20世纪70年代由美国运筹学家、美国匹兹堡大学教授托马斯·塞蒂提出的，将定性与定量分析相结合，系统化、层次化的决策分析方法。层次分析法的关键步骤是分析研究对象的实际问题，将具体问题分解，找出组成元素的关联逻辑，通过分析构造一个层次结构模型。构造层次结构的过程，首先要确定研究目标，其次梳理影响该目标的相关要素，然后分析影响因素之间的内在联系，最后形成研究目标的层次结构图，如图3-5所示。

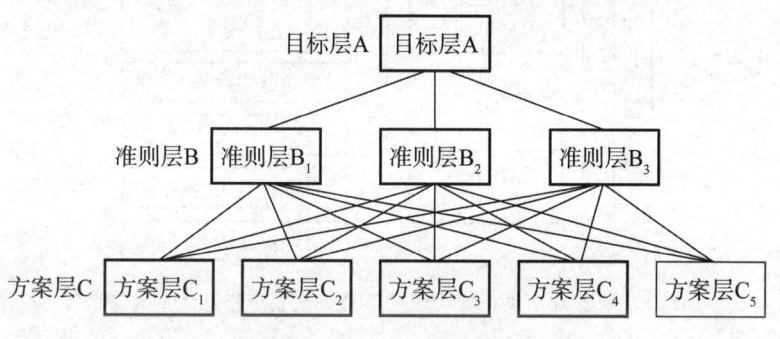

图3-5 层次结构模型

第一层：目标层。该层仅有一个元素，即整个指标体系所要分析的研究目标对象。

第二层：准则层。该层存在几个或多个元素，起到承上启下的作用。主要分析梳理影响目标层元素的子元素，同时也是下一层元素的影响对象。准则层各元素之间相对独立。

第三层：指标层/方案层。该层就是研究影响准则层进一步细分的指标因子。通过具体指标以体现准则层、目标层的整体情况。

层次分析法是通过梳理影响总体目标的基础元素，根据各层级各元素对总体目标的相关程度依次排序，以此确定准则层、指标层各元素的权重，最后形成考虑多因子的综合评估体系。

最后根据综合评估的结果，研究系统存在的薄弱环节，重点关注风险高、相关性强的影响指标，以此制订相应的处理方案，对解决实际问题有很强的针对性、操作性和应用性。

3.2.3 城市电力供应系统公共安全指标体系

根据前文的分析，城市电力供应系统公共安全风险主要受城市供应侧系统风险、城市电力用户侧供应系统风险及城市安全管理风险三大方面影响。结合相关参考资料，本章从三大方面构建城市电力供应系统公共安全指标体系，如图3-6所示。

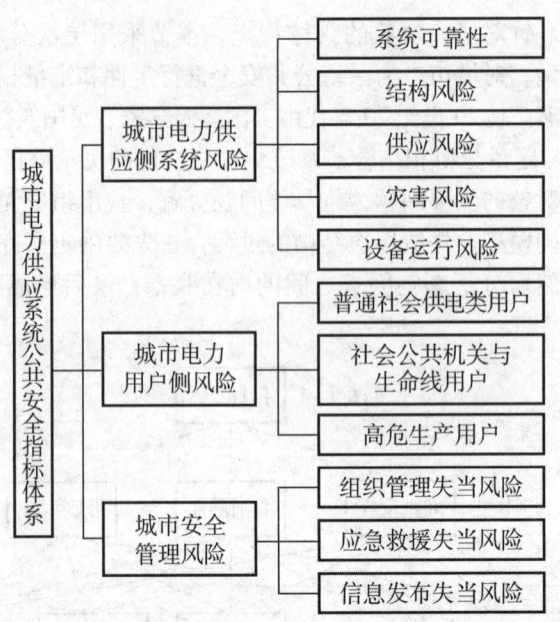

图 3-6　城市电力供应系统公共安全指标体系

3.2.3.1　城市电力供应系统风险

1. 系统供电可靠性

供电可靠性指的是供电系统为用户持续供电的能力，反映了电力供应系统的安全稳定性。

1）用户平均停电时间（SAIDI）。

用户平均停电时间指由系统供电的用户在单位时间内的平均停电持续时间，单位为小时/户，计算公式如下：

$$用户平均停电时间 = \frac{用户停电持续时间的总时间}{总用户数} \quad (3-1)$$

2）用户平均停电次数（SAIFI）。

用户平均停电次数指每个由系统供电的用户在单位时间内的平均停电次数，单位为次/户，计算公式如下：

$$用户平均停电次数 = \frac{用户停电总次数}{总用户数} \quad (3-2)$$

2. 结构风险

1）中压线路联络率。

中压线路联络率指通过线路联络开关与其他中压出线连接的中压线路，计算公式如下：

$$中压线路联络率 = \frac{具备联络的中压公用线路回数}{中压公用线路总回数} \times 100\% \quad (3-3)$$

2）配网可转供率。

可转供电线路指有联络关系的中压线路在同时处于各区（县）最大负荷同一时刻运

行的方式下,某回线路的变电站出线开关停运时,其全部负荷可通过不超过两次转供电操作,转由其他线路供电,那么该线路称为可转供电线路。计算公式如下:

$$配网可转供率 = \frac{可转供公用线路总回数}{公用线路总回数} \times 100\% \quad (3-4)$$

3. 供应风险

电力供应风险指当电力设备供电能力受限时,为避免设备过载跳闸影响大范围的用户,电网公司将采取错峰限电的措施,导致局部地区电力供应受影响。

1)满足 $N-1$ 的高压设备占比。

当电力系统的 N 个元件中的任一独立元件(发电机、输电线路、变压器等)发生故障而被切除后,应不造成因其他线路过负荷跳闸而导致用户停电。如设备不满足 $N-1$,电网公司将安排错峰限电。计算公式如下:

$$满足 N-1 的高压设备占比 = \frac{满足 N-1 的总高压设备}{总高压设备数} \times 100\% \quad (3-5)$$

2)重过载配网设备占比。

当设备实际运行负载达到额定负载的 80% 及以上时,可能会出现设备发热、线路弧垂降低等风险,是导致错峰限电的重要原因。计算公式如下:

$$重过载配网设备占比 = \frac{负载超过 80\% 及以上的总配网设备数}{总配网设备数} \times 100\% \quad (3-6)$$

4. 灾害风险

城市面临的自然灾害主要包括地震、台风、洪水、冰冻等。因此,在输变电工程规划设计过程中,应满足最新的相关技术规范标准(《电力工程水文技术规范》《电力设施抗震设计规范》《架空送电线路杆塔结构设计技术规定》《建筑结构荷载规范》等)。评判指标上应考虑抗灾标准达标情况。

5. 设备运行风险

1)变压器被迫停运率。

变压器被迫停运率指每一百台变压器在单位时间内非计划停运次数,体现变压器设备质量和运行维护情况,单位为次/(百台·年),计算公式如下:

$$变压器被迫停运率 = \frac{变压器非计划停运次数}{总变压器数} \times 100\% \quad (3-7)$$

2)线路被迫停运率。

线路被迫停运率指每一百千米线路在单位时间内非计划停运次数,体现设备质量和运行维护情况,单位为次/(百千米·年),计算公式如下:

$$线路被迫停运率 = \frac{线路非计划停运次数}{总线路千米数} \times 100\% \quad (3-8)$$

3)断路器被迫停运率。

断路器被迫停运率指每一百台断路器在单位时间内非计划停运次数,体现设备质量和运行维护情况,单位为次/(百台·年),计算公式如下:

$$断路器被迫停运率 = \frac{断路器非计划停运次数}{总断路器数} \times 100\% \quad (3-9)$$

3.2.3.2 城市电力用户系统风险

1. 普通社会供电类用户

1) $N-1$ 损失最大用户数。城市为人口密集,行政、经济、商业、交通集中的地区,用户集中度高。而 $N-1$ 即单一故障,是电力系统中最常见的停电事故。因此在指标上考虑 $N-1$ 损失最大用户数以评价城市电网对用户的影响。评判标准按照《广东电网配电网规划技术原则》目标要求,单一设备故障损失城区用户数不得超 6 万户。

2) 人身事故伤亡率。

人身事故伤亡率指单位时间内每一千人在事故中的死亡人数,计算公式如下:

$$人身事故伤亡率 = \frac{人身事故伤亡人数}{总人数} \times 1000 \qquad (3-10)$$

3) 安全教育。对城市居民进行电力安全知识与安全管理宣传教育,主要包括用电安全教育、电力危险标识牌识别、触电急救等基础知识。可增强居民安全防范意识,进而使社会秩序稳定,减少人员伤亡和事故损失。

2. 社会公共机关与生命线用户

1) 供电配置达标率。针对社会公共机关与生命线用户供电可靠性要求高的情况,应设置双路电源供电,一路作为主供电源,另一路作为事故情况下的备用电源。按照相关规范要求,根据用户重要等级,配置不同模式的双路电源。

2) 自备电源达标率。按照相关规范要求,重要电力用户应配置适当容量的应急电源。部分用户虽然配置了应急电源,但存在应急电源容量不够,或者日常维护不到位,起不到自备电源作用的情况。在此指标中考虑自备电源达标率。

3) 输电线路交叉跨越影响。电力系统与其他生命线系统存在交互性作用,主要体现在输电、电缆线路与其他线路之间的交叉跨越影响。输配电线路跨越交通通道、临近加油站及城中村等电网设施发生断、掉线故障时,将可能影响交通安全及加油站、城中村的消防安全。跨越铁路、高速公路及通航河流输配电线路发生断、掉线等故障时,将可能影响铁路、高速公路及通航河流的交通安全。

3. 高危生产用户

1) 保安电源配置。高危生产用户应配置适当容量的保安应急电源,并且能够保证投切,避免在突发停电事故下蒙受巨额损失。指标上考虑应急电源投切成功率。

2) 生产规章制度。高危生产企业应设立相应安全生产规章制度,包括安全生产责任制、日常运行管理制度等。安全生产责任制指设立健全的安全监督管理机构,建立、健全且认真落实企业主要负责人、安全生产管理人员、有权接受调度指令的运行值班人员,以及电气运行岗位人员等与并网安全运行相关的主要人员的安全生产责任制,执行调度机构的调度规程、规定等有关涉网安全规定、规章制度等要求。其中日常运行管理制度应涵盖操作运行规程、两票三制(即工作票、操作票、交接班制度、设备巡回检查制度、设备定期轮换试验制度)、应急预案等。

3) 人员素质。高危生产企业厂区电力设备数量较多,可靠性要求高,对运行与维护技术水平有一定要求。如果用户电力技术人员不具备必备的专业知识,缺乏基本的安全技能和安全素质，可能加大人为因素导致的电网风险。因此针对人员素质的要求，在指标上主要考虑值班人员素质。

3.2.3.3 城市安全管理风险

1. 组织管理失当风险

1）安全管理责任制落实风险。城市电力系统管理主体主要是指针对城市电力系统中可能发生安全事故的环节进行管控和处理的机构，主要包括安全监察机构、应急领导机构、事故调查组织等。城市电力系统安全管理应充分发挥政府的主导作用，相关部门各司其职。安全生产责任制一般以结果为目标导向考核相应责任机构。由于事故数量发生极少，安全管理责任考核机制未能提前暴露问题，部分地方安全生产责任制管理存在形式主义、奖罚不严明、跟踪不严格等问题。另外，部分机构安全生产责任制内容陈旧、管理方式单一，未能及时调整不适应当前形势的管理内容；缺失回顾更新手段，缺乏调整责任制内容依据，未能采用 PDCA 持续改进的闭环模式。

2）法律法规完备性。法律法规体系包括紧急状态法、应急条例、政府令及一些标准等，它给电力系统安全管理提供了法律保障，任何应急处理工作的开展都必须符合法律法规的要求。以该城市是否依照相关的法律法规制定相应的地方性法规，或者是否采用了国家统一的安全法律法规为评判依据。

2. 应急救援失当风险

1）应急预案化率。对于城市电力系统存在的风险点，是否制定相应的应急救援预案，作为该项指标的评判依据。

2）应急物资储备不达标风险。应急物资保障是应急保障的重要组成部分，城市需储备的应急救援物资种类繁多，因此，这里选用应急救援物资储备的覆盖率作为评判依据。以储备额度高于储备方案重购线作为指标的评判依据。

3）应急联动配合不当风险。应急联动主要指电力企业与政府公共职能部门对应急准备、预警、处置等安全管理工作实行整体部署、统一行动的行动机制。以建立相关行动机制为指标的评判依据。

3. 信息发布失当风险

1）信息交流不通畅风险。实现供电局信息平台与政府信息平台互联互通。建立与三防、交通、通信等部门联系的沟通渠道，掌握气象信息、水库泄洪等水情信息，掌握交通运输道路等路况信息，掌握通信信号传输等信息，同时传达事故跳闸、用户缺电信息等电力信息至相关部门。以建立信息互通为评判依据。

2）信息报送延迟风险。信息报送具有时间敏感性，在应急响应阶段需要在短时间内启动救援工作，信息及时报送与否将直接影响救援效果。在计划停电安排中，及时准确发布信息有利于社会电力用户提前安排生产生活计划。

3）信息发布覆盖不全面风险。信息发布具有广源性，即信息的需求主体范围很广，数量很多。在发布有关重要电力信息方面应充分考虑与政府、媒体、公众及客户的沟通，有利于减少谣言传播，进而恢复社会正常秩序，降低事故影响。

综上所述，本书所设计的城市电力系统公共安全风险评估体系如表 3-3 所示。

表 3-3 城市电力系统公共安全风险评估体系

准则层	要素层	基准层	属性	指标来源
城市电力供应系统风险 B_1	系统可靠性 C_1	用户平均停电时间 D_1	定量	《供电系统用户供电可靠性评价规程》
		用户平均停电次数 D_2	定量	《供电系统用户供电可靠性评价规程》
	结构风险 C_2	中压线路联络率 D_3	定量	《南方电网综合计划指标体系》
		配网可转供率 D_4	定量	《南方电网综合计划指标体系》
	供应风险 C_3	满足 $N-1$ 高压设备占比 D_5	定量	《南方电网综合计划指标体系》
		重过载配网设备占比 D_6	定量	《南方电网综合计划指标体系》
	灾害风险 C_4	设备抗灾标准达标率 D_7	定性	文献
	设备风险 C_5	主变被迫停运率 D_8	定量	《供电系统用户供电可靠性评价规程》
		断路器被迫停运率 D_9	定量	《供电系统用户供电可靠性评价规程》
		线路被迫停运率 D_{10}	定量	《供电系统用户供电可靠性评价规程》
城市电力用户风险 B_2	普通社会供电类用户 C_6	$N-1$ 损失最大用户数 D_{11}	定量	《南方电网综合计划指标体系》
		人身事故伤亡率 D_{12}	定量	《南方电网综合计划指标体系》
		安全教育 D_{13}	定性	文献
	社会公共机关与生命线用户 C_7	供电配置达标率 D_{14}	定量	《重要电力用户供电电源及自备应急电源配置技术规范》
		自备电源达标率 D_{15}	定量	《重要电力用户供电电源及自备应急电源配置技术规范》
		输电线路交叉跨越影响 D_{16}	定性	文献
	高危生产用户 C_8	应急电源投切成功率 D_{17}	定量	文献
		运行操作规程、两票三制、应急预案落实情况 D_{18}	定性	文献
		工作人员素质 D_{19}	定性	文献

续表 3-3

准则层	要素层	基准层	属性	指标来源
城市安全管理风险 B_3	组织管理风险 C_9	安全管理责任制落实风险 D_{20}	定性	文献
		法律法规完备性 D_{21}	定性	文献
	应急救援失当风险 C_{10}	应急预案化率 D_{22}	定性	文献
		应急物资储备不达标风险 D_{23}	定性	文献
		应急联动配合不当风险 D_{24}	定性	文献
	信息发布风险 C_{11}	信息交流不通畅风险 D_{25}	定性	文献
		信息报送延迟风险 D_{26}	定性	文献
		信息发布覆盖不全面风险 D_{27}	定性	文献

3.2.4 指标评价标准

对指标进行量化前，参照风险评价等级划分评价指标，将风险分为五个等级：高、较高、一般、低、可接受。对应分值分别为：[9,10]，[7,9)，[5,7)，[3,5)，[0,3)。依照这个等级对各项指标进行量化及等级划分。

由于本节所设计的指标为定性与定量指标相结合的综合性指标体系，不同类型的指标评价有不同的处理方法。定性指标根据专家评价安全程度主观打分。定量指标的评价过程是将不同类型的指标值（取值范围迥异）转化为百分制标准分的过程，转化常采用简单数学函数模拟的方法，常用的模拟曲线主要有以下几类：直线、折线段、抛物线（多项式）、双曲线、指数函数、对数函数等。本节将采用等距离划分算法进行离散化处理，按照风险情况划分为五类。

在选择评价标准值时，尽量采用已有规定的标准值，参照相关行业标准或企业标准的指标规定。如相关指标标准未有规定，则参考同类别具有参考意义的城市的现状值，或者以现有相关研究成果作为标准。在本节中，大多指标来源于行业标准和电网企业，指标的标准值数据源主要包括《南方电网公司安全生产指标计划》《广东电网公司配电网建设运营管理关键技术指标计划》《中国南方电网有限责任公司电力事故事件调查规程》以及相关资料。因篇幅所限，相关定量指标评价标准如表 3-4 所示。

表 3-4 城市电力系统公共安全风险评估体系定量指标评价标准

基准层	高 [9, 10]	较高 [7, 9)	一般 [5, 7)	低 [3, 5)	可接受 [0, 3)
用户平均停电时间（小时/户）	>23.3	23.3~19.41	19.41~15.52	15.52~11.64	<11.64
用户平均停电次数（次/户）	>5.41	5.41~4.1	4.1~2.79	2.79~1.5	<1.5

续表 3-4

基准层	高 [9, 10]	较高 [7, 9]	一般 [5, 7]	低 [3, 5]	可接受 [0, 3]
中压线路联络率（%）	<86.12	86.12～90.14	90.14～94.16	94.16～98.18	>98.18
配网可转供率（%）	<74.08	74.08～82.11	82.11～90.14	90.14～98.18	>98.18
满足 $N-1$ 高压设备占比（%）	<94.06	94.06～94.75	94.75～95.44	95.44～96.15	>96.15
重过载配网设备占比（%）	>2.89	2.89～1.92	1.92～0.95	0.95～0	0.00
主变被迫停运率 [次/（百台·年)]	>0.71	0.71～0.67	0.67～0.63	0.63～0.61	<0.61
断路器被迫停运率 [次/（百台·年)]	>0.28	0.28～0.23	0.23～0.18	0.18～0.13	<0.13
线路被迫停运率 [次/（百千米·年)]	>0.51	0.51～0.49	0.49～0.47	0.47～0.47	<0.47
$N-1$ 损失最大用户数（户）	>60 000	60 000～50 000	50 000～40 000	40 000～20 000	<20 000
人身事故伤亡率 [人/（千人·年)]	>0.01	0.01～0.007	0.007～0.005	0.005～0	0.00
供电配置达标率（%）	<80	80～85	85～90	90～100	100.00
自备电源达标率（%）	<70	70～77.5	77.5～85	85～100	100.00
应急电源投切成功率（%）	<100	100	100	100	100

3.2.5 指标权重确定

3.2.5.1 层次分析法介绍

前文已经简要介绍了利用层次分析法（AHP）划分城市电力系统公共安全风险评估体系的层次结构，以下简述层次分析法确定评价指标权重的方法与步骤。应用层次分析法确定评价指标的权重，就是在建立有序递阶指标体系的基础上，通过比较同一层次各指标的相对重要性来综合计算指标的权重系数。

1. 构造判断矩阵

通过组织专家判断，完成同一层次内 n 个指标重要性比对分析。层次分析法在判断指标的相对重要性的过程中，一般按九分位的比例标度进行划分，见表 3-5。判断矩阵 A 中各元素 a_{ij} 为 i 行指标相对 j 列指标进行重要性两两比较的值。

表 3-5 标度说明

标度	含义
1	表示两指标相比，具有相同的重要性
3	表示两指标相比，前者比后者稍重要
5	表示两指标相比，前者比后者明显重要
7	表示两指标相比，前者比后者强烈重要
9	表示两指标相比，前者比后者极端重要
2，4，6，8	表示上述相邻判断的中间值
倒数	若指标 i 与 j 重要性之比为 a_{ij}，则指标 j 与 i 重要性之比为 $a_{ji}=1/a_{ij}$

显然，在判断矩阵 A 中，$a_{ij}>0$，$a_{ii}=1$，$a_{ij}=1/a_{ji}$（其中 $i,j=1,2,\cdots,n$）。因此，判断矩阵 A 是一个正交矩阵，左上至右下对角线位置上的元素为1，其两侧对称位置上的元素互为倒数。每次判断时，只需要做 $n(n-1)/2$ 次比较即可。

2. 权重及一致性检验的计算

对判断矩阵 A 的行向量依次计算几何平均值，再进行归一化处理，求出的行向量即为权重向量。设判断矩阵的最大特征根为 $\lambda_{\max}$，矩阵的特征向量为 W，则 $AW=\lambda_{\max}W$。权重及一致性检验的计算的过程如下：

1）$\lambda_{\max}$ 和 w 的方根法计算步骤

（1）判断矩阵每一行元素的乘积 $M_i=\prod_{j=1}^{n}b_{ij}$，$i=1,2,\cdots,n$。

（2）计算 M_i 的 n 次方根 $W_i=\sqrt[n]{M_i}$。

（3）对向量 $w=(W_1,W_2,\cdots,W_n)$ 归一化，计算指标权重，$w_i=W_i/\sum_{i=1}^{n}W_i$，$w_i$ 即为权重值。

（4）计算判断矩阵的最大特征根 $\lambda_{\max}=\frac{1}{n}\sum_{i=1}^{n}\frac{(AW)_i}{w_i}$。

2）判断矩阵一致性的检验

层次分析法是将主观判断转换为数字化、形象化的处理过程，将主观描述转化为客观数据结果。由于多种因素影响，主观判断或许存在逻辑偏差，可能导致计算结果出现不合理或前后矛盾的问题。为了确保客观计算结果的合理可靠，有必要对判断矩阵进行一致性检验计算。一致性指标 $CI=\frac{\lambda_{\max}-n}{n-1}$。

为了度量不同阶数，判断矩阵是否具有符合标准的一致性，需引入判断矩阵的平均随机一致性指标 RI 值。1～10 阶判断矩阵的 RI 值如表 3-6 所示。

表 3-6 判断随机一致性 RI 值

n	1	2	3	4	5	6	7	8	9	10
RI	0	0	0.52	0.89	1.12	1.26	1.36	1.41	1.46	1.49

当阶数大于 2、判断矩阵的一致性比率 CR = CI/RI < 0.10 时,即认为判断矩阵具有满意的一致性,否则需要调整判断矩阵,以使之具有符合标准的一致性。

3.2.5.2 确定指标权重

根据前文所构建的指标体系评价层次结构,依据 1~9 标度构建两两比较矩阵,并邀请惠州供电局的 5 位专家为所构建指标的重要度打分,收集相关问卷后,按照层次分析法的计算步骤,求出指标体系的各层次的权重。以下以要素层的"输配电线路交叉跨越影响"指标为例,计算其相对于目标层"城市电力系统公共安全风险"所占的比重。

从层次结构图可知,需要建立 3 个判断矩阵,分别为基准层的"输配电线路交叉跨越影响 D_{16}"与要素层"社会公共机关与生命线用户 C_7",要素层"社会公共机关与生命线用户 C_7"与准则层"城市电力用户风险 B_2",准则层"城市电力用户风险 B_2"与目标层"城市电力系统公共安全风险 A"。各位专家对这三个矩阵的评价结果如表 3-7 所示。

表 3-7 专家打分情况(节选)

i/j	专家打分	i/j	专家打分	i/j	专家打分
D_{14}/D_{15}	1/2, 1/3, 1/3, 1/2, 1/4	C_6/C_7	1/5, 1/4, 1/6, 1/4, 1/5	B_1/B_2	3, 1/2, 1/3, 1/2, 1
D_{14}/D_{16}	4, 3, 3, 4, 3	C_6/C_8	1/8, 1/6, 1/8, 1/7, 1/7	B_1/B_3	2, 2, 1, 1, 2
D_{15}/D_{16}	6, 5, 5, 5, 6	C_7/C_8	1/3, 1/2, 1/3, 1/3, 1/3	B_2/B_3	1, 4, 4, 3, 3

考虑到各专家水平相近,取其打分的平均值作为计算依据。参考相关文献,应用 EXCEL 分别计算专家打分值是否满足一致性检验,具体过程如表 3-8 ~ 表 3-10。

表 3-8 对 $D_{14} - D_{16}$ 矩阵权重计算过程

几何平均值	权重	加权和	近似特征值	λ_{max}	CI	RI	CR
1.09	0.28	0.85	3.03				
2.42	0.62	1.88	3.03	3.03	$CI = \dfrac{\lambda_{max}-3}{3-1} = 0.015$	查表得知 $n=3$,取 0.52	$CR = \dfrac{CI}{RI} = 0.03$
0.38	0.10	0.30	3.03				

可知 CR = 0.03、小于 0.1 时,专家对 $D_{14} - D_{16}$ 矩阵的评分符合一致性。指标 $D_{14} - D_{16}$ 的权重分别为 0.28,0.62,0.10。

表 3-9 对 $C_6 - C_8$ 矩阵权重计算过程

几何平均值	权重	加权和	近似特征值	λ_{max}	CI	RI	CR
0.31	0.07	0.22	3.04				
1.21	0.29	0.87	3.04	3.04	$CI = \dfrac{\lambda_{max} - 3}{3 - 1} = 0.02$	查表得知 $n = 3$,取 0.52	$CR = \dfrac{CI}{RI} = 0.04$
2.68	0.64	1.94	3.04				

可知 CR=0.03、小于 0.1 时,专家对 $C_6 - C_8$ 矩阵的评分符合一致性。指标 $C_6 - C_8$ 的权重分别为 0.07,0.29,0.64。

表 3-10 对 $B_1 - B_3$ 矩阵权重计算过程

几何平均值	权重	加权和	近似特征值	λ_{max}	CI	RI	CR
1.09	0.34	1.01	3.02				
1.55	0.48	1.45	3.02	3.02	$CI = \dfrac{\lambda_{max} - 3}{3 - 1} = 0.01$	查表得知 $n = 3$,取 0.52	$CR = \dfrac{CI}{RI} = 0.02$
0.59	0.18	0.55	3.02				

可知 CR=0.02、小于 0.1 时,专家对 $B_1 - B_3$ 矩阵的评分符合一致性。指标 $B_1 - B_3$ 的权重分别为 0.34,0.48,0.18。

由以上计算结果可以得出,B_2 相对 A 的权重为 0.48,C_7 相对 B_2 的权重为 0.29,D_{16} 相对 C_7 的权重为 0.10,则最终 C_7 相对 A 的权重为 0.014。同理,计算出其他指标权重,最终结果如表 3-11 所示。

表 3-11 城市电力系统公共安全风险体系指标权重

准则层	权重	要素层	权重	基准层	权重
城市电力供应系统风险 B_1	0.34	系统可靠性 C_1	0.21	用户平均停电时间 D_1	0.32
				用户平均停电次数 D_2	0.68
		结构风险 C_2	0.15	中压线路联络率 D_3	0.47
				配网可转供率 D_4	0.53
		供应风险 C_3	0.25	满足 $N-1$ 高压设备占比 D_5	0.37
				重过载配网设备占比 D_6	0.63
		抗灾能力 C_4	0.31	设备抗灾标准达标率 D_7	1
		设备风险 C_5	0.18	主变被迫停运率 D_8	0.38
				断路器被迫停运率 D_9	0.12
				线路被迫停运率 D_{10}	0.5

续表 3-11

准则层	权重	要素层	权重	基准层	权重
城市电力用户风险 B_1	0.48	普通社会供电类用户 C_4	0.07	$N-1$ 损失最大用户数 D_{11}	0.39
				人身事故伤亡率 D_{12}	0.45
				安全教育 D_{13}	0.16
		社会公共机关与生命线用户 C_5	0.29	供电配置达标率 D_{14}	0.28
				自备电源达标率 D_{15}	0.62
				输电线路交叉跨越影响 D_{16}	0.10
		高危生产用户 C_6	0.64	应急电源投切成功率 D_{17}	0.46
				运行操作规程、两票三制、应急预案落实情况 D_{18}	0.3
				人员素质 D_{19}	0.24
城市安全管理风险 B_3	0.18	组织管理 C_9	0.21	机构设置 D_{20}	0.65
				法律法规 D_{21}	0.35
		应急救援 C_{10}	0.51	应急预案化率 D_{22}	0.3
				应急物资储备达标率 D_{23}	0.4
				应急队伍联动 D_{24}	0.3
		信息发布 C_{11}	0.28	信息互通 D_{25}	0.3
				信息报送及时性 D_{26}	0.4
				信息发布覆盖情况 D_{27}	0.3

3.3 案例分析——惠州市电力系统公共安全风险评估体系

3.3.1 惠州市电力系统概况

惠州市位于广东省东南部,珠江三角洲东北端,南临南海大亚湾,与广州、东莞、深圳、香港相邻。惠州市现辖惠城区、惠阳区、大亚湾区、惠东县、博罗县、龙门县,全市总面积为 11 158 平方公里。惠州市全市现有 69 个镇(办事处),1244 个村(居)委会。惠州市 2018 年底常住人口为 483 万人。

惠州市交通便利,莞惠轻轨、惠澳铁路、京九铁路与厦深铁路汇合后贯通全境;广汕、广梅、深汕公路以及惠盐、惠河、深汕、广惠高速公路也在此交叉汇通。大亚湾、惠东深水港吞吐量大,与各大港口往来密切,还有作为区域枢纽的惠州机场,构成惠州海陆空多层级交通枢纽。

2015 年惠州市地区生产总值为 3140 亿元,同比增长 9%,经济总量稳居全省第 5 位,增速居全省第 2 位。惠州市重点行业主要包括石化用户、电子制造业等，2015 年受油价下降、石化用户改造检修等因素影响，规模以上石化产业增加值同比下降 5.9%；受市场竞争等因素影响，三星电子、TCL 王牌、华阳集团等重点企业产值呈现低位增长或负增长，全市规模以上电子信息产业增加值仅增长 6.8%。受此影响，2015 年全市地区生产总值增速有所回落。

2015 年惠州市全社会用电量 284.57 亿千瓦时，同比增长 4.64%，最高负荷 490.1 万千瓦，同比增长 1.01%。截至 2015 年底，惠州市有 500 千伏变电站 4 座，主变压器 8 台，总容量为 6750 兆伏安，线路总长度 1117.8 千米；220 千伏变电站共 24 座，主变压器 50 台，总容量 9990 兆伏安（另有用户站 2 座，主变压器 4 台，主变容量 320 兆伏安），线路长度 1746 千米（含电缆 2.8 千米）；110 千伏变电站 106 座，主变压器 212 台，总容量 10 183.5 兆伏安（另有用户厂站 24 座，主变压器 43 台，总容量 1822.5 兆伏安），线路长度 2523.8 千米（含电缆 41.7 千米）；35 千伏变电站 5 座，主变压器 5 台，总容量 25.6 兆伏安，35 千伏线路长度 246.4 千米。

惠州电网是粤东电网与珠三角电网连接的主要通道，担负着三峡直流及粤东电力外送至珠三角的重要任务，地域面积大，过网线路多，保障电网安全运行的任务尤为艰巨。目前通过鹅博甲乙线与鹅城换流站相连，通过惠茅甲乙丙线、胪祯甲乙线、博横甲乙线、从博甲乙线、祯宝甲乙线、东惠甲乙线、能福甲乙线、福东甲乙线、上博甲乙线等 23 回 500 千伏线路与广东省网相连。

惠州 220 千伏电网以 500 千伏变电站为供电中心，分为惠州、博罗、福园、祯州四片区运行；与相邻地区 220 千伏电网联系较为紧密，目前通过东澎—桂竹、荣田—盘古石、冯屋—荔城、仰天—升平、仰天—联禾、青塘—联禾等 220 千伏线路分别与汕尾、深圳、广州和河源电网相联。

3.3.2 惠州市电力系统公共安全风险评估

根据前文确定的城市电力系统公共安全评价指标，对惠州市电力系统做出评价。指标的评价标准参照前文核定结果。其中定量指标的数据来源于《惠州电网 2015 年年度运行方式》《惠州电网 2015 年高峰负荷报告》《惠州供电局 2015 年系统运行计划》《广东电网有限责任公司 2015 年安全生产风险报告》《惠州供电局 2015 年综合计划指标》以及相关部门的绩效考核情况表。定性指标主要来源于电力行业专家的经验数据，通过发放问卷的方式获取。

3.3.2.1 电力系统公共安全风险评估体系指标评价

根据数据统计结果，惠州市电力系统公共安全风险评估体系指标评价情况如表 3－12 所示。

表 3-12 电力系统公共安全风险评估体系指标评价情况

准则层	要素层	基准层	计算结果	风险度
城市电力供应系统风险 B_1	系统可靠性 C_1	用户平均停电时间 D_1	3.79	1
		用户平均停电次数 D_2	2.3	1
	结构风险 C_2	中压线路联络率 D_3	90.18	3.5
		配网可转供率 D_4	82.06	4.5
	供应风险 C_3	满足 $N-1$ 高压设备占比 D_5	95.18	4.1
		重过载配网设备占比 D_6	2.16	5.5
	抗灾能力 C_4	设备抗灾标准达标率 D_7	定性	1.5
	设备风险 C_5	主变被迫停运率 D_8	0.19	1
		断路器被迫停运率 D_9	0.15	1
		线路被迫停运率 D_{10}	0.41	1
城市电力用户风险 B_2	普通社会供电类用户 C_6	$N-1$ 损失最大用户数 D_{11}	48000	2.7
		人身事故伤亡率 D_{12}	0	0
		安全教育 D_{13}	定性	3.5
	社会公共机关与生命线用户 C_7	供电配置达标率 D_{14}	92%	1.5
		自备电源达标率 D_{15}	84%	5.5
		输电线路交叉跨越影响 D_{16}	定性	1
	高危生产用户 C_8	应急电源投切成功率 D_{17}	100	0
		运行操作规程、两票三制、应急预案落实情况 D_{18}	定性	1.5
		人员素质 D_{19}	定性	3.5
城市安全管理风险 B_3	组织管理风险 C_9	安全管理责任制落实风险 D_{20}	定性	1.5
		法律法规完备性 D_{21}	定性	2
	应急救援失当风险 C_{10}	应急物资储备不达标风险 D_{23}	定性	1
		应急队伍配合不当风险 D_{24}	定性	3.5
	信息发布风险 C_{11}	信息交流不通畅风险 D_{25}	定性	5.5
		信息报送延迟风险 D_{26}	定性	2.5
		信息发布覆盖不全面风险 D_{27}	定性	4

依照所得的指标权重,以及专家对惠州电力系统公共安全体系的各项指标的打分,运用加权求和的计算方法,可以得出惠州市电力系统公共安全风险体系的评估分数为:

$$R = \sum_{i=0}^{n} \gamma_i w_i = 2.33$$

计算结果在 [0, 3) 之间，即该城市的城市电力系统公共安全风险属于可接受的等级，与实际情况相符。但从指标上看，个别指标安全程度偏低，需要针对问题采取应对措施以提升安全性。

在指标体系评估中，结构风险、供应风险、生命线用户风险、信息发布风险等风险度偏高，影响惠州市电力系统公共安全风险度的主要因素包括以下方面。

（1）网络结构因素：网络结构按电压等级划分主要分为 10 千伏及以下配网与 35 千伏及以上主网。配网主要存在问题有：环网规划不规范，部分地区联络点畸多，但联络能力不足，形同虚设；部分地区采取了环中环的建设方式，存在安全隐患；配网自动化通信配置滞后；中压配网规划要求不明确等。主网存在的问题有：基础建设推进滞后，重过载设备长期存在，部分地区出现结构性限电问题；部分线路、主变不满足 N-1，可能导致在故障情况下扩大事故后果；单一站点接入的用户过于集中，存在在故障情况下影响大量用户的风险等。

（2）用户侧管理：居民用户安全教育效果不佳，部分区域安全标示缺失或者不够醒目，用户预防人身触电与救护能力不足；城市生命线等重要用户过于依赖网电，自备电源配置不满足要求，或者自备电源疏于维护；用户所聘请的电力维护人员素质参差不齐，安全意识淡薄，安全管理制度未有效落实等。

（3）信息交互：与市应急办、三防办、经信局等管理机构密切联系，但与其他基础设施管理单位信息交互渠道仍待通畅；因基础资料不齐全、发布渠道不全面等原因，信息发布覆盖面及效果仍较有限。

3.3.3 对策及建议

经过前文的研究分析，对惠州市电力系统公共安全模型的各级指标进行了计算和评判。结合当前的研究情况，针对指标体系中反映出的惠州市电力系统存在的问题，以下提出相应的建议及解决措施。

1. 局部电网停电风险

修编单一元件故障导致一级事件及以上的风险点以及不满足 N-1 设备的风险点等网架完善方案。研究检修方式下母线等单一元件故障可能导致较大及以上事故的风险及其综合防范措施。对单一元件故障导致一级事件及以上风险的设备、不满足 N-1 设备的设备实施特维，严防跳闸及长时间非计划停运。

2. 自然灾害导致的大面积停电风险

落实重点城市保底电网完善项目，修编基于现有网架的保底电网工作方案。组织修编防风、防汛、防震等应急预案，开展反事故演练，提高在恶劣气候和灾害条件下电网运行的应急处置能力。研究制定遭受重大外力破坏后的电网快速恢复预案，落实相关的应急物资储备工作。

3. 设备安全风险

强化落实现场作业安全责任制，加强作业人员安全教育与培训，严格执行公司作业现场规章制度。进一步明确运行部门的职能管理要求,从思想认识、组织措施、技术措施、激励考核等方面加强运行管理,确保反误操作的各项措施落到实处。

落实设备装备技术导则,明确细化并严格执行设备技术规范。完善设备采购策略,制定设备采购策略调整计划,提升设备采购质量,把好设备"入口关"。加强设备监造职能管理,明确设备监造、验收责任,改进设备监造管理工作,提升监造水平。完成配网关键设备运行评价,将评价结果应用到招标策略中。

4. 人员触电的公共安全风险

梳理完善配网设备设施工程设计、施工、验收标准,按照国家、行业及公司有关规定要求,严格进行配网设备设施的设计、施工和验收。在人口密集区域,原则上应使用绝缘导线、设置隔离性和防攀爬设施,提高设备设施自身的安全防护水平。

强化配电设施巡视、消缺工作,进一步做好低压线路运行维护,严格按照巡视周期及要求开展低压线路巡视,重点检查邻近学校、幼儿园、市场等人流密集场所、跨越道路、通航河流等重点区段的低压线路是否存在导线断股、接头发热、电杆倾斜、杆基不稳、拉线失效等可能发生断线倒杆现象的隐患。按照安健环设施标准做好警示标志牌设立、防碰撞设施等工作。

紧密依靠当地政府部门,采用多种形式开展防触电宣传工作,提高全民安全用电意识和防触电知识水平,增强安全防范意识。

5. 输配电线路交叉跨越公共区域风险

加强新建工程管控,在规划、设计、施工、验收等环节做好审查把关工作,严控新增交叉跨越隐患。确保新建、改造输配电线路安全距离符合规范要求。

做好对现有输配电线路跨越电气化铁路、高速公路、航道、临近加油站等设备设施的日常运维、隐患排查和缺陷管理工作,建立与相关方的沟通联系机制,做好特巡特维及抢修准备。

6. 重要保供电场所及重要用户停电造成不良社会影响的风险

加强保供电工作计划和工作方案管理,做好重要保供电场所供电安全风险评估工作。提升重要客户供电电源配置合格率,确保增量重要用户满足供电电源配置要求,强化对"双不满足"重要用户的风险告知,确保逐一落实。

7. 停电事故事件应急处理不当扩大社会影响的风险

针对部分业务开展社会舆论风险评估,提前预控风险,继续修订和完善预案与制度。组织各类应急预案,就突发停电事件、重大自然灾害停电事件、安全生产类事件等开展专项的新闻应急演练。

完善用户沟通协调机制,完善突发事件情况下应急处置与信息沟通机制,保障各级部门与社会用户在突发事件处置过程中沟通顺畅。

提升新闻宣传和后勤服务能力,完善与中央媒体沟通联络渠道,进一步优化新闻发布流程,优化完善外来应急支援队伍的接待和指引工作。

3.4 本章小结

随着经济社会的快速发展,电力已成为人们生活、工作的重要构成要素。对于现代城市而言，城市电力供应系统是城市中最基本的市政公用设施，是保证城市正常秩序的生命线，安全可靠的电力供应成为城市稳定的重要因素。电力安全问题已经不再单纯是一个技术问题，更是公共安全问题。因此，正确合理地进行城市电力系统公共安全风险评估是做好城市电力风险管理的关键因素。

本章主要从公共安全的角度入手，对城市电力系统风险进行分析评估。通过分析城市电力系统影响公共安全的因素，构建城市电力系统公共安全风险评估体系，建立城市电力系统公共安全风险评估模型，得到以下结论：

（1）提出城市电力系统公共安全风险评估体系。从影响社会公共安全的理论入手，分析电力系统安全和社会公共安全之间的密切联系，研究电力系统对社会公共安全的影响要素，综合考虑城市电力供应系统、电力用户系统以及安全管理三方面要素，并在此基础上构建城市电力系统公共安全评估指标体系。

（2）建立城市电力系统公共安全风险评估模型。根据相关法律法规、国家标准和行业标准，制定指标量化标准，并通过层次分析法（AHP）进行权重分配，建立了一套基于模糊评价的城市电力系统公共安全评估模型。

（3）以惠州市电力系统为例，对城市电力系统公共安全风险评估模型进行了应用研究。结果表明，利用该评价方法可以清晰地分析城市电力系统公共安全存在的问题。对规划城市电力系统、指导城市公共安全发展具有一定意义。

在今后的城市电力系统公共安全评价研究中，仍需要完善以下几个方面：

（1）对于城市电力系统公共安全评价，还可以从指标完整性和指标选择性进行优化研究，比如采用粗糙集理论的方法对指标体系进行剪枝梳理，使指标更具代表性，并降低评估工作的复杂程度和提高有效性。

（2）完善指标评价标准。未来考虑经过多次实践经验，或者对标先进企业标准，滚动修正评价指标的标准，使其更具实用意义。

（3）可以进一步拓展至城市电力企业公共安全评价，增加成本绩效评价、法律诉讼影响、公关危机处理能力等电力企业运营的相关内容，补全公共安全评价体系。

4 灾害情景下城市电信系统的协同应急管理及风险评估

通信、交通、电力、供水和供气等基础设施系统工程构成了现代化城市生命线系统，任何一环的崩坏都将造成不同程度的重大影响。由于通信网络的广泛性和即时性等特性，通信故障的发生对人民日常生活的影响之大日益彰显。当城市发生重大灾害事故时，通信网络中断所造成的负面影响是巨大的：通信网络中断将导致信息的隔断，导致灾害信息不能及时发布，使组织抢救难度剧增。长时间的网络中断容易造成民众心理恐慌，进而产生诸多次生灾害。

通信系统作为城市生命线系统中重要的组成部分，在洪涝、台风、地震等自然灾害以及交通事故、工业事故等事故灾害和群体性事件、恐怖袭击等社会安全事件的灾害环境及其引发次生灾害连锁反应下，有着其脆弱性和存在一定的缺陷性。灾害环境状况下通信系统的崩坏往往造成信息的隔断，从而加剧灾害抢救的难度和耗费更长时间，以致灾情加重；同时，长时间通信的隔断容易造成民众心理恐慌进而引发群体事件，造成社会问题，产生重大的破坏和影响。近年来我国自然灾害事件、事故灾害事件和社会安全事件频发，如2008年汶川地震、2008年瓮安群体性事件、2015年天津港爆炸事件等，在灾害环境下尤其凸显出应急通信保障的重要性。而我国在应急通信保障这方面发展相对滞后，应急通信保障体系的建立能有效保障突发事件下通信网络的稳定性和提高网络通信系统的健壮性。因此，研究突发事件的通信网络协同应急管理，对完善我国公共灾害下应急通信管理制度和丰富公共应急管理体系有一定的作用。

本章着手研究灾害环境下电信通信系统在面临危机时的安全性、脆弱性和承受力等。以文献研究、实地考察和资料搜集为基础，基于"三角形"框架模型围绕"灾害要素"对事件进行拆解分析研究，试图在公共应急管理角度对现有灾害情景下的应急通信管理进行全面分析，得出当前协同应急管理机制中存在的缺陷和不足，类比国内外的应急管理制度的设计和实际处置经验教训，结合目前的实际情况，提出灾害情景下电信系统的协同应急管理机制的见解和建议。

4.1 电信系统灾害事件应急管理现状及存在问题

4.1.1 灾害情景下电信系统的协同应急管理现状

以广东省为例，《广东省通信保障应急预案》中明确指出：在发生通信保障应急事件时，由省人民政府或省人民政府授权省通信管理局建立省通信保障应急领导小组，统一领导和指挥全省通信保障应急工作，省通信保障应急领导小组下设办公室负责相关日常工作。《广东省通信保障应急预案》中规定，通信保障应急领导小组由多个政府部门、单位及相关企事业单位组成,有省政府职能部门(如省委宣传部、经济和信息化委、民政厅和财政厅等),还有行业监管部门(如省通信管理局、南方电监局和民航中南管理局等),以及各省级基础电信运营企业和与通信、交通运输密切相关的企业(如电信、移动和联通、南方电网和广铁集团等企业)。在通信保障应急事件发生时,各成员单位根据应急响应级别,按照省通信保障应急领导小组的统一部署和各自职责,配合做好通信保障应急工作。

通信保障应急管理的运行机制主要分为预防预警、应急处置、恢复重建和信息发布四个环节,包括信息通报、先期处置、响应启动、现场处置、资源保障、信息发布和应急终止七个阶段。其应急处置流程图如图4-1所示。

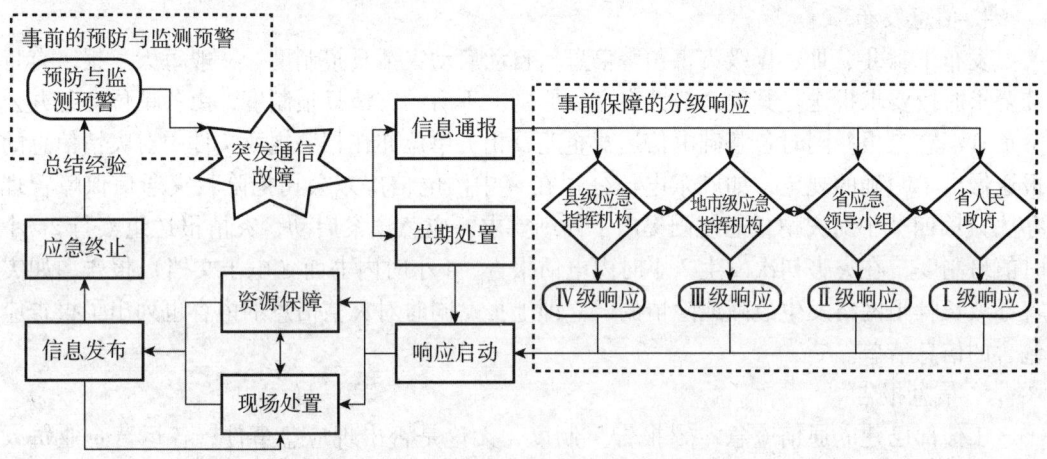

图4-1 通信保障应急处置流程图

广东省所面临的应急保障情景主要有自然灾害、事故灾难和社会安全事件三类,其中自然灾害主要以台风、暴雨洪涝为主;事故灾害主要有工业事故和火灾等;社会安全事件则主要为反恐防暴方面。

4.1.1.1 自然灾害情景下的应急管理

1. 预防预警

预防工作主要由三大通信运营商承担,对各自的相关机房定期巡查、优化线路,同时完备应急抢险物资;预警则由气象局、海洋局、地震局和水文局为主要承担部门,相关部门及时发出对应的应急预警信息,应急处置部门对预警级别分级响应。台风预警根据台风风力强度及影响程度由高到低分为红、橙、黄、蓝和白共五级;暴雨预警分为红、橙和黄三级;洪水分为红、橙、黄和蓝共四级;地震无相关预警分级。

2. 分级响应及应急处置

对应自然灾害的预警级别以及灾害发展趋势、破坏性和紧急程度,在相关应急预案中皆将应急响应分为四个级别,分别为Ⅰ级响应、Ⅱ级响应、Ⅲ级响应和Ⅳ级响应。各应急处置单位在接到应急预警后采取相应级别的应急响应措施。

通信故障的现场应急处置,由事发地现场通信保障应急指挥机构进行统一指挥部署,实行现场指挥官制度,相关单位依照职责履行相应的义务参与应急处置工作。上一级人民政府和相关单位按照职责及相关应急预案要求，给予相关技术指导及人员、物资供给支援。但实际情况是通信管理局只有省一级机构和派出机构深圳市通信管理局，往往无法实行应急现场指挥，而是由运营企业各自应对，及时将情况报告给省通信管理局，在台风灾害时通过省级平台统一协调指挥。

3. 恢复重建

在突发应急处置工作结束后，由通信管理局组织制订灾后重建计划并提交给上级政府部门，基础电信运营商根据重建计划尽快维修被损坏的通信设施。由通信管理局组织协调相关各方配合落实灾害重建工作，及时向上级政府报告重建进展情况，基础电信运营企业按照轻重缓急及实际条件，尽快维修和重建被损坏的通信设施。

4. 信息发布

发布Ⅰ、Ⅱ、Ⅲ、Ⅳ级灾害预警信息，自动启动灾情日报制度，一般每天一报，有特殊要求时按要求报送。其他一般性灾害，原则上不启动灾情日报制度，由各单位应急办公室负责汇总上报。同时各基础电信运营企业及相关单位亦在相关规章文件中对灾情信息的报送做出了明确的规定，如广东电信公司在《中国电信广东公司抢险救灾通信保障管理办法》第四节中对灾情报送规则提出了详细要求：应急预案启动，灾情报送组实行24小时值班制度，在灾害初次发生2小时内电话报告、4小时内书面（电子文档）报告，如灾害导致长骨干网络发生故障或险情的，立即上报，同时对灾情信息的内容也列出了报告应包含的信息清单。

5. 信息报告

工信部已建立通信应急"零报告"制度，无论是否出现应急事件，各运营企业每天均需要向广东省战备应急通信办公室提交网络运行情况报告，省应急通信办公室根据职责将省内的汇总情况报告至工信部通信应急中心。各基础电信运营企业自动启动灾情日报制度，一般每天一报，灾害预警发生及有特殊要求时则按要求报送。同时各基础电信运营企业及相关单位亦在相关规章文件中对灾情信息的报送做出了明确的规定，如广东电信公司在《中国电信广东公司抢险救灾通信保障管理办法》第四节中对灾情报送规则提出了详细要求：应急预案启动，灾情报送组实行24小时值班制度，在灾害初次发生2小时内电话报告、4小时内书面（电子文档）报告，如灾害导致长骨干网络发生故障或险情的，立即上报，同时对灾情信息的内容也列出了报告应包含的信息清单。

4.1.1.2 事故灾难情景下的应急管理

1. 预防预警

各级政府部门、企事业单位负责各职责范围内的生产、经营和办公场所的火灾、事故隐患，并及时整改。当发生事故时应根据严重程度及时逐级上报各级政府安全委员会，紧急情况下可越级上报。

2. 分级响应及应急处置

事故的应急响应同样分为四级，按影响程度和紧急程度划分，Ⅰ至Ⅳ级分别对应特别重大、重大、较大和一般生产安全事故。而在应急通信保障方面则根据灾害对通信影响程度由相应级别应急指挥机构启动通信保障应急响应。

3. 恢复重建

在火灾、事故灾害后，各基础电信运营商应迅速修复损坏的线路和设备，并对应急物资进行清点和回收，对已消耗的应急物资及时补充。

4. 信息发布

相关事故信息按照应急预案相关流程及时上报，灾情的公布则由政府相关单位（如省委宣传部、省新闻办）按规定办理。

4.1.1.3 社会安全事件情景下的应急管理

1. 预防预警

各基础电信运营企业应严格管理核心通信机房，当下属单位接到爆炸、通信设施遭到破坏、机楼可能发生恐怖袭击等信息时，应立即向当地公安、消防部门报告备案，同时启动相关应急预案。

2. 应急处置

恐怖袭击事件按影响程度分为特大、重大、较大和一般四个级别，在发生恐怖袭击事件时应及时上报，按照当地人民政府的决定和命令，公安、消防和事发单位根据现场指挥组织下达的指令开展应急救援和处置工作。

3. 恢复重建

在应急处置后，各基础电信运营商对事件造成的线路和设备的损坏进行修复，迅速恢复事件造成的通信中断。

4.1.2　存在问题分析

4.1.2.1　协同应急管理组织体系运行不畅

协同应急管理是一个跨区域、跨部门的系统工程管理，往往不是一个政府部门或企业就能够有效完成。协同的意义在于多部门、单位和企业的协同统一、通力合作和相互配合。在目前组织体系下，电信系统的协同应急管理仍存在一定问题，导致在遇到突发事件时政府部门、企事业单位和社会组织之间缺乏有效的协同应急机制。目前我国的行政体系是部门的权力和职责条块化，不同部门间的权力职责有着明显界定。在这种模式下导致各部门形成自身的利益链，在部门的内部存在共同利益，纵向的工作执行效率高，而横向由于部门间并非行政从属关系，且没有太多共同利益甚至存在利益冲突，同级别横向沟通往往遇到层层障碍。在这种情形下各部门协同度低，配合难度高，运行效率低，工作的执行往往需要上级部门协调。

1. 事前规划协同不足

目前我省通信基础设施建设规划严重滞后，在通信管道的规划铺设上，政府部门未能协调公路、铁路、电力及三大通信运营企业等需要铺设通信线路的单位进行线路管道的总体规划。各企业从线路管道铺设到维护抢修各环节均各自为政，难以实现资源的有效利用。甚至于出现有些道路旁每家企业皆立一杆的画面，浪费大量人力、物力和相关资源。行业间的壁垒阻碍资源的有效共享和利用，造成我省高速公路特别是高铁沿线通信信号覆盖落后的状况，同时也阻碍应急管理的协同统一。

2. 体制制约导致的协同效率较低

目前应急通信管理形成了"应急指挥部门—政府行业主管部门—企事业单位"的管理模式。由副省长、副市长或通信管理局局长牵头，行使总指挥职能；政府各行业主管部门则负责其主管行业的相关信息收集、上报以及协调等工作；具体的应急处置工作则由基础电信运营商负责完成，各基础电信运营商总部设立内部应急指挥机构，垂直管理相关应急处置工作。目前的应急管理模式的好处是纵向协同配合效率高、效果好。但政府跨区域、跨部门，以及行业间在横向协调配合方面受制于体制方面的原因，各部门无法也不会主动去承担职责范围外的责任，需要上级指挥部门的统一协调和行政指令，否则难以实现有效的横向协同配合，同时各基础电信运营商由于存在行业内市场竞争，在应急处置情况下只优先考虑处理自家故障，在灾害面前企业间的协同应急联动效果差。由此可见，政府在应急处置中应当发挥核心作用，还要进一步完善在决策及协调方面的相关机制。

由于部门的权力和职能条块化，在决策和执行过程中就凸显出行政级别的重要性。在目前的行政体系下，下级行政级别人员服从上级行政级别人员的领导，同时下级部门服从上级部门的指令。在各级应急预案中，应急领导小组组长通常由分管副省长、副市长等拥有较高行政级别的人员挂职担任。在这种体制下，在协同应急管理的过程中必然导致下级部门对上级部门的依赖性，执行工作时往往需要上级部门的批准或授权，行动效率大打折扣，增加上级部门的工作负担，同时导致权力集中化。权力集中将导致两大弊端：一是决策人员的个人主义，决策人员并不等同于专业人士，导致"拍脑袋"决策；二是急剧加重决策人员的工作负担，当出现复杂情况时，下级部门的众多协调事务将导致上级领导无暇应对，影响决策和执行效率。

3. 行业间应急联动不足，难以协同应急处置

无论在同行业或不同行业间皆缺乏有效的协同配合，在政府指挥不到位的情况下，各企业间在应急抢修过程中都会各自为政。例如在洪水过后的应急抢修工作中，由于各企业间存在行业内竞争，加上协同应急管理机制的缺乏，会各自派出一队抢修队伍前往不同地方进行应急抢修工作，未能进行有效协同开展联合行动，导致这家运营商的通信恢复了而其他两家还没恢复，造成时间、资源浪费。行业间更是如此，由于缺乏相关协同应急处置协议或方案，企业间往往需要政府协调、企业高层领导沟通或依靠私人交情才能获取其他企业的资源。企业间资源的借用手续繁琐且需政府协调，各企业也因行业竞争或行业壁垒而缺乏协同的意愿。

4.1.2.2 协同应急管理机制有待完善

1. 尚不完善的应急预案体系

现今各部门、行业皆建立和完善了地震、台风和洪涝灾害等自然灾害的应急预案和突发公共事件、火灾等灾害的应急预案，但缺少应急通信保障相关的专项应急预案。当遭遇紧急事件时没有和相关部门行业紧急联系的方法，缺少应急通信处置工作的具体操作方法。同时，现行预案的可操作性较差，虽然当前广东省市一级均有应急预案，但缺少相关的实施细则，在实际情境下可操作性差，纵观不同地方的各层级应急预案，可以发现其结构模式存在诸多共性，形式接近。由此可见，各地应急预案的编制缺乏针对性和实际操作

性。很多部门、单位的应急预案并没有针对本地、本单位的实际情况进行适当修改,往往只是按照上级文件要求生搬硬套,导致应急预案在应急情况下没有发挥应有的作用。没有一部可有效执行的应急预案作为行动准则,协同应急难以实现。

2. 协同应急演练较少

除省通信管理局组织的"雷电"系列应急演练外,仅部分地市开展过多部门协同应急联合演练,就整体而言,相关应急演练较少,导致应急通信保障救援人才严重缺乏,部分单位甚至完全没有相关通信网络知识人员,同时也导致相关人员的协同应急意识薄弱。虽然各级预案中皆有明确的规定需定期或不定期开展应急演练工作,但缺乏行政约束力。由于没有强制性的执行细则,各地政府部门可以对应急演练选择性执行。跨地域、跨部门的应急演练更是难以开展,往往需要上级部门统一协调和敦促才能顺利进行。

4.1.2.3 协同应急管理资源储备不足、调度不力

1. 应急资源储备不合理

自通信行业政企分家以来,我国的应急通信保障工作主要由基础电信运营商自行承担,同时相关应急资源也由企业自行储备。由于企业需考虑自身的经济效益,在应急资源储备的投入上往往不能满足实际需求。

2. 缺乏应急资源储备信息共享

省、市没有建立统一的应急通信保障物资储备档案,各地通信保障应急物资情况模糊不清。在应急情景下无法快速摸清应急物资储备状况,难以合理调度。

3. 应急资源难以共享

由于行业内竞争及行业间壁垒的存在,在灾害情景下各部门、企业各自为政,共享仅限于部门、企业内部,在紧急状况下往往只能由各行业自行想办法解决。以英德市 2013 年 8·18 洪涝灾害为例,多个乡镇被洪水淹没,通信、供电、供水、交通等重要行业都受到严重影响,所需要的资源已不是企业或行业自己能承担的,需要政府、行业和社会的资源协同。

通信行业由于政企分开,应急通信保障的应急处置任务主要落在基础电信运营商身上,同时应急物资的购置、保养和维修等费用皆由企业自行承担。由于产权问题,不同部门、行业间的应急资源共享难以实现,从而导致政府无法对应急物资进行有效管理和利用,同时也正由于应急物资的采购由企业自行按需采购,政府很难对企业购置应急物资的数量、分配等提出具体要求,所以在应急资源配置上难以实现效率最大化。

4.1.2.4 应急信息传递不畅及沟通不足

1. 缺乏信息共享机制

目前由于缺乏明确的信息共享制度及有效的信息共享方式,各部门、企事业单位的信息共享机制薄弱。以英德市为例,虽然政府、三防办及各企业内部建立了多个信息沟通、采集系统(如视频会议系统、视频监控系统等),但由于各政府部门、行业间的信息平台采用不同标准,如电信和移动对同一地点的系统标识名称和相关信息等存在一定的差异,在协同抢修时会造成一定困扰。再之,政府部门和企事业单位皆有相关的信息保密机制,对信息的共享意识较为保守,甚至有抵触情绪,无法形成统一的信息共享机制。除此之

外,各部门应急管理联系人和联系方式不明确,在发生人事调动后联系人信息更新不及时等常常导致应急过程中无法交流信息,对协同应急处置工作的快速有效开展产生重大影响。

信息共享的行业壁垒是一个广泛存在的问题。目前政府尚无文件细则规定部门间、企业间的哪些内容必须公开、可以选择性公开或可以不公开。同时部门间、企业间信息的共享必然牵扯到信息保密的问题。所以在公开信息主体不确定的情况下,各行业出于规避风险等原因将信息选择性公开,这也是导致信息沟通共享程度不高的主要原因。而前文提到的地方命名不一致、技术术语存在差异等现象,则体现了政府对行业信息共享所要求的规范不够细致和全面。

2. 信息传递路径不畅

目前政府部门和企业的信息沟通平台基本都是独立状态,没有建立统一的互联互通的信息沟通平台,在应急状态下各行业间的信息沟通基本都是在上级单位的协调下进行,横向共享很少。若是遭遇洪涝之类的重大灾害,信息传递将成为重大问题。目前除基础电信运营商备有卫星通信电话之外,各政府部门和企事业单位基本依靠固定电话、移动电话和宽带网络以及部分企业临时配备的卫星电话等方式进行通信,但在重大灾害情景下,普通的公众通信手段几乎都是不可用的,例如在2008年的汶川地震中,通信全中断近72小时,在通信恢复前这段时间内全靠中国电信在汶川配备的唯一一台卫星电话对外联系。所以在重大灾害情况下的应急通信仍存在问题。

4.1.2.5 没有形成统一的应急管理知识库

目前电信系统的协同应急管理尚未建立统一的知识库,对事故中采取的决策和方案记录不全,也缺乏相应的决策评估材料,对以后遭遇类似灾害时难以提取有用信息作为决策参考。

4.1.2.6 应急人员主观意识的影响

除上述体制、制度等客观原因之外,人的主观意识在协同应急管理的过程中也会产生巨大影响。在目前制度和机制不够完善的情况下,协同应急处置的有效进行很大程度依赖于决策者的协调能力和执行者的主观能动性。

4.1.2.7 缺乏事件链及风险评估分析

事件链的分析对于灾害事故的分析具有重要作用,纵观目前的应急管理机制,并未存在各类灾害情境下的事件链分析,在灾害来临之时大部分决策者由于专业知识的缺乏并不能快速意识到事件的关键节点而采取有效的应急处置措施来切断事件链,阻止事件影响的进一步扩大。

从前面灾害情景下电信系统的协同应急管理现状中可以看出,目前的应急管理预案都是基于特定灾害情景的专项预案,而现实中经常存在多种灾害情景同时出现的情况,这时候往往出现多个应急指挥机构相互协同处理的现象,例如台风灾害,台风的出现通常伴随着强降雨,而强降雨则会引起洪涝灾害,所以每当台风灾害发生时,相继伴随暴雨灾害跟洪涝灾害。事件链的分析有助于决策者在灾害情景下提高决策的有效性,及时切断事件链，降低衍生事件所造成的破坏甚至防止衍生事件的发生。而观察目前的应急预案及在实际调研中发现，在灾害事件过后各通信保障应急指挥机构基本只注重灾害情况资料的收集和分析，缺少对灾害事件链的分析。

4.1.2.8 缺乏事前对系统的风险评估分析

事前的风险评估能直观有效地对电信系统的脆弱性进行分析，有助于加强系统的鲁棒性，降低灾害对系统造成的危害。目前电信系统的风险评估多为基于网络技术对三大基础电信运营商的网络机构进行分析，缺少基于公共管理视角对电信系统的风险评估。

从以上的电信系统应急管理现状中我们发现在通信故障应急管理中，并没有针对灾害情景下电信系统的弱点的保护机制，而且在多个应急预案和各级政府部门、企业应急处置流程中都没有基于风险评估的系统薄弱环节的应急处置方案。同时，纵观通信管理局历年的通信保障应急演练，可以发现其多数为应急通信技术的演练。所以需重视对电信系统的风险评估，并基于其分析对当前电信系统的协同应急管理机制进行完善。

4.2 灾害情景下电信系统协同应急管理的"三角形"建模及其风险评估

4.2.1 灾害情景下电信系统协同应急管理的"三角形"建模

1. 灾害情景下电信系统协同应急管理具体案例

突发事件：2013年8月，受强台风"尤特"影响，广东省北部北江、连江流域连降暴雨，造成英德境内大面积遭受洪水灾害，据统计，8月15至21日洪水造成英德市辖区大湾镇、西牛镇、水边镇、浛洸镇、石灰铺镇等24个乡镇遭受灾害，全市受灾人口35.63万人，通信中断101条次，直接经济损失达10.43亿元。

"尤特"台风于8月10日凌晨2：00由菲律宾以东洋面的热带低压加强形成，是该年第11号热带风暴，12日上午10时，广东省三防总指挥部启动防风Ⅲ级应急响应，11时，广东省通信保障应急领导小组启动通信保障Ⅲ级应急响应；由于强台风"尤特"的继续加强并影响我省，13日省防总将防风应急响应从之前的Ⅲ级提高到Ⅱ级；8月14日，强台风"尤特"在阳江市阳西县溪头镇的沿海地区登陆，登陆时中心风力达14级，并继续往西北方向移动；15日，省防总将防风Ⅱ级应急响应变更为防汛Ⅲ级应急响应。受强台风"尤特"影响，8月15日广东省粤北清远、韶关地区连降暴雨，英德市境内北江和连江先后超出警戒水位接近7米；16～18日大湾、西牛、浛洸、水边等镇镇区先后被洪水淹没，交通、水电和通信等相继中断，当时，受灾地区的中国电信除各个镇中心机房通信尚未中断，尚有手机信号能够支持通信外，其他区域由于供电中断或因洪水浸没通信设备和线路造成通信全中断，移动、联通在受灾地区通信全中断；17日上午11时，省防总将原来的防汛Ⅲ级响应提高为Ⅱ级响应；8月18～20日，由于洪水淹没，通信几乎完全中断，直至20日洪水退后交通恢复，各基础运营商应急通信车辆进入灾区，通信信号才逐渐恢复。

在这起突发应急事件中，涉及了城市生命线多个系统，本节重点关注应急通信方面。在预防预警方面，省气象局对台风进行全面监测预警，对台风的风力强度、行走路径等进行预测并及时发布相关预警信息。省通信故障应急领导小组在接到预警信息后及时启动相应应急响应，基础通信运营商接到省通信故障应急领导小组启动应急响应的指令后开始应急响应。以中国电信为例，在接到应急响应启动指令后，中国电信广东分公司立即启动通信故障Ⅲ级应急响应并同时启动每日灾情报送工作。在洪水发生后，部分通信机房被淹没直接中断通信，而未被淹没的通信机房亦由于长时间停电，应急电源无法支持长时间供电而相继断站。电信镇区机房得益于其地势高、配有柴油发电机且有人值守，才能在灾害中保持通信。而应急通信保障车由于交通受阻，在洪水未淹没的边缘地区提供应急通信。洪水退去后，迅速派出发电车进入灾区机房进行发电，设备维护部门对受损设备进行清点并应急调拨备用设备替换，实现通信故障的应急抢修恢复。

2. 灾害要素分析

灾害要素即致灾因子，是可能导致灾害事件发生的因素。灾害要素本身是一种客观存在的影响因子，可以是物质、能量或信息。实例中台风的灾害要素是风，风力超过临界值后形成台风，而实例中洪水是台风带来的次生灾害，其灾害要素是雨水，由台风孕育，少量的降水并不会造成洪涝灾害，但是降水过量会引起质变，导致洪水，所以灾害要素是灾害产生的充分条件，在达到一定临界量或遇到触发条件后将直接导致突发事件的发生，而通信故障则是洪水带来的次生事件，其灾害要素是通信设备、线路的被破坏和停电。所幸的是部分机房配有柴油发电机并备有足够的柴油，从而避免了灾区的通信完全中断。

若是在事件中通信完全中断，可以预见在通信中断一定时间后造成的后果：应急指挥组织无法获取灾区的相关信息，从而影响其应急处置的效果和效率；灾区的灾民无法获取外界信息，灾民亲属同样无法获得灾民的情况，引发公众的焦虑，难免会出现谣言和其他不实信息的传播导致社会恐慌。

3. 突发事件分析

通信故障协同应急管理的目的就是通过人为的手段干预以预防突发事件的发生、抑制或控制突发事件的破坏性。突发事件是由于灾害要素超量所导致，具有较高的破坏性并施加在承灾载体上的突然发生的事件，由于其突然性和紧急性，决策者能获取到的信息往往较少，所以对突发事件的正确认知非常有助于决策者做出正确指令。

对实例进行分析，该突发事件属于自然灾害事件，台风灾害导致次生灾害洪涝的产生，进而导致通信中断。从其影响程度看，属于Ⅱ级（重大）突发灾害事件，台风造成全省多个地市（主要为粤西、粤北）出现洪涝灾害，影响范围大，损害程度高。通过预测，若进一步衍生次生灾害，则可能导致社会恐慌，破坏政府形象乃至发生更严重的社会安全事件。

4. 承灾载体分析

突发事件的直接后果是承灾载体被破坏，其中包括本体破坏和功能破坏，承灾载体可以是人、物或者系统，是突发事件应急管理中应该保护的对象。本体破坏通常是人或物质的实体破坏，可以用脆弱性来衡量其本体被破坏的可能性及其受影响程度；而功能破坏通常是系统由于突发事件的影响导致其原本具有的功能无法使用，可以同鲁棒性来衡量功能破坏的可能性及影响程度。承灾载体的破坏导致其中蕴含的灾害要素释放是造成衍生灾害和事件链的必要条件。

在实例中，一级灾害事件是台风的发生导致天气剧变，原本稳定的天气发生功能破坏，释放出洪涝灾害的灾害要素，即雨水；而雨水过量造成水域功能性破坏（无法及时将雨水疏导），洪水则造成了通信设施的本体破坏。若事件进一步发展，通信设施的本体破坏体现的是通信系统的功能破坏，释放出的灾害要素是信息，承载载体是应急指挥组织和社会公众。

5. 事件链分析

前文述及，灾害要素的过载导致承灾载体的破坏，进而可能导致其蕴含的灾害要素释放而产生衍生事件，从而形成一条突发事件的事件链。这一例子中原生事件是台风灾害，台风导致稳定的天气系统的功能性破坏，释放出灾害要素雨水，粤北韶关、清远地区连日的暴雨导致水利系统的功能性破坏，北江、连江水位急速上升，无法及时排涝导致洪水灾害，先后将大湾、西牛、浛洸等镇淹没，导致通信设施的本体破坏和通信系统的功能性破坏，进而衍生通信中断事件。由此可见原生事件是台风，次生事件是洪涝灾害，衍生事件是通信网络的中断，由于应急管理的作用和网络系统的鲁棒性，网络未完全中断并在洪水退去后快速恢复，所以事件链到此结束。对事件链进一步预测：区域内通信的闭塞，灾区信息难以传达到政府相关应急部门，公众更是难以获取政府的应急处置措施等相关信息，由此又衍生了社会恐慌、谣言四起等现象，造成政府形象损坏乃至于发生社会安全事件。

分析案例中的事件链，可以发现，承灾载体的破坏是衍生事件发生的必要条件。在此事件中我们还可以发现现行的协同应急管理机制在一定程度上存在局限性，如果在事件发生的过程中能充分认识事件链的各个环节，对关键节点加以保护，采取人工干预的方式阻断事件链的发展，便能有效对灾害事件进行有效控制，防止灾害无限扩大，同时，通过分析可以发现在应急管理实例中各环节存在的问题，并对其加以改善。

6. 应急管理分析

纵观上述的实例，英德市政府及各基础电信运营商的县级分公司都按照省、市政府及企业的相关文件要求建立了相关的应急管理机制。下面对电信系统的应急管理机制进行分析：

（1）预案的建立。根据政府、企业相关文件要求，英德市政府各部门及基础电信运营商参照省、市相关文件建立了专项应急预案，确立了突发事件应急处置方案及相关部门的职责和应急事件发生时的运行机制。

（2）应急处置。类似省、市级预案，采用分级预警和分级处置机制，针对各类突发事件的不同场景列出相关处置准则。在突发事件发生时，各级部门基本能够按照应急预案要求完成规定操作。

（3）应急资源调度。电信、移动和联通皆常备有相关应急物资，以英德电信为例，英德电信公司在全市共有4个局端机房、28个中心机房和76个接入网机房。在电力应急保障方面，局端机房和中心机房皆配备有发电油机，并预留有一定存量的柴油用以发电；全部机房皆配有 UPS 备份电源系统，能保证在停电状况下 $3 \sim 6$ 小时的电源续航。同时分公司常备有1台应急发电车、4台机动应急发电机。在网络设备物资方面，各技术专业班组常备备用设备及其板件、配备两台卫星通信电话及充足的光缆、电缆，同时在紧急情况下可请示上级部门调用其他县市相关资源以作应急。在3.1.1实例中，电信公司便是得益于常备应急资源的充分准备,在洪水围城时仍能保持镇区中心机房的通信正常。

(4)信息报送。以电信为例,对内在启动应急响应时立即启动灾情日报送制度,根据文件要求进行信息的报送。如洪涝灾害,在灾情初发生2小时内电话报告,4小时内书面(电子文档)报告,此后根据需要及时报告,原则上一日一报。对外则由政府相关部门统一对外公布灾情信息。

在事件中,我们发现现行的应急管理机制存在的问题有:部分通信机房规划不当,在实例灾害事件中部分通信机房选址不当,在规划时选在低洼地区,没有考虑洪水灾害因素以至于洪水来临时轻易被淹没。通信系统鲁棒性还有待提高,基于通信设备对电力的依赖,各通信机房应设有 UPS 系统,在实例中,大部分通信机房在停电一天内中断,电池容量不足。通信设施共享度不高,而且通信系统政企分离,政府调度有限,导致各基础电信运营商各自为政,不能有效协同应急处置,导致资源的浪费和修复进度的拖延。

4.2.2 基于"4+1"方法的风险评估

围绕灾害风险,众多组织和学者针对不同的角度和不同的灾害情况对灾害的风险评估做了多种尝试。本文基于"4+1"研究方法,首先运用确定性方式来确定各项风险影响程度以及利用随机性方法确定事件发生概率,然后运用数据采集的方法来预测风险因子对承灾载体的危害程度(承灾载体对风险因子的脆弱性),最后根据上述方法的采用,考虑灾害情景下电信系统突发通信故障事件的特点,采用风险矩阵方法进行定性的风险评估分析,得出各种灾害情景下电信系统在不同风险因素下的风险评估结果,其灾害风险的概念公式如下:

$$R = f(H \cdot V)$$

式中,R 为通信故障风险函数(risk),即该灾害环境下所遭受的风险;H 为危险性(hazard),表示该灾害造成的破坏程度;V 为系统的脆弱性(vulnerability),表示电信系统在该灾害环境下遭受破坏的可能性。

1. 运用确定性方法

目前我国通信网络主要由三大运营商各自管理运营,国家各级单位的办公生产网络(如行政网、公安网、政法网、供电网等)、传真、座机和手机等通信网络皆通过三大运营商的网络进行交互。以电信为例,其网络分层结构如下图。

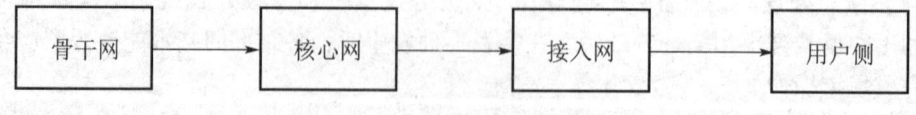

图 4-2 电信网络分层结构图

电信网络按其功能及重要程度总体分为三层:骨干网、核心网和接入网,自下而上为政府部门、企事业单位提供本地、省内跨市通信和国家级跨省长途通信。其故障等级亦是逐级上升。

骨干网处于电信网络的核心地位,是通信网络的基本骨架,各骨干机房分布于国内如北京、上海、武汉、广州等重要城市,承载省内长途通信业务。骨干网故障往往会造成大面积通信故障,导致多个城市乃至省份通信中断。

核心网则主要处于市县层面,承载省内地市之间、市县之间和各县之间的长途或本地通信业务。核心网故障通常会导致故障地市内大面积通信中断乃至地市内通信全部中断。

接入网则是最靠近用户侧的边缘节点,各级政府、企事业单位的各类通信(如电话座机、办公 OA 网络、视频电视电话会议、视频监控网络)业务都是通过接入网机房接入到电信的网络中进行通信联络。故障等级较低,接入网中断会导致局部区域通信中断,往往较为可控。

根据电信的网络结构我们可以对通信故障灾害的危害性等级进行划分,其划分等级如表 4-1。

表 4-1 通信故障危害性评估分级及描述

危害性	具体描述
高	造成多个省(区、市)通信故障或者造成多个骨干网节点、通信枢纽中断的大面积通信故障,或可能升级为影响多个省(区、市)的大面积通信故障
中	造成省内基础电信运营商所属网络多个核心网机房网络通信故障导致出现省内通信网络大面积故障的情况,或可能造成省内大面积通信网络故障的情况
低	造成省内某基础电信运营商所运营网络多个接入网机房通信故障而导致部分地区出现大面积通信中断的情况,或可能造成地区性大面积通信中断的情况
可忽略	造成某运营商局部少数接入网点通信网络故障的情况

2. 运用随机性方法

以近年来各类灾害造成通信故障的数据作为统计的数据来源,使用统计学相关知识对数据进行分析和关联推导,评估该类灾害情景下导致突发通信故障发生的概率,风险概率及相关指标见表 4-2。

表 4-2 灾害风险概率分级及指标描述

风险概率	指标描述
高	该灾害事件发生频繁,在近 10 年内频繁发生,最近 3 年经常发生;或专家组经验判断
中	该灾害事件发生较少,在近 10 年内经常发生,最近 3 年发生超过 5 次;或专家组经验判断
低	该灾害事件很少发生,在近 10 年内偶有发生;或专家组经验判断
可忽略	该灾害事件极少发生或从来没有发生过;或根据人们掌握的数据和理性认知不太可能发生

3. 基于数据采集和监测探测的方法

电信网络通过国家一级骨干通信光缆连接各个骨干机房,组成网状拓扑结构;各地级市、县单个或多个核心机房节点通过国家二级骨干通信光缆组成网状或环状网络结构；而接入网网络结构较为多样化，可以是网状、环状、星型或者链状，各层级之间存在多个通信节点和通信设备，各司其职地完成不同的通信数据处理工作，构成了我们日常所使用的通信网络，其网络拓扑结构如图4-3所示。在灾害情景下，应根据各层级各节点遭到破坏的风险程度，在通信故障的应急处置过程中采取不同的应急策略。我们可以根据各项风险因素的特征及其相关信息，对承灾载体的脆弱性进行风险分析，推测其可能遭受破坏的损毁程度。

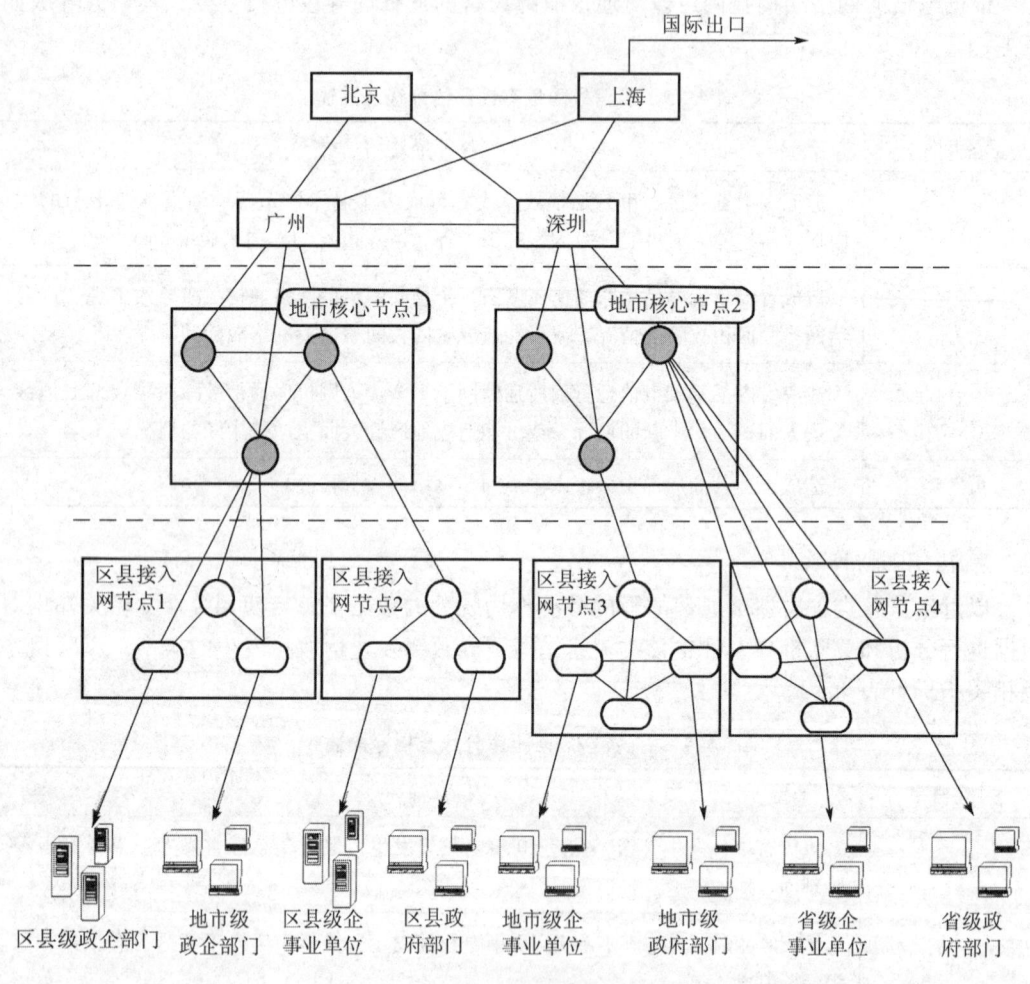

图4-3 电信网络拓扑结构图

通过上述方法，再根据政府部门的应急管理机制现状及其应急管理能力，采用国际上认可度较高的通信网络的风险评估方法——风险矩阵方法，依据近三年通信网络的故障监测数据、应急处置效率等方面的情况，结合国内外相关请求进行综合性的定性评估，最终得到各种灾害情景的风险评估结果。

下面将以广东省为例，应用"4+1"方法，分别对电信系统在自然灾害、事故灾难和社会安全事件三种情境下做风险评估。

4.2.2.1 自然灾害情境下的风险评估

在广东省，面临的自然灾害主要有台风、洪涝和地震等灾害。针对此类自然灾害，广东省政府应急办编撰了《广东省气象灾害应急预案》《广东省自然灾害救助应急预案》和《广东省防汛防旱防风防冻应急预案》等相关应急预案。

1. 评估内容

自然灾害情景下的风险评估主要包括以下几个方面：首先是运用确定性方法对台风与洪涝灾害所造成的通信故障进行危害性级别的判断，推测其事件发展的事件链，确定其可能造成的危害；然后通过随机性方法，搜集和统计该类灾害事件近三年在广东省内发生的情况，根据统计学知识进行分析，判断其发生的概率级别；接下来基于数据采集和监测探测方法，对现行电信网络进行分析，预测该灾害情境下电信系统可能遭受破坏的损毁程度；最后根据风险矩阵方法，评估该灾害情景下电信系统的风险等级。

2. 评估方法

（1）确定灾害情景；

（2）收集和统计近三年该灾害事件造成通信故障的相关数据；

（3）对灾害进行危害性评估；

（4）对灾害进行风险概率评估；

（5）根据电信系统结构进行风险分析；

（6）确定风险矩阵，对该灾害事件的风险等级进行评估，自然灾害的风险矩阵如表4-3所示。

表4-3 自然灾害的风险矩阵

	危害性评估				
风险概率评估	—	可忽略	低	中	高
	可忽略	可忽略	低	低	中
	低	低	低	中	中
	中	低	中	中	高
	高	中	中	高	高

3. 评估结果

1）台风。

广东省是全国受台风影响最多而且遭受灾害最严重的省份，据广东省气象局资料，2011—2015年间共有27个台风登陆或影响广东，年均5.4个，对广东沿海城市造成重大人员伤亡事故和经济损失，而广东省内的洪涝灾害多为台风引发的暴雨造成，台风造成的通信故障常有发生，需重点关注。

（1）危害性评估：危害性等级为"高"。

评估依据：

①影响范围大：台风所造成的影响巨大，台风的登陆往往给周边省市带来狂风暴雨，所引发的山洪、塌方等灾害容易造成大面积通信故障。

②造成损失严重：由于其影响范围广，与所造成的破坏成正比关系。

（2）风险概率评估：风险概率等级为"高"。

评估依据：

①2013年共有3个台风登陆广东，同时有6个台风对广东造成影响，其中强台风"尤特"造成阳江、茂名、湛江、韶关和清远等地洪涝灾害，多个地区出现大面积通信故障，强台风"天兔"更是造成粤东、粤西地区11个地市的严重灾害。

②2014年共有4个台风登陆广东，其中超强台风"威马逊"、台风"海鸥"的登陆给广东省造成巨大损失，台风"威马逊"更是自2007年以来省防总第二次启动Ⅰ级应急响应的台风。

③2015年共有3个台风登陆或严重影响广东，其中强台风"彩虹"对粤西地区的茂名、湛江等市造成严重损失，通信设施损毁严重。

近三年来每年皆有台风登陆广东，可见其发生概率之高。从电信网络结构上看，台风所造成的灾害对通信光缆有极大的威胁：如强风破坏架空光缆，洪水和山泥倾泻冲毁埋地光缆等，如果有超过两个区域的干线光缆中断则往往容易造成跨省大面积通信故障，影响巨大。同时根据危害性评估和风险概率评估，对照风险矩阵表可以推测出其风险等级为"高"。

2）洪涝。

广东地区的洪涝灾害主要是由台风引起的暴雨所造成的洪涝，境内有北江、西江、东江及三江汇聚的珠江三角洲地区，是洪涝频发省份。

（1）危害性评估：危害性等级为"中"。

评估依据：

①广东省境内江河较多，多数城市傍水而建，当洪涝灾害发生时通常影响多个地市。

②通信机房通常建立在地势较高的位置，受洪水影响概率低，事件多为洪涝灾害时停电造成的通信中断。

（2）风险概率评估：风险概率等级为"中"。

①2013年台风"尤特"引发强降雨导致广东全省14个地市洪涝灾害，据统计单广东省英德市在洪涝期间通信中断就达101条次。

②2014年5月，由于全省强降雨引发洪涝，粤北、粤西10余个地市受影响。

洪涝灾害主要影响流域内城市，在实际工作调研中发现，通信基站全部建立在高楼、山顶等地势较高的地方，受洪水影响有限，而通信机房在选址时亦同样考虑了当地洪水情况，受影响概率低，洪涝期间造成的通信中断多为停电引起。结合危害性评估和风险概率评估，对照风险矩阵表可以推测出洪涝灾害的风险等级为"中"。

3）地震

广东省历年出现地震的次数较少，强度较低，但由于部分区域位于"华南地震区"的"东南沿海外带地震带"，仍需防范地震灾害。

（1）危害性评估：危害性等级为"低"。

评估依据：

①广东省发生的地震级数较低，造成损失有限，根据近年来广东地震信息显示未发生超过5级的地震。

②广东省历年地震造成通信故障的影响较低。

(2) 风险概率评估：风险概率等级为"可忽略"。

评估依据：

①2013年，广东省总共发生两次地震，分别是4月22日河源东源县的4.8级地震和12月6日茂名高州的3.6级地震，地震未造成通信故障。

②2014年，广东省共发生三次地震，河源东源县在4月25日和7月11日分别发生3.8级和4.2级地震，10月23日肇庆怀集县发生3.5级地震，地震未造成通信故障。

③2015年，广东省发生7次地震，分别为4月8日广州花都区1.9级、5月15日河源东源县3.2级、6月13日河源东源县3级、8月26茂名高州市3级、9月24日汕尾陆丰市3.8级和11月22日湛江徐闻县3.8级地震，均未造成通信故障。

纵观广东省近10年地震灾害信息，可见历次地震均未造成通信故障，且通信机房抗震性较好，地震造成通信故障的概率低，但仍不排除发生高级别地震的可能性。结合危害性评估和风险概率评估，对照风险矩阵表可以推测出地震灾害的风险等级为"低"。

4.2.2.2 事故灾难情境下的风险评估

造成通信故障的事故灾难主要有火灾和交通事故。相关应急预案有《广东省安全生产事故灾难应急预案》《广东省生产安全事故应急预案》等。

1. 评估内容

事故灾难情境下的风险评估主要包括以下几个方面：首先是运用确定性方法对事故灾难所造成的通信故障进行危害性级别的判断，推测其事件发展的事件链，确定其可能造成的危害；然后通过随机性方法，搜集和统计该类灾害事件近三年在广东省内发生的情况，根据统计学知识进行分析，判断其发生的概率级别；接下来基于数据采集和监测探测方法，对现行电信网络进行分析，预测该灾害情境下电信系统可能遭受破坏的损毁程度；最后根据风险矩阵方法，评估该灾害情景下电信系统的风险等级。

2. 评估方法

（1）确定评估的灾害事件；

（2）收集和统计近三年该灾害事件造成通信故障的相关数据；

（3）对灾害进行危害性评估；

（4）对灾害进行风险概率评估；

（5）确定风险矩阵，对该灾害事件的风险等级进行评估，自然灾害的风险矩阵如表4-4所示。

表4-4 事故灾害的风险矩阵

	危害性评估				
	—	可忽略	低	中	高
风险概率评估	可忽略	可忽略	可忽略	低	低
	低	可忽略	低	低	中
	中	可忽略	低	中	中
	高	可忽略	低	中	高

3. 评估结果

1）火灾

火灾是日常生活中最经常发生也是最普遍的事故灾难之一，通信机房火灾、森林火灾和居民住房火灾等都可能引起通信故障，是日常工作中最需要防范的灾害。

（1）危害性评估：危害性等级为"中"。

评估依据：

①火灾事故防不胜防，在日常生产工作和日常生活中造成的破坏都相当巨大，特别是通信机房的火灾事故有可能造成骨干网机房或核心网机房的瘫痪。

②火灾所能影响的通常只有单个通信节点，并不会破坏通信系统的整个网络。

（2）风险概率评估：风险概率等级为"高"。

评估依据：

①据调研了解，2016年广东电信通信机房发生各类大小火灾事故的次数在10次以上。

②广东省每年发生的火灾事故数以千计，其中偶有发生火灾事故烧毁附挂在附近的通信光缆而造成通信故障。

在电信的网络结构中骨干网和核心网通常为网状与环状机构，对于火灾所造成的单节点故障鲁棒性较高。结合危害性评估和风险概率评估，对照风险矩阵表可以推测出火灾的风险等级为"中"。

2）交通事故

交通事故在日常生活中也比较常见，各基础电信运营商放置在路边的通信终端箱和光、电缆交接箱等有一定的遭遇交通事故撞毁的风险，同时跨路通信光、电缆被过路汽车挂断的情况也比较常见。

（1）危害性评估：危害性评估"低"。

评估依据：骨干网和核心网通信光缆多为埋地光缆，被交通事故损坏的可能性极低，而接入网通信光缆被破坏的影响较低。

（2）风险概率评估：风险概率等级为"高"。

评估依据：根据对中国电信工作的调研了解，因交通事故造成的通信故障平均每月发生1～2次，影响程度大小不一，多为跨路通信光缆被过路车辆挂断引发的事故。

三大基础电信运营商的骨干网和核心网的光缆几乎都是埋地光缆，基本不会因交通而造成中断，交通事故所造成的通信故障基本都在接入网层级，影响程度低。结合危害性评估和风险概率评估，对照风险矩阵表可以推测出交通事故的风险等级为"低"。

4.2.2.3 社会安全事件情境下的风险评估

通信系统需防范的社会安全事件主要是反恐防暴事件，主要防范针对重要节点机房的恐怖袭击事件。

1. 评估内容

社会安全事件情境下的风险评估主要包括以下几个方面：首先是运用确定性方法对事故灾害所造成的通信故障进行危害性级别的判断，推测其事件发展的事件链，确定其可能造成的危害；然后通过随机性方法，搜集和统计该类灾害事件近三年在广东省内发生的情况，根据统计学知识进行分析，判断其发生的概率级别；接下来基于数据采集和监测探测方法，对现行电信网络进行分析，预测该灾害情境下电信系统可能遭受破坏的损毁程度；最后根据风险矩阵方法，评估该灾害情景下电信系统的风险等级。

2. 评估方法

（1）确定评估的灾害事件；
（2）收集和统计近三年该灾害事件造成通信故障的相关数据；
（3）对灾害进行危害性评估；
（4）对灾害进行风险概率评估；
（5）确定风险矩阵，对该灾害事件的风险等级进行评估，自然灾害的风险矩阵如表4-5。

表4-5 事故灾害的风险矩阵

	危害性评估				
	—	可忽略	低	中	高
风险概率评估	可忽略	可忽略	可忽略	低	低
	低	可忽略	低	低	中
	中	低	低	中	中
	高	低	中	中	高

3. 评估结果

本书所指的恐怖袭击事件特指由恐怖组织或个人使用暴力或其他破坏手段所制造的危害通信生产的一切形式的活动。

（1）危害性评估：危害性评估"中"。

评估依据：骨干网和核心网机房设备重要性高、密集度也高，若是核心通信机房发生恐怖袭击事件，受到的破坏比较大。

（2）风险概率评估：风险概率等级为"可忽略"。

评估依据：

①根据网上信息及工作调研了解，近十年广东省未发生针对通信机房的恐怖袭击事件。

②骨干网和核心网通信机房24小时有人值守且出入管制较为严格。

恐怖袭击事件所能造成的破坏通常是单点破坏，虽然近年来未发生过恐怖袭击事件，但仍需加以防范。结合危害性评估和风险概率评估，对照风险矩阵表可以推测出恐怖袭击事件的风险等级为"低"。

4.3 电信系统的协同应急管理体系的完善

4.3.1 电信系统的协同应急管理组织体系的完善

1. 加强事前的预防和监测预警

事前的预防工作是提高系统安全性、鲁棒性，降低灾害引发故障的可能性，加快故障抢修速度的重要措施。主要分为两方面：

（1）在规划中重视电力、通信及供水等生命线工程的安全性、可靠性，对电力、通信及供水的线路布局做好规划，降低灾害破坏管道线路的风险，并为灾后的抢修提供便利条件；

（2）加强自然灾害的监测预警，完善关键节点的监控监测，以便在灾害来临时能够提前预警，做好准备。

2. 完善应急处置的横向协同

目前电信故障的应急处置主要采取纵向协同模式，而当某一个企业需要其他企业的协同配合时，需要向上级政府部门提出要求，通过政府部门的协调进行协同配合。若可实现企业间的横向协同配合，减少政府这个中间的环节，则可大大提高应急处置的工作效率。政府应明确在一定条件下企业之间可直接进行横向协同，比如在Ⅲ级、Ⅳ级的应急响应情景下，企业之间可在政府的监管下直接进行横向协同应急处置工作，当事故升级到Ⅲ级以上时采取原来的应急处置模式，从而有效提高紧急状况时企业间的协同效率。

3. 完善协同规则和联络机制

（1）完善协同应急规则。各级政府应完善协同应急规则。协同应急规则应该包含通信保障应急事件中指挥机构、各职能部门在响应应急处置的应有的动作、应需的配合和应当寻求的配合等详细指示。制定应急响应参与单位的行事准则和应遵循的规则等，同时还应明确各单位在应急处置、应急救援时应负的权责关系。

（2）完善联络机制。在突发事件下，联系和沟通非常重要，应明确应急通信保障领导小组及成员单位的专项工作联系人，完善联系人的多种联系方式，定期更新各单位接口信息，确保在紧急情况下不会发生信息沟通真空的情况。

4. 建立企业间应急抢修的协同机制

应当建立企业间应急抢修的协同机制，例如在应对雷暴雨造成电杆倾倒、线路中断事故的抢修工作时，政府应协调指导电力和通信等相关企业共同赶赴同一地点进行抢修，发挥各自优势，协同配合进行联合抢修。同时在紧急事态下，政府还应协调好供水、供气、急救、石油等相关部门同步跟进，保障各部门单位和企事业单位人员和物资的协同。

5. 增强应急处置的后勤保障协同工作

（1）应急物资保障。在特大灾害过后，交通、供电、供水可能会有能源物资紧缺问题，政府应当协调好相关部门对后勤的保障。尤其对于供电和通信等重点行业部门，车辆和发电机的成品油的需求量较大，所以必须保证其成品油的供应。一、在交通情况允许的前提下，交通部门应为公安、消费、供电和通信等特殊行业的车辆提供优先通行，保证相关应急物资的运输顺畅。二、加油站应优先提供应急特种车辆加油以及应急发电机用油，提高各重点行业的救灾抢险效率。同时油品供应企业应保障各加油网点在停电情况下的油品供应，供电也应将其列入重点客户，保证其供油网店的正常运营。

（2）道路交通保障。地震、洪水和台风等大型自然灾害过后，道路的清理都是一项时间紧急、难度较大的抢险救灾工作。道路的通畅与否直接影响灾区物资供应、供电和通信等行业部门的应急抢修效率。政府应协调区域内各部门和企业单位对受灾害影响的道路进行清理，实行责任包干制度，对负责的区域道路进行力所能及的修复工作，并及时反馈道路修复情况。对于修复难度大或情况复杂的路段，政府则通知专业部门进行难点攻关。

此外道路部门应及时掌握区域内道路信息，向各抢修救灾重点行业及时发布相关道路信息、提供抢修路径。

(3) 外地应急队伍保障。在抢险救灾和灾后重建的过程中难免需要跨区域调度应急队伍的情况，在外地应急队伍保障方面，应急预案并没有做出明确规定。所以通信保障应急预案应当增加外来队伍保障相关的内容：①明确外来应急队伍的保障机制，应包括外来应急队伍的安置、本地救援队伍的容量和事后补偿等相关内容；②明确外来应急队伍的抢修工作分工和责任，落实抢修后的安全撤离等方面。各部门和企事业单位在通信保障应急事件中需要外来应急队伍的增援时，应当落实应急外来队伍进驻的相关事项，包括队伍信息、安置地点、工作安排等方面内容。

4.3.2 电信系统的协同应急管理机制的完善

1. 完善应急预案体系

应急预案体系建设的完善应该遵循几个原则：科学化、本地化和具备实际操作性。具体应在以下几个方面对通信保障的应急预案进行完善：①省市各级政府除了编制和完善通信保障应急预案以外还应编制相应的预案执行细则，确保相关应急人员在紧急情形下能基本按照预案开展应急处置工作，使预案不仅仅停留在简单的指导层面，而是实际落实到执行层面。②应在预案中强化应急演练工作的细则，应急演练是检验应急预案的可行性，提高应急人员的应急技能，加强相关人员应急保障意识以及及时发现应急通信保障机制中人员协同、物资协调和信息沟通等方面问题的主要方法，能够检验应急指挥机制整体运作水平。③重视和整体预案及各行业预案的相关衔接性，明确重大灾害情景下整体预案和通信保障应急预案的相关关系、启动和相应原则等，确保在重大灾害下应急通信保障工作的开展与其他行业应急预案的相容性，提高应急处置效率和协同效率。

2. 加强应急演练工作

应急演练对于应急管理工作的开展具有重要意义，它能检验通信保障应急管理机制是否有效实施、发现应急响应过程中存在的问题、提高应急人员的应急处置技能、提高各部门单位的应急处置协同效率及提高相关应急人员危机的意识。应急演练工作的开展应该遵循政府组织多部门协同演练与企业内部演练两种演练方式相结合的原则。

省市各级政府应当将通信保障的协同应急演练常态化。按照应急预案要求协调多部门协同开展通信保障的应急演练工作，在演练的开展上，可以采用嵌合到相关应急演练中进行协同演练或者独立开展专项演练等方式。

企事业单位内部应当将通信保障的应急演练纳入应急演练体系当中，加强相关应急人员对紧急事件的处置能力，尤其是生命线工程的供电、供水、供气、医疗等行业的企事业单位。

3. 建立重点用户保障体系

目前政府并没有对基础电信运营商的重点保障用户进行统一的规定，皆是各企业内部根据市场运营对用户进行层级划分。这将导致在灾后重建过程中各企业只按照企业内部的用户分级进行故障处理优先排序，而不是从民生和社会管理角度出发进行灾害复产工作。所以政府部门应当联合各行业建立重要用户名单。在灾害重建工作中各单位依照重要用户分级保障机制，确定灾后重建的保障顺序，有序进行故障修复。

4.3.3 提高应急保障资源整合与调度能力

1. 加大投入,加强应急通信资源储备

虽然电信行业政企分离,基础电信运营商主要是企业性质,但是通信网络具有社会公共产品的特征,所以通信保障应急资源所发挥的作用是社会性的、公共性的。目前的通信保障应急储备工作基本是由企业自行负责,费用也是自行承担,结果便是在遇到紧急情况的时候,政府单位的通信工作完全依赖于基础电信运营商的应急通信资源。而另一方面,由于基础电信运营商是企业性质,对应急储备的投入需考虑自身的市场运营情况,因而在考虑应急资源储备方面往往不会对全社会进行考虑,也难以承担全社会的应急需求,所以在突发灾害的紧急情况下,通信故障的应急保障资源供不应求。为此,政府应担负起应急资源管理的主体责任,加大对通信故障应急资源的储备和投入。

2. 实现应急资源储备的信息化管理

当前应急资源主要由企业自行采购、保养和维修,且储备分散,尚无统一的电信信息系统对各类别的应急资源进行分类管理。建议建立省市二级的统一化应急资源信息化管理系统。在紧急情况下便能帮助决策部门直观地了解应急资源储备情况,以便快速进行应急资源的协调调度工作。

3. 加强应急通信保障队伍建设

应急队伍的建设在应急保障中十分重要,建立一支技术精湛、快速响应、高效工作的应急通信保障队伍能有效保证应急处置工作的顺利进行。在对应急物资进行整合和调配的同时,还应加强应急队伍的建设。一、加强应急通信技术人员的队伍建设,除了基础电信运营商的应急保障队伍,各单位也应当培育相应通信网络技术人员。二、建立专业的救援队伍,应尽量吸收不同的专业人员,保证应急处置时能满足各类人力资源需求。

4.3.4 完善应急信息的传递与沟通机制

1. 构建信息共享机制

省市各级预案的建立奠定了应急通信保障机制的制度性基础,但在预案中并未对信息的沟通和共享做出详细的要求。因此政府应当依托通信保障应急领导办公室,在日常工作中逐渐明确各成员单位应当共享和提供的应急信息,同时还应明确信息共享的边界,实现信息共享的规范化、高效化和制度化,以便在应急处置过程中的信息高效传递。

2. 建立通用信息平台

面对部门间、企业间的信息差异化和沟通不畅等问题,政府应建立一套统一的通用应急信息共享平台,同时通用平台应尽量与各行业内部信息平台想兼容,保证信息沟通的纵向和横向的流动顺畅。同时统一通用平台的建立能促进各单位对地名、计量单位等相关信息的统一和对接,有效加强灾害情景下各单位的信息协同。

3. 多元化的沟通联系方式

在如今通信技术高速发展的现代社会,通信方式已经不局限于传统的电话、短信等单一的点对点的沟通方式,微博、微信等新型通信方式的出现提供了多种沟通模式,在进行应急抢修的过程中应灵活运用各种通信方式进行信息的沟通：一、在常规通信方式受阻的情况下应果断采取非常规通信手段，如卫星电话、专线电话等；二、在决策的传递和网络良好的沟通环境下采取多种沟通方式并存的有效沟通方式，如视频电话会议、微信群聊等。

在信息发布方面，政府也应建立各类新型信息发布平台，在不同平台发布权威的官方信息，以防谣言的滋生。同时，横幅、标语等宣传方式也对应急信息的传递起到一定的积极作用。

4.3.5 提高社会公众的危机意识

在重大灾害面前，政府和社会公众都是事件的主体。由于政府本身的力量有限，部门结构复杂，需要社会力量针对政府力量的不足提供一定的帮助。所以公众力量参与到通信故障的协同应急保障中能一定程度地提高政府的突发事件应对能力。

（1）加强应急知识宣传，提高全民危机意识。在日常的工作中，政府应重视应急知识的宣传，让公众学习和了解相关应急知识、提高公众的心理素质和危机应对能力。

（2）将应急工作纳入到中小学学习教育当中，公民意识需通过日常的教育进行培养，这样公众在面对大型突发事件时才能准确获取重要应急信息、掌握应急求生技能及做出紧急情况下的安全行为，有利于紧急情况下政府的有序疏导管理。

4.3.6 建立完善的事后评估分析体系

突发事件的应急处理并没有在抢修救灾的完成后便结束，事后的评估分析也是应急管理的重要一环，政府应重视灾后的评估分析。在应急过程中应对事中的决策行为、信息收集和协同机制等进行记录以便进行事后分析。在分析评估后应形成统一性的知识库，有助于应急管理机制的完善。

4.4 本章小结

本章第一部分以公共安全体系的"三角形"理论模型对灾害情景下电信系统的协同应急机制进行实例分析：分析了灾害情景下通信保障事件的灾害要素、承灾载体、灾害事件，得出灾害情景下的电信系统的协同应急管理事件链和应急管理机制，并对灾害情景下电信系统的协同应急管理机制进行了分析。

第二部分则是基于"4+1"方法的风险评估分析，对当前电信系统结构进行分析，并对其进行灾害情景下的风险评估分析，得出其在各类灾害事件事的风险评估结果。

根据以上分析，对目前电信系统的协同应急管理体系的完善提出了一些建议。灾害情景下电信系统的协同应急体制建设必须结合各省各地的实际情况进行。

电信系统是城市生命线的重要组成部分，对其进行分析研究具有重要意义。政府应发挥其主导地位，引导各行业应急通信保障工作的合作，建立由供电、通信、供水、供气、医疗、交通和消防等生命线工程构成的协同应急管理体系，完善我国政府应急通信管理机制，形成高效的协同应急通信网络。

5 城市食品安全突发事件应急管理研究

民以食为天,食品安全事关人民的切身利益,是社会文明的重要标志,让群众吃得放心成为政府的一项重要惠民工程。同样,食品安全既是事件链中的次生、衍生灾害,也是引发另外类型突发事件的原生事件。因此提高食品质量与农业产业发展,提高国民素质和健康水平息息相关,同时在推动国家总体积极平稳发展方面发挥重要作用。

尤其是在广东,随着经济高速发展,广东的食品产业迅速发展,截至2015年全省食品生产企业、小作坊已超过153万家。部分企业为了追求盈利,在食品生产中采用了非法添加、滥用添加、掺假造假等手段,如致癌花生油、非法使用高毒农药种菜、非法添加瘦肉精、病死猪肉、过期冷冻肉、三聚氰胺酸奶片、有毒地沟油等,进而导致食品安全事件经常发生。因此,以广东省为例,论述食品安全的社会治理,具有一定的现实代表性。

本章以发生广东省的两个案例:"食源性畜禽产品质量安全突发事件""广东省肉类、蔬菜溯源体系建设"论证公共安全"三角形"理论模型和区块链技术在其建模分析,以及工程上应用方案和实施可行性,为政府和相关管理部门对食品安全方面的社会治理提供有益的参考和借鉴。最后,针对广东省食品安全防控现状,从完善法律法规、加强制度保障、开展风险评估、提升预警能力、检验检测手段等方面,提出了如何建立切实可行、行之有效的新形势下食品安全监管工作突发事件应急处置体系。并通过分析当前国内外以及广东省食品安全监管即系应急处置体系等方式,详细分析食品应急处置部门在架构体系、人员配置、工作方式方法等方面的差距,折射出当前广东省在食品安全突发事件应急处置工作的存在不足,进而提出改进措施。

5.1 广州市食源性畜禽产品质量安全突发事件应急管理研究

5.1.1 研究背景与意义

食品安全是城市公共安全和公共卫生安全事件的重要一环,食源性畜禽产品作为人类日常摄入的动物性食品中的重要组成部分,对人类的身体健康和生命安全发挥着举足轻重的作用。人类在日常生活和工作中如果直接接触到染病或者病死的畜禽动物及其产品,有可能会被感染而诱发人类的其他疾病;腐败的、携带有致病菌的、被有毒有害物质污染了的畜禽产品一旦作为食物被人类直接或煮熟后摄入体内,其蕴藏的病原体、致病菌以及蓄积的有毒有害物质就极有可能危及人体的健康,进而诱发传染性疾病或是发生食品中毒事件,严重者甚至会危及人类的生命安全。食品安全事故的频频发生直接导致了公众对政府的监管效能失去信心,据有关民意调查显示,当今我国消费者中大部分对食品安全现状感到忧心忡忡，很多人都指出政府监管部门的执法人员不作为，或者敷衍了事，有关部门在食品安全事故发生后互相抵赖、各环节的监管部门之间缺乏良好的配合和及时沟通，相关信息不公开、不对称、不透明，目前法律对于食品安全事故的责任人和企业的惩戒力度不够，没有起到警示和震慑的作用。

应急管理是政府为了应对突发事件而进行的一系列有计划、有组织的管理过程，主要任务是如何有效地预防和处理包括食品安全事件在内的各类突发事件，最大限度地减少突发事件造成的负面影响。在食品安全突发事件中，如果政府应急管理得当，就能够最大限度地挽救人民的生命财产安全，降低事件造成的影响，起到维护社会稳定的作用。相反，如果政府对食品安全突发事件的应对不力，不但有可能对事件当事人的生命安全造成危害，而且有可能给社会公众带来恐慌情绪，使得人人自危，其他负面的影响也会接踵而至。

建立高效的突发公共事件政府应急管理机制和体系，对于国家稳定和社会和谐能起到必不可少的作用，是构建社会主义和谐社会的必然要求。加强政府应急管理将促使政府各职能机构通力协作，改变以往的条块模式，突发事件的紧迫性等特点将促使政府机关行政效率和创新能力的提高，进而提高政府的执政能力。加强政府应急管理不仅可以防范突发公共事件的破坏，还可以维护社会稳定，为我国的经济发展提供有利的环境，增强我国的综合实力。我国目前既处于社会经济的关键发展期，同时又处于矛盾凸显期，加强政府应急管理有利于维护我国的国际形象，避免政治风险。对突发事件的各个发展阶段进行科学有效的分析和管理可以有效地减少事件带来的经济损失，保障人民的财产安全和身体健康。

广州市生猪产品消费量巨大，产品流通量也大，本地自产的生猪不能完全满足市民的需求，根据各区、县级市畜牧部门2013年的统计数据，广州市生猪养殖场户总数约7100个，其中年出栏3000头以上的养殖场98个，年出栏万头以上的养殖场22个，全市生猪总存栏数约为122万头，2013年生猪的出栏数约为220.5万头。但是，广州市本地养殖的生猪仅占总屠宰量的30%，主要供应镇级屠宰场，屠宰场的生猪70%来自外地，主要是广西、湖南、云南等省和广州市以外的广东省其他地市。由于外市调入的生猪来源复杂分散，既有养殖基地的畜禽，也有农户养殖的"百家猪"等，千家万户的饲养方式导致监控主管部门对动物产品质量进行监控的难度相当大——难以对外地生猪质量进行有效的监控，未经检疫检测合格的或假冒检测检疫合格证明的生猪很容易流入市场，同时由于生猪交易市场的存在，不利于生猪供应产销衔接以及质量把关，生猪疫病防控压力大，容易滋生私宰泛滥问题，造成生猪质量在进入屠宰环节前就已经存在"先天不足"的情况。如近年来从湖南、河南省调入的生猪，显示"瘦肉精"残留的阳性率一直居高不下，加强对盐酸克伦特罗残留的监控后，又发现非法使用沙丁胺醇、莱克多巴胺等违禁药物的情况。

"瘦肉精"事件给社会造成极度不良的影响，消费者对食品安全失去信心，对政府监管措施表示怀疑，极大地影响了社会主义和谐社会的建设，违背了以人民为中心的发展理念。因此，针对此类食品安全突发事件，分析广州市食源性畜禽产品质量安全应急管理的现状以及各环节存在的隐患，针对可能发生的突发事件进行具体的分析，以动物卫生监督工作的实际经验结合广州实际情况，探讨构建食源性畜禽产品安全政府应急管理体系的对策有着重要的现实意义。

本研究的理论意义在于：通过运用公共安全"三角形"框架的理念以及事件链的原理对广州市食源性畜禽产品各环节的应急管理现状以及可能发生的突发事件进行理论分析，总结存在的风险点和安全隐患；研究政府应急管理体系该如何合理地进行构建，保证政府部门能够有效地应对相关的突发事件，保障广州市食源性畜禽产品的质量安全；建议运用风险评估的原理针对不同因素开展风险评估，根据风险评估的内容和结论，政府部门可以合理地制定符合广州市自身情况的监测方案和应急预案，搭建有效的应急平台，在日常取得有效的监测和预警效果，在突发事件爆发时能够及时反应，采取有效的应急措施来应对，并有效预防潜在突发事件的爆发和次生衍生事件的发生。

5.1.2　国内外研究现状

5.1.2.1　国外相关研究现状

1915年莱特纳在他的《企业危险论》一书中首次提出应急管理的概念，开启了国外应急管理研究的大门。1996年美国的危机管理专家罗伯特·希斯在《危机管理》一书中提出了"危机管理4R模式"——减少（reduction）、预备（readiness）、反应（response）和恢复（recovery），并通过一个几何图形展示了应急管理的整个过程。该理论指出：企业管理者需要主动将危机工作任务按4R模式划分为四类——减少危机情境的攻击力和影响力、使企业做好处理危机情况的准备、尽力应对已发生的危机，以及从中恢复。"目前，注重社会参与的应急管理模式在国外逐渐成熟起来，应急协调联动这一理念也开始应用到应急管理中来，如国际上采用的 IEMS 集成式的危机管理体系，这一体系强调社会资源的整合，不断提高政府、公众、非政府组织等的应急能力，形成多元主体参与协同应对危机的社会网络。国外应急管理模式研究强调应急管理应该是一种多元化的管理，不再认为政府是唯一的应急主体，应急处置不单单是政府的职责，强调要将消费者、非政府组织等中间组织、企业、媒体等都纳入到应急管理体系中来，积极参与到应急管理的各个环节中，这样能更加高效地解决危机事件，减少其带来的灾害。"20世纪90年代以来，食品安全问题不断被曝光，引起了学术界的广泛关注，人们逐渐对食品安全的应急管理展开了研究，主要典型有玛丽恩·内斯特尔的《食品政治》，该书对食品安全政策对消费者的影响进行了着重分析，以一个消费者的身份出发，指出建立综合协调的食品安全应急管理部门进行各方面力量的调动，整合社会资源，能够优化资源配置，这样的应急管理体系也可以避免政出多门、多头领导的现象，是更加合理的应急管理体系，希望以此来不断完善在食品安全应急管理中政府政策的制定和实际的应对措施。

"疯牛病"这一重大突发危机事件爆发后，食品安全问题成为全世界关注的焦点，各国纷纷加强对食品行业的监管，并建立了适合自己国情的食品安全应急管理体系，对食品"从农田到餐桌"这一整个过程进行控制，建立了完备的危机预警系统、危机决策系统和应急处理系统。王兆华在《主要发达国家食品安全监管体系研究》一文中对美国、欧盟、日本和加拿大等国和地区在食品安全立法、监管体系、管理方式以及转基因食品安全管理等方面的情况进行了分析与述评。彭娟在《论日本食品安全危机的法律应急机制》一文中对日本食品安全管理机构的各部门各自制定的食品安全危机应对机制进行了分析,为我国建立有效的食品安全危机应对机制提供了借鉴性的建议。

5.1.2.2 国内相关研究现状

1. 应急管理方面

国内学术界目前对应急管理主要有以下几种诠释:何志武在《政府危机管理述评》中指出"应急管理就是对没有预料到的且对公共安全和公共利益形成重大威胁的事件的管理"。吴兴军在《公共危机管理的基本特征与机制构建》中是这样诠释的:"应急管理是属于政府公共管理范畴,政府被认为是应急管理的唯一权威主体,它是政府在科学的公共管理理念指导之下,通过监测、预警、应急处理、善后恢复等措施,最大限度地防止和减轻公共危机所带来的危害的管理活动"。张小明在《从SARS事件看公共部门危机管理机制设计》一文中指出应急管理的管理主体应包括政府部门、公众、非政府组织,企业等营利组织。

张维平在《突发公共事件应急机制的体系构建》一文中阐述了突发公共事件应急机制体系的构成。范维澄在《构建公共安全科技体系,保障社会经济良性运转》中介绍了突发公共事件应急体系的六个组成单元:法律法规体系、预案体系、组织管理体系、应急救援保障体系、应急平台体系以及科技支撑体系;在《城市公共安全与应急管理的思考》中提出风险评估是应急管理的有机组成部分,通过风险评估可以确定应急管理的重点目标、关键环节等,通过了解存在哪些风险以及哪些是需要加以关注的高风险事件,从而制定合理的预防措施和应急预案。

赵成根的《国外大城市危机管理模式研究》一书从不同层面、不同角度对美国、加拿大、日本、德国等国家的大城市的危机管理模式进行了十分详细的解读,该书为我国构建高效的危机管理模式提供了相当多的有益借鉴。

2. 食源性畜禽产品安全应急管理方面

杜茜在《我国食品安全应急管理多元参与机制》一文中这样定义食品安全应急管理:食品安全应急管理是指政府及其职能部门在食品安全突发事件的事前预警、事发处置、善后处理的一系列过程中,通过建立应急反应机制,对那些潜在的或者已发生的有可能威胁公众生命安全、社会秩序、社会发展的食品安全事件采取必要的措施,以保障公众的生命财产安全和社会和谐。李鹰强在《食品安全危机管理中政府应急处理机制研究》一文中提出食品安全应急管理体系应该由应急主导机构、应急辅助的各职能部门及社会力量这三个层次构成,强调社会力量的重要性和应急协调联动的应急管理模式。宋英华在《食品安全应急管理体系建设研究》一文中分析了食品安全应急管理体系存在的主要问题,提出建设食品安全应急管理体系的相关对策。莫英杰、吴贾锋等在《我国食品安全应急科普的现状与分析》一文中提出要将科普食品安全应急纳入到应急管理体系中,组织专家进行相关理论研究,实现及时有效的风险沟通,消除消费者的恐慌。马燕合在《关于我国食品安全科技工作的几点思考》中指出风险评估技术是保障食品安全和公众健康的核心技术。

都业良在《食源性动物产品质量安全的影响因素及控制措施》一文中分析了食源性动物产品的生产养殖、屠宰加工及流通销售等全过程的质量安全问题。何计国在《从"瘦肉精"事件看国内食品安全问题》中详细介绍了"瘦肉精"事件的由来和危害。张雪琳在

《从瘦肉精案分析我国如何加强食品安全》一文中提出政府要对企业建立公开透明的诚信档案，明确各监管部门的权力与职责，建立有效的问责机制，确保形成严密的监督链条。

中国工程院院士范维澄提出了公共安全科技的"三角形"框架与"4+1"研究方法："三角形"的三个边分别表示突发事件、承载载体和应急管理，指出应急管理一方面可以针对突发事件实施，从而减少事件的发生或降低突发事件作用的时空强度；另一方面也可以针对承灾载体实施，从而增强承灾载体的抗御能力。应急管理的研究重点在于掌握对突发事件和承灾载体施加人为干预的适当方式、力度和时机，从而最大程度地阻止或控制突发事件的发生、发展，减弱突发事件的作用以及减少对承灾载体的破坏。公共安全科技的"4+1"研究方法包括确定性方法、随机性方法、基于监测探测的方法、复杂系统方法，以及由这4类方法中的几个相互嵌入形成的综合性方法，他们共同形成了研究复杂的公共安全问题的方法学。范院士在《城市公共安全体系架构分析》中还提出了突发事件形成事件链的基本原理。

然而目前运用公共安全科技的"三角形"框架和事件链原理针对具体的食品安全突发事件进行具体分析的研究尚不多见，也尚未见有能够灵活运用"4+1"研究方法针对具体食品公共安全问题开展研究的成果。

5.1.3　广州市食源性畜禽产品质量安全现状及隐患

在研究中，我们应用访谈法来收集与广州市食源性畜禽产品质量安全相关的资料。

1. 访谈对象

广州市动物卫生监督所监督检查科的前任科长、现任科长，检疫二科前任科长，饲料科现任科长，以及相关科室中经常工作在执法第一线的工作人员数人。

2. 访谈对象的背景

（1）监督检查科的相关职责包括：①负责对违反动物卫生、动物及动物产品质量安全等法律、法规和规章案件的办理；②负责动物及动物产品质量安全的监督管理和执法工作，负责全市动物及动物产品质量安全报表的统计和报送管理，拟定全市动物及动物产品质量安全监测计划并组织实施，负责动物产品质量安全的预警工作。

（2）检疫二科的相关职责包括：①负责全市畜类及其产品的产地检疫、屠宰检疫以及质量安全的监督和执法工作，负责组织对全市生猪及其产品检疫技术指导和违禁药物监测工作，承担全市官方兽医、协检人员、监督员的专业技术培训工作；②负责生猪等牲畜批发交易市场的动物卫生监督；③在孔旺记食品肉类分公司和广州冷冻厂（茅山）检疫事权正式移交给白云区前，协助白云区负责其生猪屠宰检疫和违禁药物监测以及冷冻品的检疫监督管理工作。

（3）饲料科的相关职责包括：①负责全市饲料、饲料添加剂的生产、经营、使用环节的监督执法；②负责兽药、兽医用药械的生产、经营、使用环节的监督执法；③负责对违反饲料和兽药法律、法规、规章案件的办理；④负责饲料、饲料添加剂及兽药法律法规和规章的宣传培训工作。

3. 访谈方式

由于监管部门工作的特殊性，部分内部谈话内容不适宜对外公开，所以采用非结构性访谈法，预先制定大致的访谈提纲（见附录1），通过录音的方式记录搜集资料，再对搜集到的信息进行汇总和整理,结合历年的统计数据,分析广州市食源性畜禽产品质量安全现状以及各环节存在的隐患。

5.1.3.1 广州市食源性畜禽产品质量安全现状

近年来广州市各级畜禽产品质量安全监管机构积极响应和贯彻落实本市农业局的统一部署,加大力度打击农产品和农资产品的制假以及售假行为,积极做好畜禽产品的日常监测、例行监测和专项检查工作,及时组织开展专项监测及风险预警的分析会议。本文通过对工作数据的综合研判,结合日常监管及执法情况,分析广州市食源性畜禽产品质量现状。

近六年广州市生猪违禁药物 β-受体激动剂(俗称"瘦肉精")日常监测情况如图 5-1 和图 5-2 所示:

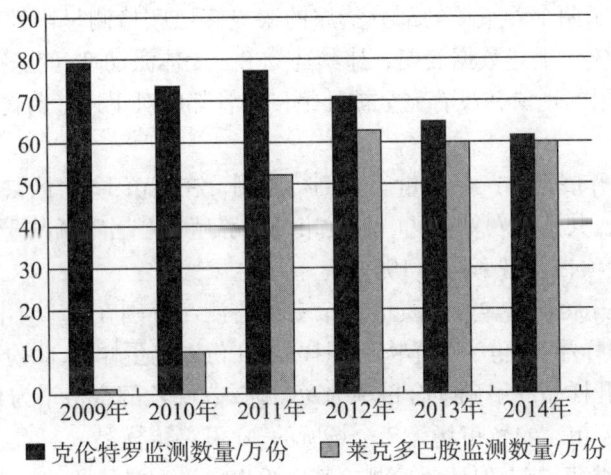

图 5-1 近 6 年广州市生猪违禁药物 β-受体激动剂(俗称"瘦肉精")日常监测数量

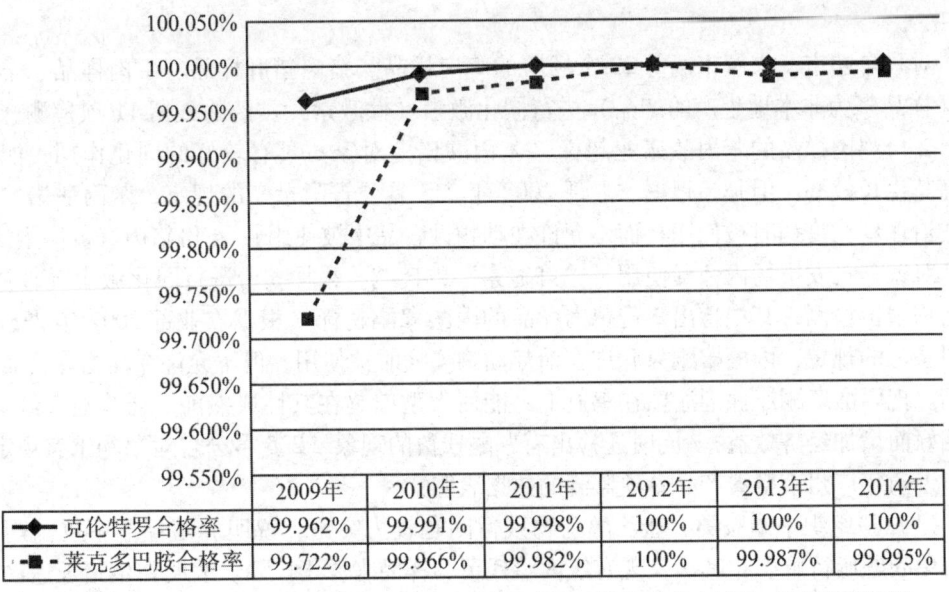

	2009年	2010年	2011年	2012年	2013年	2014年
—◆— 克伦特罗合格率	99.962%	99.991%	99.998%	100%	100%	100%
--■-- 莱克多巴胺合格率	99.722%	99.966%	99.982%	100%	99.987%	99.995%

图 5-2 近 6 年广州市生猪违禁药物 β-受体激动剂(俗称"瘦肉精")日常监测情况

可以看出，2009年和2010年，克伦特罗和莱克多巴胺这两种常用的"瘦肉精"监测情况严峻，形势不容乐观；从2011年开始监管部门不断增强执法力度，大幅度增强对莱克多巴胺的监测力度后，到2012年取得了一定的成效，克伦特罗和莱克多巴胺这两种常用的"瘦肉精"在当年的检测合格率达到了100%。但是，2013年莱克多巴胺的使用又出现了死灰复燃的现象：2013年广州市全市日常监测盐酸克伦特罗项目的样品共649 110份，结果均为未检出；检测莱克多巴胺的样品共603 785份，而其中76份结果为阳性。具体情况如下：在2013年8月上旬，在肉品质量安全专项执法行动中，广州市动物卫生监督所联合从化区动物卫生监督所在从化市鳌头镇、城郊镇的6个生猪养殖场排查出莱克多巴胺阳性尿液样品76份，随即开展立案调查，共查处不合格生猪以及同栏、同批生猪共1780头，对其全部进行无害化处理，案件按规定由从化市畜牧兽医渔业局移交当地公安机关进行查处。

2014年也出现了两个养殖场的部分猪尿的莱克多巴胺检测呈阳性的情况，当年的检测合格率为99.995%。上述数据表明，违禁药物β-受体激动剂（俗称"瘦肉精"）被不法养殖人员非法使用的现象并没有完全被杜绝，监管部门对于违禁药物的监管工作绝对不容松懈。

2013年广州市开展畜禽产品质量安全例行监测，在全市12个区县开展了3次农产品质量安全例行监测，共选取农贸市场、批发市场、养殖场、屠宰场共339个监测点，抽取样品1398份，所检项目合格率均为100%。

2013年广州市开展了畜禽产品质量安全专项监测，分别在4个不同的区抽检了猪组织样品60份、鸡肉样品30份、牛羊肉组织样品20份、鸡蛋样品30份，分别对其进行了专项检测，其中猪肝样品的甲硝唑合格率为96.67%，喹乙醇合格率为95.00%。

此外，对采自超市、农贸市场等7个场所的30份鸡蛋样品（样品多为非本地生产的产品）进行喹诺酮类药物11项残留检测，其中检出恩诺沙星残留的有16份，检测结果为不合格（根据农业部2002年235号公告附录二的规定，恩诺沙星属于产蛋鸡禁用的药物之一）。

对采自超市、农贸市场等22个场所的鸡肉样品、猪肉猪肝样品、牛肉样品、羊肉样品（样品多为非本地生产的产品）进行同化激素（性激素）类药物残留11项检测，其中检出2份鸡肉样品的苯丙酸诺龙超标（苯丙酸诺龙对家禽具有较好的同化作用，能显著提高其生长效率。但是，根据农业部2002年235号公告附录三的规定，苯丙酸诺龙只允许在治疗动物疫病时被使用，而不允许在动物性食品中被使用），4份猪肉有黄体酮残留。

对家禽批发市场内怀疑使用了"红冠素"的肉鸡，采样3份进行同化激素（性激素）类药物残留检测，其中检出2份鸡肉样品的丙酸睾酮超标（根据农业部2002年235号公告附录三的规定，丙酸睾酮只允许在治疗动物疫病时被使用，但不允许在动物性食品中被使用。把丙酸睾酮涂擦剂涂擦在鸡冠上，能使大型肉鸡在其性成熟前，让鸡冠又红又大，卖相好而增加经济效益）。同时还检出有睾酮残留的现象（235号公告对睾酮未有规定）。

近两年广州市畜禽产品专项监测的数据表明：

（1）猪组织中磺胺类、喹乙醇药物残留问题较为突出，说明养殖环节中抗菌药的规范使用问题亟待解决；其次发现有氯丙嗪残留，样品来源于广西，表明在生猪长途运输过程中存在违规使用镇静剂以减轻应激反应的可能。

(2) 禽肉组织在本市养殖环节抽样中发现有喹诺酮类、四环素类药物残留,但含量均在合格范围之内;在批发市场环节的抽样结果显示,外地来源的禽肉中呋喃唑酮、甲硝唑的违规使用问题较为突出。

(3) 牛羊组织检测的样品发现含有睾酮、黄体酮,未发现其他不得添加使用的性激素药物。

食源性畜禽产品从养殖场走到消费者的饭桌上,是一个养殖到屠宰加工再到销售的过程,政府部门的监管力度必须要渗透到养殖、运输、屠宰加工、流通、消费等环节。因此,本文针对畜禽养殖环节、畜禽流通和屠宰环节、食源性畜禽产品消费环节和行政监管环节进行分析,分析各环节的现状和存在的隐患。

5.1.3.2 畜禽养殖环节

在畜禽的养殖环节,目前的现状和存在的隐患主要体现在以下四个方面:

1. 畜禽养殖业产业化程度低

目前,广州市畜牧业生产与全国的普遍情况基本一致,从畜禽养殖的生产模式上看,同时存在大中型畜牧场集约化生产、专业户规模养殖和农民散养这三种生产方式;在饲料添加剂使用、兽医防疫、兽药使用方面,外向型生产企业、有一定规模的生产场相对较规范,但是这样的企业数量较少,大部分中小型企业总体素质不高,与农户多数为松散型的合作关系。个体、散养户饲养方式落后,非法使用违禁药物、不规范使用饲料添加剂、违规使用疫苗等现象仍然存在。畜禽养殖业人员的疫病防控能力弱,综合防疫制度不健全,隔离消毒工作执行不力,食品安全法律意识淡薄,从源头上制约了广州食源性畜禽产品的质量和安全。

2. 养殖企业和养殖户非法使用违禁药物及其化合物

我国农业部在 2003 年 265 号公告中明确规定:"不得使用不符合《兽药标签和说明书管理办法》规定的兽药产品(2002 年农业部第 22 号令),不得使用《食品动物禁用的兽药及其他化合物清单》(2002 年农业部 193 号公告)所列产品及未经农业部批准的兽药,不得使用畜禽产品进口国明令禁用的兽药,畜禽产品中不得检出禁用药物"。但在实际生产中,部分企业和养殖户受利益驱动,非法使用促生长激素和性激素等国家明令禁止使用的添加剂、兽药。如市民喜欢食用优质黄羽肉鸡,而优质黄羽肉鸡生长较慢,故生产场使用肥鸡丸和壮冠素,加快肉鸡的生长速度和使鸡冠变得又红又大,以赚取经济效益;由于市场上颜色鲜艳的瘦猪肉商品价值较高,养殖企业和养殖户便非法使用盐酸克伦特罗(俗称"瘦肉精")、莱克多巴胺等提高生猪瘦肉率。违禁药物属于有毒有害物质,超过一定剂量可导致急性中毒、"三致作用"(致畸、致癌和致突变)等不良后果,其残留在食物中会对人类身体健康造成严重威胁。

3. 兽药残留情况不容乐观

如果在动物的养殖过程中合理使用兽药,能够使动物的发病率得到有效的控制,死亡率得以下降,还能使动物的生长性能得到提高,使动物的产出效率得以上升,养殖企业和养殖户的经济收入能够得到大幅度的提高。但是,由于动物疫病的威胁,一些养殖企业和养殖户为了减少动物疫病的发生概率,提高动物的出栏率,在动物饲养期间,没有严格遵守休药期的相关规定,在饲料中添加药物时,随意增加用药次数或者加大用药的剂量,忽视药物的配伍禁忌，甚至滥用抗生素，其结果势必造成兽药残留量超标。兽药残留量超标的动物性产品如果被人类长期或者大量食用，有可能导致人体的过敏反应、人体菌群失恒、细菌耐药性增强甚至急性中毒等危害。

在日常的检查中发现，部分规模养殖场没有动物防疫条件合格证，在投入品采购环节没有索取或者保存兽药、饲料等物品的有效采购凭证，也没有编写采购台账。个别规模养殖场甚至发现有违规使用原料药的情况。

(4) 无害化处理设施的建设情况堪忧

广州市动物卫生监督所于2014年8月至9月上旬组织对全市养殖环节病死猪无害化处理工作开展专题调研，发现以下4个问题：其一，养殖环节病死猪无害化处理设施建设情况堪忧。在本次调研的87个生猪养殖场户中，配置有无害化设施设备的养殖场只有11家，仅占总数的12.6%；不具备无害化设施设备的养殖场户76家，占总数的87.4%，其中99头以下的生猪养殖户100%不具备符合技术规范无害化设施设备，完全没有进行自主无害化处理的能力，部分养殖人员表示采取就近填埋处理的方式来处理病死动物，当检查人员要求查看填埋现场时，大部分场主却支支吾吾，未能第一时间指认填埋现场。其二，政府关于病死动物无害化处理的公共服务设施缺乏。目前，广州市辖区范围内仅有一间病死动物无害化处理厂，只负责广州城区（白云、天河、海珠、荔湾、越秀等老城区）范围的环节（农贸市场、牲畜和家禽批发市场）的死禽畜和变质肉类的无害化处理工作，而且目前已超负荷运转。其三，养殖环节病死动物无害化处理的监督管理滞后。其四，养殖人员无害化处理意识淡薄。不少养殖场户的养殖档案存在弄虚作假的情况，虽然登记有病死动物无害化处理记录和处理方式，但是其实根本没有配置无害化处理的设备和场所，事实上并没有对病死动物进行无害化处理。

5.1.3.3 畜禽流通及屠宰环节

在畜禽的流通和屠宰加工环节，目前的现状和存在的隐患主要体现在以下五个方面：

1. 畜禽供给大量依赖市外调入，源头质量监管难度大

广州畜禽产品消费量大，产品的流通量也大，自产的畜禽不能完全满足市民需求，相当大比例的畜禽产品消费主要依赖于从外地调入。如广州市本地养殖的生猪约占总屠宰量的30%，主要供应镇级屠宰场，屠宰上市的生猪70%来自外地，主要是广西、湖南、云南等省市和广州以外的广东省其他地市；上市的家禽60%来自云浮、清远等地市以及广西等省份；上市的禽蛋超过95%来自河南、河北、辽宁、山东等地；上市的冷藏肉品主要来自山东、四川、湖南等地。由于外市调入的畜禽及畜禽产品来源复杂分散，省份较多，既有养殖基地的畜禽，也有农户养殖的"百家猪""百家鸡"等，千家万户的饲养方式，动物产品质量监控主管部门进行监控的难度相当大。以生猪为例，由于难以对外地生猪质量进行有效的监控，未经检疫检测合格的或假冒检测检疫合格证明的生猪很容易流入市场，同时由于生猪交易市场的存在，不利于生猪供应产销衔接及质量把关，生猪疫病防控压力大，容易滋生私宰泛滥问题，造成生猪质量在进入屠宰环节前已经存在"先天不足"的情况。如早年间从湖南、河南省调入的生猪，盐酸克伦特罗残留检测的阳性率一直居高不下，在监管部门加强对盐酸克伦特罗残留的监控后，又发现存在养殖企业和养殖户非法使用沙丁胺醇、莱克多巴胺等违禁药物的情况。

2. 畜禽及畜禽产品流通过程的监控存在盲点

在畜禽及畜禽产品流通过程中，调运时只凭检疫证明和运输工具的消毒证明，管理的出发点仅停留在防止动物疫病的传播方面，而且纸质证明容易作假，使得畜禽产品质量安全的管理和监控存在盲点。活畜禽大规模长途调运、现宰鲜销，上市畜禽产品大部分没有包装和标签等实际情况，不利于公共卫生和畜禽产品质量安全监控。另外，由于加工、仓储、运输、货柜、包装、标签达不到标准，缺乏严格的质量控制措施，导致许多出厂合格的动物产品在流通环节中变得不合格，甚至成为腐败变质的产品，致病微生物污染事件频频发生。

3. 牲畜"待宰制"经营模式落后

以生猪屠宰为例，目前，广州市的生猪屠宰主要采取"代宰制"经营模式，即生猪批发行和消费者购入生猪后，交由屠宰厂（场）进行屠宰和加工。"代宰制"经营模式在一定时期内解决了中间环节费用过高的问题，但同时也出现了一些弊端：一是屠宰厂（场）功能单一，仅是简单的"捅一刀"，难以向低温仓储、冷藏配送和品牌化经营等方向发展，形成产业链。二是屠宰加工企业、运输方、销售经营者这三者之间往往存在互相推诿生猪产品质量安全责任的情况。目前广州市的通常情况是生猪产品的销售经营者自己挑选并购入符合自己心意的生猪，他们往往只考虑到利润和销量，会不自觉地趋向于选择那些瘦肉含量较高的生猪，缺乏对生猪质量安全状况的考虑。屠宰加工企业受销售经营者的委托对其购入的生猪进行屠宰和加工，但由于自身往往不直接进行生猪产品的销售，生猪产品的质量对他们自身的经营效益没有直接的影响，会潜意识地认为生猪产品的质量安全不是他们的责任范畴，因此对于法规规定的屠宰加工企业应对生猪产品中违禁药物残留量检测的职责得不到充分的落实，质量把关的责任未予履行。三是中间商垄断市场，任意抬高肉品价格，拉大"公宰肉"与"私宰肉"的差价，造成私屠滥宰屡禁不止的局面。目前广州的上市猪肉中，仍然有一定比例的"私宰肉"，来源不明的"私宰肉"未经过农业部门正规检疫及违禁药物的监测，肉品质量存在很大隐患，且私宰生猪没有正规的屠宰场所及设施，对环境污染很大。

4. 定点屠宰场规模小、设备陈旧、工作人员食品安全意识薄弱

广州目前共有定点屠宰厂（场）53家，大部分为2000年以前建成的，规模小、设施陈旧，仅有4家日屠宰量能达到1000头以上。由于屠宰厂（场）数量多，普遍出现"吃不饱"现象，屠宰厂（场）经营状况普遍不佳，有的缺乏资金投入进行升级改造，长期处于亏损状态。部分屠宰场厂房设备陈旧，硬件设施简陋，功能间不齐全，环境卫生差，污水处理不达标，屠宰加工水平长期停滞不前，肉品品质检验和违禁药物检测水平与日益提高的肉品质量安全要求不相适应。屠宰厂（场）普遍存在食品安全意识较差的现象，部分肉品加工人员服装污秽不洁，操作不规范，人员健康档案不齐全，素质水平较低，动物疫病防控以及食品安全知识欠缺。大部分屠宰厂（场）长期依赖动检部门抽检，未设立与屠宰规模相适应的自检实验室，没有配备相应的肉品品质检测人员和设备，未能对进场屠宰的畜禽等进行相应的违禁药物检测以及出厂肉品品质检测。

5. 牲畜屠宰管理体制存在问题

当前广州市的屠宰管理体制改革，主要是将牲畜屠宰管理职能由商业部门移交工商部门履行。但是，在实际工作中，工商部门作为牲畜屠宰的主管部门，主要承担的是牲畜屠

宰和牲畜产品市场流通环节的监管工作，没有参与管理链条上游环节的定点屠宰布局规划以及屠宰厂的硬件建设等方面的工作，管理体制上下不对口，工商部门难以按照上位法的规定开展监管执法工作。屠宰厂的选址、设立、建设等方面的行业指导和资金扶持工作由经贸等部门负责实施，工商部门作为牲畜屠宰主管部门难以统筹考虑屠宰场建设与监管的衔接。在屠宰加工中遇到因硬件建设不符合标准而产生"放心肉"加工质量问题时，往往缺乏解决问题的条件和手段，从客观上造成了生猪屠宰规划建设与监管脱节的情况。

5.1.3.4　食源性畜禽产品消费环节

在食源性畜禽产品的消费环节，目前的现状和存在的隐患主要体现在以下两个方面：

1. 食品生产部门食品安全意识淡薄

一项 2006 年广州学校食品卫生安全状况的调查分析显示，采购食品无索证的比例约占 4%，72% 的人存在索证不全的情况，主要原因是没有法律知识，主动索证的意识不强；进货质量验收不合格的比例为 70.67%，大多只重视交易金额和货物数量的查验，没有主动进行质量的验收。一份广州市东山区市售熟肉制品卫生状况调查报告显示：熟肉制品合格率为 61.8%，其中农贸市场内销售的样品合格率最低。许多市场的业主卫生意识薄弱，熟肉制品售卖点的选址不合理，卫生设施简陋，如售卖点无预进间或预进间面积过小、无洗手消毒设备等；市场的审查验收常常没有卫生监督部门的参与。另外，市场内环境卫生较差，容易滋生蚊蝇、污染食品。市场销售由于经营的特殊性，同批熟肉的售卖时间常超过 8 小时，而街边档口售卖点一般超过 6 小时，造成细菌繁殖，这些都是导致市场内和街边档口售卖的熟食合格率低的原因。

2. 消费者缺乏基本的食品安全知识，应对食品安全问题时不够理性

2007 年，某调查机构对 2500 多名广州市民进行了问卷调查，提出了 8 道跟食品安全知识息息相关的题目，最后统计结果发现，2500 多名市民的问卷平均得分为 4.78±1.83 分（满分为 8 分），这结果在一定程度上说明了公众的食品安全知识匮乏。详细的问卷调查结果显示："虽然有很多人听说过劣质奶粉，但仅有约 1/3 的人了解劣质奶粉的蛋白质严重缺乏问题。在整个调查过程中，仅约 3 成的市民对食品安全持有乐观的态度，相信我国食品安全情况会越来越好，个别情况在所难免；超过半数（58.6%）的人对目前的食品安全状况感到担忧，态度较消极，认为只有靠自己以后小心避免。消费者对食品安全突发事件的消极态度，被专家认为是非理性或反应过度的。因为这些食品危害的后果虽然严重，但发生的概率非常小，从技术的角度看，实际风险水平非常低，但由于后果严重，消费者认为这类食品安全问题的风险水平非常高。相反，有的食品安全风险非常严重，却被消费者低估了。事实上，消费者的认知风险和食品安全的实际风险往往是不一致的，两者之间甚至根本没有多少联系。

5.1.3.5　行政监管环节

在食源性畜禽产品质量安全的行政监管环节，目前的现状和存在的隐患主要体现在以下五个方面。

1. 相关法律法规不够完善，检测标准不健全

近年来，国家层面和广州市政府先后出台了一系列法律法规和技术标准，如《中华

人民共和国动物防疫法》《中华人民共和国畜牧法》《中华人民共和国农产品质量安全法》《兽药管理条例》《饲料和饲料添加剂管理条例》等，但仍显不足。主要表现在执法主体不统一，实际应用中可操作性不强，执法依据不足，难以实现有效、有力、科学、公正的管理。同时，我国有关食品安全的标准体系不够健全，动物产品卫生检疫、饲料和兽药残留检测等方面仍然缺乏完善的标准。以兽药残留检测标准为例，2002年农业部发布了134种兽药及其他化学物质在动物可食性组织中的最高残留限量规定，但截至目前，仅仅发布了其中41个品种的61个残留检测方法，其他93种兽药（含治疗药和禁用药）的残留检测方法还未建立。随着兽药科技的发展，新兽药品种还会不断出现，需要不断地制定和修订在动物可食性组织中的兽药最高残留限量规定，以及相应的残留检测方法，才能适应当前的需要。

1. 监督管理部门职能交叉、各行其政

按照《国务院关于进一步加强食品安全工作的决定》（国[2004]23号）文件的规定，目前，动物及产品安全工作由多个部门共同负责，农业、卫生、工商、质检等部门各行其政。其中农业部门负责动物养殖、运输环节、屠宰的监管，质检部门负责动物产品加工环节的监管，工商部门负责流通环节的监管，卫生部门负责餐饮业和食堂等消费环节的监管，动物及动物产品进出口的相关工作由质检部门所属的出入境检验检疫机构承担。具体到广州市，目前主要由农业行政管理部门所属的各级动物卫生监督机构具体承担动物及动物产品产地、屠宰、运输、流通环节的检疫监督工作，质检、卫生、工商、等部门按照各自的职责和法规授权负责相关工作，但是每个部门都有各自行动时要遵守的法律法规体系，在实际行动中难免缺乏统一协调和统一规划，导致出现争权利时一哄而上、出现问题时相互推诿的局面。食源性畜禽产品从生产的各个环节到餐桌分割给多个部门管理，多头执法有可能导致部门之间无法形成合力，出现问题也不易找到具体的责任部门，"八个部门管不好一头猪"就是这一问题的真实写照。

3. 畜禽屠宰检疫工作严重滞后、检疫队伍人员不足

其一，现有屠宰检疫机构和人员身份不符合法律规定、屠宰检疫人员数量和专业能力不足以完成新形势下屠宰检疫工作；其二，屠宰厂（场）动物检疫工作严重滞后于现行的法律法规；其三，除承担屠宰检疫工作外，驻场检疫员还承担了违禁药物的监督抽检和供穗生猪的统计工作，给原本人员不足的屠宰检疫工作带来更大压力。

4. 缺乏统一有效的信息资源，追踪溯源难以实现

"目前，发达国家的食品安全监管都强调从农田到餐桌整个过程的有效控制，监管环节包括生产、加工、包装、运输、贮藏和销售等，监管对象包括化肥、农药、饲料、包装材料、运输工具、食品标签等。通过全程监管，对可能会给食品安全构成潜在危害的风险预先加以防范，避免重要环节的缺失，并以此为基础实行问题食品的可追溯制度。"当前在广州乃至全国的动物产品安全追溯监管中，最突出的困难是缺乏有效的信息资源，记录食品生产每个环节的具体信息，如生猪的来源、屠宰、分割、检验等，加工食品的原材料进货、使用、生产加工记录、检验等，无法实现产品的全过程动态监管，消费环节的跟踪溯源、横向部门信息共享、消费者的信息查询工作无法开展。

5. 检测体系不完善

以生猪为例，目前广州动检部门分别在生猪进入交易市场和屠宰厂两个环节进行违禁

药物残留监测抽检。但由于生猪来源的分散性、无序性和不确定性，使对同一批次进行比例抽检的检测方式失去了应有的科学性，只要有一头生猪没有检测，就有可能出现问题。加之待宰时间短，难以做到每头必检，问题生猪和生猪产品容易进入流通环节。而屠宰企业长期依赖动检部门的抽检，没有建立有效的自检机制。食源性畜禽产品质量监控工作面临着工作起步晚、监督涉及面大、待监管的基数大、执法队伍不健全、现行法律法规与广州目前的现实情况不挂钩等诸多难点。与此同时，我国现有的检测技术、检测设备和检测人员水平等方面与发达国家相对而言均较为落后。

5.1.4 食源性畜禽产品质量安全突发事件分析

根据广州市食源性畜禽产品质量安全的现状和各环节存在的隐患分析，可以预测到目前广州市食源性畜禽产品质量安全突发事件发生的可能性较高，潜在的风险不容忽视。其中，违禁药物"瘦肉精"在养殖环节被非法使用的情况尤其值得监管部门的重视和严格监管。因此，本文特别选择2013年一起发生在广州市的养殖户涉嫌非法使用"瘦肉精"的案例进行评价，运用公共安全体系"三角形"框架的原理针对食源性畜禽产品各个环节可能存在的灾害要素、突发事件本体、承灾载体、事件链原理和应急管理五个方面展开具体分析。

5.1.4.1 具体案例

突发事件：2013年8月6日，广州市动物卫生监督所连同从化市动物卫生监督机构的执法检查人员到从化市鳌头镇某某村对某某猪场进行检查，执法人员现场采集了5份猪尿，分别用莱克多巴胺和盐酸克伦特罗（均属于目前养殖户常用的"瘦肉精"药物）两种速测卡进行现场筛查，发现该批尿样的莱克多巴胺速测卡的检测结果为阳性。执法人员立即对该猪场的涉嫌违法行为进行了证据固定，该场有3个栏舍，共存栏生猪969头，其中有大猪563头。接着，执法人员立即按官方采样程序进行采样，到下午5点全场共采集了猪尿49份、饲料样品1个、食槽饲料样品3个。饲料样品送往广州市农产品质量安全监督所进行检测，猪尿样品送往广州市动物卫生监督所中心实验室进行检测。截止到8月7日17点，广州市动物卫生监督所中心实验室完成了对全部49份尿样的确诊检测，检测结果显示：第一栏舍的22份尿液莱克多巴胺的最终确诊结果均为阳性，第二栏舍11份尿液莱克多巴胺的最终确诊结果均为阴性，第三栏舍16份尿液莱克多巴胺的最终确诊结果均为阳性。而采集到的饲料检测结果显示3个食槽饲料样品有2个为阳性。

在这起突发事件的涉案生猪被查获当天，政府部门采取了及时有效的应急管理措施：8月6日下午，从化市动物卫生监督所将发现的情况通报给从化市公安局食品药品侦查大队，协调当地镇村、镇畜牧兽医站对向某某猪场进行24小时把控。广州市动物卫生监督所、从化畜牧兽医渔业局、从化动监所分别派出执法人员形成联合执法小组，开展生猪来源上游及莱克多巴胺源头的溯源调查。8月7日上午，根据向某某猪场提供的饲料购买线索，查封位于从化市鳌头镇某某村的蒋某某饲料加工经营店，执法人员现场检查发现该店有粉碎机和搅拌机各1台，仓库摆放饲料原料及成品约3吨，查到该店销售记录有疑点，随即现场筛查搅拌机内残余饲料，结果发现莱克多巴胺检测结果为阳性。然而该店主逃避，拒绝配合执法人员的调查工作，执法人员立即通知从化市公安食品药品侦查大队人员到现场协助处理，最后将该店9名工作人员带走进行调查。

按照官方采样程序，执法人员分别在粉碎机的进料口、出料口，以及搅拌机抽取了3个饲料样品，送往广州市农产品质量安全监督所进行检测，截至8月8日11点，饲料检测结果显示，在搅拌机抽检的残余饲料样品为莱克多巴胺阳性。

8月8~9日，根据蒋某某饲料加工经营店的销售记录上的疑点，广州市动物卫生监督所联合从化市动物卫生监督所、畜牧兽医渔业局组成联合执法小组，分成4个检查工作组共32人，分头到鳌头镇、城郊街开展地毯式排查工作，在两镇共检查了31个猪场，其中现场采集猪尿进行莱克多巴胺残留速测结果为阳性的猪有5个，按照官方采样程序，这5个猪场共采集猪尿39份，饲料样品7个。另有一猪场闻风连夜清走其所饲养的生猪，残余饲料经检测发现也存在涉嫌使用莱克多巴胺的情况。

联合执法组将向某某猪场涉嫌使用违禁药物案件、蒋某某饲料加工经营店涉嫌对饲料、饲料添加剂添加违禁药物莱克多巴胺案件以及其他5个猪场涉嫌使用莱克多巴胺违禁药物的案件及时移交给从化市食品药品侦查大队作进一步的查处；与此同时，将查处到的，检出莱克多巴胺的同批次存栏生猪共1780头全部进行了统一的无害化处理。

据了解，向某某猪场等一批生猪养殖场均是2013年年初从外地迁至从化本地，从化市鳌头镇畜牧兽医站获悉后分别于6月21日和7月13日对该场的猪群进行瘦肉精等项目的检测，当时并没有发现异常，执法人员推断这批生猪养殖场第一批生猪即将于9月份出栏，于是8月初再次到向某某猪场进行例行检查，结果就接连查获了这几起涉嫌使用违禁药物的案件，杜绝了被喂养了"瘦肉精"的生猪流入市场的可能性，有效地避免了市民因食用有毒生猪产品而发生中毒事件。

这起有效的畜禽产品质量安全突发事件应急管理案例，从分类上看属于突发公共卫生事件，有可能导致消费者中毒的严重后果；从分级来看属于较严重（Ⅲ级）突发公共事件——涉案猪场分别位于从化市两个镇区，影响范围有可能较大，后果有可能较严重，应急管理过程中动用了从化市以及广州市的有关行政执法部门进行有效控制；从分期来看，本事件处于酝酿期和爆发期前期，查获带毒生猪后各部门快速反应，立即采取控制行动和地毯式排查行动，尽可能地控制了事态的进一步发展，本次涉案生猪没有一头进入流通市场，有可能危及到公众身体健康和生命安全的食物中毒情况尚未发生。

该具体案例从体制上看，应急响应部门主要包括农业系统的行政执法部门和公安机关下的食品药品侦查大队，但是统筹跨部门应急反应的领导指挥小组并没有体现出主导性的作用。其次，农业部门和公安机关都只是在各自的职权范围内采取了应急措施并在事后向领导小组汇报了情况，实际上并没有由领导指挥小组真正意义上地启动应急预案。在机制方面，农业执法部门根据事前掌握的信息制定监督执法方案，不定期到各生猪养殖场作例行的检测排查，发现可疑情况后及时联合其他相关部门共同火速开展行动，封存可疑生猪的同时积极开展地毯式排查，接连端掉了5家涉嫌使用含有莱克多巴胺饲料的生猪养殖场，有效杜绝了有毒生猪流入市场，说明其隐患排查的机制是有效的。事后，广州市农业局召集了各区县有关部门召开了总结会议，通报本次事件的具体情况，分析原因，总结经验，要求各区县有关部门加大日常巡查力度和抽查频次，预防和减少类似突发公共卫生事件的发生，确保生猪供应正常，这样做到了及时在农业体系内的信息报告与共享。

可以看出，广州市有关部门对食源性畜禽产品质量安全突发事件的应急处置在目前来看有一定的效果，但是，缺乏一个科学的框架来对突发事件进行有效的分析。因此，接下来本文将依据公共安全科技的"三角形"框架和事件链原理，分别从灾害要素、突发事件、承灾载体、事件链和应急管理这五个方面来对食源性畜禽产品质量安全突发事件进行分析，探讨在各环节中监管部门应急管理的重点。

5.1.4.2 灾害要素分析

灾害要素作为导致突发事件发生的罪魁祸首，其本质是一种客观存在，具有物质、能量、信息三种形式。灾害要素只要超过临界值或遇到一定的触发条件就可能导致突发事件的发生，在未超过临界量或未被触发前，灾害要素其实并不造成破坏作用，如图 5 - 3 所示。食源性畜禽产品各环节具体所包含的灾害要素如表 10 - 1 所示。

在畜禽养殖环节，突发事件的物质灾害要素主要有三种：一是在畜禽养殖过程中禁止使用的物质，如俗称"瘦肉精"的 β - 受体激动剂类药物、硝基呋喃类药物、抗原虫药、性激素类药物等；二是在畜禽养殖过程中允许作为治疗畜禽动物疫病所使用的兽药，但是规定了其在畜禽产品中的最高残留限量，如喹乙醇、氟喹诺酮类、磺胺类、四环素类、阿莫西林类等药物；三是能导致畜禽动物染病的病原体，如禽流感病毒、结核杆菌、猪Ⅱ型链球菌等。

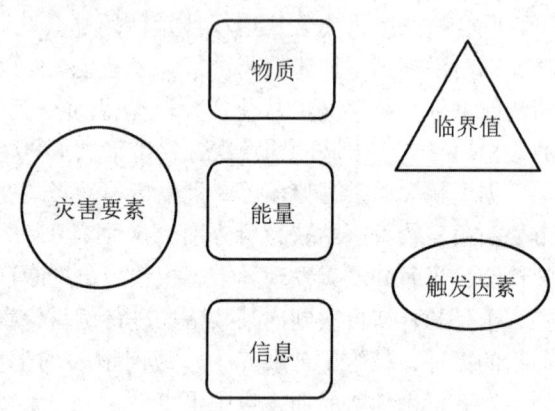

图 5 - 3　灾害要素的形式和反应条件

表 5 - 1　食源性畜禽产品各环节所蕴含的灾害要素

	化学类		生物类
畜禽养殖环节	违禁药物	限量使用的兽药	病原体
畜禽流通及屠宰环节	体内含有违禁药物的畜禽动物	体内兽药残留超标的畜禽动物	染病的畜禽动物
食源性畜禽产品消费环节	含有违禁药物的畜禽产品	兽药残留超标的畜禽产品	携带有病原体的畜禽产品
	不实消息和谣言		

在畜禽流通和屠宰环节，突发事件的物质灾害要素主要有三种：一是体内含有禁用药物的畜禽动物；二是体内兽药残留超标的畜禽动物；三是携带有致病病原体或者染病的畜禽动物。

在消费环节，突发事件的物质灾害要素也有三种：一是含有禁用药物的畜禽产品；二是兽药残留超标的畜禽产品；三是携带有致病病原体或者染病的畜禽产品。此外，在此环节中，突发事件还可能存在信息灾害要素——不实消息和谣言。以 4.1 节中的具体突发事件为例,虽然该突发事件在酝酿期就被监管部门通过人为干预的手段遏止了其进一步的发展和演化,但是我们依然可作出以下推测:如果该批涉案生猪没有被及时查获,进入了流通市场后被普通消费者购入并加工食用,一旦食用超过一定的量就有可能导致消费者出现食物中毒的症状,身体健康受到损害,而食物中毒事件一旦爆发,中毒人数如果超过了一定的规模,就有可能诱发公众的焦虑情绪,在社会上就难免会出现各种版本的谣言或不实消息,这些信息灾害要素在人群中的快速传播,极有可能导致社会性恐慌。

5.1.4.3 突发事件本体分析

突发事件是由灾害要素导致的事件,具有较高强度的破坏性,其破坏性已经或即将施加在承灾载体上。对于由灾害要素超量所导致的突发事件而言,通常其"量"在达到临界值前有较长的累积时间。由量的逐渐累积直至导致突发事件,是一个由量变到质变的过程,量变往往是缓慢的,而质变往往是瞬间或在短期内发生的。"突发"并不是指灾害事件在突然之间发生,而是指灾害要素突破临界值时在较短的时间内发生,具有"突发"的特点。突发事件的发展演化具有一定的自身规律,适当的人为干预能够影响突发事件的演化过程。

突发事件具有类型、强度和时空特性三方面属性,表现作用为物质作用、能力作用、信息作用和耦合作用四种形式,如图 5-4 所示。

研究突发事件从孕育、发生、发展到突变成灾的演化规律及其产生的风险作用,即突发事件携带或产生哪些作用,而这些作用又如何随着时间或地域的空间发生变化,对突发事件进行分类、分期、分级,能够有利于政府监管部门对突发事件制定合理的应急预案,有利于当突发事件发生时对应急响应措施的选择和调整。

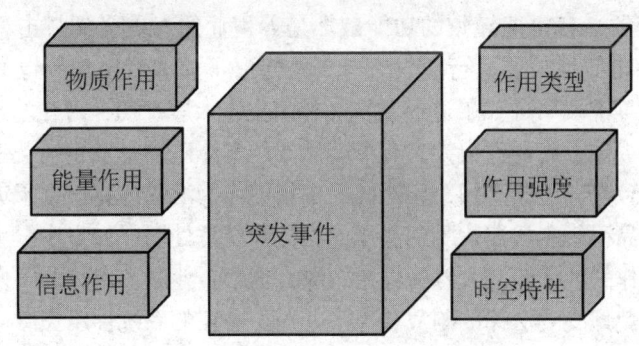

图 5-4 突发事件的属性和作用形式

针对 4.1 节中提及的具体案例进行分析,涉及的突发事件从类型上看属于突发公共卫生事件;从时空特性方面分析可判断其处于酝酿期,尚未演化发展到爆发期,属于破坏性尚未施加在消费者身上的情况;从强度方面分析可判断其属于较严重(Ⅲ级)突发公共事件——涉案猪场涉及从化市两个镇区,影响范围有可能较大,导致后果有可能较严重;该突发原生事件作用的表现形式为物质作用。灾害要素是畜禽养殖过程中禁止添加的违禁药物"瘦肉精"。通过预测,该突发事件如果进一步发展进入爆发期,发生多起食品中毒事件,将极有可能导致衍生事件——社会恐慌的发生,衍生事件的作用表现为信息作用。

对于兽药残留超标的畜禽产品,突发事件发生的触发因素是兽药残留量超过了法定的剂量,可能会对消费者的身体健康造成危害。而对于携带有病原体的畜禽产品,其突发事件触发的因素是人直接接触到染病或携带有病原体的畜禽动物,或是食用了这些携带有病原体的畜禽产品(烹饪时未彻底加热煮熟)。

5.1.4.4 承灾载体分析

承灾载体在突发事件作用下的破坏表现形式有两种:一是本体破坏,二是功能破坏。本体破坏是指承灾载体在突发事件作用下发生的实体破坏,此时的承灾载体一般是人或物,其发生本体破坏的可能性和程度可以用脆弱性来衡量;功能破坏是指突发事件导致承灾载体原本具有的功能无法履行,发生功能破坏的承灾载体一般是系统,其发生功能破坏的可能性和程度可以用鲁棒性来衡量。如图5-5所示。

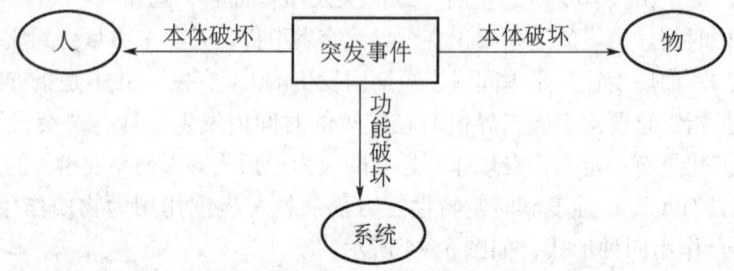

图5-5 突发事件对承灾载体的作用

针对3.2.1中提及的具体案例具体分析,该突发事件正处于酝酿期,已知的承灾载体是养殖企业、养殖户和养殖业,涉案的养殖企业和养殖户因相应的法律责任而受到严厉的制裁和经济上的处罚;有可能导致的功能破坏是养殖业的发展受到打击,由于广州市的养殖业发展程度低,鲁棒性较弱,行业发展有可能停滞不前或者出现倒退的现象。

进一步预测,该突发事件如果进一步发展和演化进入爆发期,潜在的承灾载体之一是消费者,人作为承灾载体的脆弱性很大,有可能导致的本体破坏是发生消费者食用有毒猪肉后出现中毒症状,导致身体健康受损;相对的,销售商作为潜在的另一个承灾载体,则可能因为销售有毒有害食品而触犯法律,受到法律的制裁和经济处罚;如果中毒事件是由于屠宰过程中屠宰企业的不作为或者疏忽大意所导致,那么屠宰企业经营者作为突发事件的另一承灾载体,也将不可避免地受到法律的制裁和经济处罚。潜在的系统性承灾载体是生猪交易市场以及肉菜市场,突发事件可能导致的功能破坏是生猪及生猪产品的正常交易被打破。

在食源性畜禽产品的各环节中,不同灾害要素对应的承灾载体如表5-2所示。

表5-2 各环节中不同灾害要素对应的承灾载体

	违禁药物	限量使用的兽药	病原体
畜禽养殖环节	养殖企业和养殖户、养殖业	养殖企业和养殖户、养殖业	畜禽动物、养殖从业人员、养殖企业和养殖户、养殖业
畜禽流通及屠宰环节	屠宰加工企业、畜禽交易市场	屠宰加工企业、畜禽交易市场	屠宰加工人员、屠宰加工企业、畜禽交易市场
食源性畜禽产品消费环节	消费者、销售者、超市和肉菜市场	消费者、销售者、超市和肉菜市场	消费者、销售人员、超市和肉菜市场

在畜禽养殖环节，潜在的承灾载体包括畜禽动物、养殖从业人员、养殖企业与养殖户和养殖业，可能导致的本体破坏包括畜禽动物染病导致动物的死亡率上升和出栏率下降、养殖从业人员因直接接触到染病动物或其排泄物而染病、涉及食品中毒事件的养殖企业和养殖户因相应的法律责任而受到法律的制裁和经济上的处罚；可能导致的功能破坏是养殖业的发展受到打击，由于广州市的养殖业发展程度不高，鲁棒性较弱，行业发展有可能停滞不前或者出现倒退的现象。

在畜禽流通和屠宰环节，潜在的承灾载体包括屠宰加工企业、屠宰加工人员和畜禽交易市场，可能导致的本体破坏包括屠宰加工人员因直接接触到染病动物或其排泄物而染病、涉及食品中毒事件的屠宰加工企业因相应的法律责任而受到法律的制裁和经济上的处罚；可能导致的功能破坏是畜禽交易市场的正常交易秩序被打乱。

在畜禽产品消费环节，潜在的承灾载体包括消费者、销售者、超市和肉菜市场，可能导致的本体破坏包括消费者和销售人员因直接接触到染病动物及其排泄物而感染疾病、消费者食物中毒、涉及食品中毒事件的销售者或超市因相应的法律责任而受到法律的制裁和经济上的处罚；可能导致的功能破坏是肉菜市场的正常交易秩序被打乱。

5.1.4.5 事件链分析

事件链的原理是指承灾载体在突发事件产生的能量、物质和信息等灾害要素的作用下，可能产生本体破坏和（或）功能破坏，有可能导致自身蕴含的灾害要素被意外释放，从而导致次生事件或衍生事件。

食源性畜禽产品质量安全突发事件的事件链发展有两种可能的情况：一是二级事件链，包含原生事件和衍生事件，如图5-6所示；二是三级事件链，包含原生事件、次生事件和衍生事件，如图5-7所示。

本文针对三级事件链进行详细的分析（见图5-7）。

1. 原生事件：畜禽动物感染疫病

原生事件中的物质灾害要素是病原体，触发因素是畜禽动物被病原体感染，导致畜禽动物感染疫病。在此事件中潜在的承灾载体包括畜禽动物、养殖企业和养殖户、养殖业，可能导致的本体破坏包括：①畜禽动物染病导致动物的死亡率上升和出栏率下降；②养殖从业人员因直接接触到染病动物或其排泄物而染病；③养殖企业和养殖户受到经济上的损失。可能导致的功能破坏是养殖业的发展受到打击。

2. 次生事件：人感染疾病或发生食物中毒

在原生事件中承灾载体畜禽动物蕴含的灾害要素是染病的畜禽动物和携带有病原体的畜禽动物产品，触发因素是人直接接触到染病的畜禽动物或其排泄物，食用了携带有病原体的畜禽动物产品。在此事件中潜在的承灾载体包括养殖企业和养殖户、屠宰加工企业、屠宰加工人员、销售人员、消费者、畜禽交易市场、超市和肉菜市场，可能导致的本体破坏包括：①屠宰加工人员、销售人员和消费者直接接触到染病的畜禽动物或其排泄物，或者是消费者食用了携带有病原体的畜禽动物产品，导致人自身感染疾病或发生食物中毒事件。②养殖企业和养殖户、屠宰加工企业、超市和个体销售者可能因为生产、加工和销售有毒有害食品而触犯法律，案件查明后可能会被追究法律责任，最终受到法律的制裁和经济上的处罚。可能导致的功能破坏是畜禽交易市场、肉菜市场的正常交易秩序被打乱。上述本体破坏和功能破坏可能导致信息灾害要素——不实消息和谣言的滋生和传播,而这些信息就是导致衍生事件的灾害要素。

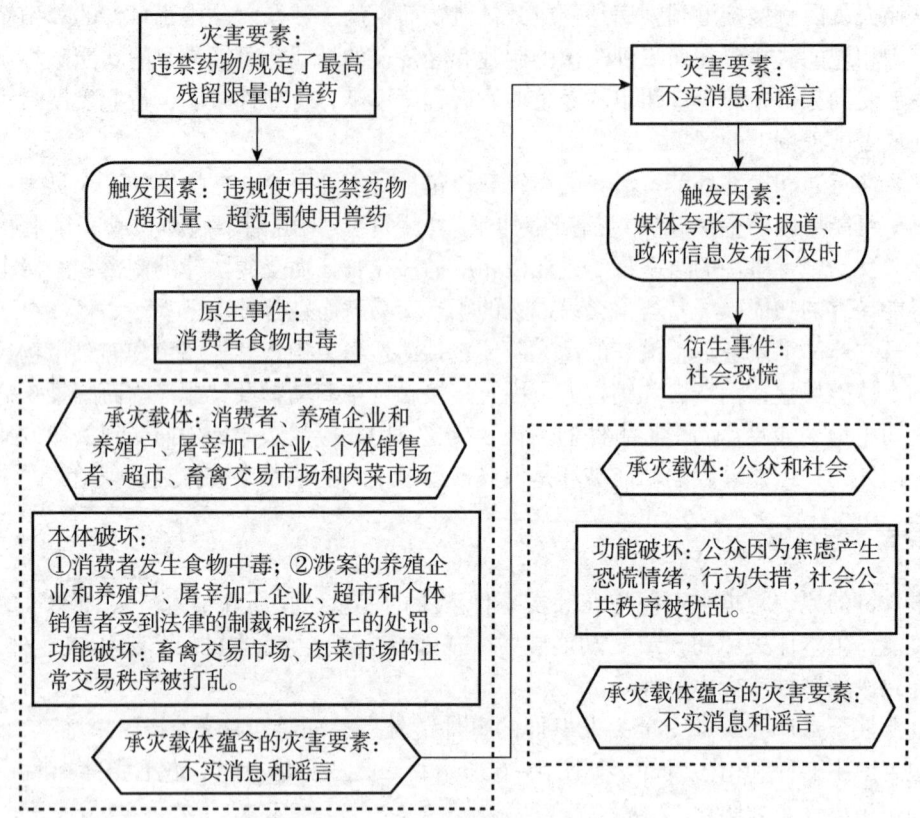

图 5-6 二级事件链原理示意图

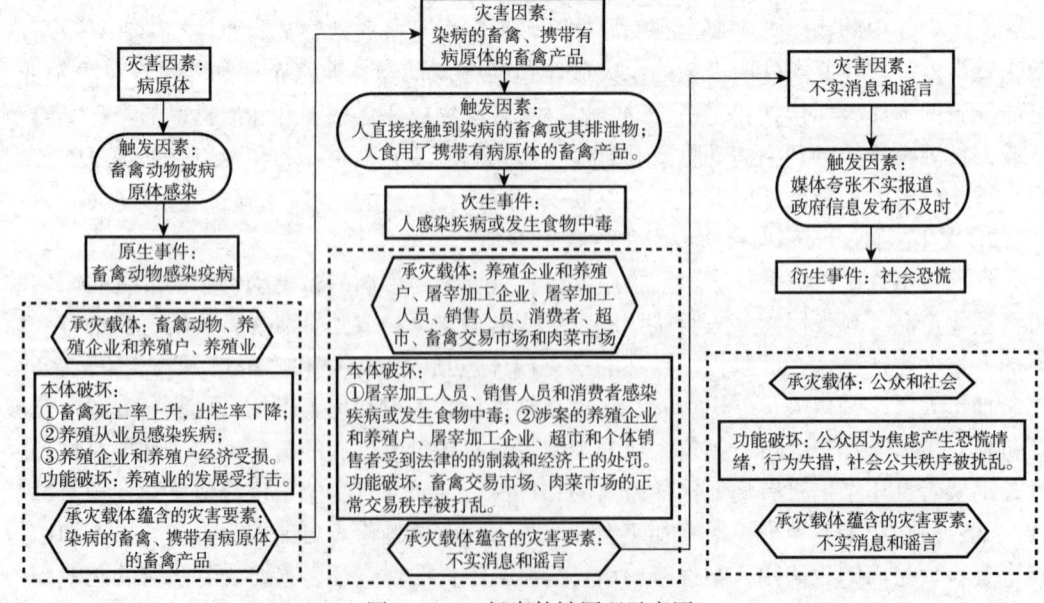

图 5-7 三级事件链原理示意图

3. 衍生事件：社会恐慌

在有可能发生的衍生事件中，主要的触发因素是媒体的夸张不实报道以及政府有关部门没有及时发布正确的引导信息。此衍生事件的承灾载体是公众和社会，蕴含的信息灾害要素是不实信息和谣言，可能导致的破坏是功能破坏——公众由于焦虑的心理出现恐慌情绪，导致行为失措，进而可能导致社会的公共秩序被扰乱。

5.1.4.6 应急管理分析

政府部门在进行应急管理活动时，应该综合考虑图 5-8 的结构，针对灾害要素、承灾载体、突发原生事件的次生和衍生的演化规律，进行具体而综合的分析和评估，选择正确的重点目标和关键点，采用合适的方法和技术，把握人为干预的恰当时机和适宜的力度，进行有效的应急管理，从而实现对突发事件和灾害的有效预防，合理地进行科技减灾，迅速地完成救援重建工作，并根据具体情况及时调整应对方案和措施。与此同时，对突发事件应对过程进行总结和评估，积累应急管理的经验和教训，对损耗的应急设施、资源、队伍、基础保障等进行补充修整，及时恢复应急能力，还要格外重视政府应急能力的建设和不断提高，针对存在的风险开展风险评估，建立有效的预警机制。

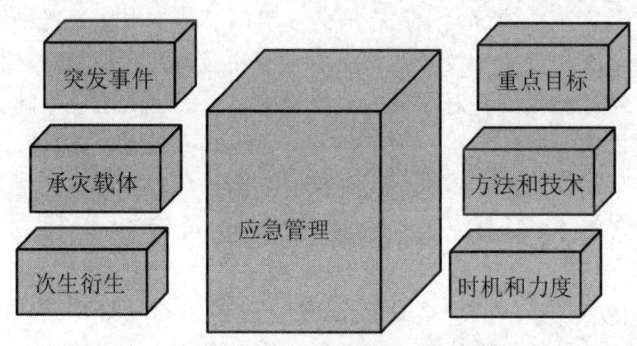

图 5-8 应急管理结构图

针对畜禽养殖环节，政府监管部门应急管理的重点是预防和监测：一是加强对养殖户的法律知识宣传力度，强化对畜禽养殖经营者质量安全主体责任的宣传，让养殖场户懂得依法规范使用饲料、兽药等投入品，并且要明确告知养殖场户农业部第 176、193、235、1519 号公告的规定，凡是涉及禁止使用或超量使用的行为就存在触犯刑律的风险；二是加大对无害化处理公共服务设施建设的基金和设备的投入，加强对养殖环节的监督管理确保病死动物能得到及时的无害化处理；三是对日常监测的严格把关，明确监测的具体项目和方法，确定合理的监测范围和频次，加强执法队伍的建设和检测设施的更新换代，及时补充需要的物质和耗材，保证人力、资金、设备、物资等都能得到充足的保障，加大监督执法的力度，力求在突发事件的酝酿期就将其扼杀，杜绝突发事件进入爆发期的可能性，进而避免发生消费者食物中毒事件。

针对畜禽流通及屠宰环节，政府监管部门应急管理的重点是监测以及对行业的扶持和引导：一是加大外来畜禽及畜禽产品的监控力度，在批发市场和屠宰环节提高日常违禁药物的抽检比例，增加对致病微生物的监测，并且严厉查处打击"私宰肉"行为；二是联合经贸部门对屠宰企业的建设和经营进行行业指导和资金扶持,协助老旧企业进行设备升级改造,调整规模或进行整合;三是协助加强对企业工作人员食品安全意识的培训,明确告知屠宰企业其作为畜禽产品质量安全第一责任人的角色定位以及应为广大群众的食品安全保驾护航的义务;四是加强对流通环节的质量控制。

针对食源性畜禽产品的消费环节,政府监管部门应急管理的重点是科普预防和信息的及时公开:一是加大食品生产部门对食品安全意识的认知;二是对广大消费者进行食品安全知识的宣传教育和科学知识的普及,提升公众对谣言的识别能力;三是提高政府信息的公开性和透明度,与媒体构建良好的沟通渠道,对实际情况进行公开透明的信息发布,对不实消息和谣言及时进行澄清,杜绝衍生事件的发生。

在行政监管环节,政府监管部门应急管理的重点是法制、体制、机制和预案:一是完善相应的法律法规和各种项目的检测技术标准;二是明确各监管部门的职能和分工,建立共同合作的联动机制,维护好食品安全的监管工作,全方位保障公众的食品安全;三是增加设立畜禽屠宰检疫机构和补充人员,从人力、物力以及资金等多方面保障监督监管工作的有序开展;四是完善食源性畜禽产品质量安全的检测体系,为监管部门的监测工作提供有效的技术支持和保障;五是实现横向部门信息资源的共享,建立有效的动物产品安全追溯制度;六是针对关键的风险点开展风险评估,制定相应的预案,针对危害程度高、发生概率大的风险因素开展应急演练;七是在应急响应的过程中根据突发事件和承灾载体的综合灾情的实时发展与态势分析,及时调整应对方案和措施;八是及时对突发事件应对过程进行总结评估,总结经验教训,对损耗的应急设施、资源、队伍、基础保障等进行补充修整,恢复应急能力。

5.1.5 城市食源性畜禽产品质量安全政府应急管理体系

突发公共事件应急体系的六个组成单元包括:应急法律法规体系、应急预案体系、应急组织管理体系、应急救援保障体系、应急平台体系以及科技支撑体系,依据这六个应急体系所组成的核心框架,根据动物卫生监督工作的实际经验并结合广州市的实际情况,分别从以下几个方面提出构建食源性畜禽产品质量安全政府应急管理体系的对策建议。

5.1.5.1 完善食源性畜禽产品质量安全的相关法律法规

我国的《食品安全法》以及《农产品质量安全法》针对食品生产和销售的卫生要求提出了相应的规定,但总的来看,针对食品和农产品在运输流通环节的法律条款仍过于简单,不够细致明确。食源性畜禽产品大部分都是鲜活产品,在生产到销售的各个环节和过程中对保鲜、贮藏等要求较高,应针对食源性畜禽产品的特殊性制定并完善相应的法律法规。

此外,目前大部分基层屠宰检疫机构以及具体负责检疫工作的人员的身份不符合《中华人民共和国动物防疫法》第41条的规定:"动物卫生监督机构的官方兽医具体实施动物、动物产品检疫。官方兽医应当具备规定的资格条件,取得国务院兽医主管部门颁发的资格证书,本法所称官方兽医,是指具备规定的资格条件并经兽医主管部门任命的,负责出具检疫等证明的国家兽医工作人员。"目前基层屠宰检疫机构的大部分工作人员都没有具备官方兽医资格,也没有办法在短期内取得官方兽医资格。因此,应尽快修改现行动物防疫法中关于屠宰检疫机构人员身份的限制,使得广大基层的检疫人员拥有法律上的地位,加强检疫人员队伍的建设。

5.1.5.2 针对食源性畜禽产品质量安全突发事件制定合理的应急预案

应急预案是针对可能发生的重大事故或灾害,为保证迅速、高效地开展应急救援行动、降低事故损失而事先制定的科学的计划和方案,是应急处置的重要依据。它是在辨识和评估潜在重大危险、事故类型、发生的可能性及发生过程、事故后果及影响严重程度的基础上,对应急机构职责、人员、技术、装备、设施、物质、救援行动及其指挥与协调等方面预先做出的具体安排。应急预案应明确在突发事件发生之前、发生过程中以及刚刚结束之后,谁负责做什么,何时做,怎么做,以及相应的策略和资源准备等。建立完善合理的应急预案,为突发事件的及时处理提供依据,当突发事件爆发时,可以根据当时的突发事件状况、资源状况快速生成有效的处置方案。

应对食源性畜禽产品质量安全突发事件的应急预案制定包括以下几个方面。

1. 事件分级

目前,我国食品安全突发事故按照其对社会和公众造成的危害程度进行级别划分,具体的分级和对应的政府部门的应急响应如表5-3所示。食源性畜禽产品质量安全突发事件也属于食品安全突发事故的范畴,因此在制定相应的应急预案时也可以参考我国现有的食品安全突发事件分级规则,对食源性畜禽产品质量安全突发事件进行分级和应急响应部门的界定和划分。

表5-3 我国食品安全突发事件的分级与应急响应

级别	应急响应
特别重大安全事故（Ⅰ级）	国家应急指挥部办公室组织应急响应的实施,启动国家重大食品安全事故预案
重大安全事故（Ⅱ级）	省级人民政府根据省级食品安全监管部门的建议和食品安全事故应急处理的需要,成立应急处理指挥部,提出启动省级重大食品安全事件应急处理工作建议组织、协调、落实各项应急措施
较大食品安全事故（Ⅲ级）	市（地）级人民政府负责组织发生在本行政区域内的较大食品安全事故的统一领导和指挥,根据食品安全综合监管部门的报告和建议,决定启动较大食品安全事故的应急处置工作
一般食品安全事故（Ⅳ级）	县级人民政府负责组织有关部门进行调查、确认和评估,及时采取措施,提出是否启动应急救援预案

2. 应急体系

组建食源性畜禽产品质量安全应急反应工作领导小组,作为最主要的指挥机构负责统一领导应对突发事件的快速反应工作。根据食源性畜禽产品质量安全突发事件的性质和应急处理工作的需要确定成员单位,主要包括农业局、质监局、食安办、工商局、医疗机构和公安机关等。

3. 预案启动

根据广州市食源性畜禽产品风险评估的结果，由农业局组织其他相关成员单位召开应急反应预案启动会议，汇报风险评估报告的内容并提出预警级别的具体意见，咨询领导小组是否发布针对不同风险点的风险预警，做出是否启动预案的建议，与各成员单位共同探讨应急处置的措施。

当发生食源性畜禽产品质量安全突发事件时，有关部门迅速向由领导小组上报情况，由组长审定并做出是否启动应急预案的决定，签发启动应急预案的文件，应急反应预案随即启动。

4. 应急反应

当食源性畜禽产品质量安全突发事件发生后，领导小组应审时度势，根据具体情况和工作的需要，组织各相关的成员单位组成不同的应急处置工作小组，分组开展各项应急响应工作：责任部门负责对突发事件的受灾载体做直接的应急处理；公安机关根据事件的性质进行立案并开展案件的调查工作；各监管部门开展监测和检测工作，针对可能潜在的各种安全隐患的进行排查，及时组织并开展专项整治工作；信息发布小组负责应对媒体并实时发布相关信息，引导舆论的走向，给消费者增强信心。同时，领导小组应该针对事件的实时发展与态势进行分析，及时调整应对方案和措施，从而使应急管理更加科学有效。

5. 后期处置

公安机关应追查并及时控制食源性畜禽产品质量安全突发事件的责任人，完成案件的调查工作后依法追究其民事或刑事责任；如果突发事件的发生是由于有关监管部门的不作为或者工作疏忽所导致，则要追究相应的监管工作人员的直接责任和上级领导的领导责任。领导小组应及时组织各相关部门对突发事件应对过程进行总结评估，总结应对突发事件的经验和教训，并及时对损耗的应急设施、资源、队伍、基础保障等进行补充修整，恢复应急能力和保障物资储备充足。

5.1.5.3 健全食源性畜禽产品质量安全应急组织管理体系

食源性畜禽产品安全监管涉及养殖、运输、屠宰加工和消费等多个环节，哪个环节监管出现问题，都有可能导致潜在的安全风险。要建立起高效的食源性畜禽产品质量安全应急组织管理体系，必须设立领导机构（领导小组），明确各部门负责的职能。通过健全农业、工商、质检、卫生等各部门之间的协调机制，建立权责统一、权责明晰的行政管理机构，实现统一管理，尽量实现"从农田到餐桌"的全过程监管。减少各部门之间重复设置、重复监控的情况，加强部门交叉监管环节管理，避免出现监控盲点，提高行政效能。

建议逐步引入国际通行的、世界动物卫生组织（OIE）推荐的官方管理制度，将食源性畜禽产品的质量控制和卫生管理统一在农业部门，建立权责明确、精简高效的官方兽医队伍，实现官方兽医对动物饲养、运输、屠宰、加工、销售全过程的卫生监管。根据我国动物产品质量安全监管分割、职权交叉的现实情况，应该参照其他发达国家的做法，国务院应授予农业部与之监管工作相对应的行政管理权限，明确其在农产品质量安全监管工作中的主导地位，建立责任和权利能集于一身的专门的行政管理机构，并且完善各监管部门的衔接与合作，切切实实抓好动物产品质量安全的监管工作。

领导小组日常应履行的职责应包括以下四方面：一是制定日常的例行监测计划；二是

领导开展风险预警和评估工作；三是当接到食源性畜禽产品质量案件发生时迅速上报，并对事件进行分级和启动应急响应预案；四是及时在整个体系内通报，指挥各成员单位开展应急处理和事后恢复的工作。同时要在食源性畜禽产品质量安全突发事件处理完毕后组织成员单位进行经验的总结，邀请畜禽养殖和畜禽产品质量安全等相关专业的专家和学者，组建技术小组，对突发事件对承灾载体的破坏程度和危害程度、事件涉及的区域和影响范围、事件发展的趋势和促使事件爆发的灾害要素的临界值等进行分析评估，形成有借鉴意义的评估报告。

5.1.5.4 食源性畜禽产品质量安全突发事件的应急救援保障和恢复重建

1. 加强事后应急救援的跨部门合作

当食源性畜禽产品质量安全突发事件发生后，应急管理预案随即启动，农业、司法、医疗、工商等部门和医疗机构都必须迅速作出响应，参与到事后的应急处置和救援工作中。只有加强不同部门之间的跨部门合作，才能迅速高效地降低突发事件造成的损失，阻止突发事件的进一步演化，防止次生事件和衍生事件的发生，避免造成更大的危害。

2. 加强无害化处理公共服务设施建设

加强无害化处理公共服务设施建设，政府必须加大对无害化处理公共服务设施建设的基金和设备的投入，加强对养殖环节的监督管理，确保病死动物和涉案的有毒动物产品能得到及时的无害化处理。

3. 加强行业建设，落实畜禽产品质量安全责任制

（1）指引畜禽养殖行业良性发展，强化对畜禽养殖经营者质量安全主体责任的宣传工作，一律实行质量安全告知和承诺制度。落实对管理相对人的宣传：一是让养殖场户懂得遵守法律，规范地使用饲料、兽药等投入品，幼龄、生长期、育肥期等不同生长阶段的动物所使用的饲料、饲料添加剂、兽药不要混用，遵守兽药的使用说明，特别是停药期的规定；二是明确告知养殖场户农业部第176、193、235、1519号公告的规定，若使用了明令禁止使用的违禁药物或超剂量使用兽药，就存在触犯法律的风险。

（2）加快广州屠宰行业规模化、科学化建设步伐，按照"严格技术标准、保证质量安全、控制压缩总量，适当集中布点、经济合理便民"的原则，引导屠宰企业进行撤并、整合、升级改造，全面提升行业整体水平。联合经贸部门对屠宰企业的建设和经营进行行业指导和资金扶持，协助老旧企业进行设备升级改造，调整规模或进行整合。通过扶持、引进合资等形式加快建立一至两家现代化大型屠宰加工中心，引导屠宰企业品牌化经营，形成冷链加工生产，形成采购、屠宰加工、肉品配送一体化产业链，然后逐步合并或关闭一些硬件设施较差、屠宰量少、经营不善而环境污染较大的小屠宰厂。改革屠宰经营模式，逐步推行"厂场挂钩"和"厂场直配"制度，延伸肉品产业链条，减少流通中间环节。其中，"厂场挂钩"是指畜禽产销对接，以生猪为例，要求生猪交易市场和屠宰厂与生猪养殖基地签订定点供应协议，养殖基地要具备规模化养殖、防疫和药残检测达标等条件，生猪采购商要具备经营资格，持有当地的营业执照。"厂场直配"是要求屠宰厂具备屠宰加工、肉类品质检验、冷藏配送等的一体化的配套设施，屠宰企业必须从优质的生猪养殖基地直接购进生猪，并将加工好的生猪产品直接配送至肉菜市场。

（3）落实畜禽产品质量安全责任制。①目前广州市屠宰企业、配送商、零售商之间

的生猪产品质量安全责任不清，其根本症结在于"代宰制"这个历史遗留问题。建议取消"代宰制"，逐步关闭生猪批发交易市场，减少中间环节，建立生猪产品批发市场，实行产销一体化经营模式，树立企业品牌经营。②强化对屠宰环节的经营者质量安全主体责任的宣传，一律实行质量安全告知和承诺制度，要让其明白他们自身才是动物产品质量安全的第一责任人这一法律事实，改变屠宰企业长期依赖动检部门抽检的现状，要求每个屠宰厂（场）都应设立与其屠宰规模相匹配的自检实验室，并配备相应的肉品品质检测人员和设施。③要求每个动物批发市场成立质量安全检测部门或者由监管部门设立与之对应的驻场检测组，配备相应的检测人员和仪器设施，每日对进场交易的动物分批次按一定的比例进行违禁药物的检测。④同样要求每个大型超市连锁企业成立各自的质量安全检测室，配备相应的检测人员和仪器设施，对购入的动物产品在销售前进行肉品品质的把关，并检测国家明令禁止使用的违禁药物。

（4）要求畜禽屠宰加工、畜禽产品生产和销售等相关企业加强对旗下的全体工作人员关于食品安全意识的培训，让企业和工作人员自觉履行为消费者的食品安全保驾护航的义务。

4. 加强食源性畜禽产品在流通过程中的质量控制

（1）由于目前畜禽及畜禽产品流通过程仍然是一个监管弱点，存在大部分上市畜禽产品没有包装和标签，加工、仓储、运输、货柜、包装、标签达不到标准的要求，缺乏严格的质量控制措施等情况，因此应制定相应的畜禽产品流通环节监管措施，完善相应的快速检测技术标准和方法。

（2）加大监管力度，在流通环节进行监督抽查和例行监测时，合理应用快速检测方法对食源性畜禽产品实施兽药残留和国家明令禁止使用的违禁药物的残留检测，一旦发现违法畜禽产品，立即通知公安机关采取扣押、查封、禁止销售等强制性的执法手段，并对查处的有毒有害畜禽及畜禽产品依法进行无害化处理，对涉及食源性畜禽产品质量安全案件的责任企业和责任人从严处罚，追究其法律责任。同时，加强对畜禽市场的监管，逐步改变家禽在交易市场中长途调运、现宰鲜销的陋习，推行动物产品分级包装上市销售并有完整的产品防伪标识，明确要求包装上要标明产品的原产地和生产单位，让消费者拥有知情权和选择权，并参与到第三方的监督中来。

（3）动物产品仓储、运输、包装、标签应严格依照相关标准执行，防止发生污染腐败变质，切实保证动物产品在流通过程中的质量安全。

（4）严格执行市场准入制度和出入境检验检疫。

5.1.5.5 应急平台体系建设

应急平台是为应急管理服务的，包括"平时"以及"战时"，应急平台能对突发公共事件进行科学预测和危险性评估，能动态生成优化的事故处置方案和资源调配方案，形成实施应急预案的交互式实战指南，为应急管理提供便捷的工具，为指挥决策提供辅助支持手段。应急平台能提供"未来"灾害发展趋势、预期后果、干预措施、应急决策、预期救援结果评估等信息，以及全方位监测监控情况，具有发现潜在威胁的预警功能。

公共食品安全科技作为食品安全应急平台的核心，提供大量科学的食品知识、信息以及检测技术。应急平台因其具有实时监测监控、提供信息报告、对潜在风险点进行风险分析和评估的多种综合性功能，是实施应急预案的利器，只有构建了有效的食品安全应急平台，才能为各级应急管理部门所用，有效应对各类突发食品安全事件。

1. 建立和完善食源性畜禽产品质量安全监测体系

（1）建立覆盖养殖、流通、屠宰加工和销售等各个环节的食源性畜禽产品质量安全监测体系，进一步完善基层农业执法体系的建设，加强基层农业执法力量的投入。除了完善执法监督机关的检验检测机构的自身发展之外，还应该督促生产经营企业的检验检测机构的建立，推进社会上的第三方中介检验检测机构的建设和不断发展，共同形成有效的食源性畜禽产品质量安全监测体系网络，保障公众的饮食安全。

（2）充分利用监管部门自身在检测检验方面的优势，加强对畜禽产品生产企业的指导和监督，要求企业进行自我完善和自我约束，建立起标准化的企业管理体系和自主计量检测体系，提高企业的检测水平。

（3）在食源性畜禽产品质量安全监测体系中增加对检测工作的投入，针对检测人员展开专业技术方面的培训，建立科学高效的技术人才队伍。在食源性畜禽产品质量安全检测设备的方面加大资金的投入和支持，及时引进目前先进的检测仪器和设备，替换不适用或老化的仪器；同时，建立科学高效的技术人才队伍，栽培专业的技术性人才，针对仪器分析、兽药残留检测等理化和生物实验方面的基础应用技术进行一系列系统的培训，提高检测人员的专业素质和技能水平，此外还可以开展法规、检测标准更新、仪器计量和校准等其他方面的培训。

（4）认可第三方检验检测机构的公正性地位，重视其重要作用。第三方检验检测机构是监测体系的有机组成部分，其主要的业务之一就是受缺乏自主检测能力的食品生产企业、食品经营者、经销商、消费者以及政府监管部门和司法机关的委托，针对提供的样品进行检验检测，最后出具客观真实、公正、科学而又准确的监测数据和检验检测报告。让第三方检验检测机构充分发挥其主观能动性，分担食源性畜禽产品质量安全监测工作中的一部分检测任务，能大大缓解监管部门的工作压力，有利于监测工作的有序开展。

（5）加大外来畜禽及畜禽产品的监控力度，对日常监测的严格把关，确定合理的监测范围和频次，在批发市场和屠宰环节加大日常违禁药物的抽检比例，增加对致病微生物的监测，并且严厉查处打击"私宰肉"行为。

2. 建立顺畅的食源性畜禽产品质量安全信息网络体系

政府监管部门通过建立完善的信息采集机制、有效的信息分析和预警系统、高效的信息发布体系、多元化的信息网络体系，为食品质量安全提供全方位的保障。建立顺畅的食源性畜禽产品质量安全信息网络体系可以从以下几个方面进行考虑：

（1）建立畜禽来源信息和养殖、生产企业安全信用的征集系统。该信息征集系统的信息来源于以下几个对象：首先是政府部门，主要是畜禽及畜禽产品安全监管部门的监测数据和监管信息；其次是畜禽养殖行业，包括畜禽养殖行业协会的评价和等级划分；最后是社会第三方，包括消费者的投诉信息、新闻媒体的监督、举报和舆论信息、企业通过的认证机构的认证信息等。

（2）建立权威的畜禽产品信息收集和分析机制。各相关部门负责本职责领域内的信息搜集、加工、分析和研究工作。与此同时，各部门应该将各自搜集到的信息进行互换和共享，主导部门定期整理整合后的畜禽产品信息，通过媒体、官方网站以及社交应用媒体等多种形式在全社会范围内进行发布。

(3) 建立顺畅的畜禽产品安全管理信息网络。第一，我国应建立统一的国家畜禽产品安全监管网络信息系统，尽可能将食源性畜禽产品的生产和流通企业的相关信息纳入统一的监管系统当中，这样可使"电子政务"成为推动食品安全监管体系行政改革的重要措施。第二，提高食品安全问题的曝光力度。以国家食品安全网站为依托，一旦发现相关企业存在食源性畜禽产品安全问题，即将其企业和产品曝光，让广大群众拥有自主知情权。同时，统一的国家食品安全监管网络信息系统还可以成为企业之间了解对方信息的重要渠道，从而提高企业之间信息的共享程度。另外，在官方信息公开的网站上对具有良好声誉和信用评价的企业进行宣传报道，以提高企业参与国家食品安全网络信息系统的主动性和积极性。

(4) 建立食品安全信息平台，各部门通过信息平台共享检测监控数据，保证监控数据的准确性、可靠性和完整性，避免重复检测、资源浪费。

3. 定期在全社会范围内进行信息披露，开展食品安全知识科普工作

设立专门的负责机构定期在全社会范围内进行食品安全信息披露：平时与媒体构建起良好的沟通渠道，当发生食品安全事件时，在全社会范围内对实际情况进行公开透明的信息发布，及时对不实消息和谣言进行澄清，避免不良媒体发布的不实消息和夸大言论导致群众产生不必要的误解和恐慌，影响食品的正常生产和销售秩序，影响社会的和谐安宁。

在全社会范围内开展食品安全科普工作，相关部门定期组织专家学者开展食品安全知识的科普宣传工作，用通俗易懂的方式让普通民众和媒体机构从业人员掌握日常最基本的食品安全知识，逐步提高公众对谣言的识别能力和对不实消息的判断能力。

4. 完善可追溯制度，建立明确的问责机制

畜禽动物以及食源性畜禽产品可追溯制度的作用在于：一旦有食源性畜禽产品突发事件发生，可按照各个流通环节所记载的基础信息，从上游到下游追踪同批次问题畜禽动物和畜禽产品的流向，对同批次的问题产品进行紧急下架和回收。利用可追溯制度，监管部门能够及时快速地切断相关问题畜禽和畜禽产品的来源，降低或杜绝消费者继续购买到问题畜禽产品的可能性，尽可能减少损失和消除现在的危害。与此同时，建立明确的问责机制，一旦查出问题出现的关键环节所在，追究相关负责人的法律责任。

可通过以下措施来完善可追溯制度建设：

(1) 完善有关的法律和法规，为可追溯制度的实施提供法律和制度上的保障。

(2) 完善相关的标准体系建设，提供实施可追溯行为的技术基础。一方面要建立既符合广州市畜禽行业的发展现状，又与国际标准接轨的畜禽屠宰和畜禽产品生产、加工标准体系，为广州市畜禽屠宰企业和畜禽产品企业的生产、加工提供指导，为食源性畜禽产品质量安全的监管提供依据；另一方面要完善相关的编码、信息技术、物流技术等相关标准，为可追溯制度的实施提供技术基础。

(3) 推动大规模的畜禽养殖和畜禽产品生产基地的建设，优化畜禽产品供应链。一方面便于利用现代科技，实施标准化生产，保证和提升产品质量；另一方面，也便于生产企业与流通企业间建立直接采购机制，减少供应链环节；同时，也便于从养殖基地开始对产品实施跟踪。

(4) 推动物流配送中心建设，实现供应链高效管理。物流配送中心既能对产品继续跟踪，也能对产品进行初始编码，建立可追溯标签。物流配送中心可以对畜禽和畜禽产品

实现集中采购、统一配送、统一管理,还可以对畜禽产品进行再加工处理,保证食源性畜禽产品质量的卫生和标准。

5. 进行风险评估,建立行之有效的风险预警机制

具体分析广州市畜禽产品质量安全现状,确定具体的风险因素,包括化学因素(违禁药物和限量使用的药物)和生物因素。在确定风险源的基础上,针对食源性畜禽产品质量安全突发事件的特点,基于公共安全科技"4+1"研究方法,建立危害性评估指标体系和风险概率等级体系,确定各项风险因素的危害性评估等级和风险概率等级,再参考风险矩阵(澳大利亚、新西兰风险管理标准 Risk Management,AS/NZS 4360:1999),进行定性的风险等级评估。

首先运用确定性方法,基于对食源性畜禽产品质量安全突发事件的动力学机理分析来获得风险作用的确定性规律,即突发事件可能产生的危害强度、作用类型的表现形式和时空特性,判断各个风险因素的危害性等级,具体分级原则可以参考表5-4;进一步根据突发原生事件发生发展的演化规律,推测其是否会进一步诱发次生事件和衍生事件。

表5-4 危害性评估分级及描述

危害性	具体描述
高	规模大,影响生产、生活秩序;具有政治敏感性;造成一定的经济损失和较大的社会影响
中	规模较大;公众较关注;经济损失增加;造成一定的社会影响
低	控制能力较强;经济损失较小;有一定社会影响
可忽略	事件发生范围局限;控制能力强;公众关注程度低;一般不会造成经济损失;社会影响小

其次运用随机性方法,以近年来广州市畜禽产品质量安全监测数据作为统计的数据来源,依据统计学原理对历史数据进行统计、关联和分析,估算各项风险因素可能导致突发事件发生的概率和可能性,判断各项风险因素的风险概率等级与风险概率的指标描述和分级判断参见表5-5。

表5-5 风险概率分级及指标描述

风险概率	指标描述
高	事件在大部分情况下有可能会发生;10年内已多次发生,最近5年内发生过;国际、国内和广东重大活动中均有发生;专家经验判断
中	事件在一些情况下可能会发生;10年内发生超过一次,历史上曾经有过发生;专家经验判断
低	事件在很少情况下会发生;10年内不太可能发生;专家经验判断
可忽略	事件在极少情况下有可能发生;从来没有发生过,或者根据合理掌握的知识认为不太可能发生

第三,基于监测探测的方法,获得各项风险因素的基本特征与信息,针对承灾载体的脆弱性和破坏机理进行分析,预测承灾载体可能遭受的破坏和损毁程度。

基于上述方法，再统筹考虑政府部门应急管理的能力，采用国际通用的动物卫生风险分析方法，依据近年畜禽产品质量安全监测数据及监管、检疫、执法等方面的情况，结合省级、国家级畜禽产品质量安全专家所提供的广东省、全国范围及国外有关情况，进行综合的分析和判断，参考风险矩阵进行定性的风险评估水平等级评估，最终得到各个风险因素的风险评估结果。

针对广州市畜禽产品质量安全潜在的风险因素开展风险评估工作，预估行业发展的动向，预测可能发生的突发事件，建立确实有效的风险预警机制，保证监测工作的合理性和有效性，定期开展应急演练，检验相关部门应对突发事件的应急能力和联动协作能力。监管部门根据风险评估报告的结果制定和修改合理的应急预案，有针对性地制定和完善广州市食源性畜禽产品质量安全监测方案，指导监管工作的有序开展。

5.1.5.6 食源性畜禽产品质量安全的科技支撑体系建设

目前国内现有的食源性畜禽产品检验检测机构的分布较为分散，专门性的检验检测机构数量较少，检验机构能够开展检验检测的项目还不够多，检验检测项目的覆盖范围不够全面，检验人员的实操能力和专业水平有待进一步提升；国内现行的食源性畜禽产品质量安全预警制度不够完善，对食源性畜禽产品质量安全潜在的隐患和风险因素的分析与预测工作的开展很少而且不够全面。因此，应当尽快设立科学、独立、权威而又公正的食源性畜禽产品质量安全公共实验室，建立科学高效的技术人才队伍，栽培专业的技术性人才，针对仪器分析、兽药残留检测等理化和生物实验方面的基础应用技术进行一系列系统的培训，提高检测人员的专业素质和技能水平，为应急管理提供严谨而又科学的数据、技术和人员方面的支持。

让第三方检验检测机构享有申报国家、省级和市级的各种科研项目的权利和自由、鼓励第三方检验检测机构主动进行科技创新，开发各种快速高效的检测方法，制定新的检测标准。

5.1.5.7 建立举报奖励及保密制度，推动第三方监管的积极性

建立确实可行的食品安全举报奖励制度，提高奖励金额，提高民众、媒体以及第三方检测机构的参与积极性；建立完善的举报信息保密制度，真正做到保障举报人员的隐私和安全问题，令举报者没有后顾之忧；最重要的一点是要在全社会范围内广泛地进行该举报奖励制度的宣传，让更多的人了解具体内容，号召社会各方力量参与到食品安全的监督中来，提高第三方监管的主动积极性和有效性，呼吁在全社会形成合力，共同监督食品安全。

5.2 基于区块链的广东省肉类蔬菜溯源体系建设

肉类、蔬菜是城乡居民重要的基本生活必需品。近年来，党中央、国务院高度重视肉类蔬菜的安全问题，我国肉类蔬菜安全水平明显提高。但目前肉类蔬菜等农产品生产和流通的组织化程度均较低，技术水平相对落后，索证索票、购销台账制度欠缺，管理难度大，质量安全隐患仍然较多。近年来，肉类蔬菜等食品安全事件时有发生，引起广大消费

者的普遍担忧和社会各界的广泛关注。

由于农产品产业化程度较低，缺乏完善的质量标准、质量控制体系，政府监管也缺乏手段。此外，相关地区农产品的从业人员素质普遍偏低，缺乏有效的质量安全控制手段和预警体系。因此建立肉菜等农产品质量安全追溯监管体系和风险预警体系迫在眉睫。

在这种背景下，肉类蔬菜追溯体系的建设能够有效实现对食品从源头到消费全过程的追踪，建立健全食品、溯源追溯质量安全监管、追溯、召回体系，还可以严肃查处制售假冒伪劣行为，保护消费者合法权益，推动移动互联网、农业溯源、云计算、大数据、物联网等与现代制造业结合，而且能够帮助贫困地区的产业打造品牌效应，实现对贫困地区的帮助扶持，培养消费者口碑，进一步刺激扶贫地区产品的消费，进而响应国家号召，实现精准扶贫。

基于区块链的广东省肉类蔬菜溯源体系建设及管理的理念为"区块链+追溯体系"，即以政府主导推动与市场化运营相结合为原则，以区块链、人工智能等现代化信息技术为手段，构建从产品生产源头到流通和消费终端的信息化追溯链条，形成产品全生命周期的监管机制与一体化销售网络，保障农村生产、流通与消费安全，推动相关产业转型升级，促进农业信息化、产业化、集约化发展，树立贫困地区特色产品品牌。

为进一步加强广东省肉菜流通安全的监督与管理，实现肉类蔬菜来源可查、去向可追、责任可究，"区块链+追溯体系"依托广东省商务厅，建设一个广东省肉类蔬菜溯源体系综合管理平台，向上与商务部中央追溯平台进行对接，向下接收全省各地级市肉菜流通追溯数据，全面提升广东省农产品流通监督管理能力和农产品追溯服务能力，同时展现优质农产品质量信息，通过品牌化方式构建区域特色品牌和品牌特色区域，打通消费者与优质农产品的连接渠道，并且通过社会化营销、农商对接等方式搭建农产品的销售通路。

该体系综合管理平台可应用区块链技术实现对食品供应链各个环节进行不可篡改的记录，实现数据的共存、共识、共享，通过大数据、机器学习等技术为食品监管部门提供风险预警、应急处置等有力支持，为农户、商户提供精准营销、产品优化等数据服务，进一步构建智能、可靠、高效的食品溯源体系和食品供应链征信体系。探索"区块链+食品追溯"的模式是新一代信息技术与食品安全产业的融合，包括两个子体系：肉菜追溯体系和标准化生产体系。在肉菜追溯体系中，为农产品建立起全品类、全区域、全覆盖和全流程的一站式品控溯源监管体系，赋予每一个产品独一无二的"产品二维码身份证"，真正做到让每一件产品生产可记录、安全可预警、源头可追溯、流向可跟踪、信息可存储、身份可查询、责任可认定、产品可召回，全面落实从"田间到舌尖"的全流程品控溯源监管。通过专业第三方的培训与纠偏，协助政府建立产品标准化生产体系，规范县域产品生产与种植的管理与流程，全面把控和监管，提升管理人员的标准化意识和从业者的标准化执行能力，倒逼企业重视食品安全，倒逼农户和从业者严格按照标准进行操作生产，真正落实产品全流程的标准化，保障质量安全。

5.2.1 肉菜溯源体系的技术架构

目前行业中有零星的溯源防伪平台，基本都是集中式中心化的，系统较为脆弱，受攻击的影响大，数据安全性低，且标准不统一，不同地方、不同产品溯源防伪系统标准不一致，数据共享难度大。平台参与方是单一的，没有多方参与，相互之间难以做到数据的信任，平台也很难做到自证清白，且平台间无交流，相互间也无背书。

肉类蔬菜溯源体系是基于区块链技术打造的用于肉类蔬菜的供应链，使得需要共享的数据，在交易各方之间公开透明，便于及时发现并解决问题，提供完整且流畅的信息流，提升供应链整体效率。区块链所具有的数据不可篡改和时间戳的存在性证明特质，能很好地解决供应链各参与主体间的纠纷，实现轻松举证与追责。数据不可篡改与交易可追溯两大特性相结合，可根除供应链内产品流转过程中的假冒伪劣问题，实现精准追溯。通过密码学算法实现供应链参与主体间的充分信任和智能协同。在肉菜溯源平台上，使用区块链技术有以下特点：

（1）自证清白。所有存储在区块链上的数据都是按照时间顺序通过密码学签名及哈希强关联在一起，且多方背书，无法私自篡改。

（2）价值传递。由于数据的真实可靠，消费者可信任商品的源头、品牌，由此可以带来价值的传递。

（3）降低成本。基于区块链的溯源防伪平台是多方合作的，只凭借技术就可以达成多方合作，降低了诸如信任成本，随之而来的各种资产资金成本也会随之降低，可谓多赢。

（4）追溯审计。所有区块链上的数据都可以逆向追溯，每个环节数据都可以确认。举证和追责均异常简单。

（5）自动化。将以前高度依赖的人工审阅、验证单据及纸质文件等环节全部电子化、自动化。

建立肉菜追溯平台的当务之急无疑是跨主体的供应链信息采集。首先定义哪些信息需要去追溯记录，主要有以下几类数据需要记录在区块链上：

（1）产地/原料信息：原材料信息、种植信息、环境标准/流程监测；

（2）采购流通信息：原料监控、流通时效/卫生安全；

（3）生产加工信息：生产加工、制造过程监控、质量检测；

（4）仓储信息：仓储过程监控、出入库信息管理；

（5）物流信息：去向信息跟踪、时效/在途过程监控；

（6）销售：销售记录、定向营销、售后跟进反馈。

在平台中，每件商品都有全局唯一的溯源码，即所谓的"一物一码"，该码高度兼容现有编码体系，比如 GS1 编码、Ecode 编码等，同时也支持各厂商自定义编码格式，只要能保证编码是全局唯一的，当然平台也能为不具备发码能力的厂商提供编码。溯源码也支持多种呈现方式、一维码、二维码以及 RFID 等。对于数据采集，本项目采取手动录入与 IoT 设备自动采集相结合的方法。平台对接供应商 IoT 设备，团队自主研发的 IoT SDK 以及智能物联网平台自动采集诸如环境、仓储、物流、地理位置、照片等数据。系统自动将采集到的数据输入数据转换层，根据供应商数据结构采用不同的数据转换接口提取有效数据，后将数据传入溯源防伪系统。

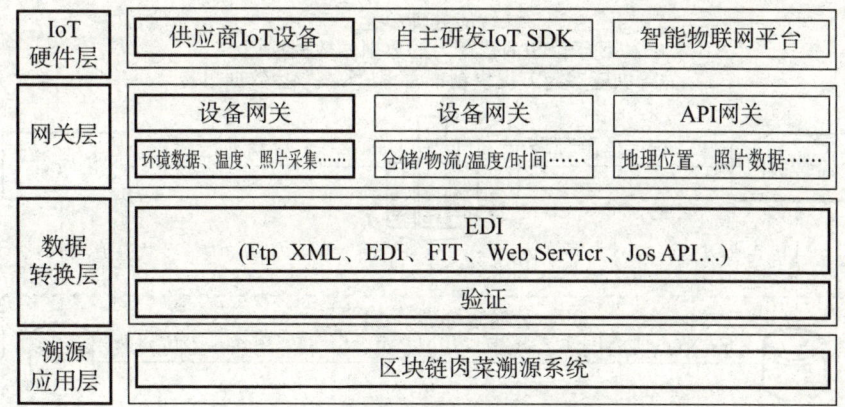

图 5-9 肉菜追溯系统的网络构成图

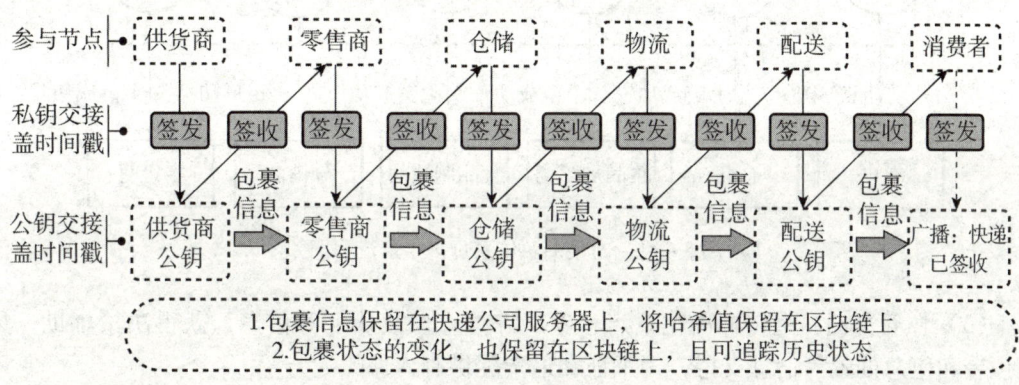

图 5-10 肉菜溯源体系价值生产流程图

整个流转过程可以通过图 5-10 形象地展示出来，当商品流转到参与主体时，会将商品流转信息经过主体私钥签发后附上时间戳，将信息存入溯源业务系统，同时将信息存证存入区块链网络，变更商品状态，随后商品由下一参与主体签收，直至最终消费者。

5.2.2 肉菜溯源体系的服务流程

基于广东省肉类蔬菜溯源体系价值生产流程如图 5-11 所示。

食物供应链各个参与方通过上链申请，上传相关信息，实行分布式记账，并从中获得有益于各方的信息、资源等增值服务，以此形成"供应－监管－消费"闭环。

（1）农户：上传农产品（活禽、蔬菜等）养殖种植等信息，获得肉菜需求数据报告、上游商家收购信息、拓展销售渠道等增值服务。

（2）仓储、食品加工商、食品制造商、分销商、零售商：上传仓储、流通、进货、上架、检验等信息，获得广告精准投放、产品精准营销等增值服务。

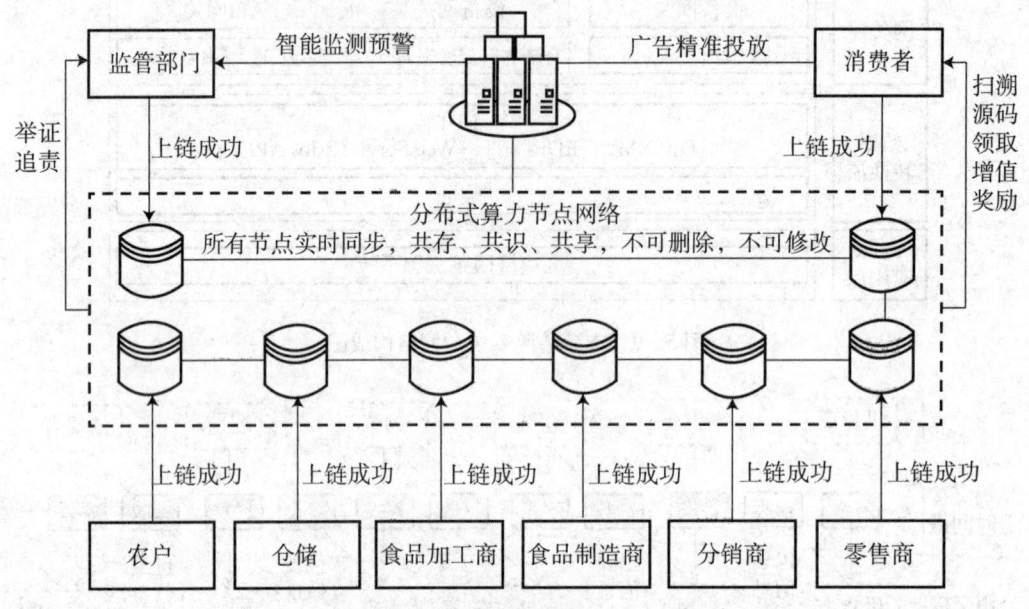

图 5-11　肉菜溯源体系价值生产流程图

（3）监管部门：上传标准化生产、生产许可、权威认证等信息，获得决策辅助、风险预警和应急处置等信息支持，为举证和追责提供有力保障。

（3）消费者：通过扫溯源码来获取食品来源信息，上传购买行为，能够领取奖励（能量），并通过收集奖励兑取（或低价购买）相应的农产品。

5.2.3　肉菜溯源体系存在的社会问题

该溯源体系存在的最大问题就是肉菜供应链存在障碍。肉菜溯源是一个大的工程，它涉及肉类蔬菜的生产、加工、流通和消费等环节，因此需要平台化的方式支撑。目前食品溯源的平台模式分为：企业自建类平台、政府组建类平台。在关于进一步完善食品药品追溯体系的意见（征求意见稿）中就提出支持行业、协会、组织、企业搭建追溯信息查询平台。虽然这两种性质的追溯平台有各自的优势，却有着很大的不足。

企业自建类平台，系统由企业自行搭载和维护，数据实时管理和挖掘，提高企业产品流转效能，并有助于提升品牌形象。不足之处是投入大、维护多、前期产出少，适合实力雄厚的知名品牌，中小企业往往难以负担。

政府组建类平台，由政府出面主导实施，最具公信力。面向全行业、全社会，基本免费。可以分为国家级平台和地方级平台。政府平台现阶段的重点在于事后追溯，而非事前防伪，因此适用性有一定局限；企业考虑到经营需要和政府监管，往往不愿意主动参与其中，这也导致政府平台推广缓慢。目前此类平台主要采用一维码和二维码技术，这两项技术足以满足批量产品的追溯需求，且成本低廉，而 RFID 作为更为精准的身份标记技术，成本较高，目前在此类平台上的应用尚在起步阶段，影响有限。

5.2.4 构建肉菜溯源体系的意义

搭建肉菜等农产品溯源平台，成立政府、企业、消费者溯源联盟，借助专业化、流程化和规模化实现平台资源的共享共用，以提供服务为主，包括产品服务和数据服务，如防伪标签、数据存储、分析和数据挖掘等，并提供流量引导服务。由于需求方的成本从一次性投入转变为分期的服务费用，设备的运维由平台负责，又有专人培训，大大减少了前期投入，降低了技术门槛。

运用信息技术实现索证索票、购销台账的电子化，建立肉类蔬菜流通追溯体系，做到流通节点的信息互联互通，形成完整的流通信息链条和责任追溯链条，有利于提高流通主体的安全责任意识，强化防范措施，形成溯源追责机制，创造放心肉菜渠道品牌；有利于消费者查询和维权，改善消费预期，促进消费；有利于增强政府部门对问题食品的发现和处理能力，提高食品安全监管和公共服务水平；有利于促进现代流通体系的不断完善，提高市场运行调控水平；有利于促使生产者按照食品安全标准从事生产加工，从源头提升产品质量安全水平。

5.3 广东省食品安全突发事件应急处置体系

5.3.1 广东省食品安全突发事件应急处置现状

5.3.1.1 广东省食品安全监管工作基本概况

广东省作为食品生产消费大省，食品安全监管工作任务十分繁重，主要特点是"三多一少"，即"监管企业多、产业产值多、从业人员多、监管资源相对少"。从食品企业数量来看，广东居全国首位，食品生产流通企业、餐饮单位企业数量都占了全国的1/10左右。根据目前掌握的情况来看，广东省食品企业的所有制性质主要以民营企业为主，国有企业和外资企业作为重要补充。其中超过80%的食品生产、流通企业为民营企业，外资企业约占不到20%，国有企业占比低于3%；从食品医药工业总产值看，全省约为1.2万亿元，其中食品产业总产值为6620.25亿元，约占全国比重的6.1%，在经济发展中发挥着重要作用。其中，广东省的食品餐饮企业营业收入在近三十年来均排在全国首位。从食品产业从业人员看，全省食品行业从业人员超过800万人，在广东省社会管理中有举足轻重的地位。

在新一轮食品药品监管体制改革之后，重新组建的广东省食品药品监管局整合了多个部门的部分监管职能，并于2013年10月1日开始，正式履行工作职责。有省药品检验所、医疗器械监督检验所、审评认证中心、酒类检测中心（食品检验所）、不良反应监测中心、政务服务中心、执业药师注册中心等7个直属事业单位。全省食品药品监管系统监管队伍已核定编制12 005名，核编人数占常住人口1.1/10 000，实际到位8580人，到位率为71%，其中市县监管队伍已核定编制11 086名，乡镇派出机构人员核定编制3577名，全省21个地市目前已全部配备了基层食品药品安全协管员 14 767 人，初步构建了基层监管网络。

5.3.1.2 广东省 2014—2015 年食品突发事件概况

广东省 2014 年全年共接报食品药品安全事件 33 起，涉及人数 450 人，其中药品安全事件 5 起，涉及人数 23 人，食品安全事故 28 起，涉及人数 427 人，食物中毒事件 26 起，涉及人数 418 人，均为一般级别事件。2015 年共接报食品药品安全事件 53 起，涉及人数 778 人，死亡 1 人（家庭自捕自食河豚鱼中毒），无重大及重大以上级别食品药品安全事件发生。

下文将对广东省 2014—2015 年食品药品安全事件按时间分布、涉及环节、发生场所、发生原因等因素进行分析。

（1）时间分布。从图 5 - 12 和图 5 - 13 可以观察到，2014—2015 年广东省食品安全事件集中发生在前三季度，占总起数的 87.7%，呈现明显的季节性波动。药品突发事故则无明显特征。

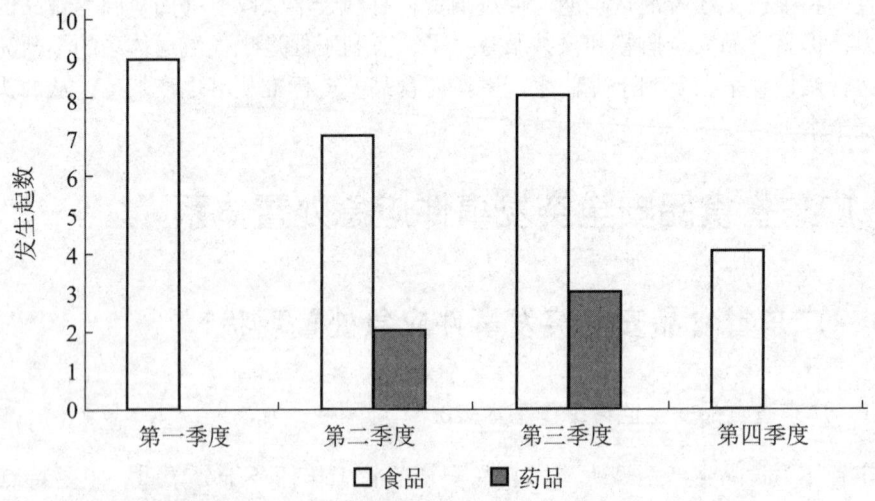

图 5 - 12　2014 年广东省食品药品突发事件发生情况季度统计

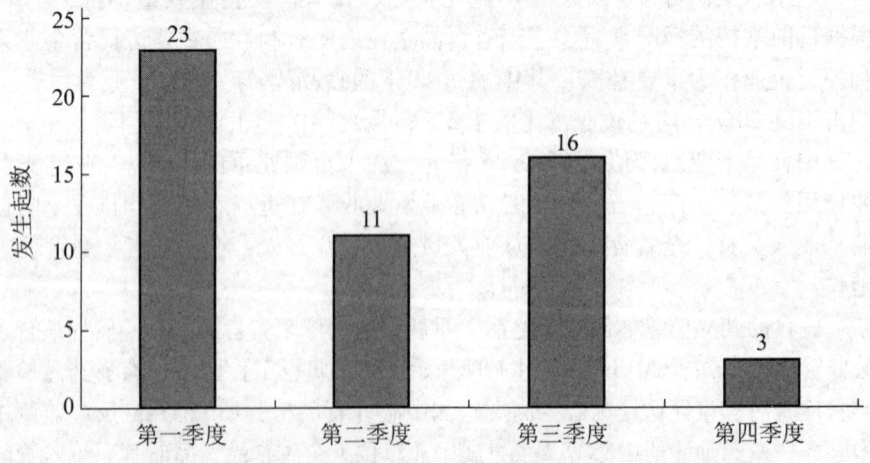

图 5 - 13　2015 年广东省食品药品突发事件发生情况季度统计

(2) 食物中毒致病因素构成。从食物中毒原因看，微生物性食物中毒是导致中毒起数和中毒人数最多的，共发生 39 起，中毒人数 574 人，有毒动植物及毒蘑菇为第二大影响因素，发生 27 起，中毒人数 408 人，死亡 1 人。如图 5-14 和图 5-15 所示。

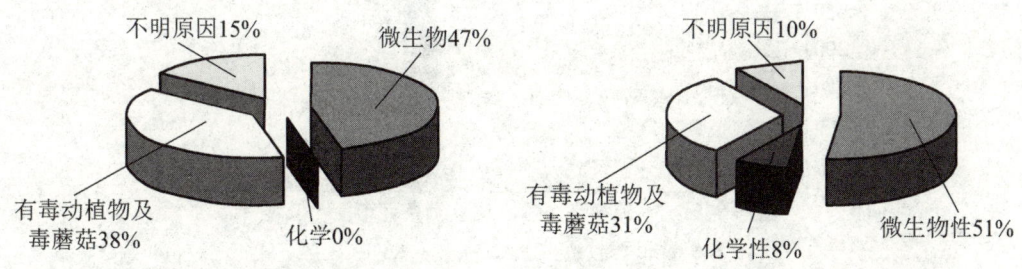

图 5-14　2014 年广东省食物中毒致病因素构成比分布图

图 5-15　2015 年广东省食物中毒场所分布

(3) 按食物中毒发生场所分析，发生在集体食堂的事件起数最多，紧随其后为饮食服务单位，且发生在集体食堂和饮食服务单位的中毒人数最多，占 75.4%，其次为餐饮服务单位。家庭发生食物中毒占 17%，但对健康损害程度较前两者严重。如图 5-16 和图 5-17 所示。

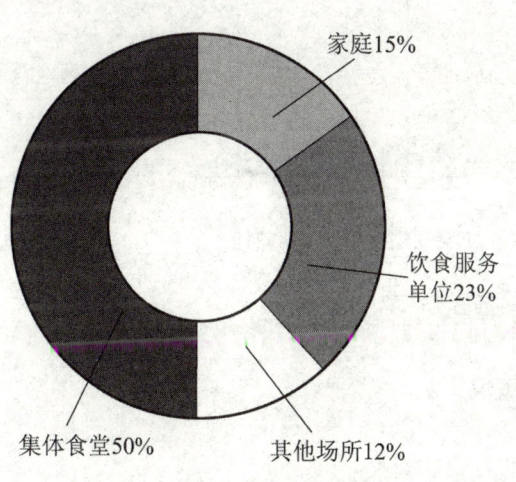

图 5-16　2014 年广东省食物中毒发生场所分布情况图

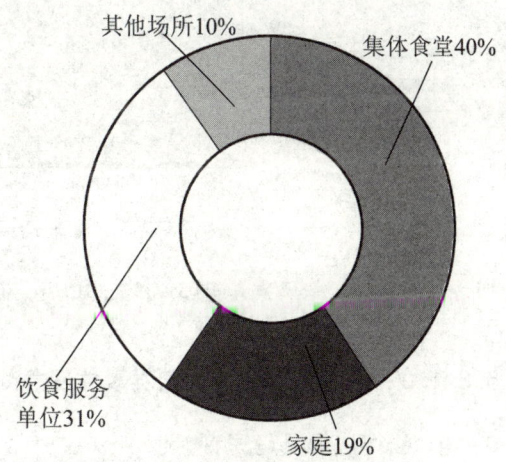

图 5-17　2015 年广东省食物中毒发生场所分布情况图

(4) 事故发生所处产业链环节。广东省 2014 年食品安全事故涉及除食品生产外的各个环节，尤其集中于餐饮消费环节。如图 5-18 和图 5-19 所示。

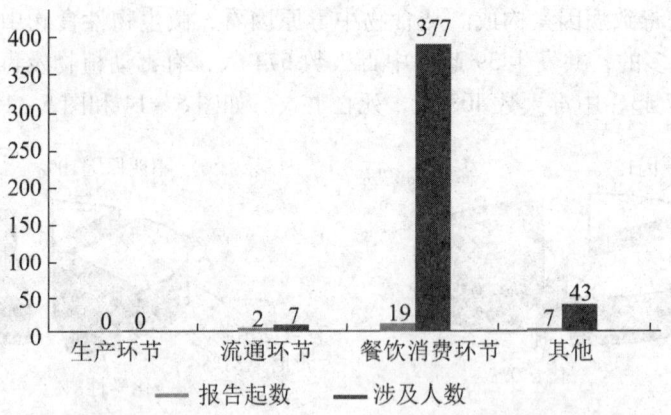

图 5-18　2014 年广东省食品安全事故所处环节

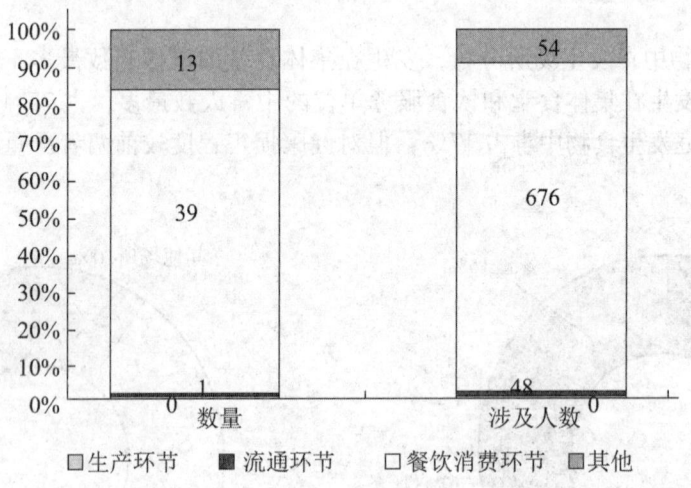

图 5-19　2015 年广东省食品安全事故所处环节

5.3.1.3　广东省食品安全突发事件应急处置概况

1. 法律法规日趋完善

早在 2003 年抗击"非典"之初，广东省食药监部门就制订下发了《应对疫情的药品监管工作预案》，并于 2005 年 5 月修订为《应对灾情疫情的药品监管工作预案》。2006 年，广东省食药监部门牵头起草了《广东省重大食品安全事故应急预案》，并以广东省人民政府的名义下发。随后，广东省食药监部门牵头起草了《广东省重大食品安全事故应急预案操作手册》，并以广东省食品安全委员会的名义下发。在总结应对"齐二药"事件处置做法的基础上，2006 年 8 月，广东省食药监部门制订并下发了《广东省食品药品监督管理系统药品和医疗器械突发性群体不良事件应急预案（试行）》，对不良事件应急的原则、机构、程序等做了明确规定，各地市也进一步细化了本地区的应急工作预案。同时，为保证各事故应急预案制定的完善、科学、规范、合理和可操作，使应急预案真正能够在突发事件中发挥应有的作用，广东省食药监部门以及珠海、云浮、清远等市局先后开展了多起突发事件应急演练,并先后开展了包括应急预案的适用范围、事故可能发生的地点和可能造成的后果、事故应急救援的组织机构及其组成单位、组成人员、责任分工、事故报告的程序、接到事故报告后应当采取的行动和措施、应急预案编制、管理措施和要求等内容在内的应急管理培训,全省系统应急处置水平和能力得到全面提升。

2014年,广东省食药监部门出台了《广东省食药监部门食品药品安全事件应急预案》,为全省食品药品监管系统规范和妥善处置食品药品安全事件建立制度保障和程序保障,初步形成了覆盖省、市、县和重大活动等多层级、多领域的食品药品应急预案体系。省食安办牵头修订了《广东省食品安全事故应急预案》,并以广东省人民政府的名义下发,配套的《广东省食品安全事故应急预案操作手册》于2014年底修订,明确和规范在新体制下各相关部门食品安全事故处置的职责和应急处置工作程序,确保部门间信息交流畅通、工作衔接及时有效。各监管环节和各地也根据实际情况制定涉及食品生产、流通、餐饮的事故应急预案,先后制定并下发了《广东省食品药品监督管理系统药品和医疗器械突发性群体不良事件应急预案(试行)》《应对灾情疫情的药品监管工作预案》。在重大活动专项预案制定方面,广东省针对性地制定了专项应急预案,有效保障了重大活动的顺利举办。

2. 组织架构初步建立

结合广东省食药监部门综合监督食品质量、药品质量以及医疗设备安全的职能特点,广东省食药监部门在2003年就成立了全省应急工作领导小组,并陆续成立了灾情疫情应急工作小组、食品安全事故工作小组以及药械突发性群体不良事件工作小组等三个小组,分别负责承担灾情疫情、食品、药品及医疗器械安全事故应急处置工作的各项任务。组建了各级食品药品安全专家库,为应急指挥系统的科学决策提供强有力的技术支持。应急机构的建立,进一步明确了应急管理的工作责任,让日常预防和应急处置的结合更加紧密,快速反应、协调联动能力明显提高,为近几年食品药品安全突发事件的妥善处置提供了坚实的组织保障。2015年,广东省协调相关部门修订完善了《广东省食品安全事故应急手册》,用以引导省内各行政区域健全食品应急预案及重大活动保障方案。建立了为检验检测、不良反应监测等工作提供技术支撑的专业队伍及食品、药品等6个领域的应急专家队伍,探索开展"应急哨点"建设,在26家三甲医院建立了不良反应监测"哨点",赋予全省村(居)14 767名工作人员信息采集责任,以搭建专项领导、分级管理、权责明确的应急管理体系。全年各地市、县(区)共组织60余次三、四级食品药品安全事故应急演练,开展100余场次应急业务知识培训,着力提升应急管理工作能力。

2013年体制改革后,广东省食药监部门单独设立了综合协调处(应急管理处)这一部门。根据职责,应急管理处将负责食品风险预估、食品安全标准的制定、执行等工作。2014年,广东省食品药品应急管理工作以建立健全应急监管机构为突破口,通过建队伍、明制度、提能力等措施,在成立应急工作领导小组的基础上设定综合协调处(应急管理处)为小组办公室,各有关处室指派一名负责人为办公室联络人,制定了领导小组及其办公室工作职责。要求各市、县在食品药品监管体制改革中,明确食品药品应急管理职责和部门,形成上下对应、协同配合的食品药品安全突发事件的应急监管体系,进一步明确应急管理的工作责任,使得日常预防和应急处置工作的结合更加紧密,快速反应、协调联动的能力明显提高。经过多年的努力,广东省已基本形成以各个行政机关食品检测人员为主,行政辅助人员、企业、新闻媒体参与其中,各个领域应急专家为支撑力量的食品药品应急队伍体系。以各专业监管和疾病预防控制队伍为依托,组建了省、市、县(区)三级食品药品安全事故调查处置队伍,对各地及时处置食品药品安全事故、查明原因、排除隐患起到了积极作用。

2015年5月,广东省食药监部门成功举办首次食品药品安全泛珠三角应急协作研讨会,与福建、湖南、广西、海南等4省的食品药品监管局和香港特区政府食物及卫生局、澳门特区政府民政总署共同签署了《"泛珠三角应急协作区"食品药品安全应急协作框架协议》,积极推进粤港澳三地食品安全风险信息交流与沟通,探索建立区域间合作互动、优势互补、互利共赢的食品应急预警体系,实现区域内协同预测和处理食品安全事故的能力。

3. 信息管理不断进步

在信息报送体系方面,广东省食药监部门制定了《广东省食品安全事故应急手册》,明确和规范新体制下各相关部门食品安全事故应急处置职责、工作程序、响应措施、应急队伍等,建立健全工作联络网,确保部门间的信息交流畅通、进行无缝对接。同时发布《食品药品监管总局办公厅关于加强食品药品安全重大信息报送工作的通知》,组建了涵盖全省各地级以上市食品药品监管部门(食安办)的信息工作队伍,要求各地确定一名以上具有较高业务水平的人员作为食品药品安全应急信息统计报送员,明确负责人,各地根据工作需要再将信息通过联络网络向县、区等下延,形成各层级和各部门间更紧密的工作联系,实现信息更迅速及时地上传下达,信息报送网络日趋完善。

在建立风险隐患排查体系方面,切实转变食品药品安全应急管理工作理念,将防线前移,坚持预防为主、防患于未然的原则,将食品药品安全风险隐患排查与日常监管、治理整顿、风险监测和宣传教育等工作相结合,建立符合广东省实际的食品药品安全隐患排查工作体系,防范区域性、系统性的食品药品安全风险。制定《广东省食品安全风险排查工作方案》,以及药品、医疗器械、化妆品等领域的专项整治方案,研究制定《广东省食品药品安全风险隐患分级评估标准(暂行)》,针对消费量大的重点食品药品品种、安全隐患多的重点区域、反映突出的重点问题,特别是带有"行业潜规则"性质的问题,探索排查隐患的有效途径和方法,进行拉网式排查摸底。对在排查中发现的各类安全隐患,分类采取防控措施,务求通过排查整改,逐步探索建立长效体系,不断提升风险隐患排查整改工作成效。

在建立舆情监测体系方面,广东省食药监部门形成了明确的新闻应急体系,规定全局的新闻发布工作由局办公室统一归口管理,指定了新闻发言人。其他各处室和直属单位均不得擅自发布有关行政监督和技术监督信息。遇到突发事件,及时组织有关人员研究撰写并发布新闻通稿,确保政府的声音在舆论上占据主导地位,强化政府部门的危机处理水平,有效调节公共关系。对潜在的食品药品安全风险,做到早预防、早发现、早处置,形成明确的新闻应急体系。建立舆情监测制度,每日编制《食品药品监管舆情日报》和《食品安全舆情信息》,及时做好应对处置。

在技术人才队伍建设方面,食品安全专家库为应急指挥系统的科学决策提供强有力的技术支持。2014年,省局设立食品、药品、医疗器械、保健食品、化妆品、信息等6个专家委员会,各委员会分别由15名专家组成,承担对相关领域监管工作的技术咨询、政策建议、风险评估等工作,为食品药品安全事件调查工作提供技术支撑,"行政专家"和"业内专家"相结合的决策体系进一步完善。

4. 管理机制基本形成

广东省食药监部门坚持预防与处置相结合,提高突发事件的处置能力和水平。抓协调,迅速处置各类突发公共事件。不断加强食品药品安全事故的日常监测工作,近几年及时应对和妥善处置了"齐二药"、苏丹红、"三鹿奶粉"等多起突发食品药品安全突发事件,得到了省委、省政府的充分肯定。抓预防,确保食品药品安全。2008年奥运会在北京举办,2010年亚运会在广州举办,按照省委、省政府的决策部署,全省系统及早规划,认真部署并积极开展供北京奥运食品安全保障和兴奋剂专项治理的工作,确保了2008年北京奥运会、北京残奥会在举办期间的食品药品安全,为广州亚运会的举办积累了丰富的经验。抓管理,建立应急管理长效体系。抓内部管理,明确各项规章制度和人员职责;坚持不定期召开应急管理联席会议,根据不同时期的特点,及时总结讲评和布置应急管理工作;加强应急信息报送,确保食品药品安全应急信息能及时、准确地报送上级部门。自该部门成立以来,制定了《广东省食品药品监管局风险及其应对权责清单》,对职责范围内的风险清单和风险对应权责清单进行了梳理,共列出风险110类,风险项目198项,并分别列明了风险节点、风险要素、风险程度、权责部门、防控措施等内容,推动各地政府、监管部门落实应急管理属地及监管责任。开展食品安全重点品种监测评价工作,对城乡居民最常食用的食品进行重点监测,监测总量样品超万余份。

同时,广东省食药监部门正积极探索应急管理网格化。在全省范围内选取重点品种、重点地区试点开展食品药品安全网格化监管,按照省、市、县(区)、乡(镇)分级划分四级监管网格,建立基于 GIS 地理信息系统的网格化监管信息化系统,建立网格化监管监督和考核体系。从2014年以来,有效发现和及时处置178起食品药品突发事件。

5. 应急平台初步搭建

依靠科技信息技术,是做好食品药品安全应急工作的重要支撑。广东省食药监部门于2015年发布了《广东省食品药品监管信息化发展规划(2015—2017》,布局"互联网+"行动,计划在五年之内,实现食品监督的智能化,在"互联网+"的大时代背景下,运用各项电子技术,在各个市县之间建立起食品监督机构,落实信息的收集、反馈、沟通、披露等工作。其中应急处置被列为其中一项重要建设内容,主要包括以下几方面。

(1)风险监测功能。2015年,广东省食药监部门在全省范围内选取重点品种、重点地区试点开展食品药品安全网格化监管,按照省、市、县(区)、乡(镇)分级划分四级监管网格,建立基于 GIS 地理信息系统的网格化监管信息化系统,建立网格化监管监督和考核体系。在依托"智慧食药监"系统的基础上,为全省食品药品监管执法人员配备移动终端设备,网格化监管对于落实监管责任,加强基层监管效率,推动监管重心下移,"哨卡"前移,敏锐捕捉风险隐患,有效发现和及时处置食品药品突发事件将起到积极作用。目前,全省逐步建立覆盖省、市、县并逐步延伸到乡镇的食品安全风险监测网络,食品安全风险监测的监测点覆盖所有县(市、区),在已有45个县(市、区)有食源性疾病监测医院的基础上,实现所有县(市、区)食源性疾病监测医院全覆盖。除了按照国家计划和省实施方案开展常规食品安全风险监测外,根据食品安全事件实际发生情况及食品安全应急风险评估的需要,组织开展了"食用明胶中铬""熟制花生中色素"等食品安全应急监测工作，累计完成检测共800多项次。

（2）预警功能。在全媒体时代，应急信息往往先在网络中被发现，为提高对食品安全突发事件信息的发现能力，广东省食药监部门在全省系统建立了省、市、县三级联动快速应对突发事件新闻宣传工作体系，实行集中统一管控。健全舆情收集、研判和回应体系，提前做好舆情预警，准确收集苗头性、敏感性舆情，及时发现重大舆情隐患，有效化解敏感性、恐慌性、群体性等突发事件危机。健全沟通协调体系，加强同党政新闻宣传职能部门以及各新闻媒体的沟通联系，建立良好的沟通合作体系，争取有力的支持和帮助，夯实应急传播的工作基础。另一方面，在处置食品安全突发事件中，注重发挥专家的作用。省局组建了对食品药品政策进行解读的专家队伍，在省内食品药品安全领域遴选36名政治素养强、专业技术精、职业道德好的专家，初步建立本系统的"专家库"。第一时间邀请专家对事件、产品及其标准作出科学分析判断，在省局公众网向媒体公众发布安全信息，每月定期举办新闻通气会，每季度定期举办新闻发布会，正面引导舆论宣传，积极消除群众的恐慌心理。近年来，广东省食药监部门妥善处置了深圳康泰乙肝疫苗质量危机、宝山堂违法生产维C银翘片干浸膏案件、同安维C银翘片疑含禁用成分、中央人民广播电台青少年"止咳水"药物滥用情况调查等舆情应急事件。

（3）即时通信功能。近年来，在自主建设的"广东食品药品云平台"基础上，广东省局开发了全省食品药品系统应急工作内部专属的即时通信工具——蓝信。首次实现了全省系统应急工作人员同平台在线，极大地方便了监管人员的工作交流，有效提升应急信息即时反馈能力。蓝信用户信息来自于省局"智慧食药监"系统中的组织架构，由各级监管部门和技术支撑机构自行维护，以确保信息的准确、完整、及时。蓝信作为全省系统应急专属的即时通信工具，支持移动终端、手机、PC端等多种应用环境。为应急处置工作提供了即时报告、在线交流、文件传输等服务。此外，蓝信具有更高的安全性和保密性，在业内独家通过了国家信息系统安全等保三级的评定。

5.3.1.4 广东省食品安全突发事件应急处置体系存在的主要问题

1. 监管部门架构有待改进

虽然目前广东省食品药品突发事件应急工作已建立了一系列的制度，出台了一系列的规范性法律法规，但尚未形成系统的、多层面的高效应急处置体系。在国家层面，国家食品安全突发事件的应急预案自出台以来，就已经经历了多次修改，但在处置具体突发事件时，往往会出现"未所预料"的新情况。社会对政府应急处置工作的满意程度依旧低迷，特别是社会公知对应急工作的应对处置体系提出了许多的意见。反观广东省，虽然目前广东的食品安全应急处置工作走在全国前列，也依托常务副省长主抓工作的食品安全委员会，建立起跨部门、跨地市的政府决策应对平台，同时也单独设立了食品安全突发事件应急部门（省食品药品监督管理局应急管理处）。但在处置食品安全突发事件的过程中，更多的是依靠领导决策、领导协调的方式来处置，一旦发生了突发事件，往往还是需要通过高位协调处置，特别是在食品药品监管体系改革后，食品安全监管从原来的"九龙治水"划归为"一龙治水"，表面上看似由省食品药品监督管理局（省食安办）统一监管，但是从监管领域分析，食品全链条的监管权限仍旧处在多部门综合监管的状态。例如食用农产品生产监管目前由农业部门负责，食用水产品监管由海洋渔业部门负责，食品生产包装材料监管目前由质量技术监督管理部门负责,教育部门主要负责学校食堂及学校内食品经营单位的食品安全管理工作,公安部门负责依法对生产、销售不符合食品安全标准的食品、假劣食品和有毒有害食品等涉嫌犯罪的需要追究刑事责任的案件立案查处;卫生部门负责食品标准的制定工作等,例子数不胜数。在目前的食品突发事件应急处置工作上,特别是跨监管领域的突发事件应急处置,往往需要组织相关部门召开紧急会议,采取"建立应急指挥小组"等老办法,统一由省政府领导确定工作职责、分工和工作步骤。但并未真正建立起一套有效的及时预警、迅速反应、高效处置的预警体系。深究到底,建立预警体系的主要任务就是要在突发事件发生时,在建立了科学合理的预警机制后,对食品安全事故进行预警,为危机的处理争取时间。而后在应对处置工作中,根据获得的信息,相应地制定科学有效的应对措施。所以,做好突发事件应急处置工作,关键是在于做好预警工作,在预警系统切实有效运行的前提下,才能彻底发挥好其本身的真正效能。此外,加强政府各部门之间的沟通协作,消除部门之间信息获取的不对称情况,也是今后如何确保预警体系有效发挥的重点。此外,公共危机管理学理论认为,各种突发事件在爆发前,会存在一定时间的潜伏期,而此时预警体系的部分端口将会陆续出现一些苗头性、征兆性的信息,比如在自媒体中被曝光,在检验检测中被检出,在医院不良反应监测中被发现。这些信息的主动收集、科学评估和及时反馈,对有效处置突发事件都极为重要。例如,在食源性疾病爆发后,相关医院都会向卫生部门报送信息,但由于现行报送机制的缺陷,许多重要信息都无法被详细分析解读。另一个方面,当一个政府职能部门收到相关信息后,是没有具体硬性规定必须通报给其他相关部门的,从而导致不同渠道的信息无法统一起来,导致信息碎片化,最终导致危机爆发。

另外,当前广东省对于食品安全突发事件应急处置的考核工作仍在研究建立之中,没有形成对相关工作的部门或者岗位人员进行真正的考核。虽然目前全国各级食安办、食品药品监管部门对地方政府组织开展了年度食品安全工作考核,但在处置食品安全突发事件的方面分值比例不高,而且没有细化深化,从而导致考核往往流于形式;另一方面,此类的考核往往是按照食安办牵头办理的方式进行,其他部门在考核过程中的重要性往往被严重弱化和边缘化,并没有真正发挥到考核的实际作用。

2. 综合协调体系有待加强

自从2013年食品药品监管体系改革后,广东省食药监部门整合了卫生、工商、质检、省食安办等部门的部分食品安全监管职能,成立新的食品药品监督管理局。此次改革彻底改变原来的多部门联合监管的局面,解决了各部门之间监管衔接不清,监管界限不明等问题,监管架构体系效能明显提高。与此同时,省食品药品监督管理局新成立的综合协调处(应急管理处),专门负责食品药品安全应急处置工作。可以说,近几年的食品安全突发事件应急处置工作有明显好转。但这仅是在部门内部,部门与部门之间仍存在界限不明的情况。例如,在处理"镉大米事件"以及"问题豆芽事件"中,由于豆芽集种植、生产、销售等环节于一体,监管界限仍不明确。按照监管职能划分,农产品种养领域属农业部门管理,而生产、销售环节属于食品药品监管部门监管。在实际应对过程中,往往需要两个部门联合,对问题豆芽进行溯源。对于农药兽药残留、重金属超标等问题,大多数食用农产品在产品质量发生问题时,往往需要追溯到种养环节,甚至牵涉到环保部门。在欧美部分发达国家,食品安全监管部门往往整合了相关职能,建立起真正的"从农田到餐桌"

的全环节监管链条。而我国虽然经历了多次食品药品监管体制改革,但仍未实现建立全环节监管链条,监管职能仍分布在各个部门。所以,在应对涉及不同领域的食品安全突发事件时,往往需要耗费大量的人力物力去协调沟通。

回归到突发事件应急处置工作上,主要存在三方面问题。第一,在日常管理中,地方各级政府对食品安全突发事件应急处置工作不够重视,由于目前食品安全突发事件没有实行"一票否决"制,存在与安全生产、社会维稳等工作相比较关注度不够高,对危机爆发前的苗头、先兆敏感度不高,反应速度不足等问题,只有在爆发危机同时产生重大危害后才开始启动应急处置机制。第二,在处置工作中,由于大多数应急处置部门是临时搭建的机构,没有系统性的准备。同时,由于在处置过程中往往会遇到在演练、培训中没有遇到过的特殊情况,处理效果经常具有不确定性。第三,目前的危机应对工作往往是通过行政指令下达,但行政成本极高,不能从制度上根本解决问题。同时,在危机处理的过程中,一些有效经验也不能有效地保留下来。所以,并不是在食品安全危机出现的过程中,政府部门之间才需要联动合作,同时在处理了危机以后,政府部门之间还需要合作来完成危机的善后以及总结工作。

3. 社会共治体系有待健全

食品安全社会共治是新修订的《食品安全法》中的一项重要内容。政府的力量是有限的,如果食品安全问题仅仅靠政府的监管,是不可能保证食品的食用安全的,必须引入社会中各种力量,让企业、新闻媒体、公民个体都参与到食品安全监管体系中,才能凝聚力量,实现食品安全。食品安全的社会共治是公众参与行政法领域的一个内容,对于食品安全管理领域是一个新挑战,社会共治体系的建立,离不开社会各方力量的参与。

而广东省在面临食品安全事故的时候,还没有做到真正能够动员社会力量去解决危机,往往是在处置过程中大包大揽,没有发现行业自治机构、自媒体、企业的重大作用。据不完全统计,目前,广东现有涉及食品行业的非政府组织200多个,但绝大多是都是营利性组织,缺乏有效地统一组织管理。这里必须强调一点,在过往,类似行业协会、行业学会等非政府组织往往被认为是"由政府主导的下属机构,自主性和积极性有所欠缺,没有活力"。但从近十年来看,这些行业组织已逐渐脱离政府的管控,具有高度独立性。但与此同时,此类非政府组织往往以利益为向导,对加强社会监管的关注度也不够高,难以要求其进一步加强食品安全监管及自发应对处置食品安全突发事件的能力。所以在突发事件爆发时,非政府组织的第一反应往往是保全自身,极少会主动参与到相关工作中。另外,社会公众对参与食品安全社会共治的热情也不高,往往认为食品安全监管是政府的本职工作,自己没有义务参与其中。实际上,广东现有食品生产、经营、餐饮单位近117万家,全省食品药品监管人员不到5万人,平均一个监管人员要管20家企业,监管任务的繁重可想而知。但在食品安全突发事件爆发时,往往都是社会民众在第一现场,如何动员社会各界参与的积极性,及时为发现、处置食品安全突发事件提供良好的社会力量,是当前急需解决的一个问题。第三,当前的食品安全突发事件,往往与新闻报道密不可分。新闻媒体在报道突发事件时,往往能为处置应对带来良性帮助,但也存在部分媒体以偏概全、夸大其词甚至是虚假报道的情况。这不仅误导社会公众、影响消费者信心,而且打击产业,增加解决问题的难度。例如,在2015年"僵尸肉"事件中,某媒体记者就以"1967年的僵尸肉"为噱头进行报道。"僵尸肉"的说法迅速传开,舆论被引爆,新京报、南方都市报等媒体都有跟进报道。尽管事后湖南、广西等地多个职能部门进行了辟谣，但仍导致社会恐慌。总体来说，走私肉是一直存在的，但"僵尸肉"（特指封存几十年的肉）的报道是无从考证的。从这次事件中，体现了政府信息沟通在突发事件处置中存在的缺陷。所以，如何引导各类媒体如实报道，使之提供有效的公共信息、完善政府在建立信息发布、报道的责任追究制度等也有待完善。

4. 信息管理体系有待完善

目前，广东省在药品应急信息管理体系建设方面比较完善，建立了药品不良反应监测中心、药品检验所等职能机构以及一系列数据平台。但在食品领域则处于基础建设状态。在信息数据库方面，目前广东省食品安全信息数据库主要以抽检信息的形式存在，对突发食品安全事件没有建立相关的数据库。相较于安全生产部门，食品药品监管部门在应急信息管理上仍处于较为落后的阶段，大多数信息都分散在各个部门和单位。在预警指标体系方面，广东仍按照《广东省重大食品安全事故应急预案》的要求，将突发事件分为4个等级来进行处理。在信息系统方面，省政府直属单位之间、地方与省直单位之间，没有建立起突发事件的应急信息系统，主要依靠电话传真、文件交换等老方法来交换信息，给突发事件的应急处置带来极大的不便。在专家体系方面，广东省食药监部门早在2014年就建立了"四品一械"（食品、药品、保健食品、化妆品、医疗器械）专家委员会，聘请了包括省内知名高校教授在内的近50名专业学者作为委员会成员，学者涉及食品生产、食品加工、食品营养、食品质量与安全等多个领域。但在专家委员会的职责中，主要是为行政决策提供学术参考和依据，在应急事件处置过程中，往往没有发挥到提供专业知识的作用。

5. 资金保障体系有待突破

相较于我国其他省份，广东省食品药品监管部门的资金预算相对充裕，能保障全省各地市食品药品监管部门有效运行，但在应急处置资金保障体系上，仍有诸多困难需要解决。

第一、没有单独建立省级食品安全应急专项资金。客观上，由于当前省政府财务部门对专项资金的建立和使用监管极其严谨，尚未有明确规定必须建立食品安全突发事件应急资金，所以往往爆发突发事件，涉及需要资金保障时，都要紧急设立专款。

第二、全省各地对食品安全监管工作的财力投入资源不均。目前，地级以上市的食品抽检（含国抽、省抽、市抽）资金主要由国家划拨、省食品药品监管局划拨、地方划拨三部分组成。在广东省粤东西北等经济不发达地区，政府财政收支出现亏空情况，食品药品监管往往会出现资金划拨不到位的情况，从而影响食品安全应急管理的各项建设。

第三、应急资金的使用没有制度化、规范化。虽然目前全省各地都建立了食品安全应急预案，但在真正处置突发食品安全事件时，往往面临各种不同的情况，专项资金的使用往往是通过行政决策的方式来决定如何使用，而且由于应急法律体系仍处于探索过程中，应急资金的款项设定及超预算审批仍未制度化，职责不明，导致政府部门在处置公共危机中遇到诸多难以解决的问题。

5.3.2 广东省食品安全突发事件应急处置体系的构建

在食品安全监管工作方面,要坚持"预防为主、科学处理、有效控制"的理念,强调"人民群众利益放在首位、权责明确、快速响应"的原则,"凡事预则立,不预则废"。食品安全监管实践表明,建立科学完善的食品安全突发事件预防与监测预警体系、提高突发事件处置响应与协调应对能力、健全突发事件处置评估与责任追究体系、加强突发事件应急组织与日常保障措施建设等,是预防与处置食品安全突发事件的有效手段,能最大限度地预防突发事件的发生和减少突发事件造成的损失。

5.3.2.1 预警响应体系

作为突发事件的"前置"管理,预警报告体系是政府部门提前分析、提前预判、提前决策的一个重要手段。根据广东省当前食品安全应急预警工作的具体现状,要着力抓好三个构建。

1. 构建检验检测体系

该体系是我国实现对食品安全监管和应急应对的技术基础。现阶段的国内检测技术较为落后,有效的资源分配到整个国家中难以形成合力,所以综合实力较弱,在简单的检测领域存在机构重叠、资源浪费的现象,而在高端检测领域却又存在着空白,跟不上我国食品安全的步伐。所以,针对此问题,要对国内的检测机构进行重整,将原来隶属于各个部门的检测资源集中起来,裁撤功能重叠的机构,节约资源以建设高端检测项目,减少部门利益纠缠和行政垄断行为的发生,同时提高我国的食品安全检测能力。与此同时,鼓励相应的高校进行食品检测领域的技术创新,设立大学生创新孵化机构,成立专项基金以扶持此领域的创新活动。

2. 构建风险监测体系

长久以来,我国对食品监管的对象都滞后于食品市场的发展,监管的对象还是各种有害的食品添加剂、原材料等,但是对于新出现的食品成分,以及食品成分之间的不安全因素鲜有涉及,没有科学的判断标准,这同时也是广东省在该领域存在的缺陷。因此,广东省应当尽早开展食品安全评价机制的构建,在研究欧美国家在该领域的先进做法后,移植到本省来对我国食品风险进行评估。同时,在制定行业标准以及风险评估时,要有一定的前沿性和前瞻性,不能只致力于研究已发现的有害物质,还要涉及未来可能在食品中出现的有害物质,以加强风险评估的准确性以及前沿性。

建立综合性的预警平台。目前我国对于食品安全预警信息沟通领域存在"信息孤岛"的现象,负责此项工作的农业部、商务部等行政机构之间没有有效的沟通平台,资源难以进行有效的集中和统计,造成了预警系统资源的浪费以及效率的低下。针对此种情况,应当加快构建综合性的预警平台的步伐,以实现各部门之间信息的通畅交流,以形成合理的、全面的食品安全预警系统,并对食品行业进行实时监督,对于发现的食品安全危机要及时地予以汇报、形成应对方案,将可能造成食品安全问题的危机扼杀在摇篮中,以提高我国食品市场的安全度。

5.3.2.2 信息报送体系

信息是决策的基础，所以健全的信息报送体系是食品应急体系的重中之重。食品安全应急体系的技术包括互联网技术、信息存储技术、信息传输技术等，能够为行政管理机构实时了解食品市场中存在的危机并及时地予以排除、行政机关的决策提供科学的依据。该体系是现代化政府的一个特征，能够实现政府在决策时以充分的信息量作为基础，增加其决策的合理性。该系统建立了覆盖全国的食品信息收集机制，能够对全国各地的食品安全信息进行汇总，实现了食品信息的数据化，提高了食品安全事故的应对效率和质量。该体系在全国各省市都建立食品监控机构，并在中央建立统一的信息平台，实现数据的无缝对接。并且建立了科学的内部管理机制，在食品安全监管部门之间形成了统一的信息交流平台，加强了行政机关之间的信息交流，搭建了政府、企业、个人之间的交流平台，破除了"信息荒岛"效应。在发生安全事故时，能够迅速集中各方面的力量进行应对。

食品应急系统应包括几个作用：第一，能够对社会中食品的危机信息进行收集，在事故发生时，能够从数据库中进行精准定位。第二，将能够造成食品安全问题的各种危险源进行收集和存储，在发生安全事故时，可以快速形成预案；第三，能够提高决策的科学性；第四，能够提高预警系统的规划性；第五，在事故发生后，能迅速预估可能造成的损失，并进行物资的援助；第六，在事故处理完之后，可以对事故处理中的措施进行总结提升。

食品安全的预警，是建立在对食品信息的收集上的。食品相关信息的收集办法有：第一，各个主管部门对食品市场的企业进行风险的评估，例如农业部是对农产品，以及食品的原料建立风险评估体系，而卫生部门则是对食品中的成分、添加剂等进行卫生安全评估；第二，建立群众反馈机制，食品安全问题的预警工作，离不开群众的支持，而且群众作为消费群体，对食品安全有更为直观的认识；第三，建立新闻媒体监督机制，新闻媒体能够快速发现社会中的食品安全问题，并进行广泛的传播，要扩大新闻媒体在食品预警中的作用。第四，构建安全事故回报机制，以县作为基本单位，定时向上级主管部门汇报本行政区域的食品安全工作。

5.3.2.3 区域合作体系

跨区域应急管理合作体系指的是，相邻的省市等行政区域之间，或者是类似的产业之间对于所面对的共同的危险，为了减少突然爆发的安全事故带来的损害，通过打破区域、行业的限制，形成合力来面对突然事件而建立起来的组织结构。近年来，在广东省内发生的食品安全突发事件中，接近50%与其他省份有关，具有很强的跨域性。所以说，食品安全突发事件应急处置已经从原来的地区应对发展到地区之间联合应对。在全球化以及区域协同发展的大背景下，实现食品安全的区域联动机制，以应对食品突发事件，迎合了现在食品安全事故危害大、范围广的特点，有利于提高应对食品安全事故的能力，加强对食品安全的监管工作。其中包括以下几方面。

首先是要联合邻近区域共同签订应急合作协议。在泛珠三角内地9省（区）应急管理合作体系基础上，建立食品安全应急机制，首先要协商出区域协作的领导沟通机构、合作的基本原则、合作的方式以及内容、明确各方的权责。一般这种区域合作体系都是由政府主导的，具有很强的行政性质，明确两地加强区域应急合作，构建条块结合、区位协同的应急合作工作格局。

其次是要建立联席会议制度。在食品安全应急协作体系上，建立联席会议制度，定期召开会议，研究决定合作事项并推动落实。由合作方轮流主办会议开展工作交流。一些合作体系在联席会议基础上进一步加强组织体系建设，建立联防工作委员会，提高合作体系的联动效率。

再者，要编制联动应急预案。食品安全应急协作体系应以编制联动应急预案为具体实施方案，明确食品安全突发事件应对过程中的信息通报、指挥协调、队伍和装备调用等各个环节的具体要求和各有关方面的具体职责，将联动内容细化、联动方式规范化。此外，可以通过组织开展联合应急演练，通过演练磨合体系、锻炼队伍、完善预案。最后，要推动实现资源共享。在食品安全应急协作体系中，应对合作各方共享应急资源作出明确规定，要求一旦发生食品安全事故，则应当根据事故的危害程度，在人力、物力、财力等方面给予配合。

5.3.2.4 社会共治体系

食品安全问题的治理，不能忽视社会力量，不然就会成为无源之水，无本之木。

首先，要进一步加大政府信息公开力度。对于食品抽检、专项检查、飞行检查的结果要及时向社会公布。例如2015年，在山东省食品药品监督管理局组织开展的食品抽检"你点我抽"活动中，社会公众可以通过网络投票的形式决定每季度食品抽检的重点品种，政府根据公众的需求制定抽检计划，有针对性地抽检公众高度关注、反映强烈的食品，并将抽检结果及时向社会公布。这种方式不仅提高了公众对抽检工作的参与积极性，同时也提高了问题食品抽检中靶率，进而及时向社会发布问题产品，有效降低非法产品对公众的侵害，降低食品安全突发事件发生的可能性。

其次，要进一步畅通投诉举报渠道。投诉举报作为公众直接向政府部门反映问题的渠道，是实现双向互动的重要平台。目前广东省内有12331、12345等众多投诉举报平台在运行。但是公众在遇到问题时有时反而不会选择投诉举报，其原因主要有以下几点：一是政府对投诉举报电话的宣传力度不够，公众根本不了解或不知道有相关的投诉途径；二是投诉举报平台处理投诉件周期较长，公众投诉后往往要等好较长时间才会有回复。三是公众对投诉举报反馈结果满意度较低，实际问题得不到有效解决。针对当前存在的问题，政府当务之急应加大对投诉举报渠道的宣传力度，不断通过电视、报纸、网站等多种媒体向公众公布投诉举报电话。同时通过强化24小时值班制度，保障热线不漏接、工作不脱岗、投诉举报渠道畅通无阻。最后要进一步规范投诉举报处理程序，提高投诉举报调处质量和水平。明确食品药品投诉举报流程，对咨询类电话当场予以细致解答；不符合受理条件的要解释到位，并告知其相关部门的投诉举报渠道。

此外，要充分发挥新闻媒体的共治作用。政府先要转变过往突发事件应急处置完全依赖政府的形式。其实，新闻媒体往往处于食品消费链条的最前端，是掌握突发事件相关信息和情况的"第一视角"。如今，新闻媒体对重大危机的报道已经是全方位全视角，例如近年的天津港危险物爆炸事件、深圳山体滑坡事件，广大公众都是通过媒体直接了解政府处置应对过程。在食品方面，众多食品安全事件的曝光都离不开新闻媒体的努力，特别是在广东省,新闻媒体在食品安全领域已经发挥了相当大的作用。政府应该顺应潮流,在处置食品安全突发事件时,邀请更多的媒体参与,将应对处置过程坦诚向社会公布,这样的效果往往比遮掩真相要好很多。

最后,要提高非政府组织的参与程度。目前广东省内的盈利性食品检验机构、食品安全评价机构、食品行业协会数量庞大。政府应该引导其承担行业自律和主体责任,共同促进食品安全社会共治机制建设。例如,在食品自治组织以及名牌企业中选取行业精英人士,通过不定期组织风险交流会议等形式,加强与行业专家的沟通联系,了解食品行业的质量安全的最新动向,全面掌握食品行业中存在的违规现象和"潜规则"问题。对于已发生的问题,应该强化治理行业规范。对收集到的食品危机信息,要采用多种手段进行综合治理。

5.3.2.5 技术支撑体系

一直以来,由于我国生产力较为落后,主要解决的是人民日益增长的物质文化需要,因而我国针对食品的技术主要集中于提高粮食、农作物的产量,却往往被忽视食品的质量以及安全问题,远远落后于发达国家的水准。和西方欧美国家比较,我国对于食品成分危害的监测技术以及事故发生后的控制技术发展还相对滞后。而推进国家治理体系和治理能力现代化的重要表现就是提高食品质量,构建覆盖全国的食品安全预测和评估体系,建立科学合理的应急预案。在构建了食品质量标准和预警体系后,实现对食品药品安全问题早发现、早预警、早应对以及早处理,对于食品质量问题较多的外来食品要进行重点把关,提高检测标准,发现了问题要迅速地汇报,向社会进行信息的披露。在食品安全事故频发的现在,在食品生产企业的日常监管里,以严格的检测标准来预防食品危机,在其没有扩大之前进行处理,显然更具重要性。但是,与此相对应的是,我国对食品安全检测的技术水平还不够,低水平的检测技术以及不完善的检测体系都直接影响了检测的质量和效率,所以要尽早地构建科学合理的检测体系,以应对种类繁多的食品安全问题。食品安全问题关系每一个家庭,而检测食品安全性最重要的依据就是食品检验标准。但是现阶段我国的食品标准并不具备可操作性,一方面源于法律规范的不足,同时还有各方面综合因素的原因。第一,国内的食品安全标准相对滞后,远远落后于欧美发达国家,对于食品添加剂中的三聚氰胺,在美国是早就严格禁止的,但在我国直到三鹿奶粉问题的暴露,才在食品安全标准中予以列明。第二,国内对于食品安全的标准过于零散,没有形成统一的标准,各个省份的标准不一,使得整个食品行业的秩序混乱,消费者的合法权益得不到有效保护。

1. 健全食品安全标准

现在,我国食品安全的标准呈现多元化的态势,有国家出台的标准、省市出台的标准、食品行业的标准等,总共上千项的食品标准。然而这种多元化的标准带来的问题是,食品标准普遍较低,各种标准之间存在重叠、冲突的现象,但是在一些领域又存在着空白。标准的出台根本没有经过充分的调研和学术论证,地方和行业为了自己的利益,制定的食品安全标准往往低于国家水平,并且难以得到有效实施,即使很多标准是国家强制推行的。在制定标准时,没有统一的机构进行协调,所以国内现行的食品安全标准存在很多不足,例如标准不一、检验方法的差异、成分要求不同,这不仅仅给政府的监管带来困难,企业也往往无所适从。

2. 对食品安全检测机构进行整合

对于食品质量的检测需要专门的科学知识，专业性很强，关乎着每个人的生命健康。但是现行的食品安全检测机构存在着许多的问题，虽然检测机构已经铺设到了县一级，但是县级的检测机关往往力量比较薄弱，检测作用有限；而市一级的检测力量却十分分散，将对食品检测的权力分散到质检、农业、工业等部门中，力量的分散一方面导致检测力度不足，难以确保检测的全面性和准确性，另一方面会造成职能的重叠以及行政资源的浪费，甚至导致机关之间的相互推诿，降低了检测的效率。所以，对食品安全的检测可以引用药品检测的体系，把市一级质检、农业、工业等部门的质检力量进行整合，成立一个专门检测食品安全的组织，加强食品安全的覆盖面，规定所有的食品在出厂后必须要经过检测才能进行销售。

3. 设立食品药品安全专家智库

应急管理针对的是突然性事件全过程的应对，在全程中，要保证行动的科学性以及民主性，要引入专家组决策和群众监督体系。在日常监管工作中要做好风险的预测以及应急预案工作，在食品安全事故发生以后，要听取专家的意见，形成科学的决策方案；而建立食品安全专家智库则是我国食品监管体系走向高效率、高质量的关键，智库能够为政府的应急预案的制定提供科学的建议，是政府处理食品安全事故的重要助力。而智库的形成必须要引入多领域的专家，包括统计学、医药学、农学等方面的专家学者，建立具体的专家选拔体系，并进行实时的考核，以实现知识的更新，根据城市食品市场的大小以及消费者的多少来拟定智库的人数。当出现了食品安全危机时，则从智库中挑选专家成立应急小组，对政府的应对措施进行指导。

5.4 本章小结

本章首先以"瘦肉精事件"的灾害要素——食源性畜禽产品质量安全为研究对象，分析了广州市食源性畜禽产品质量安全的现状及存在的问题和隐患，并针对食源性畜禽产品质量安全突发事件具体案例进行分析，探讨事件发生的根本原因，结合城市的实际情况，探讨了如何构建食源性畜禽产品质量安全政府应急管理体系。

第二部分介绍了基于区块链的广东省肉菜蔬菜溯源体系的建设从其区块链的技术架构、服务流程、存在社会问题以及其意义介绍，为政府和相关管理部门对食品安全方面的社会治理提供有益的参考和借鉴。

本章最后从完善法律法规、加强制度保障、开展风险评估、提升预警能力、检验检测手段等方面，提出了如何建立切实可行的、行之有效的新形势下食品安全监管工作突发事件应急处置体系。

6 基于情景链视角的社会安全事件应急对策研究

6.1 基于情景链视角的群体性暴乱事件分析模型构建

由于群体突发事件不能进行演练,以往人们在这方面的定量研究多采用计算机软件仿真模拟的方法来开展。本章也是采取定量研究的方法,但将尝试用一种全新的视角来看待突发事件,基于情景要素构建突发事件的连锁反应模型,即情景链表达策略。应对群体性事件发展的多样性和演化的突发不可预知性是深度不确定系统的主要表现。

6.1.1 突发事件的定义、演化及研究范围的界定

6.1.1.1 突发事件的定义

人类在有记载的历史上,就一直遭受着各种自然灾害、瘟疫疾病等灾难的侵害。随着工业社会的发展,各种工业事故、交通事故、环境污染、生态破坏的事件也络绎不绝。在政治经济生活层面,群体性事件、人群事故等也在社会发展的过程中伴随着发生。

美国对突发事件的官方概念定义为:"由美国总统宣布的,在任何场合、任何背景下,在美国的任何地方发生的需联邦政府介入,提供补充性援助,以协助州和地方政府挽救生命、确保公共卫生、安全及财产或减轻、转移灾难所带来威胁的重大事件。";在欧洲根据欧洲人权法院对"公共紧急状态"(public emergency)的解释,对突发事件定义为"一种特别的、迫在眉睫的危机或危险局势,影响全体公民,并对整个社会的正常生活构成威胁"。

根据2006年我国公布的《国家突发公共事件总体应急预案》以及2007年11月1日实施的《中华人民共和国突发事件应对法》,我国把突发事件分为四大类:社会安全事件、事故灾难、自然灾害和公共卫生事件,具体如表6-1所示。

表6-1 我国突发事件分类

分类	说明
社会安全事件	群体性事件、人群踩踏事件、恐怖袭击事件、重大刑事案件、经济安全事件、民族宗教事件等
事故灾难	火灾、交通运输事故、民航飞行事故、环境污染和生态破坏事件、核事故、公用基础设施事故等

续表 6-1

分类	说明
自然灾害	地质灾害、地震、气象灾害、生物灾害、海洋灾害等
公共卫生事件	食品安全危害、传播性疾病疫情、动物疫情等

按照我国对突发事件的分类标准，将围绕社会安全事件展开研究，主要选择群体性事件、人群踩踏事件为案例。

6.1.1.2 突发事件演化及处置的阶段划分

任何事物都有产生、发展、消亡的过程，突发事件也不例外，而且其阶段性的特征更为明显。在早年，外国学者 Fink 和 Nunamaker 就通过分析研究把突发事件分别划分为四阶段和三阶段。Fink 的事件过程四阶段模型如图 6-1 所示。

在新近的研究中，三阶段的划分方法越来越被更多的学者和应急管理机构所采用。美国联邦应急管理机构的"事前预警""事中阶段""事后调整"三阶段划分法是目前众多国家

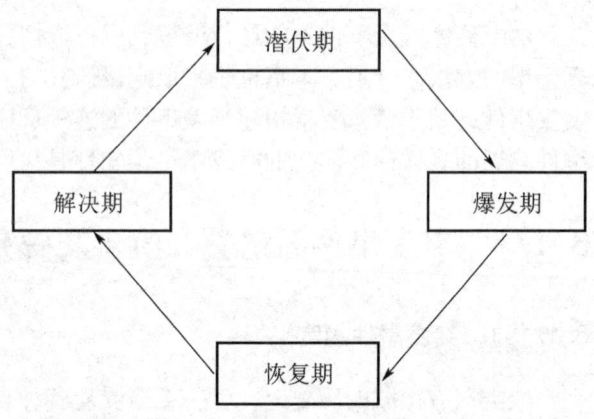

图 6-1 Fink 四阶段紧急事件过程模型

和地区政府应急管理部门所采用的突发事件应急管理流程。除了以上比较流行的四阶段和三阶段划分方法之外，根据研究侧重点的不同，还有二阶段、五阶段、六阶段等划分方法。本文在接下来的两章中，将根据三阶段划分法来构建突发事件的情景链，并有不同重点地对全过程或某一过程阶段进行基于情景要素的应急管理分析研究。参考相关文献，本章采用图 6-2 所示的突发事件共有抽象过程模型作为构建突发事件情景链的基础框架。

在后面进行影响突发事件的情景因素分解的过程中，本章将用多维情景空间法进行。在使用多维情景空间法对案例的情景和子情景进行划分时，将按照以上模型对事件的阶段开展划分。但要说明的是，实际发生的突发事件千差万别，以上事件过程模型映射到实际事件的应急处置过程中并没有明确的边界。

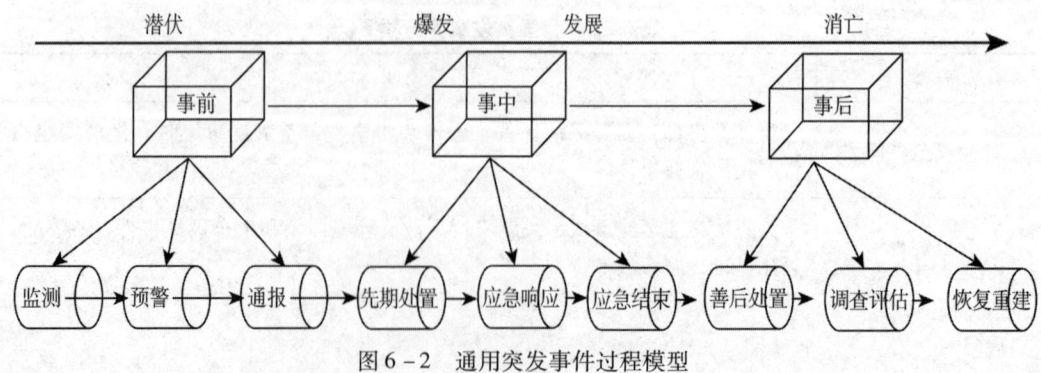

图 6-2 通用突发事件过程模型

6.1.1.3 研究范围界定

由于突发事件的高度不确定性以及其自身具有破坏力,我们难以用演练实验的方法去模拟突发事件的应急处置过程。案例分析是目前研究突发事件的有效方法,案例分析的结论能够为应急处置决策当局提供科学的决策支持;数据化的案例分解容易进入到案例库里面,可以通过案例推理[①]、搜索提供与当前问题相对应的应急管理预案。基于情景链表达策略的案例分析方法,由于将突发事件细分到最小的细胞——情景,并将情景数据化处理,因此在理论上可以对所有突发事件的应急处置问题进行分解。

基于作者所掌握的详细案例材料和资源,本章将围绕社会安全事件作具体的情景链分析描述,并且选取群体性事件、人群踩踏事件为代表案例进行分析。

由于篇幅所限而对研究范围作以上界定。当然,基于情景链的案例分析方法绝对不局限于以上使用范围,希望本研究有一个抛砖引玉的效果。

6.1.2 突发事件的事件链构成原理

我们知道,突发事件其实就是由一系列的始发事件发生连锁反应所演化产生的。这些独立的始发事件可能只是日常普通的事件,也可能其本身就是另外一个突发事件。这些同质的或不同质的独立事件之间发生衍生、耦合关系进而产生次生突发事件。无论是国外学者还是国内的应急管理和风险管理研究人员均曾指出过,对事故的预防,要重点关注事件之间的相互联系与交错的关系;事件之间是相互影响和联结的网络结构。

灾害系统理论更深入地去研究了原生事件之间如何相互作用而衍生出次生事件的问题,该理论认为:灾害其实是由孕灾环境、致灾因子、承灾体与灾情共同组成的复杂系统,无论基于哪一种理论,突发事件的事件链就是一种链式图,用来直观描述突发事件的发展变化整个过程中各种原生事件和可能发生的下级衍生、次生事件之间关系的一种结构图。根据事件链的规律来进行应急管理研究,主要就是研究如何在突发事件发生的时候,针对事件链的某个或几个链节启动应急管理预案进行断链、补链,以达到科学应对和处置突发事件的效果。

6.1.3 情景链代替事件链在突发事件表达应用中的优点

研究突发事件案例的事件链,目的是通过案例库,根据相似的事件组成结构找到在过往发生过的相似突发事件案例,进行案例推理,进而参考过往实施的应急管理措施以及事后总结,启动本次突发事件的应急管理预案。但是,基于事件链分析的应急管理决策在实际应用中受到很多局限,因为每一个突发事件案例的事件链构成不但复杂,而且实际上都存在众多的差异。在此事实前提下,基于个体事件情形的研判就比较难作出科学的应急管理决策。现有的突发事件案例研究多数是基于事件链的案例推理方法研究,主要是把案例

[①] 案例推理(case-based reasoning,简称 CBR)最早由耶鲁大学的 Schank 教授提出来的。是人工智能领域一项重要的推理方法。案例推理是通过寻找与之相似的历史案例,利用已有经验或结果中的特定知识即具体案例来解决新问题。

或者组成案例的几个事件作为一个整体进行案例检索，匹配出具有一定相似度的应急管理预案。这种案例推理方法的应用在应急管理领域中受到了制约。在已有研究成果前提下，拟寻找一条解决问题的途径，认为关键问题是对"事件"进行进一步的细分，把视线转到比"事件"更细的"情景"上，把基于事件链的案例分析转变为基于情景的案例分析。这样做具有以下优点。

（1）就如以上分析，突发性事件之间具有高度的复杂性和差异性，由于这两个原因造成"相似"的案例会极少，除非我们把"相似性"的敏感度设置得非常高。但是，假如我们把目光关注到"情景"里面，则会发现相似的情景普遍地存在，例如，很多不同的群体性事件的事发起源，都是执法者与被执法对象口角对骂这一情景；相似的情景甚至会出现在不同类型的突发事件中。例如深圳滑坡事故发生后的舆情应急应对与天津港爆炸事故发生后的舆情应对情景，地震后的灾区民众安置与洪水发生后的灾民安置情景，都是类似的。虽然就事件链构成而言，这些不同类型的突发事件案例都没有什么相似性，但从情景上来看很多片段是高度相似的。所以说，通过进行情景对比，较之用事件来进行对比具有更高的相似片段可获得性。

（2）目前我国很多地区都是实行多部门联合的突发事件应急处置机制，单一部门面对的应急处置决策问题往往是该部门相对应的职能有关的、面对整个事件中某一特定环节的问题；应急处置统筹部门也往往不是面向整个事件做出应急处置决策，而是针对每一个具体化的环节（情景）逐一制定细化的应急方案措施，针对突发事件中若干个情景的决策组成了面向整个事件的总体决策。所以说，应急处理决策措施的制定本质上是基于情景的。

（3）事件链是具有高度复杂性的内容组合，对事件链里面的一个事件进行量化描述，需要运用到多个维度。换成情景链后，我们则可以用情景数据来描述情景，本文认为这里的情景数据即是突发事件的最小组成单元，描述一个情景数据只需要使用一个维度。

本章将以"情景链"为核心构建突发事件表达策略，并对情景链节进行情景数据的量化处理，在此基础上针对情景链研究断链、补链的应急处置措施。

6.1.4 突发事件表达的情景链要素

师花艳、裘江南在研究事件链之间的关系时认为，事件链是事件之间因果关系的传播所形成的一种链式结构，事件链的链式结构由两个要素组合：

（1）存在多起事件的集合。

（2）存在链式结构转换函数的集合。据此，突发事件案例的事件链可表达为

$$Case = \{EvenGroup, f_x\} \tag{6-1}$$

其中：$Case$ 为突发事件案例；$EvenGroup$ 表示事件的集合；$EvenGroup = \{E_1, E_2, E_3, \cdots E_i, \cdots, E_n\}$；$f_x$ 表示事件之间转换函数，每两个单独事件之间（包括事件本身与本身）都有一种函数关系。

$$fx = \begin{cases} f_x E_{11}, f_x E_{12}, \cdots, f_x E_{1i}, \cdots, f_x E_{1n} \\ f_x E_{21}, f_x E_{22}, \cdots, f_x E_{2i}, \cdots, f_x E_{2n} \\ f_x E_{n1}, f_x E_{n2}, \cdots, f_x E_{ni}, \cdots, f_x E_{nn} \end{cases} \tag{6-2}$$

如前文所述，本章使用情景链代替事件链进行突发事件案例的分解，在表达式（6-1）的基础上，再参考周剑等学者的事件链表达模型，扩充其表达式中的组合要

素,把突发事件案例表达为:

$$Case = \{SCL, R\} \quad (6-3)$$

其中:SCL 表示案例情景链中的情景集合,

$$SCL = \{S_1, S_2, S_3, \cdots, S_i, \cdots, S_n\} \quad (6-4)$$

其中:S_i(situation)代表一个情景。R(relationship)表示事件间的交错关系。式(6-1)的 f_x 在实际之中虽然客观存在,但事实上用案例分析的方法无法精确得出 f_x 的表达式。在此,参考前人对事件之间各种关系的归纳,这里把情景之间的相互关系归纳为

$$R = \{P, S, L\} \quad (6-5)$$

其中 P(paralle)为平行关系,S(series)为前后关系,L(loop)为循环关系。

6.1.5 突发事件情景链表达关系模型

情景要素是本章创立的用来表达突发事件案例的单位,情景要素可以再向下细分成若干属性。突发事件的发生和演化就是组成突发事件的各情景要素属性、数据逐渐由量变再到质变的过程。

各情景(S_i)均可表达为由其各级别的次级属性(A,B,C…)构成,在这里我们选择两级别的属性界限举例,即情景(S_i)表达为

$$S_i = \{A_{im}, B_{imn}\} \quad (6-6)$$

综合以上分析描述,则突发事件情景链关系模型如图6-3所示。

突发事件的发生和发展变化,是由于最底层情景数据的变化,使得前一情景对象属性的状态变化,与后续情景的对象属性产生关系,从而推进了后续情景的发生,进而通过情景链的反应推动了最终突发事件的发生、发展和变化。

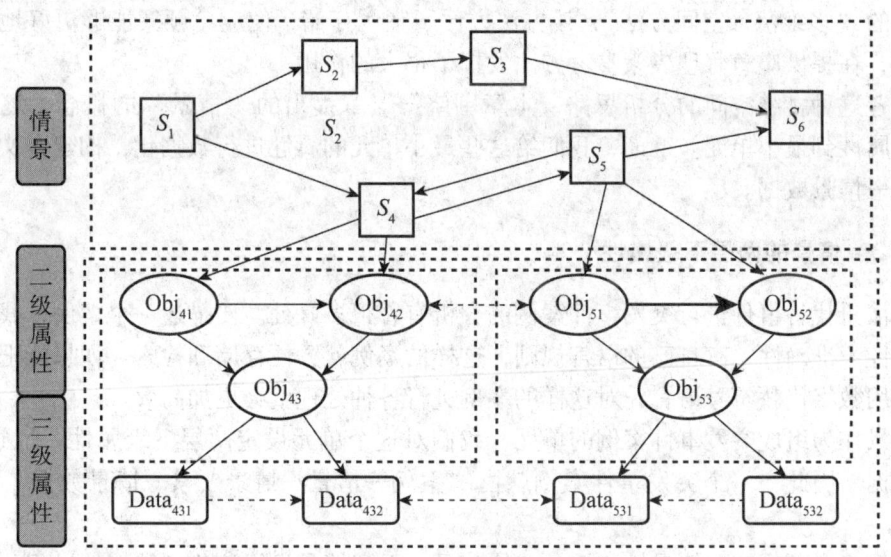

图6-3 突发事件情景链及属性之间关系图

6.1.6 基于情景链关系模型的应急对策

我们认为，突发事件的爆发与发展演化归因于情景链中情景数据的属性变化。情景数据是能够用数字化描述的最小单元的情景属性，例如在图 6-3 中我们就认为第三级属性为情景数据。基于情景链关系的应急管理处置，着眼点是在总体上把握情景数据的属性、数值变化，了解引起关键变化的链节（$KeyChain_{imn}$），从而及时组织资源和外加反作用力（$Resource$，$Counterforce$），阻断情景链后面情景的发生；又或者是通过 $Resource$ 和 $Counterforce$ 补充情景链的一个链节，使原本应有的连锁反应发生另一种结果。简单地说，就是断链手段和补链手段。因此，采取断链、补链手段进行的应急管理（EM）方法模型是：

$$EM = \{S_i, A_{im}, B_{imn}, KeyChain_{imn}(Resource_{imn}, Counterforce_{imn})\} \quad (6-7)$$

基于图 6-3 和以上的式（6-6）、式（6-7），以下将针对"情景"讨论其具体下级属性的展开分析方法，完善式（6-6）、式（6-7）的内容（把 A 和 B 具体化）；在下面将采取扎根理论法对所选取的案例进行深入分析，得出情景数据的具体属性或数值。

6.1.7 情景的结构组成

以上我们构建了以"情景"为核心的突发事件情景链表达策略。现就"情景"继续细化讨论，对"情景"里面包含的要素、属性进行深入分析。

6.1.7.1 情景的多维空间展开法

清华大学钱静等人和一些美国学者基于案例推理在实际应用中的多种需求，提出了分析案例的"多维情景空间方法"，该方法方便了案例存储，使应急预案能够更好地实现案例推演，在提供应急管理决策参考方面发挥了很大的作用。

参考这种多维空间的分析思路，本章围绕第二章提出的"情景"的概念，逐层展开其下级属性到最小单元。继而，我们给这些最小单元的属性进行数据化，构建本文的核心内容——情景数据。

6.1.7.2 情景的两层下级属性

用情景代替事件进行突发事件案例的分析有着很多好处。要描述一个案例，我们要做到唯一性、准确性，有自己的语言规则，这样的案例就方便存储和检索。如果能把属性数据化，用数字代替符号语言，对这样的案例进行各种处理就会更加高效。

情景作为组成突发事件案例的单元，我们对这个单元设定两层下级属性：情景要素、情景数据。因此，一个突发事件案例就由"案例—情景—情景要素—情景数据"四级结构组成。

案例：案例是整个情景链的链条主体，是一系列情景发展演化到结束的过程。多个情景组成一个案例，多数案例可以用典型或关键的情景来描述。针对情景的应急管理手段、措施、决策的效果体现在案例上。

情景：情景是案例按照时间和空间要素拆分而成的片段，是能够用一定赋值的情景数据描述的对应的一种情况。

情景要素：情景要素是情景的下级属性，是突发事件中的承灾载体、致灾因子或孕灾环境。

情景数据：通过赋值可以准确地描述一个情景要素的状况。不同情景数据的组合形成不同的情景。

情景数据是描述情景要素或情景的基本维度，是突发事件能够拆分的最小的细胞。每个情景或情景要素里面都包含一系列的情景数据，这些情景数据构成了一个多维的情景空间。具体到一个情景中，情景数据的量值随着时间的推移不断变化。在情景的多维空间中，情景可以被表达为由若干个数据点组成的一条轨迹。

构建情景的方法通常是按照突发事件时间轴的方向分阶段建立情景，每一个情景对应一系列相关的应急处置措施；情景要素和情景数据可以按照孕灾环境、承灾载体、致灾因子、救援力量等相关进行划分。在比较负责的情景要素里面可能会包含次级要素；情景数据就是对应一个情景要素的描述量值，有数值型数据、逻辑型数据、枚举型数据等。

对于某个情景 S_i 下面的情景要素（Element）我们用 Ele_{ij} 来表示，情景数据（Data）我们用 $Data_{ijk}$ 来表示。到此，我们可以把前面的图6-2具体化为图6-3。

图6-3中，情景层从突发事件案例中提取形成，同类型的不同案例大致都可以提取出相同的情景（这一点对本文的研究内容有重要的前提意义）。情景由多个情景要素组成，描述情景要素的是情景数据，情景数据作为情景链的最底层信息是共享的。

根据图6-4，以上的式（6-7）可以进一步具体化为：

$$EM = \{S_i, Ele_{im}, Data_{imn}, KeyChain_{imn}(Resource_{imn}, Counterforce_{imn})\} \quad (6-8)$$

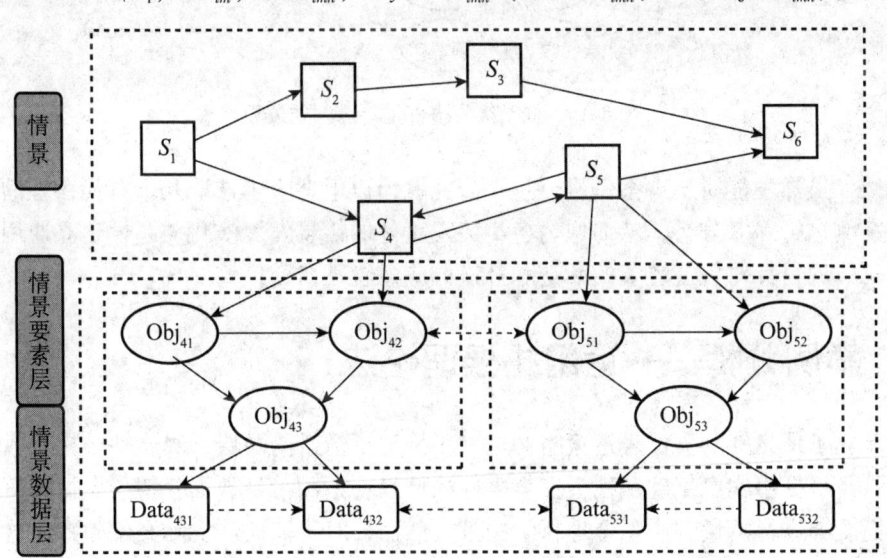

图6-4　突发事件情景链要素关系图

6.1.7.3　情景数据坐标空间

对于突发事件的情景链表达方法设计了用情景数据量化案例信息。描述一个情景用到多个情景要素和对应的情景数据，因此情景是一个多维的空间坐标体系。情景数据具有数量化的定义，即可以在空间坐标中有不同的取值，取值的变化反映了突发事件演化过程中情景要素的状态变化。

6.1.7.4 情景链的拆分和归类

采用以上方法对一个情景链节进行"情景—情景要素—情景数据"分解后，一条突发事件的情景链就建立起了一个包含众多情景数据在内的多维空间。同一种突发事件类型的不同案例，应该都能被拆分为类似的一系列情景要素和情景数据，虽然相同或相似的情景可能出现在不同情景链的不同链节中，但当对一批案例都按照上述方法进行处理时，就可以归类为该类型突发事件通用的情景链。如图6-5所示。

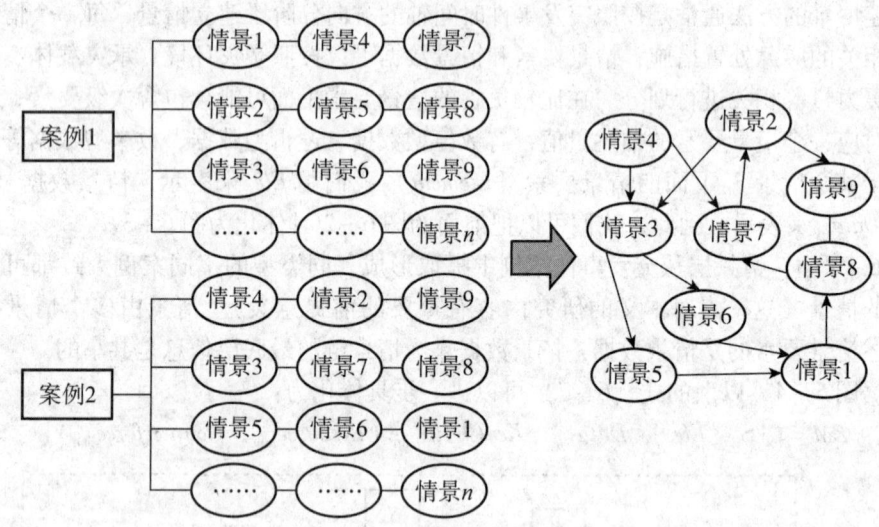

图6-5　同类突发事件情景链归类过程

所以，虽然不能对所有案例进行逐一研究，但以下章节中选取几个有代表性的社会安全事件案例进行深入分析，从而厘清各类突发事件的情景发展演化关系，建立通用的情景链模型，再进行针对关键链节的断链和补链的应急管理研究。

6.2 案例分析——运用扎根理论法

在建立了情景链的事件表达策略和进一步构建了情景的两层下级属性结构后，我们需要做的就是根据事实案例确定社会安全事件的情景要素和情景数据。情景数据量值的变化将使我们能够进行定量的应急管理科学决策，然而，对于如何从实际案例中找出这些情景数据和情景要素，定性研究是必由之路。在本章中，将应用定性研究领域中著名的扎根理论方法对突发事件情景要素进行确定。

6.2.1 扎根理论方法

1967年，美国哥伦比亚大学的斯特劳斯（Anselm Strauss）和格拉斯（Barney Glaser）

创立了扎根理论研究方法。该方法是一种运用系统化的程序,针对某一现象来发展并归纳式地引导出扎根的理论的一种定性研究方法。这种研究方法从资料开始,自下往上不断归纳、浓缩而提升出理论。采用扎根理论研究方法不需要事先假定条件再进行逻辑推演,而是从原始材料入手进行逐步分析,层层归纳。扎根理论者认为,只有从资料中产生的理论才具有生命力。如果理论与资料相吻合,理论便具有了实际的用途,可以被用来指导人们具体的生活实践。

可以说,扎根理论法解决了理论研究与经验推理之间脱节的问题,其研究问题的思路、逻辑是深入情境收集资料和数据,通过对情景数据的概念抽象、编码归纳,提炼和构建出相应的理论。这种开放性的研究思考体系和视野,被誉为"定性革命的先声",其源于社会学,但在管理学、心理学等领域亦得到广泛的应用。扎根理论法研究过程的核心是对资料的"编码",即对一切载体的资料转译为抽象的概念,然后是划分范畴的过程,其研究程序如图6-6所示。

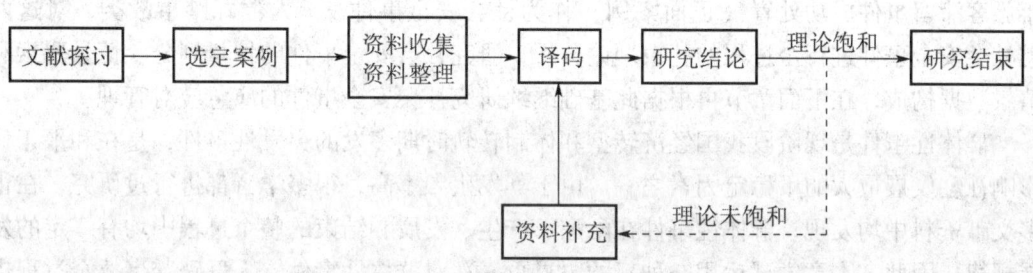

图6-6 扎根理论法研究流程

突发事件从孕育、发生到演变、结束,全过程的每一个环节都包含着众多的影响因素,各种信息变化也是错综复杂的,这决定了我们对这种现象发生和演化机理的认知需要深入事件的内部进行细致的研究;另一方面,突发事件往往发生时间无序、难以预测、持续时间短暂,这些特性又决定了我们对其的研究认识只能是在事后进行回顾研究,正如马克思曾经指出的:"对人类生活形式的思索,从而对它的科学分析,总是采取同实际发展相反的道路。这种思索是从事后开始的,就是说,是从发展过程的完成的结果开始的。"所以,我们需要收集一定数量的、实际发生过的突发事件案例,从根到顶地收集一切有用的资料信息,综合运用解释、描述的方法,对案例里面的一切相关信息予以充分关注,尽量详细地复刻案例发生过程,通过此过程去探讨事件中各种现象发生的机理。

扎根理论研究法的要求是需要有充足的原始资料。运用扎根理论方法,对所选取的社会安全事件进行层层归纳、提炼问题,最后可以确定所选案例情景要素的具体内容和情景数据的量值。仅仅运用定量研究方法,难以深入挖掘现象性的案例信息,用其他定性研究手段,又存在系统性不够的问题。而借助扎根理论方法对突发事件的案例进行全过程分析,可以很好地弥补以上不足,得出我们想要的情景要素。其中的关键在于"首先取代我们从经典社会运动研究议程中所看到的开列变量清单——机遇、威胁、动员结构、斗争手法、构造的做法"。

6.2.2 案例介绍

6.2.2.1 案例选择

扎根理论研究方法的落手点是原始资料，关于某个社会安全事件案例一形式的资料，例如新闻报道、文献记载、实地访谈的口头材料等，都可作为资料数据。作者在翻阅大量的突发事件相关报道材料的同时，查阅应急处置相关部门对该事件的工作汇报、总结分析、数据统计等材料，全面地从一切可获得的信息中提取各类型突发事件的细节信息。

以参与人员规模、影响范围、持续时间、出动警力等表征为参考，将选择2011年广州增城新塘镇"6.11"群体暴乱事件、香港旺角2016年春节暴乱事件作为社会安全事件——群体性暴乱事件类，选择上海外滩除夕夜踩踏事故（反面案例）、广州火车站2008年旅客滞留事件成功处置（正面案例）作为社会安全事件——人群踩踏事故类，对这两类社会安全事件进行全过程的扎根理论分析，研究社会安全事件的情景划分、情景要素和情景数据构成，在下面章节再根据此基础继续研究社会安全事件的应急应对管理。

群体性事件是现阶段我国经济转型和体制转轨时期多发的突发性事件，是在和平年代影响社会发展最大的不稳定因素之一。由于其发生频率高，很多学者都进行过研究，在很多文献资料中均发现，群体性事件在酝酿、产生、发展和结束的整个过程中均有一定的发展规律。因此，本章尝试运用一种新的眼界再一次对群体性事件、人群踩踏事故全过程进行研究。

6.2.2.2 群体性暴乱事件案例

1. 广州增城新塘6.11事件

2011年6月10日，广州增城区新塘镇大敦村因一川籍孕妇占道摆摊与村治保人员发生冲突，随着事件的发酵升温，继而酿成了大规模突发性聚众滋事事件，即轰动一时的"6·11"事件。事件参与人数之多、持续时间之长、对抗激烈之强、损失破坏之重，影响程度之大，成广州市改革开放以来的先例。"6·11"事件的成功处置也是防范和处置重大群体性事件的典型案例。

2011年6月10日，晚上9时左右，一名来自四川的女子在广州增城区新塘镇大敦村一间超市的门前摆设档口。该名女子是一名孕妇，其由于占道经营，导致堵塞交通。村治保会工作人员到场制止其占道经营行为，在制止过程中致使孕妇倒地，引起人群围观并且通过手机短信、网络微博即时传播现场画面，"孕妇老公被打死"等谣言尘嚣而上，事件迅速升级，大批外来务工人员涌向现场，混迹其中的少数不法分子趁机砸烧车辆，制造大面积混乱。事件持续了2天3夜，经各级党委、政府、公安机关和有关部门的多方努力，在6月13日终于平息。

当年的这一场暴乱，使政府应急管理当局认识到了群体性暴乱事件的一些新的特点。一是当时移动终端连接互联网的技术远未有今天发达，但是通过互联网传播社会事件的及时性和广延性的特点，为当年应急管理部门的工作带来全新的挑战。社交网络推波助澜，谣言误导使事件发酵升级,是引发"6·11"事件的重要原因。"6·11"事件一发生,有关现场图片、视频甚至谣言就通过短信、QQ群、微博等新兴媒体即时传播。网民的热烈关注和讨论,促使事件持续升温。另外,境内外敌对势力趁机在网上进行负面、歪曲报道,大搞所谓的"网上民运""空中民主",发表煽动、攻击性文章,挑起民众对政府、社会的不满。据统计,被抓获人员中有37%是通过相互转发手机短信或从QQ群上获取信息后前往现场的。网上网下两个战场,虚虚实实两种境况,对事件的处置提出了更高的要求。二是这一场暴乱呈现出来一些群体性事件的新特点,包括事件起因的偶发性和不可预见性、参与主体的群体性和复杂性、行为方式的对抗性和暴力性等,给群体性事件应急处置研究带来全新的课题。

2. 香港旺角2016年春节暴乱事件

2016年2月8日晚,香港人民沉浸在祥和的节日氛围中,22时许,香港当地执法部门在旺角执法,禁止部分无牌小贩的占道经营行为。执法期间,一批蒙面、戴口罩的人员出现在现场,煽动小贩继续占道摆卖,行动还进而升级为阻塞交通、对抗执法人员。香港警察到现场维持秩序,该蒙面群体带头与执勤警察发生冲突。事件持续发展,到了凌晨,演化为警民冲突暴乱事件,多人向维持秩序的警察投掷石块等杂物,在公众场所地面泼洒疑似有害液体,冲击警队防线。暴乱一直持续到2月9日上午,该事件最后造成约90名警务人员和记者受伤被送医院,部分伤势严重。66名涉事嫌疑人被拘捕。这一场突如其来的暴乱,让很多香港市民彻夜难眠,同时也使香港这个城市的名字登上了全球各大媒体的头版头条。

本次新年骚乱事件给应急管理处置当局带来的新的课题,主要是有预谋地组织煽动与偶发性事件结合产生社会群体性事件的预防、处置。当时就一起普通的执法,竟然会演化成为激烈的冲突,究竟确为偶发性,还是有别有用心、早有预谋的对象在从中作梗?经事后香港特首对外公布,本次暴乱是一次有组织、有预谋的人为制造骚乱事件。幕后主要推手是在非法"占中"事件中迅速发展起来的所谓"本土派"。这群鼓吹"港独"的群体擅长小事化大,以各种冠冕堂皇的理由掩盖他们丑恶的用心,蒙骗香港百姓,利用个不知情群体制造各种公共场所的混乱。在香港,该派系人员一有各种风吹草动便火速集结,高呼政治口号,唯恐天下不乱。

乍一看,本次旺角暴乱为是由执法冲突引起的偶然性事件。但通过抽丝剥茧分析,可以看到,香港警察在事件初发阶段已经能够有效控制场面,平息冲突。但在事件将近得到解决之时,突然有人手持自制的盾牌冲击执法警察,显然是有备而来,绝非偶然事件。在内地,各种敌对势力借助人民内部矛盾煽动、制造民众与政府对抗的群体性事件在近年屡有发生,本次香港旺角特大暴乱事件的情景要素值得我们研究借鉴。

6.2.2.3 人群踩踏事故案例

1. 上海外滩踩踏事故(反面案例)

2014年除夕前期,上海官方宣布将于12月31日晚在外滩江边举行立体灯光表演,同时举办户外跨年庆祝晚会,众多本地居民和游客都准备届时前往参观游玩。12月31日上午,上海政府官方网站发布一则消息,通知民众关于跨年活动地点更改的事宜,把原活动地点更改为附近的外滩源。消息发布的时候，因为离活动开始的时间已经很近，没有充足的时间展开宣传，很多人都不知情，导致在晚上活动开始前，仍然有众多民众前往原活动计划举办地点。当天20时开始，附近地铁站和外滩区域的人流量就开始在不断刷新历史纪录。约23时，终于开始有不少在现场的民众发现活动地点已作变更，开始转移往外走，但是在外围赶赴原计划地点现场的民众仍然不知情，继续往里面走，造成了严重的人流冲突。约在23时30分，两波相向移动的人流在陈毅广场附近的一个通道相遇，造成严重堵塞。当局调派警力到现场指挥，但由于现场人群太密集，警察短时间内无法进入核心区域维持秩序。被堵塞而不能继续移动的人群相互推撞，部分人在台阶摔倒，但由于人多嘈杂，后面的人不知情，继续向前挤推，造成更多的人摔倒被踩踏，场面失控。经过了约5分钟后，上端楼道人群才发现下面发生踩踏事故，缓慢后退，场面逐步得到控制。但是，最下面被压的人员已经抢救无效，此次事故造成死亡36人，49人受伤，其中重伤13人，轻伤18人。

2. 广州火车站2008年旅客滞留事件成功处置（正面案例）

2008年春节前夕，由于我国南方发生罕有的大范围雨雪冰冻灾害，多条铁路及其配套保障设备瘫痪。广州作为春运大市首当其冲，大量归家心切的旅客滞留广州火车站广场，随着晚点列车数不断增加与春节临近，进入火车站广场等待发车的旅客越来越多，原来滞留的旅客也不愿意离开以免错过回家过年的时机，广州火车站广场单日集中17万名旅客，连续多日在火车站广场及其周边区域累积上百万滞留旅客。一旦发生局部小范围骚乱，一定会迅速扩展，大范围人群踩踏事故发生的危险系数非常高。

广州市政府组织相关部门紧急研判，启动特别应急方案，先后组织8000多人次的警力和2000多名志愿者到火车站广场、周边开展人群疏导工作及提供保障服务，设立流花交易会展馆作为分流点，通过一系列措施保障了在列车恢复运营之时没有发生人群踩踏事故。

广州市政府当年的应急管理经验得到很好的总结和巩固。警方紧急疏导大规模人群的方法也在之后得到不断的研发和提升。2016年2月1日，广州火车站再次出现了大规模循环列车晚点事件，单日聚集旅客达到10万人次。这一次，广州市应急管理部门临危不惧、胸有成竹，仅出动2600人次警力就成功做好了列车正常发车前的应急保障工作。

6.2.3 情景要素的逐级编码

本章借助扎根理论方法分析研究社会安全事件案例，目的在于最终得出社会安全事件情景要素的内容以及情景数据的取值规则。在扎根理论方法的操作程序中，最核心的一环是对所采集的案例原始资料进行逐级编码。

扎根理论法研究过程中要视一切为原始资料，要尽可能地获取各种与事件相关的信息材料。本章在收集了以上所选案例的深度报道和相关数据的基础上，对资料进行三个级别的编码：一级开放式编码、二级轴心式编码和三级选择式编码。

6.2.3.1 社会安全事件情景要素的一级开放式编码

扎根理论法对原始资料的第一次处理称为一级开放式编码（*Open Coding*，又称开放式登陆）。在处理过程中，研究人员要抛除一切事前的既有界定，持着开放的心态重新去审阅、处理手头的资料。对资料的处理，一定要尊重其原始的呈现状态，在不改变其本身状态的前提下开始。然后使用漏斗法则，在比较宽的范围内开始搜索资料，然后通过比较、贴上概念标签的手段，不断缩小范围，直到达到饱和状态。在整个开放式编码的过程中，研究人员应不断针对资料提出概念性的具体问题，同时谨记最初的研究目的，又要包容性地允许在开始的时候没有预想到的信息从资料中冒出来，即"既什么都相信，又什么都不相信"（*Strauss*，1987：29）。

具体的操作步骤，以研究社会安全事件案例为例，首先以发现案例中的情景要素为核心问题，对手头上案例提取有用的资料字句；第二步是对提取出来的字句信息，分别赋予一个概念标签（或叫初始编码）；第三步是将上面零散的概念进行比较、聚类，提炼出高一级的概念并加以命名。比如，在香港旺角新年暴乱事件案例材料中，我们提炼出其中两句认为对发现情景要素有用的话：a_1"一名占道经营的小贩和食环署的工作人员引发生言语冲突"；a_5"后来一群年青人出来声援那些走鬼（小贩）"。我们为 a_1 贴上概念标签为 b_1"源头事件"，a_5 的概念标签为 b_5"利益相关者行为"。然后通过分析归类，发现 b_1 和 b_5 属同一个更高级的概念范畴，我们命名为 c_1"暴乱导火索"。此过程如图6-6所示。

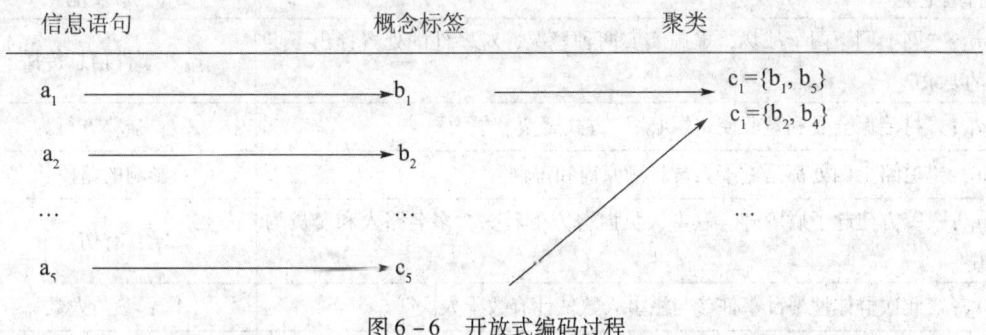

图6-6 开放式编码过程

1. 群体性事件情景开放式编码过程

广州增城新塘6.11事件的原始资料主要为广州市各部门的处置工作总结汇报材料，编码过程如表6-1所示。

表6-1 广州增城新塘6.11事件的开放式编码

资料信息	概念标签
a_1："大敦村因一川籍孕妇占道摆摊与村治保人员发生冲突"	A_1：执法过程冲突
a_2："引起人群围观和手机短信、网络微博即时传播""孕妇老公被打死"等谣言甚嚣尘上	A_2：现场人员谣言传播
a_3："2011年6月10日晚9时许"	A_3：导火索事件时间

续表 6-1

资料信息	概念标签
a_4："大批外来务工人员涌向现场"	A_4：成员结构
a_5："混迹其中的少数不法分子趁机砸烧车辆，制造大面积混乱"	A_5：混乱程度
a_6："事件持续了2天3夜，13日终告平息"	A_6：持续时间
a_7："围观人员多为看热闹，无明确诉求，参与打砸抢烧行为也多是跟风发泄"	A_7：借机宣泄
a_8："事件本身既无组织者，也无幕后操纵者"	A_8：松散组织
a_9："村治保会参与社会管理，本身属越权执法，民愤积怨较深"	A_9：伸张正义
a_{10}："境内外敌对势力趁机在网上进行负面、歪曲报道，大搞所谓的'网上民运''空中民主'，发表煽动、攻击性文章，挑起民众对政府、社会的不满"	A_{10}：媒体谣言
a_{11}："参与'6·11'事件滋事的年青群体中，72%曾是留守儿童，这些人从小得不到关爱，成长过程缺少教育、引导，社会认知存在偏差，法制观念淡薄，自制能力较差，极易在突发场景和冲动行为面前，丧失理智或盲目从众"	A_{11}：主要成员构成
a_{12}、a_{13}："采取过激行为制造影响事端，阻塞交通，冲击重要部门，甚至打砸抢烧"	A_{12}：场面混乱 A_{13}：事发地点
a_{14}："网上网下两个战场，虚虚实实两种境况，对事件的处置提出了更高的要求"	A_{14}：事件信息传播
a_{15}："村治保会受利益驱使，'执法'方式野蛮、暴力"	A_{15}：强势方行为
a_{16}："道路上四处都是滋事人员打砸商铺和车辆"	A_{16}：影响的路段长度
a_{17}："警方建起了盾牌阵，滋事人员向警方砸转头，多名路人和警员均受伤"	A_{17}：有伤亡
a_{18}："此次群体性暴乱事件参与滋事人数估计有数千人次"	A_{18}：参与人数
a_{19}："该地区生活了许多外来工，多数是老乡关系"	A_{19}：成员关系
a_{20}、a_{21}："多批警察陆续在不同时间赶赴现场维稳，但人数远远不如闹事的人数多"	A_{20}：警力数量 A_{21}：警力出动时机

香港旺角2016年春节暴乱事件的原始资料来源于各类香港纸质媒体和广东省政府应急部门内部对该事件的解读，编码如表6-2（节选，与前一案例类似重复的概念标签不再列出）。

表 6-2 香港旺角2016年春节暴乱事件的开放式编码（节选）

资料信息	概念标签
b_1："食环署执法人员被50余人包围，并将两架木头车推向他们"	B_1：开始时参与人数

续表 6-2

资料信息	概念标签
b_2："2月7日，长期关注熟食小贩的香港专上学院讲师刘小丽，不满香港食物环境卫生署对小贩的严厉执法，推着木头车到桂林街卖炒鱿鱼结果被捕，并被控无牌摆卖、阻街等罪名"。	B_2：间接导火索
b_3："大年初一（2月8日）凌晨，刘小丽获保释，继续号召小贩上街摆摊。下午她在 Facebook 专页上发帖："肠粉大王、众档主及刘小丽现呼吁大家今晚集中火力，一齐到旺角笃鱼蛋，一齐捍卫小贩。"	B_3：事前隐患因素
b_4："中午12时30分：'本土民主前线'在社交网络上号召支持者晚上9时到旺角砵兰街声援小贩"	B_4：间接利益相关者行动
b_5："当晚10时多，警察接报到达旺角朗豪坊外"	B_5：防爆警力介入时机
b_6："'本土民主前线'人员跳到私家车车顶上，拿起扩音器高声号召市民支持，并要求现场警察后退"	B_6：骨干组织
b_7："事件中共有125人受伤，66人被捕"	B_7：有伤亡，有人被捕
b_8："我觉得有人以支持我们小贩为名，借题发挥去搞事"	B_8：当事人对事件强势方态度
b_9："本土民主前线召集人黄台仰在网上发放录音讲话，声称将会有更多的'街头抗争'，又表明'宁为玉碎，不为瓦全'"	B_9：事件后续发酵
……	……

对以上两个典型群体性暴乱事件案例所形成的概念标签进行比较、分类，提升概念，如 A_1 可提升为"事发原因"概念，A_{17} 和 B_7 可以合并归类为"场面激烈程度"概念。对所有的概念标签进行以上过程操作后，我们提炼得出大规模群体性暴乱事件的 22 个初级情景要素为：事件等级、事发原因、事发地点、事件影响路段长度、场面激烈程度、导火索发生时间、导火索地点、关于导火索事件流言发布、导火索事件利益相关者行动、警力出动时机、警力数量、间接事件、参与者数量、主要成员构成、骨干作用、滋事群体组织化程度、成员亲密关系、参与者行为动机、参与者心理认知、对政府形象判断、对事件中强势群体的情感、对事件真相的判断。

2. 人群踩踏事故情景开放式编码过程

对于 2014 年 12 月 31 日上海外滩跨年人群踩踏事故，百度实验室在大数据统计的角度给我们提供并解读了很多当天晚上相关情景数据，再参考广东政府应急管理部门对上海事故的分析，此事件开放式编码过程如下表 6-3 所示。

表 6-3 上海外滩踩踏事故的开放式编码

资料信息	概念标签
c_1："2014年12月31日晚上，上海外滩举办户外跨年庆祝活动"	C_1：聚集时间
c_2："计划在外滩的江边，举行幻彩灯光节目，估计将会吸引很多人参观游玩"	C_2：人群聚集原因

续表 6-3

资料信息	概念标签
c_3："事发地点是陈毅广场附近"	C_3：聚集场所
c_4："发生踩踏事故之前，外滩已经变得非常拥挤，人流量已经达到了平时最高值的 3 倍多"	C_4：人流量
c_5："除夕当天外滩的人流方向并不是以南北为主，而是杂乱无章，专家称在人流量相当的情况下，人流对冲可能是引发事故的原因"	C_5：人流对冲
c_6："人群主要分布在外滩源、中山东一路、陈毅广场三个地点"	C_6：大人流量分布点
c_7："游客是为了观看灯光秀，但是到了陈毅广场后才发现灯光秀地点更改"	C_7：人流对冲原因
c_8："平时，外滩的地图搜索量和人群量基本稳定，但在 2014 年的最后一天，两者都达到了最高峰"	C_8：人群聚集预警手段

以上为从上海外滩人群踩踏事故的事件回顾中提炼出来的 8 个概念标签。该事故是近年来此类事故发生在大城市里的一例典型，是相关部门对人流量大的社会活动预警、管理的一个反面案例。从该案例中获取的数据可能会过于片面。为了补充不足，在以上分析的基础上，继续参考 2008 年广州火车站旅客滞留事件的人群踩踏危机的成功化解作为正面案例，补充关于当时公安机关成功疏导人流的相关情景概念标签。归类合并后得到关于人群踩踏事故的 13 个初级情景要素为：聚集时间、聚集场所、天气状况、人流量相对值、事发场所附近高峰人流点数量、主人流移动方向数、场地单位面积人员容量、聚集场地入口数、聚集场地出口数、场所楼层数、场所总人数变化情况、人流对冲诱因、预警信息。

6.2.3.2 社会安全事件情景要素的二级关联式编码

在前面，我们通过一些典型案例分别对两种社会安全事件的情景过程进行了相关情景要素的抽取。由于扎根理论第一级的编码操作要求研究者宁多勿漏，抛开逻辑关联从原始资料中提取一切可提取的要素。在此基础上，我们得到的初级情景要素是零散的、分割的，对各情景要素之间的关联并未进行深入探讨。扎根理论研究方法的第二阶段操作过程称关联式登陆（又叫轴心登录、主轴式译码），其功能是通过关注某一概念范畴，围绕这一类属从其延展出相关关系，因此称为"轴心"。经过此阶段的处理，我们可以发现以上得出的初级情景要素之间的关联和功能关系。在此阶段中，我们逐一分析以上社会安全事件初级情景要素，重新整理之前分散的资料信息，得出各种社会安全事件二级情景要素以及各细分要素之间的关联关系如表 6-4 所示。

表6-4 群体性事件情景要素关联内涵

二级情景要素	一级情景要素	内涵解释
成员结构	参与者数量	参与成员不同的构成反映群体性
	主要成员构成	
	骨干作用	
关系网络	成员亲密关系	成员之间亲密关系影响事件的组织化程度
	滋事群体组织化程度	
导火索	导火索发生时间	5项内容从不同方面反映导火索事件如何驱动群体事件发生
	导火索地点	
	关于导火索事件流言发布	
	导火索事件利益相关者行动	
间接事件	间接事件	间接事件与导火索事件叠加产生作用
警力运用	警力出动时机	警力出动多少与出动时机对参与者有刺激抑或压制行为的不同作用
	警力数量	
主体形象判断	对政府形象判断	该指标反映参与者的社会认知
	对事件中强势群体的情感	
群体心理	参与者心理认知	整体的情绪激化和行为激烈程度受此心理因素作用
	参与者行为动机	
对事件真相的判断	对事件真相的判断	是参与者社会认知的一个方面
全局性情景要素	事件等级	整个群体性事件严重性的指标 应急部门采取各种行动的参考信息
	事发原因	
	事发地点	
	事件影响路段长度	
	场面激烈程度	

表6-5 人群踩踏事件情景要素关联内涵

二级情景要素	一级情景要素	内涵解释
场地情况	聚集场地入口数	应急部门通过调整聚集所在场所的状况疏导人流
	聚集场地出口数	
	场所楼层数	
场地聚集情况核心指标	场地单位面积人员容量	这两个情景要素取值的情况直接反映了人流疏导工作的成效
	场所瞬时人流变化	

续表 6-5

二级情景要素	一级情景要素	内涵解释
全局性情况要素	聚集时间	应急部门采取各种行动的参考信息
	聚集场所	
	天气状况	
人流量	人流量相对值	对发生踩踏事故的预警指标
	事发场所附近高峰人流点数量	
人流对冲	主人流移动方向数	大的人流量是发生踩踏事故的前提，人流对冲是发生事故的直接原因
	人流对冲诱因	
预警信息	预警信息	根据预警信息提前部署应急力量

6.2.3.3 社会安全事件情景要素的三级选择式编码

在前面，我们已经一步一步地从原始资料中开始提取出多个社会安全事件的情景要素，并进一步对以上初级情景要素进行同类关联与内涵分析，得到了各类社会安全事件的二级情景要素。扎根理论研究法的第三阶段为选择式编码（又称核心编码、选择式登陆），是在所有已经提取出来的情景要素系列类属中，进行系统分析后各选择出一个"核心"要素，然后将该领域中的这个核心要素与本领域次级情景要素以及与其他领域的核心要素之间分析关联关系。

根据本章上述两个阶段的扎根理论编码处理过程，我们发现各类社会安全事件变化发展都有其外在表现的形式，但内在推动这些突发事件演化的是各种情景数据的变化。本阶段我们将进一步理清以上这些情景要素之间的逻辑关系模型。

1. 群体性暴乱事件情景要素关系模型

通过进一步归类在关联式编码阶段梳理出来的二级情景要素，我们发现内在地推动群体性暴乱事件的情景要素主要是情景刺激、暴乱参与者的组合构成、社会认知、群体心理和全局性情景要素的影响五个方面，即群体性暴乱事件的情景要素之间的关系模型如图 6-7 所示。

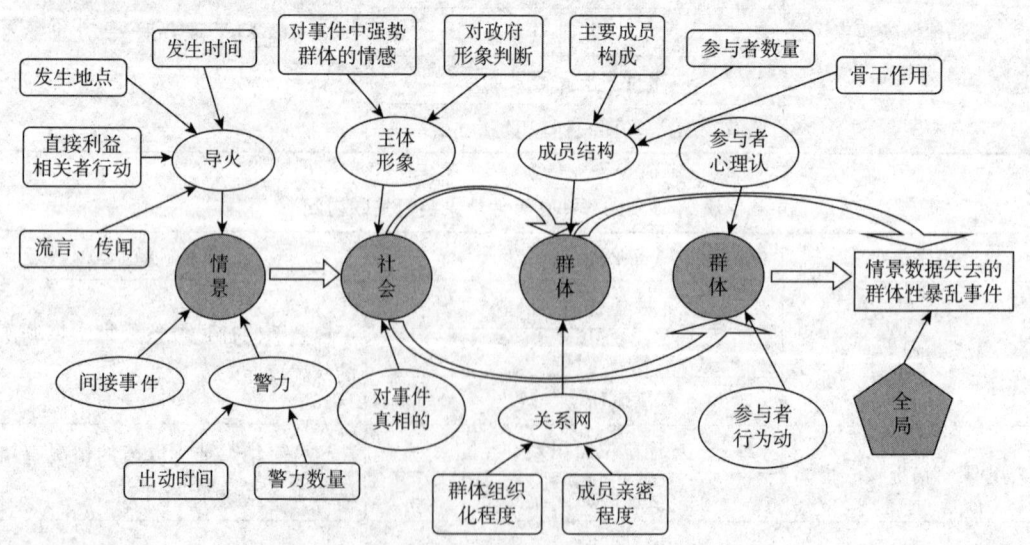

图 6-7　群体性暴乱事件情景要素之间关系模型

2. 人群踩踏事件情景要素关系模型

在对正反两个案例进行人群踩踏事故的情景要素提取并研究后，我们发现决定事故发生的重要要素是人流变化与场地状况的变化。在人流量已经达到高峰的前提情况下，指挥人流活动、改变场地的不利条件，是制止人流对冲形成和避免发生踩踏事故的关键。人群踩踏事件的情景要素之间的关系模型如图6-8所示。

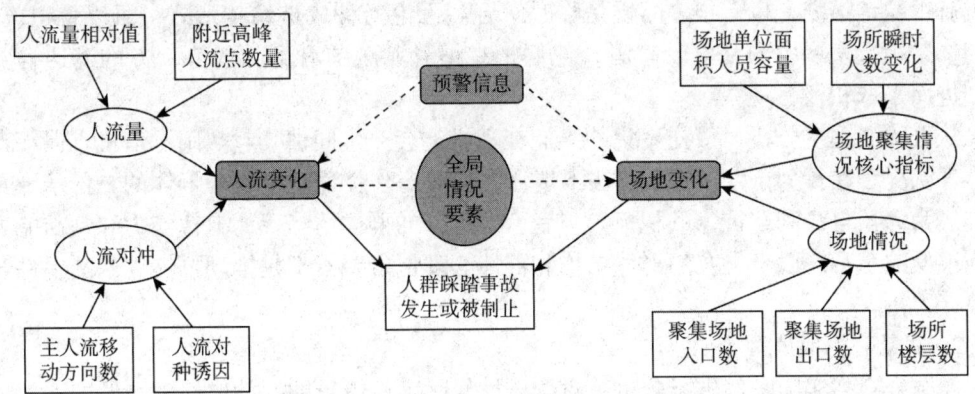

图6-8 人群踩踏事故情景要素关系模型

6.2.4 情景要素关联与数据取值规则

6.2.4.1 群体性暴乱事件情景要素关联与数据取值规则

1. 情景要素关联

根据图6-8，群体性暴乱事件内在推动的情景要素是情景刺激、暴乱参与者的组合构成、社会认知、群体心理和全局性情景要素。首先，情景刺激是诱发要素，导火索事件的发生与随之而至的流言蜚语、警方到场处置的时机与方式、偶然事件的叠加，都以强烈的外源刺激作用于事发现场见证者的直觉感官，这种刺激也会扩散至事发地的社会公众。受到刺激的各社会阶层的人员，特别曾有类似经历的人们，会被触动内心的神经，引起强烈的冲击与共鸣。

然后，社会认识情景要素是一个把情景刺激要素作用放大或缩小的中间变量。受到相同情景刺激的人们产生一定行为反应的模式，并不是直接的"刺激—反应"模式，而是比较接近于"刺激—认知—反应"这种模式。在社会生活中处于不同阶层与环境的人们对特定的客观存在均赋予不同的解释意义，而且这种解读不是基于理性思考和逻辑判断，而是基于受刺激者自身固有的社会认知。同时，这种基于自身社会认识的对客观事件的解读并不是对客观事件整体的的识别，而是在适时有限的环境信息结构中对事件中某个对其而言最具震撼的情景要素进行认知判断，以此取代对整个事件的认知判断。现场受情景刺激的人们均以这样的认知图式构建自己内心的对客观事件的意义阐释，分别不断地对现场信息进行随意的选择和加工，并在加工构建的过程中形成有一致化认知标签的一群"同类"人员，他们彼此之间迎合对方的偏好以达成集体认同，最终形成集体行动。

在经过上述心理认知趋同过程后，集体行为产生，一旦人群形成聚集，他们往往消失各自的个性，暂时形成一种一致的集体心理，表现出高度一致的有组织性。这种隐藏存在的组织化机制在推动群体性暴乱事件演化升级的过程中发挥着举足轻重的作用。从群体结构上来，群体性事件中的人员构成一般是在社会结构中同阶层、同利益诉求的人们，他们在血缘、地缘、业缘等一个或几个方面一般有共同之处。在组织化程度方面他们有可能是事先有组织地策划，也有很多时候是临时聚合。无论何种成员结构形式，可以肯定的是，他们都是社会发展中的利益受损者，他们把在情景刺激中看到的弱势一方的遭遇自觉归同，进而采取积极行动。

从群体心理上分析，最初聚集的人们在动机上会产生同情、趁热闹、借机宣泄等不同的心理状况，在行为认知上会有"法不责众"等心态作怪而敢于作为群体的一份子肆意妄为，成为为了自身利益抗争的积极参与者。在高涨的群体情绪下，自律能力和判断能力都降到很低的水平。以上提及的群体结构和群体心理情景要素都是推动群体性暴乱事件升级的直接力量。

2. 情景数据取值规则

经结合众多实际案例进行分析，对群体性暴乱事件情景数据的取值规则做如下规定。

表6-6 群体性暴乱事件情景数据取值规则

情景要素		情景数据
全局性情景数据	事件发生原因	涉法涉诉问题，劳资纠纷，征地搬迁，举报贪腐违纪，利益分配不公，经济纠纷，政策实施，执法过程冲突……（无限枚举型）
	事件等级	一级（特大），二级（重大），三级（较大），四级（一般）（有限枚举型）
	事件发生地点	党政首脑机关，企事业相关单位办公区，住宅区，闹市地段，交通要道……（无限枚举型）
	事件影响道路段长短	$0\sim20m$，$20\sim50m$，$50\sim80m$，$80\sim150m$，$150m$以上（区间型）
	场面稳定性	场面稳定，聚集者情绪有所波动，场面混乱但无伤亡，场面混乱且有伤亡（有限枚举型）
群体结构	成员结构	
	主要成员构成	老年人、学生、外来工、农民、白领人员、女性……（无限枚举型）
	参与者数量	30人以下，30~50人，50~100人，100人以上（区间型）
	骨干作用	带头滋事，煽动情绪，行动指挥（有限枚举型）
	关系网络	
	成员亲密关系	同地区，同组织，同诉求，同利益群体……（无限枚举型）
	滋事群体组织化程度	严密、一般、松散（有限枚举型）

续表6-6

情景要素			情景数据
群体心理	参与者心理认知		法不责众，伸张"正义"，不容退缩……（无限枚举型）
	参与者行为动机		同情心理、借机宣泄、凑热闹、制造社会混乱（有限枚举型）
社会认知	对事件真相的判断		认为真相已经清楚，认为真相仍隐藏在背后（有限枚举型）
	主体形象判断	对政府形象判断	公正的，偏袒的，无能力的（有限枚举型）
		对事件中强势群体的情感	一直以来厌恶，中立，一直以来好感（有限枚举型）
情景刺激	导火索	直接利益相关者行动	直接利益相关者推动后续事件、非直接利益相关者推动事件（有限枚举型）
		流言、传闻	有，无（逻辑型）
		发生时间	事发前2小时内，事发前1天到前2小时，多于事发前1天（有限枚举型）
		发生地点	与事发地点一致，在事发地点之外其他地方（有限枚举型）
	警力运用	出动时间	过早，及时，过迟缓（有限枚举型）
		警力数量	过少，适当，滥用（有限枚举型）
	间接事件		有，无（逻辑型）

6.2.4.2 人群踩踏事故情景要素关联与数据取值规则

1. 情景要素关联

众所周知，人群踩踏事故发生的主要原因是某场地有大量人流，但从图6-8看到，这只是一种表面认识，变化着的人流才是引发踩踏事故的要素，另外，不适合的场地条件，是踩踏事故的孕灾环境。人流变化的情景要素和场地条件情景要素相互耦合，当两种要素的情景数据作用达到危险临界值的时候，则导致事故发生。

从人流变化分析，巨大的人流量是踩踏事故发生的必要条件，但非充分条件。观察图6-9，从左到右三图分别是上海外滩踩踏事故同一年的中秋前夜、国庆节晚上和除夕晚上上海外滩此夜的人流区域的人流量分布热力图。可以看到，三天晚上在外滩区域的人流量相当，但只有除夕夜当晚发生踩踏事故。

当然，虽然这三个节日的人流量相当，但是人流高峰分布的点数不同，除夕夜当晚在外滩区域有三个人流聚集比较多的地点。在某区域范围内高峰人流的多点分布是下面即将分析的人流对冲发生的隐患。

当大量的人群保持静止时，其实情况还是相对安全的。当发生大规模的人群移动、在流动过程中发生对冲时，才会发生踩踏事故。一般的大型集会，由于聚集者目的的一致性与场地组织的有序性，不存在人群对冲的诱因。只有在发生例如紧急逃生之类的情况时，才会发生聚集地人群无序的流动情况。上海外滩踩踏事故现场之所以发生人流对冲，是因

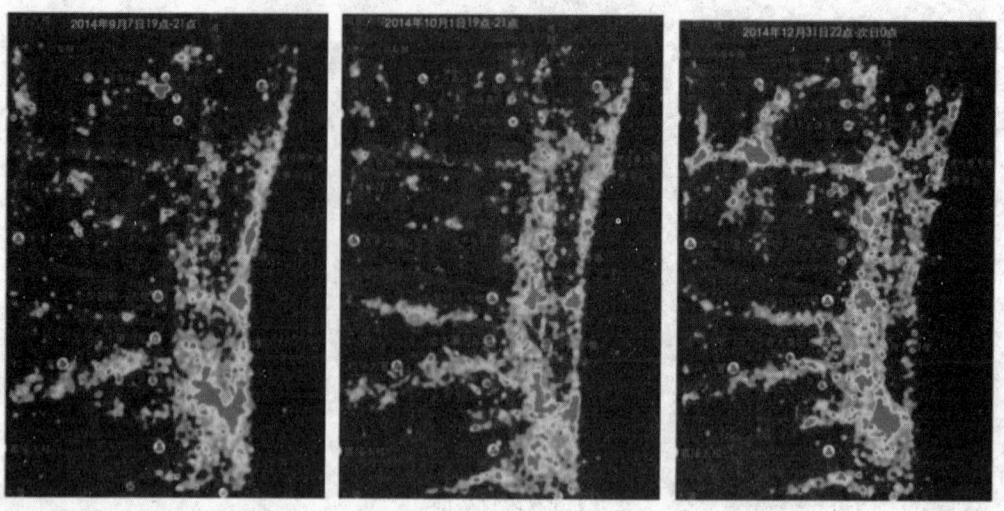

图 6-9 2014年三个节日上海外滩附近人群分布热力图①

为存在举办方临时改变演出地点这一诱因。图6-10是上述三个节日外滩区域的人流方向分布（用不同颜色的箭头表示）。

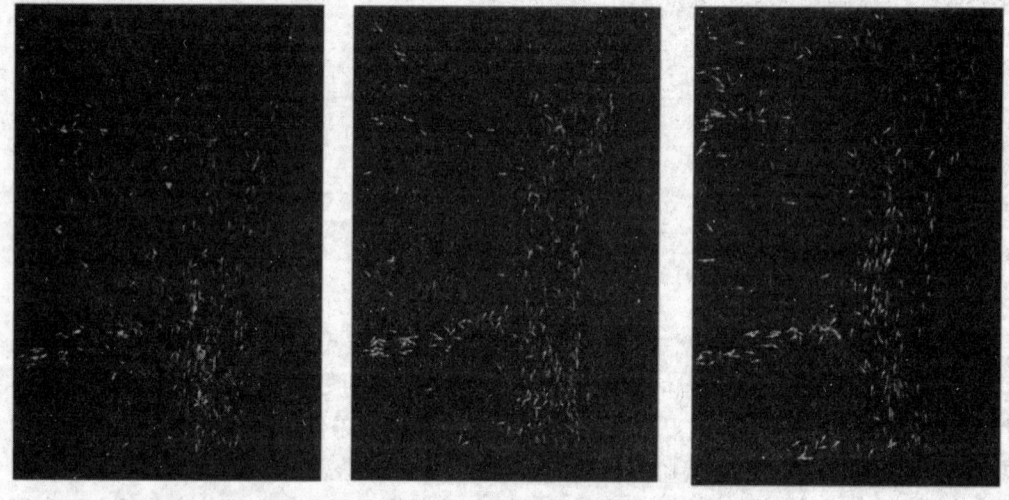

图 6-10 2014年三个节日上海外滩附近人群流动方向图

从场地条件变化方面考虑踩踏事故发生的孕灾环境，主要是分析场地要素有利于或不利于人流疏散。人群聚集场地的主要进入通道和出口通道数量这两个情景数据的变化，直接影响着单位时间内聚集区域的人群数量。单位面积内的人员个数这一情景数据，是判断危机程度的重要指标。场地瞬时人流量变化方向（增加或减少）这一情景数据，是体现人流疏导工作成效的指标，是即将发生事故或制止事故的趋势指标。这些描述场地的情景数据取值多少才算安全，要结合前面描述人流情况的情景数据一起讨论。不适合的场地情景数据加上一定程度的人流量和人流方向，酿成人群踩踏事故。

2. 人群踩踏事故情景数据取值规则

分析上海外滩踩踏事故（反面案例）与2008年广州火车站旅客滞留事件的成功处置案例（正面案例），对表6-7的人群踩踏事故情景数据的取值规则做如下规定。

表6-7 人群踩踏事故情景数据取值规则

情景要素		情景数据
全局情况	人群聚集原因	大型文艺表演，体育赛事，候机候车，宗教活动……（无限枚举型）
	聚集场所	室外体育场，室内体育馆，大型广场，闹市区，车站码头……（无限枚举型）
	天气状况	寒冷，舒适，炎热，雨雪（有限枚举型）
人流变化	人流量 人流量相对值（与平时最高值比较）	1~2倍，2~3倍，3倍以上（区间型）
	人流量 高峰人群分布点数	1个，2个，3个，4个（含）以上（数值型）
	人流对冲 人流对冲诱因	有，无（逻辑型）
	人流对冲 主人群流动方向数	1个，2个，3个（含）以上（数值型）
场地变化	场地情况 入口数	1个，2个，3个……（无限枚举型）
	场地情况 出口数	1个，2个，3个……（无限枚举型）
	场地情况 楼层数	地面，2层，3层，4层……（无限枚举型）
	场所瞬时人数变化	净流入，平衡，净流出（有限枚举型）
	场地单位面积人员容量	<0.5人/平方米，0.5~1人/平方米，1人/平方米，2人/平方米，>3人/平方米（区间型）
预警信息		不规则型

6.2.5 模型应用与应急对策研究

根据前面的研究结论式（5-8），基于情景链表达模型的应急管理（EM）方法模型是：

$$EM = \{S_i, Ele_{im}, Data_{imn}, KeyChain_{imn}(Resource_{imn}, Counterforce_{imn})\}$$

应急管理主体通过及时组织资源（$Resource$）和外加反作用力（$Counterforce$），作用于突发事件情景链组成中的关键链节（$KeyChain$），从而引起情景数据（$Data$）的变化、牵动相关情景要素（Ele）状况的改变，阻断情景链 S_i 后面情景（S_2，S_3，…）的发生；又或者是通过资源和外加反作用力补充情景链的一个链节，使原本应有的连锁反应发生另一种结果。

基于断链或补链措施的应急管理对策模型如图6-11所示。

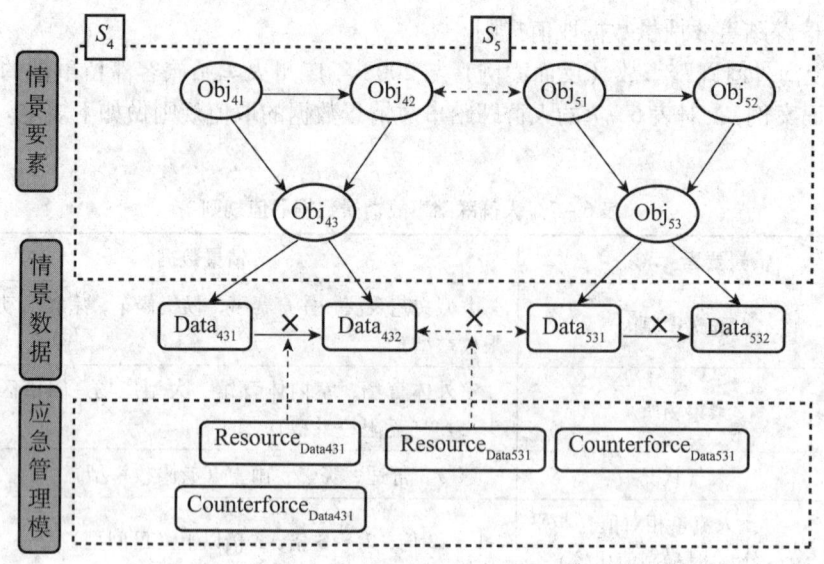

图 6-11　基于情景链的应急管理对策模型

基于前文分析得出的突发事件情景链表达模型（图 6-3），基于上述方法讨论应急管理相应对策。

6.2.5.1　群体性暴乱事件断链与补链应急对策

1. 群体性暴乱事件断、补链措施实施与情景链发展关系

在以上关于对群体性暴力事件情景数据取值规则的分析中可以得知，组成此类突发事件的一部分情景数据在整个事件演化发展过程中是不断变化，不断改变着其自身取值。根据本章前面的研究结论，在情景链上某些关键链节的情景数据取值的改变，将会引发下一链节的情景发生。例如"参与者数量"这个情景数据，往往就是从无都有、从"30 人以下"的取值区间发展到"30～50 人"或"50～100 人"等取值区间。针对此情景数据的控制，通过设立警戒线封锁事发区域、实行临时交通管制等措施（组织 Resource 和施加 Counterforce），使参与滋事人数不能继续上升而不能进入下一个情景（断链手段）；又如"参与者心理认知"这个情景数据，在大规模的群体性事件中，参与者多数持有"法不责众"的心理认知，这种心理认知容易使参与群体肆意破坏公共秩序。应对这种心理，现场处置警察一般采用的方法是使用高音喇叭进行法制宣传、个别警告、依法抓捕言行过激和带头滋事者等打击措施（补链手段），改变参与聚集人员的"法不责众"心理。

当然，在图 6-8 所示的群体性暴乱事件的 22 个情景数据里面，我们可以看到有一部分情景数据的取值在事件发生过程中并不以应急处置一方的意志为转移（例如参与者对政府形象的判断），即为不可控情景数据。不可控情景数据在事件发生的有限空间和时间范围内取值不会改变，我们不需要考虑在这些情景数据上作断链或补链的应急管理措施安排，但我们要从始至终依据经验，清楚在这些情景数据的不同取值下安排应对措施时要注意或避免的问题。

基于情景链表达模型下对群体性暴乱事件可控情景数据的应急管理手段模型如图 6-12 所示。

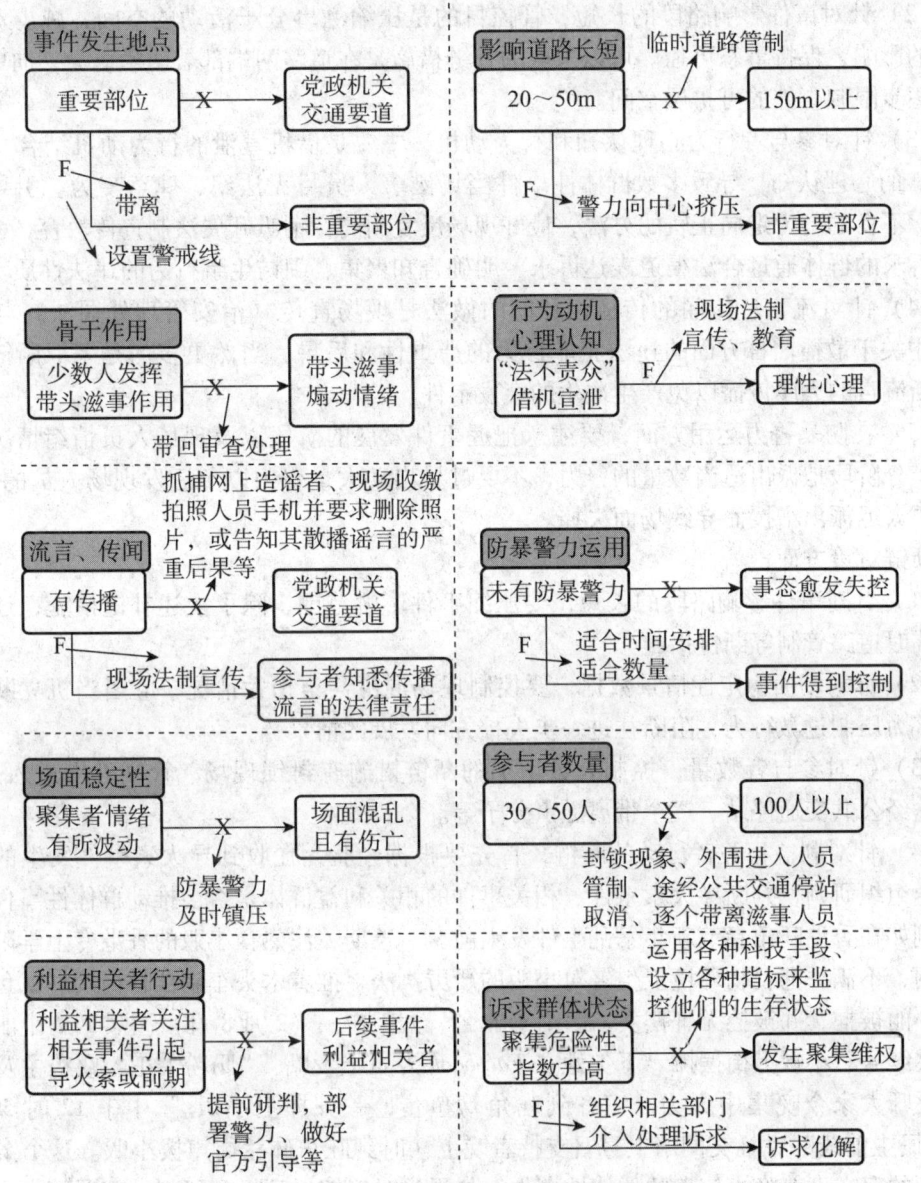

图 6-12 群体性暴乱事件情景数据控制要素
注：X 为断链措施，F 补链措施

2. 群体性暴乱事件情景链的补链、断链对策

基于群体性暴乱事件的情景要素关联模型以及情景数据的取值规则，对过程可控的情景数据，为了防止其发生向不利于事件平息方向的数值取值转移，从情景链补链/断链的角度可采取的应急管理对策如下。

补链对策方面：

（1）针对事件发生地点，要确保群体性事件不发生在党政机关周边以及交通要道，对社会造成较大的影响。可采取的补链措施有：①设置警戒线，设定禁止进入区域；②安排运输车辆，按照"发现——带离"原则，把诉求人员带离他处集中沟通解决诉求问题。

（2）针对事件影响路段的长短，管控目的是压缩滋事分子活动的空间，减少对社会秩序的影响，保持事态可控。可以采取的补链措施是在道路两端部署防暴警力，向中间挤压，逐步限制事件的可扩展空间。

（3）针对参与者行为心理认知和行为动机，主要是借机宣泄的行为动机结合"法不责众"的心理认知，导致多数群体性事件当场滋事人员目无法纪、肆意妄为。引导这些无知、不良的行为走向正轨的方法，最好现场反复用高音喇叭开展法制宣传教育，引导有利益诉求的群体通过合法渠道表达诉求，明确告知聚集、闹访生事行为的违法性质。

（4）针对流言、传闻的传播，补链的做法是现场宣传《治安管理处罚法》与《刑法》中关于散播谣言方面的违法犯罪行为的严重性和后果，当然更多的是采取断链的措施阻断流言的无序传播以免产生次生的突发事件。

（5）在防暴警力运用方面，要注意把握事件发展的阶段以及现场人员情绪情况，有计划、分阶段地派出适当数量的警力，不要过早出动大量警力以免激发现场人员的不满，也不要太迟派出增援而导致场面失控。

断链对策方面：

（1）针对事件影响路段的长短，要压缩事件影响范围，除了上述补链措施，还可以实施临时道路管制等断链措施。

（2）针对场面稳定性情景数据，要控制现场混乱甚至伤亡情况，应当当机立断出动防暴警力压制过激行为，阻断往进一步失控方向发展的情景链。

（3）针对参与者数量，控制人数增加的断链措施有封锁现场、管制外围进入人员、取消途经公共交通停站、逐个带离滋事分子等。

（4）针对利益相关者行动的断链，首先要根据经验，在收到导火索事件发生的情报后快速组织研判，判断导火索事件、相关事件的相关利益群体是否会推动群体性事件的发展。例如在香港旺角春节新年暴乱事件发生前夕，长期关注熟食小贩的香港专上学院讲师刘小丽，不满香港食物环境卫生署对小贩的严厉执法，推着木头车到桂林街卖炒鱿鱼。结果刘小丽被捕，并被控无牌摆卖、阻街等罪名。大年初一（2月8日）凌晨，刘小丽获保释，继续号召小贩上街摆摊。下午她在 *Facebook* 专页上发帖："肠粉大王、众档主及刘小丽现呼吁大家今晚集中火力，一齐到旺角笃鱼蛋，一齐捍卫小贩。"中午12时30分，"本土民主前线"在社交网络上号召支持者晚上9时到旺角砵兰街声援小贩。这个案例就是典型的存在事前隐患信息的群体性事件，如果当时能够做到提前研判、部署警力、做好官方引导等措施，可能那场暴乱事件就可以由于情景链中这个关键链节的断裂而不会发生。

（5）针对流言、传闻的情景数据，除了上面提到的补链手段之外，还可以采取抓捕网上造谣者、现场收缴拍照人员手机并要求删除照片，或告知其散播谣言的严重后果等断链手段阻止流言的不良传播。

（6）针对滋事群体中骨干的行为与作用，要关注此类人员是否发挥组织策划、带头滋事、煽动情绪等负面作用而使事态向不利的情景链节方向发展。对此类人员，完全可以依据《中华人民共和国治安管理处罚法》和《信访条例》等法律规定当场采取强制措施带回审查处理，以起到对其他滋事群体人员警示的作用。

（7）最后特别值得提出的是，目前利用大数据统计技术对各种群体性事件发生前的各种可能间接事件的预测进入了实践应用阶段。例如通过对各大主流网站论坛的话题关键字监测，在日常就掌握了某段时间某个利益共同体正在关注的诉求话题。根据经验，此类情况的持续发展最终容易造成诉求群体组织大规模维权事件，有可能引发群体性暴乱事件。若在事前已经通过各种手段掌握到以上相关苗头情况的信息，可以组织相关政府部门提前介入，协商解决问题的方案，避免诉求的表达最终演变为群体性事件。

对一些长期的社会弱势群体，在群体诉求未能得到政策上的实质性落实解决之前，也应该运用各种科技手段、设立各种指标来监控他们的生存状态，用量化指标的形式判断各群体聚集滋事的危险系数，提前制订应急处置方案。

6.2.5.2 人群踩踏事故断链与补链应急对策

1. 人群踩踏事故断、补链措施实施与情景链发展关系

如前面所分析，人群踩踏事故的情景链关键要素集中在"人流变化"与"场地变化"两个情景要素以及其下级的情景数据中。其中的"人流量相对值""高峰人群分布点数"两个情景数据的数据增加是事故发生前的隐患。"人流对冲诱因"的出现导致"主人群流动方向数"情景数据数值取值的增加，最终导致人流对冲、人群踩踏事故发生。应急管理部门通过改变"场地情况"情景要素下的几个情景数据，改善场地情况、减少人流量、阻断场地人数增加、限止人群杂乱无章的移动方向等，最终通过"场所瞬时人数变化"与"场地单位面积人员容量"这两个情景数据的瞬时取值情况反映疏导处突工作的成效。基于情景链表达模型对人群踩踏事故情景数据的应急管理手段模型如图6-13所示。

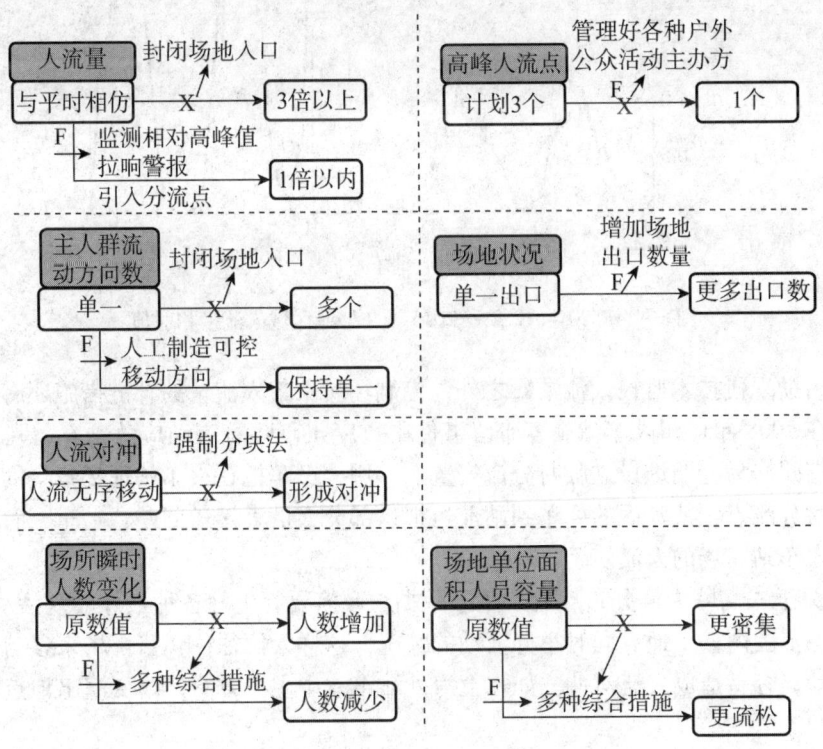

图6-13　人群踩踏事故情景数据控制要素

注：X为断链措施、F为补链措施

2. 人群踩踏事故情景链的补链、断链对策

基于人群踩踏事故的情景要素关联模型以及情景数据的取值规则，为了防止过程中情景数据向事故发生方向的数值取值转移，从情景链补链/断链的角度可采取的应急管理对策如下。

补链对策方面：

（1）关于"人流量相对值"情景数据的控制，关键是要与平日最高峰的数据做比较，当发现实时监测到的人流量数据值呈现较大上升趋势时，拉响预警警报，作出相应的人流限制措施。图6-14是上海外滩2015年跨年活动发生事故当晚的人流量相对值。对人流量的监测，政府部门应当重视信息科技的应用，关于这方面数据的采集，必须用现代先进技术进行辅助。例如图6-9、图6-10的人群分布热力图和人群流动方向图，是借助了红外线热感技术和移动手机信号定位技术。目前这方面的相关技术尚未能在各应急管理部门中广泛应用，各地政府应当在未来几年大力推行应用这些技术。在广州火车站，广州市越秀区公安分局广场派出所就是利用一套人流量监控系统，使日常火车站广场人流管控工作事半功倍，在春运等特别时期，也是借助这套系统有效辅助现场应急指挥工作的开展。

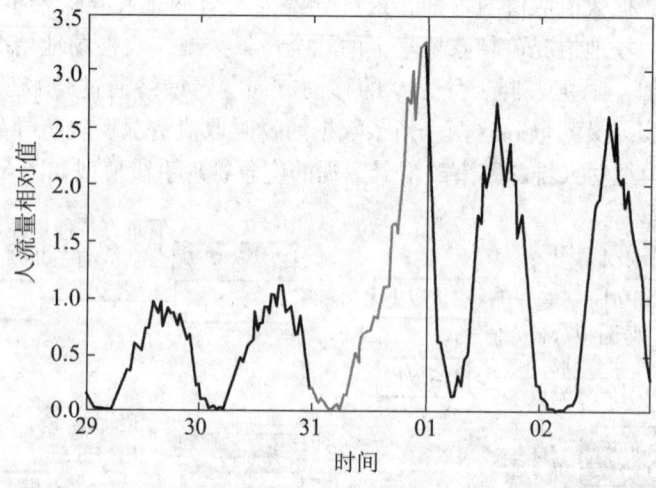

图6-14 2014.12.29—2015.1.2 外滩区域人流量相对值

除了借助现代技术监控人流数量之外，控制场所聚集人流量的补链措施还有引入分流点。例如在2008年广州火车站旅客滞留事件中，广州市政府启动应急预案，在广州火车站附近的广州交易会旧址设立临时分流安置点，用大巴车把在火车站现场聚集的人群部分运输到临时分流点，待延误的列车到站前再把这部分人员直接送回站台上车，有效地减少了聚集在火车站广场的人流。

（2）关于"高峰人群分布点数"情景数据，政府要管理好各种户外公众活动主办方，不要出现小范围内多个地点同时举办活动的情况，这样人们往往频繁换场来参与多个不同场地的活动，容易造成人流对冲。如在上海外滩事故中主办方突然改变演出地点的做法更是不可取的。

（3）关于"人流对冲"这个情景要素下的两个情景数据，一是要密切留意"人流对冲诱因"在各种大型人群聚集场合中有无出现，如有发现，主要是用断链手段要求主办

方消灭这些诱因甚至取消活动。有时也要采取补链的手段，转移这些诱因，具体的方式方法要视实际情况而制定。

针对"主人群流动方向数"情景数据的取值，我们是希望其越小越好。首先我们需要掌握、收集相关的信息。除了通过现场发现之外，也如上文所说需要借助移动信号定位、云统计等技术监控这方面的信息。如图6-15利用手机信号定位制作的人流方向示意图，从左至右分别是2014年中秋前夜、国庆节夜晚、2014—2015跨年当晚在上海外滩的人群流动方向的分布统计。

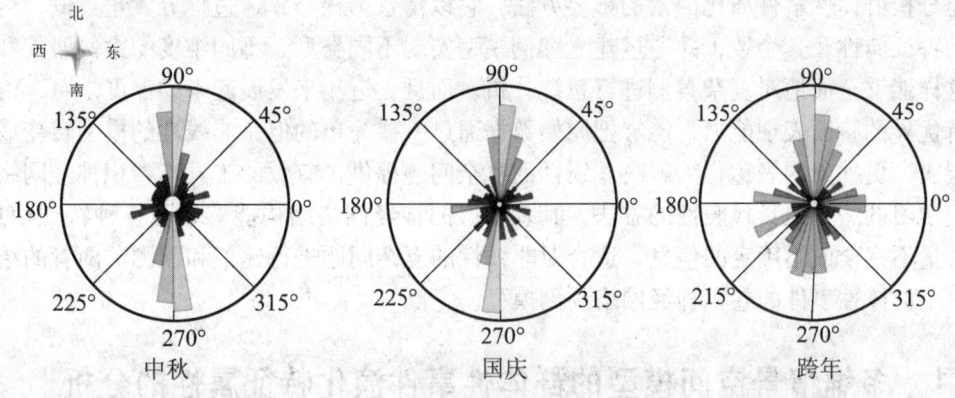

图6-15 2014年三个节日外滩区域人群流动方向分布图

上面图示中，不同颜色和大小的扇形代表不同的人群流动情况。扇形的方向代表人流方向，扇区半径表示该方向人流量的大小。我们可以看到，上海外滩区域在2014年的中秋和国庆节时虽然也承受比较大的人流量，但是人流方向比较单一和清晰，绝大部分人群是南北双向流动，其他放行人流较少。在跨年当晚，各方向人流量均比较大，人流方向分布混乱。针对人流对冲问题，可采取的补链措施是制造可控的移动方向。例如2016年的春运，广州火车站继八年后再一次出现大量旅客滞留情况。在总结了2008年春运经验的基础上，警方在火车站广场用铁马设置了单方向通道，所有从外围进入火车站广场的人都只能从预先设定的几条通道进入，往唯一的方向行走。从火车站内部往外面环市路走的人群一样只能从预设的几条通道离开。这样就很好地避免了不同方向移动的人群发生冲突，也避免了同一移动方向的人群规模过大。

（3）关于"场地状况"，当人群大规模聚集有可能发生人群踩踏事故时，在补链措施方面是增加场地出口数量，加速减少聚集人员的数量。还有临时打开地下库、上层楼层等分流在地面聚集的人群。

断链对策方面：

（1）关于人流量的控制，通过改变"场地状况"的情景数据取值可以实现这一目的。例如封闭场地入口可制止聚集人员数量的进一步增加。

（2）关于人流对冲的制止，可采用强制分块法。如在2008年广州火车站旅客滞留事件中，广州警方出动特勤用手拉手的方式插入移动人群中然后迅速围成封闭的圆圈，人为把现场无序移动的大规模人群分成多个小组，很好地通过制止各小组人群的无序移动，达到制止整个场地人群移动对冲的情况发生。

最后，以上一切措施的成效，我们均通过监测"场所瞬时人数变化"和"场地单位面积人员容量"两个情景数据体现。当"场所瞬时人数变化"数据出现负值和"场地单位面积人员容量"数值减少时,危险可解除。

6.3 基于人工智能的群体性事件的预测与演化

群体性事件发生于非线性的社会系统中,具有突发性、复杂性与不确定性的特点,其规律非常复杂,难以把握与量化,使得人们对群体性事件的预测非常困难。多维情景空间方法是分析群体性事件演化因素的重要方法,它以情景为核心,通过拆分大量案例,得出事件的特征属性及其个数,并通过建立案例模型实现不同类型、不同维度的案例匹配和重用,这样能够全面地对复杂案例进行系统分析。而且,近年来发展起来的深度学习,由于其具有优异的特征表现能力,能够把原始数据通过一些简单的但是非线性的模型转变成为更高层次、更抽象的表达,为解决非线性的复杂问题提供了有效的工具。卷积神经网络作为深度学习的一种最具代表性的方法,其多隐层的神经网络结构能够学习各种特征信息,处理大量不完全或不确定的信息,适合对非线性的复杂问题进行建模和预测。两者的结合构建一个群体性事件的卷积神经网络预测模型。

6.3.1 多维情景空间模型的群体性事件演化特征属性的分析

多维情景空间以案例为基础,以情景为核心,建立多层级情景结构表达,并对情景及其包含的对象及要素进行深入挖掘,从而得出影响群体性事件演化的特征属性。具体而言,该方法从情景表达的角度出发,对大量案例建立了"情景-次级情景-对象-要素"架构的分析方法,如图6-16所示。

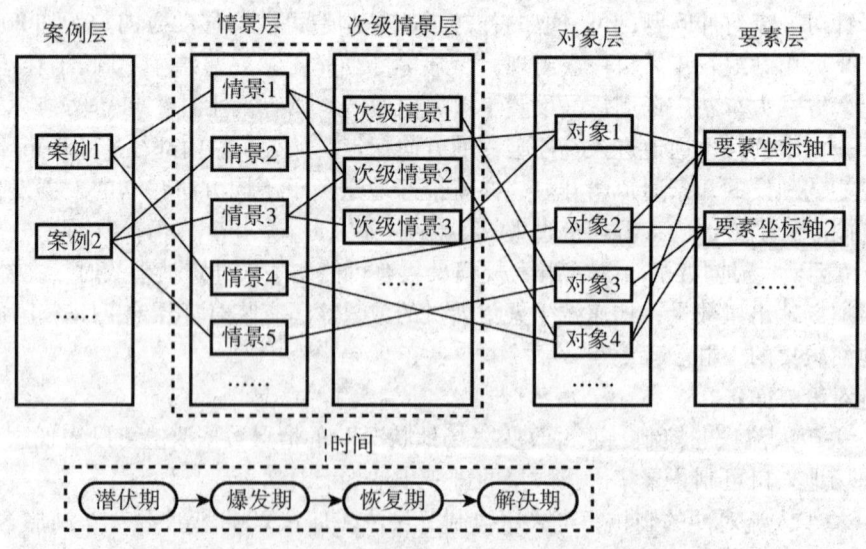

图6-16 "情景-次级情景-对象-要素"架构示意图

在"情景-次级情景-对象-要素"架构中,情景来源于案例,案例由多个情景组成。经情景拆分和要素提取的环节后,要素最终映射在多维情景空间坐标轴中,并作为群体性事件的底层信息共享。该方法对多个案例进行拆分以形成情景，最终得到要素，这些要素在不同案例中的不同组合对群体性事件的演化过程有着不同的影响，以此得出影响群体性事件演化的特征属性，进而为预测模型的构建提供特征信息丰富的训练样本。本文采用此方法对1000个群体性事件案例进行拆分，由于篇幅有限，在此仅选取"广州增城新塘6.11事件"为例进行说明，基于"情景－次级情景－对象－要素"模型进行特征属性的构建，记该模型为一个五元组。

$$M = (C, S, S', O, F) \quad (6-9)$$

式中，C表示案例，S和S'分别表示案例所包含的情景和次级情景，表示情景中所包含的对象，表示最终归纳出影响群体性事件演化的要素，即特征属性。在该案例中，情景拆分和要素提取的过程如表6-8所示。

表6-8 基于"情景－次级情景－对象要素"模型的特征属性构建过程（节选）

情景 S	次级情景 S′	对象 O	要素 F
S_1：大敦村因一川籍孕妇占道摆摊与村治保人员发生冲突	S'_1：执法过程冲突	O_1：民众	F_1：事件类型
		O_2：执法人员	F_2：政府公信力
S_2：引起人群围观，手机短信、网络微博即时传播	S'_2：现场人员传播谣言	O_3：事件	F_3：媒体谣言
S_3："孕妇老公被打死"等谣言甚嚣尘上			
S_4：境内外敌对势力趁机在网上进行负面、歪曲报道	S'_3：网络传播谣言		
S_5：一些媒体发表煽动、攻击性文章，挑起民众对政府、社会的不满			
……	……	……	……

经过对各类群体性事件的案例进行拆分后，建立包含情景、次级情景、对象和要素在内的多维空间。在此基础上，对所有的要素进行分析、比较和整合，最终归纳出事件类型、持续时间、发生地点、参与者数量、成员构成、政府公信力、信息公开程度、官员问责、警力数量、媒体报道数、网民评论数等特征属性。在收集了我国群体性事件的新闻报道并得到群体性事件的特征属性后，还需要对这些特征属性进行量化处理，才能作为数据集来训练预测模型。将不同的特征属性进行编码整合，形成特征向量，便形成了用于预测模型学习的数据集。

6.3.2 基于卷积神经网络的群体性事件预测模型构建与训练

6.3.2.1 卷积神经网络基本模型

卷积神经网络的基本结构由输入层、卷积层、下采样层、全连接层和输出层组成，如图6-17所示。

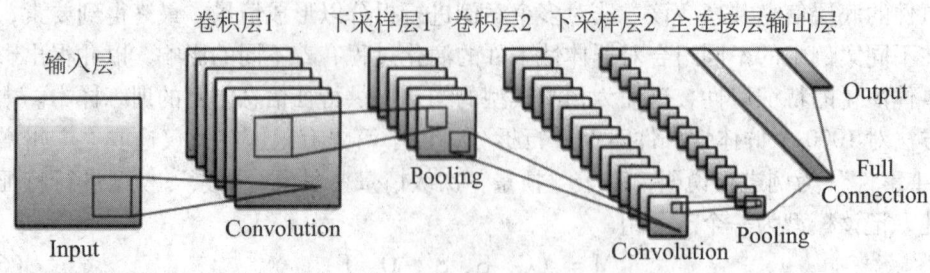

图 6-17 卷积神经网络基本模型

卷积层和下采样层是卷积神经网络最重要的组成部分，一般会取若干个，采用卷积层和下采样层交替设置的方法；经若干个卷积层和下采样层后，连接着至少一个全连接层。卷积神经网络使用四个关键的想法来利用输入信号的属性：局部连接、权值共享、池化以及多网络层的使用，这样能更好地进行特征学习。

在卷积层中，原始特征通过卷积核进行卷积得到输出的特征，使用不同的卷积核就可以学习到一系列不同的隐藏特征。卷积层的计算公式如下所示：

$$x_j^{(n)} = f(\sum_{i \in pj} w_{ij}^{(n)} \times x_i^{(n)-1} + b_j^{(n)}) \qquad (6-10)$$

其中，$f(z)$是非线性激励函数（如或函数），$z = \sum_{i \in pj} w_{ij}^{(n)} \times x_i^{(n)-1} + b$；$p_j$代表输入特征上选定的窗口（局部感受野①），即在卷积过程中当前卷积核在计算时所对应的输入特征上的位置；$x_i^{(n)-1}$和$x_j^{(n)}$分别是第 $n-1$ 层输入特征和第 $n-1$ 层输入特征上相应的值；$w_{ij}^{(n)}$是第 n 层上位置（i, j）所对应的卷积核的权值；$b_j^{(n)}$是特征的偏置，每一层对应一个。

下采样层，其作用是把相似的特征合并起来。一般地，池化单元将前一个卷积层的输出作为该层的输入特征，通过滑动窗口对这些特征进行下采样得出特征值，这样做的好处是降低了特征表达的维度，并且保证了数据的平移不变性。其中下采样有两种形式，一种是均值下采样（mean-pooling），一种是最大值下采样（max-pooling）。下采样的过程如图 6-18 所示。

$$x_j^{(n)} = f(pooling(x_i^{n-1}) + b_j^{(n)}) \qquad (6-11)$$

这里，类似于卷积层，x_i^{n-1}和x_j^n分别是第 $n-1$ 层输入特征和第 n 层输出特征上相应的值，b_j^n是特征的偏置；$pooling(x)$表示取最大值 $Max(x)$ 或者平均值的函数。

全连接层中的每个神经元与其前一层的所有神经元进行全连接。通过这若干个卷积层和下采样层后得到的特征，将经过全连接层与输出层相连。全连接层公式如下：

$$x^{(n)} = f(W^{(n)} \times x^{(n-1)} + b^{(n)}) \qquad (6-12)$$

其中，$f(u)$是激活函数（如 singmoid 或 ReLu 函数），是计算第层到第层时的权重值。

6.3.2.2 基于卷积神经网络的群体性事件预测模型

基于卷积神经网络对群体性事件进行预测，网络结构如图 6-18 所示。

---

① 1962年，生物学家 Hubel 和 Wiesel 通过对猫脑视觉皮层的研究，发现在视觉皮层中存在一系列复杂构造的细胞，这些细胞对视觉输入空间的局部区域很敏感，它们被称为"感受野（receptive field）"。

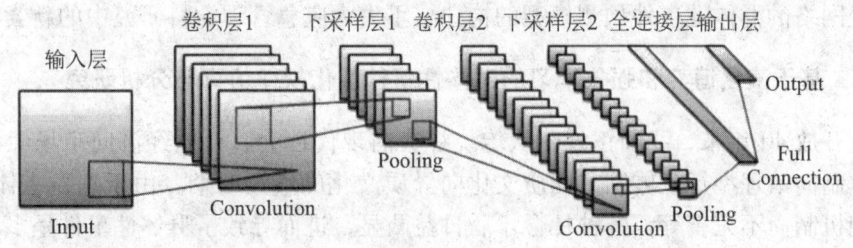

图 6-18 基于卷积神经网络的群体性事件预测模型

该预测模型中一共设置了两个卷积层、两个下采样层以及一个全连接层。图中的输入样本长度为 60，卷积核大小为 24，下采样降幅为 2，两个卷积层分别有 6 个和 12 个卷积核。将第二次下采样后的输出展开并通过全连接的方式构成单层感知机，输出预测值。

首先从群体性事件案例中提取相应的特征属性构建输入，由于每个群体性事件的数据样本是由多个特征属性组合而成的，因此数据维度设为一维。设置好卷积的窗口大小后根据式（1-2）对输入特征进行卷积，卷积层的激励函数采用 $tanh$ 函数，即 $f(z) = \dfrac{e^z - e^{-z}}{e^z - e^{-z}}$，每一次卷积是对窗口内所有值的组合，因此卷积过程相当于特征融合的过程。对卷积后得到的特征，设置下采样的窗口并根据式（1.3）进行最大值下采样，选取出窗口中的最有表达能力的特征值（最大特征值）表示整个窗口的特征，因此下采样过程相当于特征萃取的过程。整个卷积和下采样过程的结合，模拟出了人对群体性事件的理解和总结的过程。最后将特征经过一层全连接后连接到输出，激活函数采用 $sigmoid$ 函数，即 $f(u) = \dfrac{1}{1 + e^{-u}}$，得到最终的预测结果。

在预测模型的训练过程中，卷积神经网络采用随机梯度下降（$stochastic\ gradient\ descent$）的训练方法，训练目标是最小化神经网络的损失函数 $J(W, b)$。函数如下：

$$J(W, b) = \frac{1}{2} \sum_{i=1}^{m} (y^{(i)} - \hat{y}^{(i)})^2 \qquad (6-13)$$

式中，$y^{(i)}$ 为期望输出值，$\hat{y}^{(i)}$ 为实际输出值。为了减轻过拟合的问题，最终的损失函数通常会通过增加 L_2 范数以控制权值的过拟合，并且通过参数 λ（$weight\ decay$）控制过拟合作用的强度，函数如下：

$$E(W, b) = L(W, b) + \frac{\lambda}{2} W^T W \qquad (6-14)$$

损失函数通过梯度下降进行反向传播，逐层更新卷积神经网络各层的可训练参数（W 和 b），使得各层权值参数不断调整与修正，最终学习过程得以完成，函数如下：

$$W_i := W_i - \eta \frac{\partial E(W, b)}{\partial W_i} \qquad (6-15)$$

$$B_i := b_i - \eta \frac{\partial E(W, b)}{\partial b_i} \qquad (6-16)$$

其中，参数 η 为学习率，用于控制反向传播的强度。

由于群体性事件具有复杂性、不确定性等特点，深度学习作为非线性复杂问题中一种多维特征学习的方法，为群体性事件的预测提供了智能化途径。基于多维情景空间方法和卷积神经网络的群体性事件预测模型的构建，不失为应急管理学科研究中的新尝试。

6.3.2.3 基于演化博弈和强化学习的群体性事件演化规律仿真与分析研究

改革开放40年来，我国正处于从传统社会向现代社会、计划经济向市场经济、管制型行政体制向治理型行政体制、同质文化向异质文化的转型时期。由于利益主体多元化，利益分配机制尚不完善等，各种社会矛盾日益凸显，进而导致了群体性事件呈多发、频发的态势。近年来的贵州瓮安事件、云南孟连事件、江苏启东事件等，严重影响了社会经济发展和政治稳定。

从博弈论的角度来看，群体性事件是一个多方利益主体之间相互博弈的动态演化过程，现有的量化方法难以对这一复杂现象的规律进行有效捕捉。强化学习为群体性事件演化博弈过程的仿真提供了一个分析工具，这是因为强化学习是一个学习最优策略，让主体在特定环境中，根据当前状态做出决策，并取得最大回报的方法，适用于研究更加复杂、动态的决策问题，如图6-19所示。近年来，强化学习在机器人、自动驾驶等领域已取得了优异的成绩，特别是在 AlphaGo① 中的应用，更是引发了学界、业界的广泛关注。但将强化学习引入社会科学的研究尚不多见。

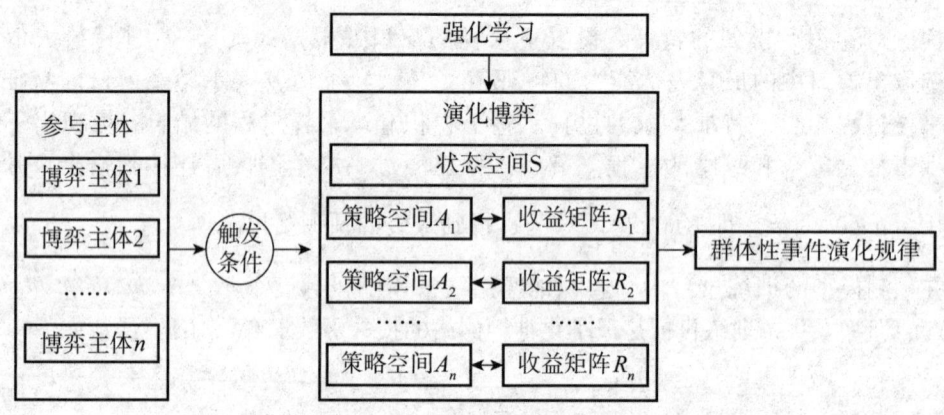

图6-19 强化学习策略

Q-学习是强化学习的一种算法，它无需学习马尔可夫决策模型知识，直接学习最优策略，属于模型无关法（model-free）。Q-学习算法的核心在于Q值表，行和列分别表示状态和动作的值。Q值表的值Q（s，a），衡量当前状态s采取动作a有多好。那么，Agent的总期望折扣奖励可以通过Q值来表示：

$$Q(s,a) = r(s,a) + \gamma \sum_{s'} p(s'|s,a)Q(s',a) \quad (6-17)$$

Agent以p（s'|s，a）的概率选择行动a从状态s转移到状态s'，得到瞬时奖励r（s，a），s∈S，a∈A。Agent的目标就是选择一个行动（或策略）来最大化总期望折扣奖励，即maxQ（s，a）。在学习过程中，Agent首先随机初始化Q（s，a），s∈S，a∈A，然后通过如下递推公式更新Q（s，a）：

---

① 由DeepMind公司开发的围棋机器人，曾打败围棋世界冠军李世石，最新版为AlphaGo Zero。

$$Q(s,a) := (1-a)Q(s,a) + a[r(s') + y_{max}Q(s',a)] \qquad (6-18)$$

其中，a 为学习率，$a \in [0, 1]$，$r(s')$ 为 Agent 选择行动 a' 后获得的瞬时奖励。Q-学习每次迭代的计算量较小，其学习过程的收敛性已经得到证明。由于 Q-学习算法较为简单，不需要对所处的动态环境建模，每次迭代能够寻找最优解，这适合用于不完全信息的演化博弈分析框架中，通过更新博弈主体的 Q 值表寻找博弈的最优策略，从而简化了演化博弈中混合策略的求解方法。

以"云南孟连事件"为例，2008 年 7 月 19 日，云南省孟连县胶农因自身利益受损，在与橡胶公司和当地政府交涉无果的情况下，勐马镇村民聚众闹事，警民发生暴力冲突，民警被迫使用防暴枪自卫，最终导致两人死亡。在事后当地政府召开的新闻发布会上，政府发言人表示事件表面上是警民冲突，实质是胶农与企业的经济利益长期纠纷所引发的一起严重的群体性社会安全突发事件。在该起群体性事件中，博弈主体可分为胶农、橡胶公司和当地政府三方，每个参与主体都有各自的行为策略和支付矩阵。设该博弈模型为 $(S, A_1, A_2, A_3, p, \gamma, r_1, r_2, r_3)$，其中，$A_1$ 为胶农的行动空间，A_2 为橡胶公司的行动空间，A_3 为地方政府的行动空间。r_1，r_2，r_3 分别是由状态空间与三方博弈主体的行动共同作用产生的支付收益，即 $r_k: S \times A_1 \times A_2 \times A_3 \to R$（$k=1, 2, 3$），$r_1$，$r_2$，$r_3$ 可由博弈的支付矩阵得到。p 是行动作用下状态的转移概率，也是每个博弈主体选择其行动的概率，设在博弈的某个状态下 s，胶农、橡胶公司和地方政府分别选择行动 a_1，a_2，a_3，进入到下一个状态 s'，则 $p(s'|(s, a_1, a_2, a_3))$ 满足以下约束条件：

$$\sum_{s'} p(s'|s, a_1, a_2, a_3) = 1 \qquad (6-19)$$

那么，可以采用 Softmax 函数将 Q 值转化为概率，Q 值越大概率越高，因此当前 Q 值越高的行动被选中的概率也就越大。在状态 s 时选择行动 a_i 的概率为：

$$p(a_i) = \frac{e^{Q(s,a_i)/\tau}}{\sum_{a \in A_i} e^{Q(s,a)/\tau}} \qquad (6-20)$$

其中，$i = 1, 2, 3$，τ 为温度参数，可参考文献的做法来确定：

$$\tau = 5 \times 0.9999^t \qquad (6-21)$$

其中，t 为每次迭代的博弈次数。当 τ 增大时，博弈主体决策的随机性随着增大；而当 τ 减小时，决策的随机性随着减小。这说明 Softmax 函数与 Q-学习算法结合起来具有自适应学习的能力。

Q-学习算法分别为胶农、橡胶公司和政府三方博弈主体建立 Q 值表 $Q_1(s, a_1)$、$Q_2(s, a_2)$、$Q_3(s, a_3)$，那么三方博弈主体的总期望奖励可以通过 Q 值函数来表示：

$$Q_1(s, a_1) = \gamma_1(s, a_1, a_2, a_3) + \gamma \sum_{s'} p(s'|(s, a_1))Q(s', a_1) \qquad (6-22)$$

$$Q_2(s, a_2) = \gamma_2(s, a_1, a_2, a_3) + \gamma \sum_{s'} p(s'|(s, a_2))Q(s', a_2) \qquad (6-23)$$

$$Q_3(s, a_3) = \gamma_3(s, a_1, a_2, a_3) + \gamma \sum_{s'} p(s'|(s, a_3))Q(s', a_3) \qquad (6-24)$$

于是三方博弈主体的 Q 值更新如下：

$$Q_1(s, a_1) := (1-a)Q_1(s, a_1) + a[\gamma_1 + \gamma\sigma_1(s')\sigma_2(s')\sigma_3(s')Q_1(s')] \qquad (6-25)$$

$$Q_2(s, a_2) := (1-a)Q_2(s, a_2) + a[\gamma_2 + \gamma\sigma_1(s')\sigma_2(s')\sigma_3(s')Q_2(s')] \qquad (6-26)$$

$$Q_3(s,a_3) := (1-a)Q_3(s,a_3) + a[\gamma_3 + \gamma\sigma_1(s')\sigma_2(s')\sigma_3(s')Q_3(s')] \quad (6-27)$$

其中，$[\sigma_1(s'), \sigma_2(s'), \sigma_3(s')]$ 是三博弈矩阵 $[Q_1(s'), (Q_2(s'), (Q_3(s'))]$ 的一个混合策略 Nash 均衡解。

将博弈论和强化学习引入到群体性事件中来研究博弈主体间的动态策略调整和学习过程是计算社会科学的创新课题，目前这一课题仍处于发展阶段，因此也存在一些问题，如现实中群体性事件的假设性条件，如何对各类群体性事件构造一个通用的强化学习模型，以及如何使强化学习模型能够更适合社会科学等，这些都是未来研究的重难点。

6.4 本章小结

本章首先将情景作为构成突发事件的单元，通过分析社会突发事件的情景构成规律和相互关系原理，用情景链表达策略来表达一个突发事件，进一步基于此表达策略建立应急管理对策模型，研究了基于以上应急管理模型的应急管理补链、断链手段和措施。

本章还介绍了将人工智能的机器学习中的深度学习和强化学习结合多维情景空间引入到群体性事件中来研究博弈主体间的动态策略调整和学习过程，这是计算社会科学的创新课题，目前这一课题仍处于发展阶段，因此也存在一些问题，如现实中群体性事件的假设性条件，如何对各类群体性事件构造一个通用的强化学习模型，以及如何使强化学习模型能够更适合于社会科学等，这些都是未来研究的重难点。

7 沿海城市生命线系统风险分析与安全规划

　　灾害的的次生、衍生是应急管理需要重点研究的关键科学问题。而城市生命线系统是一个由各个环节、小系统组成的整体，其基础为电力、通信和社会系统等系统的耦合，它在某一致灾因子的触发下会引发连锁反应，破坏不仅会造成直接的经济损失，还会影响着城市居民的正常生活和经济的可持续发展。随着沿海城市工业化和城镇化的发展，沿海城市对生命线系统的依赖程度也越来越高。但是由于生命线各系统间存在着级联关系，一旦系统中的某一环节遭到破坏后，整个系统都将可能处于瘫痪的状态，对其依赖性极高的沿海城市也将无法正常运转。突发事件具有突然性、破坏力强、公共性等特点，在当前无法控制灾害破坏程度的情况下，一旦遭受到强台风的袭击，沿海城市生命线系统将涌现连锁反应，衍生出各种灾害事件链，影响着沿海城市的居民的正常生活，将会使整个城市陷入惊慌、恐惧中，影响沿海城市及其政府的形象，使政府处于危机当中。

　　广东省沿海城市依托毗邻港澳地区，受珠三角经济的辐射，经济快速发展，大型工业进驻、人口规模等不断扩大，城市生命线系统发达，之间耦合复杂，同时也使潜在的风险不断增大。近几年，其城市生命线系统遭到严重破坏进而影响城市公共安全的事件主要以强台风为主，城市公共安全受到前所未有的挑战和考验。虽然各地主管部门和各系统主体采取措施来完善系统的安全性，但是在面对强台风这种无法准确预测和控制的自然灾害，传统的基于生命线系统空间结构和网络结构的规划以及各自为政的安全规划已经无法适应快速发展的沿海城市，也难以保障城市的安全运行。

　　城市安全规划是将灾害源、防护对象、目标、和应急救援力量合理的布局起来，它作为城市安全规划的一部分，科学的城市生命线系统安全规划可以减少城市功能失效事件的发生及其突发事件带来的损失。城市生命线系统的安全关系到城市的发展和社会公众的生活，因此对于生命线系统的安全保障，必须成为政府的一个重要职责，城市生命线系统的安全规划也就成为政府保障城市安全运行和公众利益需求的重要公共政策。灾害问题识别是安全规划的第一步，只有在此基础上才能制定科学合理的城市沿海城市生命线系统安全规划。

　　本章以沿海城市强台风突发事件为背景，通过风险的灾害环境和风险发生机制探讨沿海城市生命线系统的安全问题。首先，对广东省沿海城市生命线系统的自然环境、社会环境、生命线系统环境和灾害环境等中致灾因子的分析，来探讨风险环境的复杂性和多样性的特征，为生命线系统安全规划支撑；然后以"三角形"理论模型和"事件链"，从"灾害要素""突发事件""承灾载体"探讨生命线系统风险发生机制，以及分析系统中存安全风险问题。然后基于风险环境特征和风险发生机制反思当前广东省沿海城市生命线系统安全规划现状存在的问题，从政府的角度，统筹生命线系统，结合工程性规划和非工程性规划，从安全规划的编制和内容方面，对完善广东省沿海城市生命线系统安全规划提出一些建议。

7.1 广东省沿海城市生命线系统风险环境特点分析

从本质上说,沿海城市既是灾害的一个孕灾环境,孕育着诱发灾害发生的致灾因子,又是灾害的作用对象,亦是其他灾害的致灾因子。城市的安全问题是与城市的地理位置和城市的发展蓝图息息相关的,即与城市的环境关联。因此,需要先对广东省沿海城市的环境特点进行分析。

7.1.1 广东省沿海城市区域环境分析

一个地方的区域环境是由若干个环境构成,根据性质可分为自然生态环境和人文社会环境两大类。自然生态环境可分为气候、水文、地形、经纬度、植被等环境,人文社会环境可分为人、生命线系统、经济、文化、社会、工业等环境。根据强台风所涉及的事件,抽取了与强台风事件以及城市生命线系统的功能失效事件的相关环境组成沿海城市的区域环境,广东省沿海城市区域环境划分为自然环境、社会环境以及城市生命线系统环境,如表7-1所示。

表7-1 广东省沿海城市区域环境

区域环境	构 成
自然环境	水文、气候、地形
城市生命线系统环境	电力系统环境、通信系统环境、供水系统环境、交通系统环境、能源(油料)系统环境
社会环境	人、经济、秩序、工业

7.1.1.1 广东省沿海城市强台风自然环境的不稳定性

强台风灾害的不稳定性体现在突发性和连锁反应上。在突发性方面,它的不稳定性主要是指台风的发生没有规律性和形成时间的快速。在规律性上,中国台风的路径主要是三类,但是经过广东省区域就有两类的路径:一是西进型,台风从菲律宾以东一直向西移动,经过南海后影响着华南地区。二是登陆型,台风向西北方向移动,在广东等沿海地区登陆。虽然目前能掌握台风的路径和多发季节,但是在这两种路径上台风释放的能量和台风形成的过程没有规律性,这加剧了沿海城市在自然环境方面的不稳定性;而且强台风从生成到登陆仅用较短的时间,并会在短时间内登陆,范围小,强度大,发展猛,移动快,这给预报带来很大困难,也加剧了环境的不稳定性。如2018年9月22日19时40分登陆广东省汕尾市的强台风"天兔",其形成仅用了20小时左右,其释放的能力是近40年来登陆粤东地区的台风中最强的,造成直接经济损失235.5亿元,受灾人数981万元。

强台风灾害具有耦合连锁反应,这使得灾害具有十分大的不确定性。强台风灾害耦合连锁反应不仅体现在自然灾害上,即强风伴随着暴雨、风暴潮、洪涝等灾害,还体现在各种群发性连锁灾害上。例如:强台风摧毁暴露在外的各种关键基础设施,会造成生命线某些系统或环节出现故障，影响整个系统的功能，引起一系列的事故灾害和社会公共安全事故；强台风还可以引起洪涝或山体滑坡等次生自然灾害。虽然强台风登陆后将可能带来狂风暴雨、洪涝、风暴潮等灾害，但是这些灾害之间的耦合作用较小，主要是由台风致灾等级决定的，相对而言，其耦合连锁反应主要是在沿海城市的人、系统方面。

7.1.1.2 广东省沿海城市社会环境复杂性

改革开放以后，广东省成为中国发展速度最快的一个省份，受广州、深圳等沿海城市经济快速发展的辐射带动，其他沿海城市的经济也得到了快速发展，加快了城镇化步伐，根据《广东省城镇体系规划（2012—2020年）》数据显示，至2020年广东省沿海地区城镇化率平均达63%（表7-2）；由于交通系统的发展，以及沿海城市规模的扩大，14个沿海城市的年末户籍迁移省内省外净迁移人口数每年都在大幅度地变化，人口流动率高（图7-1）。改革虽然使得沿海城市地位的重要性越来越显著，但是其带来的变化也加剧了沿海城市的不稳定性。

表7-2 2020年广东省沿海地区城镇化率

地区	现状		预测
	2005年	2008年	2020年
粤东沿海地区	54.8%	56.6%	66%
粤西沿海地区	40.2%	39.3%	60%

数据来源：《广东省城镇体系规划（2012—2020年）》。

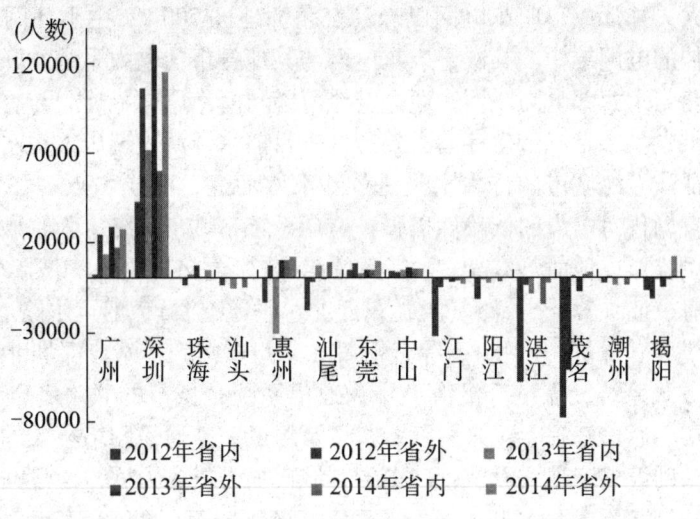

图7-1 2012—2013年广东省沿海城市年末户籍迁移人口数

2014年广东省生产总值占全国的10.7%，其中第二、第三产业生产总值占全国的11.5%和10.8%；根据《广东统计年鉴》数据显示，2012—2014年沿海城市的工业企业个数也在逐年增加，平均每年增加95个工业企业（图7-2）。产业结构的转型升级，第二、第三产业比重不断上升，其运转越来越依赖着城市生命线系统。过去沿海城市仅依靠第一产业为主，以传统农业渔业的生产生活方式自给自足，工厂企业少，对城市基础设施如电、自来水、手机等的依赖性不高，停电可以使用家里备用的蜡烛照明，停水可以饮用山泉水或井水等。虽然城镇化的水平不断提高，但是沿海传统的社会环境仍未消失，传统社会环境、自然环境与现代工业人文环境交织，形成了一个复杂的沿海灾害环境。

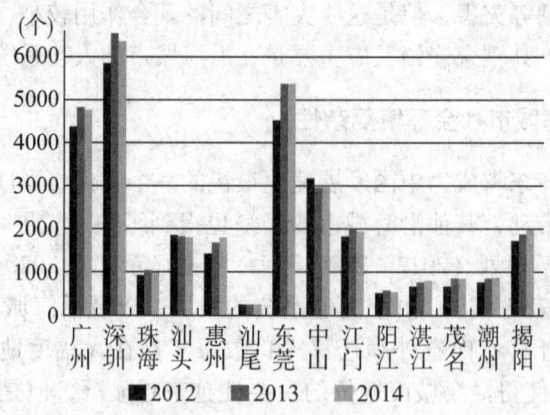

图7-2　2012—2014年广东省沿海城市规模以上工业企业单位数

7.1.1.3　广东省沿海城市生命线系统结构复杂性

随着广东省经济的发展以及沿海城市的城镇化水平提高，城市的基础设施规模也在不断地扩大。在电力系统方面，广东省沿海城市由于其特殊的地理与气候特点，存在着风电、核电、火电等多种发电技术，也建有500 kV、220 kV、110 kV、35 kV不同等级变电站，且数量庞大，并形成了广东电网以珠江三角洲地区500 kV主干环网为中心，向东西两翼及粤北延伸的电网结构。其次，广东电网与其他省市的电力系统的联系更加紧密，通过高压输电线路与中西部电网联网、通过交流海缆与海南电网相连、与香港电力系统互联和向澳门地区供电。水是城市生存的必要条件，目前水资源表现出人多水少、水资源时空分布不均的特征。沿海城市的许多水厂是依地下水而建，形成"点多"的布局。采用高压水泵设备，自动化对电力的依赖性极强；交通系统是城市脉络，随着城镇化的发展，沿海城市的交通系统形成地面、高架、立交和高空的综合交通网络，城际轨道（东莞、深圳、广州、珠海、汕头等）、公路（直达东西北，联通港澳）、船运水路（湛江港）、民航飞机（汕头、湛江、深圳、广州）、综合枢纽（广州东站和南站、深圳北站和福田、东莞东站）等运输方式系统覆盖整个沿海城市；通信系统是城市的联络者，它的建设规划一般包括通信机楼、通信基站、接入网设备，以及组成完整通信网络覆盖的传输网络。为推动广东省信息基础设施跨越式发展，广东省各城市加大投入力度，建设汕头—潮州、江门—阳江、阳江—湛江、茂名—湛江等光缆、2017年全省新增公众移动通信基站10.3万个、到2017年内全省新增公共区域无线局域网（WLAN）4294个公共区域无线局域网（WLAN），不断扩大通信网络的范围；油料系统是支撑性系统，近几年，广东省沿海城市加快布局原油加工与油品供应工程建设，积极推进湛江、揭阳炼油基地成品油送出配套工程，依赖沿海城市惠州、茂名、湛江、揭阳的资源建设广东省四大原油加工基地，建设完善广东省油品主干管网。随着生命线系统的发展，沿海城市的生命线系统规模得到了扩大发展，按照这种发展规划蓝图，生命线系统规模在未来将更加壮大。

7.1.2 广东省沿海城市灾害环境致灾因子多样性

广东省沿海城市致灾因子随着经济发展和城镇化的过程，致灾因子的种类不断增多且强度也在不断增强，主要可分为自然、基础建设技术、工业事故和社会安全四类因子。

自然因子：广东省地处太平洋西岸、中国大陆的最南部，南临南海，属于东亚季风区，每年夏秋台风频发时，在14个沿海城市中，湛江市为台风极高风险城市，东莞市为低风险城市，其他的12个城市为高风险城市，强台风对广东省造成的直接经济损失达百亿元。广东省沿海城市处于地壳板块活跃的地带，处在华南地震区的东南沿海外带地震带，其中的"广州—阳江地震带"历史上曾经发生过6级以上的地震；此外，广东省粤北地区因受地形原因，南方的暖空气与北方的冷空气极易交汇，冬季极易受"华南静止峰"的影响而出现阴雨连绵，气温持续低温的凝冻天气，如在2008年冰灾。

基础建设技术因子：其主要体现在供水、供电、通信等设备设施规划设计。例如：当前电网线路在最大风值的规划设计基本是以50（或30）年一遇为基础，但是2014年强台风"威马逊"和2015年强台风"彩虹"已经超出该标准。其次，除了结构上，基础建设因子还体现在设施上。改革开放以来，广东省也相继建立大量的基础设施，但是随着时间的推移，这些设施老化严重、技术限制、格局规划不当，以及缺乏及时的维护，存在极大的安全风险性。最后，人为操作失误也是当前生命线系统故障的一个重要原因。如惠州的"7·19"事件的致灾条件是人为操作失误，使得吊车的吊臂在伸展过程中触碰到关联"停电"的母线。此外深圳的"4·10"停电事件也被认为是操作失误导致的。

工业因子：主要是指工业生产的安全事故，如火灾、爆炸、有毒化学物品泄漏。近几年沿海城市投资建设了许多的大型工业。工业的不稳定性以及强台风的突发性、破坏性增加了工业安全事故发生的风险。如2015年强台风"彩虹"登陆后，宝钢炼钢厂高炉由于供电中断无法制冷而出现铁水泄漏和设备损坏等的情况，当地供电局紧急调度50万伏变电站维持厂内的电力输送，才得以解决危机。

社会因子：主要体现在社会公共安全方面，如群体性事件、恐怖袭击。随着沿海城市城镇化的深入推进，人口流动率高，原来的利益分配格局逐渐被打破，利益分配越来越不均，社会矛盾日益激化，成为威胁社会公共安全的导火线。此外，社会因子还体现在公共卫生方面，改革开放加快了人口流动的速率，也使得各种病毒的传播速度更快，如2003年的"非典"危机，短时间内在全国乃至其他国家大规模迅速蔓延；在利益至上的价值观驱使下出现了各种对人类健康产生巨大威胁的产品，如"瘦肉精"畜禽产品、"三聚氰胺"奶粉等。

7.2 广东省沿海城市生命线系统风险发生机制分析

风险环境是灾害风险发生的基础条件和影响因素。在广东省沿海城市复杂和不稳定的风险环境的影响下，沿海城市灾害风险发生的概率将不断增大。

城市安全规划是基于影响城市公共安全潜在、突发和灾后等的灾害因素，对城市生命线系统进行安全规划,也应该基于影响城市公共安全的潜在、突发和灾后等的灾害影响因素,包括发生的诱因、条件、发生过程、灾害后果,对灾害风险发生机制的分析是安全规划的基础工作。因此,需要运用城市公共安全与科技的"三角形"理论模型构建风险发生机制的演化过程,通过对"事件链"分析"突发事件""承灾载体"和"灾害要素",从"强台风—城市生命线系统—城市秩序"中探索安全规划的突破点,探索影响城市公共安全的潜在、突发和灾后等安全问题。

7.2.1 沿海城市生命线系统的"灾害要素"分析

"灾害要素"是指可能导致突发事件发生的因素,当"灾害要素"超过了临界值或遇到一定的触发因素后,就会爆发或即将爆发突发事件。灾害要素具有物质、能量、信息三种形式。生命线系统中每一个系统既独立又相互联系,因此生命线系统中的三种形式的灾害要素会在演化过程中不断地转换,例如:当沿海城市生命线系统功能失效后,意味着维持社会运行的能量消失,会意外释放信息灾害要素,在达到了一个临界值或触发条件后,社会公众会出现恐慌心理,它是一个由能量向信息转换的过程。在强台风下,城市生命线系统蕴含的灾害要素包括物质、能量、信息以及三者的耦合,三者关系如图7-3所示。

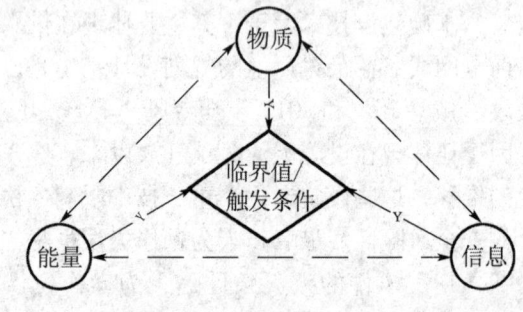

图7-3 灾害要素关系图

广东省沿海城市生命线系统中的每一个系统都是一个独立个体,在强台风灾害下,每一个系统所蕴含的灾害要素如表7-2所示。

表7-2 强台风灾害下生命线系统灾害要素

系统	灾害要素		
	物质	能量	信息
电力系统	—	风力、电能	灾情信息数据
通信系统	—	电能	灾情信息数据
供水系统	—	电能	灾情信息数据和谣言
交通系统	交通运输工具、路障物	风力、电能	道路通畅度等信息
能源(油料)系统	—	电能、市场供需	灾情信息数据和谣言

在电力系统,其蕴含的灾害要素包括了能量和信息两种类型。在能量灾害要素类型中,一是强台风释放能量的等级,即风力;二是电力系统的产物,即电能,它是以电力系统的设施设备为外在的表现形式。在信息灾害要素上,主要是指电力系统的电网运行监

控、灾害受损、调度情况等数据。

在通信系统，其蕴含的灾害要素主要有能量和信息两种类型。在能量灾害要素类型上，是指有线传输介质和无线通信传输设备运作所依赖的电能。在信息灾害要素上，主要是指通信系统运行监控、灾害受损等偏差信息。

在供水系统，其蕴含的灾害要素包括了能量和信息两种类型。在能量灾害要素类型上，高低压水泵抽水需要电能的支持，这是由系统间作用的联系决定的。在信息灾害要素上，主要是指灾害受损的偏差信息和水荒等谣言信息。

在交通系统，其蕴含的灾害要素包括物质、能量和信息三种类型。在物质灾害要素类型上，主要是指行驶中或被迫停运的交通运输工具、沿海城市种植的大型树木等路障物以及损毁的道路。在能源灾害要素上，一是指依赖电能运作的交通信号灯系统，即电能；二是指强台风释放的能量等级。在信息灾害要素上，主要是指道路通畅情况等偏差信息。

在能源（石油）系统，其蕴含的灾害要素有量和信息两种类型。在能量灾害要素上，一是依赖电能运作的加油、结算和监控设备，即电能；二是市场上对油料的供需矛盾，是一种供给和需求的平衡力量。在信息灾害要素上，主要是指油库库存数据、谣言等信息，如传播不实的油荒信息。

7.2.2 强台风城市生命线系统"突发事件"分析

"突发事件"是由灾害要素导致的，具有十分强的破坏性，它的爆发是一个由量变到质变的过程，是"灾害要素"超过某一临界值或触发因素后，在物质作用、能量作用和信息作用下瞬间或短时间发生，如图7-4所示。

基于以上分析，根据对广东省沿海城市的调研结果，本书整理了每一个系统在强台风灾害下生命线系统受灾害要素作用的突发事件以及其触发条件，如表7-3所示。

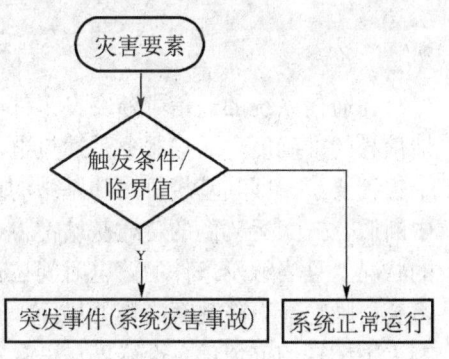

图7-4 突发事件作用关系模型

在电力系统供电中断的突发事件中，它的触发条件主要是风力等级、失压和负荷程度以及灾情信息准确度。其一是强台风释放的能量要素超过了电力系统的抗风规划标准（平均35m/s）。其二是当强台风的等级超过了配网的抗风等级时，"三道防线"包括继电保护装置、开关设备、安全稳定控制装置出现拒动后，使得整个区域电网瞬间极速失压，发生大面积停电事件，而当可作为保底电网送电线路也失压后，或备调系统不完善时，停电事件将会持续，加剧灾害的受损程度。其三是影响灾害恢复的灾情信息准确度，一旦灾情信息准确度低，指挥决策指令有误，将会出现救灾混乱的现象，影响救灾的进度，延长电力中断突发事件的时间，如图7-5所示。

表7-3　强台风灾害下生命线系统突发事件触发条件表

事件	灾害作用	触发条件
供电中断	能量、信息	风速超过抗风标准、电网拒动情况、灾情信息准确度
通信中断	能量、信息	供电中断范围和时间、灾情信息准确度
供水中断	能量、信息	供电中断、灾情信息准确度
交通混乱	能量、能源、信息	供电中断、路障状况、堵塞状况信息准确度
油料紧缺	能量、信息	供电中断、市场供需情况、油荒谣言

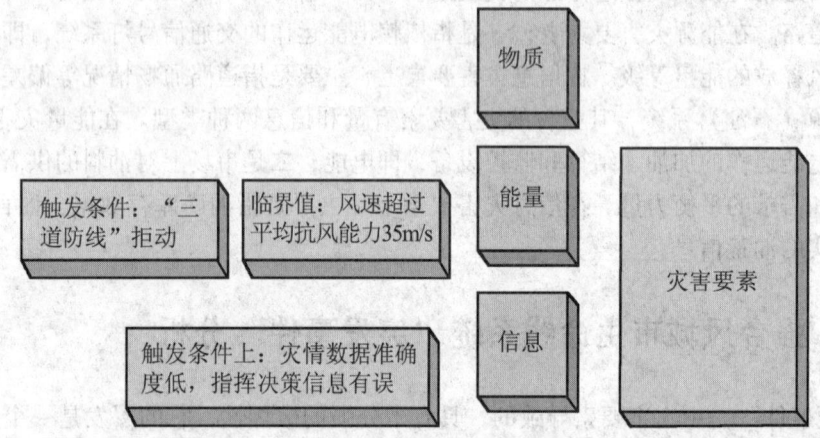

图7-5　电力系统"供电中断"触发条件与灾害要素模型

在通信系统的通信中断突发事件中，它的触发条件是电力供应中断的范围与时间、灾情信息的准确度。通信服务是通过电信、移动和联通等三大运营商提供的，电能是它的一个灾害要素，即其基楼机房和基站的运作需要电力系统的支撑。第一个触发条件电力供应中断后，三大运营商的普通基站都将会面临停止运作，无法为社会提供正常通信联络服务的状况。且当触发条件的停电时间拉长，依靠后备电源和油机维持运作的核心基楼、基站将会面临功能下降甚至瘫痪的局面，会导致沿海城市的通信中断。第二个触发条件是指影响灾害恢复的灾情信息准确度，一旦灾情信息准确度低，将会出现救灾混乱的现象，影响救灾的进度，延长通信中断突发事件的时间。

在供水系统的供水中断突发事件中，它的触发条件是电力供应中断的范围与时间、灾情信息的准确度。广东省沿海城市的供水系统是由各个分散的水厂构成，主要为地表水厂和地下水厂，第一个触发条件电力中断后，水厂的高压水泵将无法运作，导致供水系统的所有管网全部停产，出现大面积停水现象。第二个触发条件是指影响灾害恢复的灾情信息准确度，一旦灾情信息准确度低，无法及时且准确地获知某区域停水的情况，将会影响救灾的进度，加剧供水中断突发事件的严峻程度，而且也给"水荒"等谣言信息的滋生增长空间，当谣言信息被广泛传播后，将会触发后续的衍生事件。

在交通系统的交通混乱突发事件中，它的触发条件是风力等级、电力供应中断的范围与时间、灾情信息的准确度。当风力等级超过了沿海城市大型树木和架空广告牌的承受范围时，会将其掀翻横卧在路中央成为路障物；当另一触发条件市电中断后，交通指示灯以及交通网络 GIS 定位调度系统将会停止运作；当道路通畅程度的准确信息出现偏差，驾驶者将无法得知准确的行驶路径信息，会使得本已堵塞的交通状况更加恶化。

在能源（油料）中油荒抢油事件中，它的触发条件是电力供应中断、石油需求过大以及谣言信息的传播程度。当触发条件电力供应中断后，加油机的油泵将无法提取油料，电子缴费和监控系统无法运作；在企业自救、居民生活需要、应急车辆和后备电源等的叠加用油需求效应作用下，石油需求大于供给，会使得油料十分紧缺。当"油荒"等谣言信息得到广泛传播后，会影响市场秩序，爆发后续的衍生事件。

根据上述对突发事件和其相应的触发条件，构造广东省沿海城市生命线系统突发事件过程，其中"◇"代表的是触发条件，"□"代表突发事件，如图 7-6 所示。

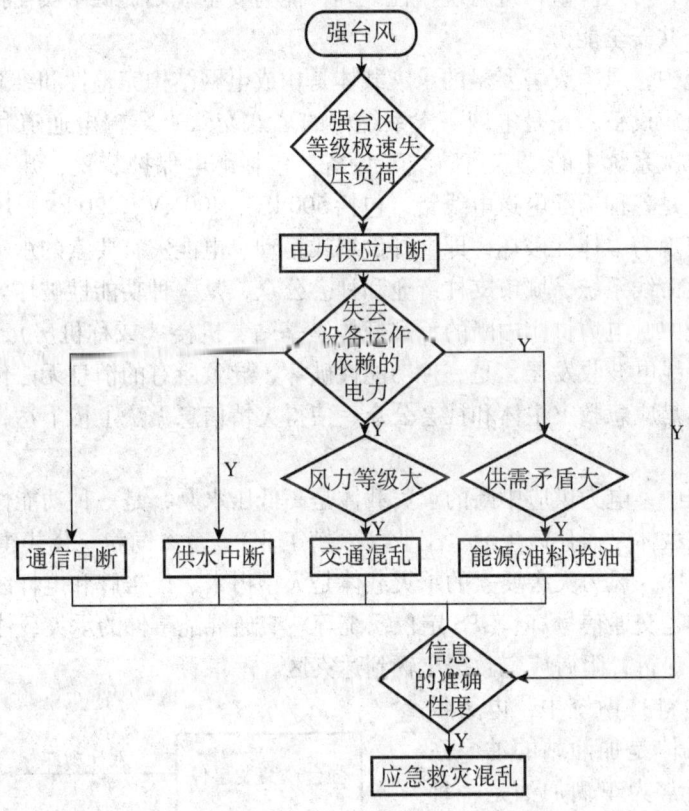

图 7-6 广东省沿海城市生命线系统突发事件过程模型

从上述的分析可知，在灾害发生前，电力能量是沿海城市生命线系统功能失效的关键灾害要素，电力供应中断是沿海城市生命线系统瘫痪的触发条件；在灾害发生后，信息是沿海城市生命线系统功能恢复的重要灾害要素，灾情信息的准确度会影响决策指令的正确度，从而导致应急救灾混乱事件的发生，而谣言的产生和传播是衍生生命线系统外部突发事件的触发条件。

7.2.3 广东省沿海城市生命线系统承灾载体分析

7.2.3.1 广东省沿海城市生命线系统承灾载体破坏情况

城市公共安全"三角形"模型的一边是"承灾载体",它是"突发事件"作用的对象,根据承灾载体在突发事件中的破坏表现,具体为两种形式:一是本体的破坏,体现为脆弱性;二是功能的破坏,体现为鲁棒性。对承灾载体的研究,探索沿海城市生命线系统的关键承灾载体,应在各系统中承灾载体的本体性破坏和功能性破坏的缺口处着手,运用政府的主导力量,对这些缺口进行统一性规划,能为安全规划提供事实支撑,进而健全沿海城市政府的公共安全能力。

在电力系统中,风力灾害要素的承灾载体是构成电网结构完整性和维系电力系统运作所必须依赖的设施设备:一是电网一次系统中的"八交八直"输电通道和鲤曲双回线设备,二是电网二次系统中的"三道防线"设备,包括继电保护装置、开关设备、安全稳定控制装置,三是各种输配电送电线路,包括 500 kV、400 kV、220 kV、110 kV 等的杆塔设备。三种都表现为本体性破坏,即倒杆倒塌或拒动。电能灾害要素的承灾载体是依赖电力运作的其他生命线系统、城市支柱产业和社会公众,是一种功能性破坏。

在通信系统中,电力供应中断的承灾载体是基站、机楼(或称机房),包括光纤等有线传输介质和无线电波收发器,是一种功能性破坏,导致所有的消息无法传送,通信中断事件的承灾载体是应急救灾主体和社会公众,使得灾情信息无法上传下达,灾情必要信息无法向社会公布。

在供水系统中,电力供应中断的承灾载体是高低压水泵,是一种功能性破坏。而供水中断事件的承灾载体是居住区生活、工业(乡镇工业)、畜禽饲养、公共建筑、消防等。

在交通系统中,风力灾害要素的承灾载体是大型树木、广告牌和电杆线等,电力供应中断的承灾载体是交通信号灯、GPS 定位系统等。交通混乱事件的承灾载体是应急救援队伍和社会公众的出行,阻碍应急救援车辆到达灾区。

在能源(油料)系统中,电力供应中断的承灾载体是加油站的油泵系统,油站无法正常为车辆加油是一种功能性破坏。油料紧缺抢油事件的承灾载体是应急救援物资和社会公众的生活,如应急发电车的用油。

根据上述的分析,广东省沿海城市生命线系统功能失效是电力系统的本体破坏而导致系统内连锁性功能破坏造成的,如图 7-7 所示。这反映了

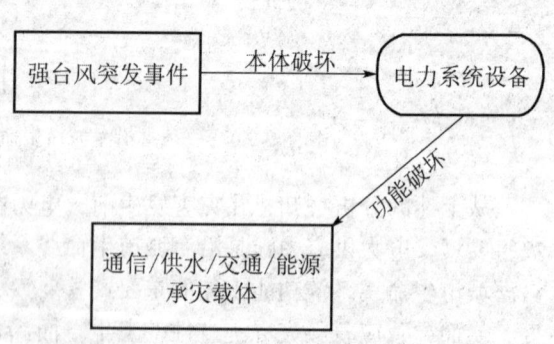

图 7-7 生命线系统承灾载体破坏关系模型

电力系统的本体破坏是生命线系统在面对强台风灾害时最脆弱的环节,也更加验证了通信、供水、交通和能源系统对电力系统在物理结构上的依赖性,反映了它们对电力系统鲁棒性的要求十分高。

7.2.3.2 广东省沿海城市生命线系统承灾载体本体脆弱原因分析

根据上文分析，广东省沿海城市生命线系统承灾载体本体破坏体现在电力系统设备上，根本原因是系统设备在面对强台风灾害时的脆弱性。第一，其本体破坏的脆弱性是由电网的结构性规划造成的。一旦某一传输线路或变电站出现故障，将会导致沿海城市电网大幅度减供负荷而大面积停电。例如目前广东省电网变压器在规划设计上以500 kV变压器为最高级，影响范围最广且保护性也是最高级别的。但在"彩虹"强台风事件中，湛江东海岛上的500 kV变电站失压使得整个电力系统无法正常地进行电力调度输送，使整个岛以及连接该站的其他区域变电站瞬间失压而大面积停电。第二，其脆弱性体现在抗风能力弱上。当前，电网线路在最大风值的规划设计基本是以50或30年一遇的理论风速分布图设计，以35m/s的平均风速建造，最高标准的线路（500 kV）为42m/s的平均风速建造，多以强台风重现期为准。对近几年广东省登陆的强台风风力等级而言，如表7-4所示，这种电网抗风设定标准过低，近几年的强台风已经超出这些标准。同时，早期的电网线路设计标准缺乏统筹规划，随着时间推移，很多线路设备老旧，设备之间的衔接性越来越差。从突发事件的链层级来看，次生事件电力中断突发事件是处于强台风突发事件与沿海城市生命线系统功能失效事件的联结点。

表7-4 广东省强台风风力等级

台风名称	中心附近最大风力	最大阵风
尤特	14级（42m/s）	17级（60.5m/s）
天兔	14级（45m/s）	17级（60.7m/s）
威马逊	17级（60m/s）	17级（59.8m/s）
彩虹	15级（50m/s）	17级（67.2m/s）

数据来源：《中国气象统计年鉴》《广东省气候公报》。

7.2.3.3 广东省沿海城市生命线系统承灾载体功能鲁棒性低原因分析

广东省沿海城市生命线系统承灾载体功能破坏的根本原因在于系统间的关联依赖程度，系统间的依赖性越高，其功能越容易被破坏，系统功能的鲁棒性则越低，如果系统间的依赖性越低，某一系统功能破坏，其他系统的功能受到的威胁将会减少，该系统功能的鲁棒性则越高。通信系统、供水系统、能源（油料）以及交通系统中的交通信号灯和GPS定位系统对电力系统的电力供应具有极大的依赖性，它们和电力系统有着紧密的联系，因此当电力系统的电力供应的功能受到破坏后，其他系统的承灾载体在本体没有受到破坏的情况下，其功能的运作仍被削弱或破坏；电力系统和交通系统的GPS定位系统都需要通信系统提供的通信服务，在通信中断后，电力系统难以在主配网上进行调度联系和获得灾情信息，交通系统的GPS定位系统将无法定位实况信息。根据调查显示，水厂和加油站对通信系统的依赖程度相对较小，在强台风下通信中断的情况下，对水厂和加油站的影响并不大（加油站对通信影响重大，涉及大部分基站的供电所需，台风过后供水对机房的空调需求也随后凸显），这意味着在通信上，这些系统的鲁棒性高于电力系统和交通系统。

7.2.4 强台风城市生命线系统事件发生演化过程分析

承灾载体作为一种中间媒介,一旦被破坏,承灾载体蕴含的"灾害要素"被释放,就会产生"突发事件"的"多米诺效应",即"三角形"模型中的"事件链"。

台风可以在短短几个小时内生成,这种灾害具有突发性强的特点。本文采用实地调查和深度访谈的方法,深入了解湛江、汕尾、汕头、茂名等地曾发生的强台风情况,大概情况是强台风袭击城市生命线系统,导致城市功能失效,影响着城市公众的正常生活,引起工厂安全问题和社会秩序混乱等,严重威胁着城市的安全。强台风触发的连锁灾害事件较多,因此,将强台风自然灾害事件为原生事件;次生事件是城市供电中断;衍生事件是城市生命线系统功能失效和潜在工业灾害导致的谣言与信息公开不及时而触发的社会恐慌事件。表7-5是"突发事件""灾害要素"和"承灾载体"的基本情况。

表7-5 事件链基本情况

事件	灾害要素	承载载体	触发条件
原生事件:强台风	物质:气候—水文	电力系统设备设施	温差和湿度差压强
次生事件:电力中断	能量:电	其他生命线系统	台风释放的能量超过了电力系统的抗风能力
衍生事件:社会恐慌	信息:谣言 VS 官方信息 物质:生活用品	人和社会秩序	官方信息公布低于谣言供需矛盾下的利益群体形成

7.2.4.1 原生事件:强台风

导致城市生命线系统功能失效的原生事件是强台风,事件的灾害要素是气候-水文,事件的触发因素是异常高温和弱冷空气造成的温度差、压强以及充足的海洋水汽,事件的承灾载体是电力系统的电力生产、输送与变电等设备,如杆、塔、电缆等,承灾载体蕴含的灾害要素是电力系统的电能。对突发事件做出详细的划分,可为应急管理部门提供具体的依据,有助于应急管理的开展。根据《国家突发公共事件总体应急预案》规定,突发事件的类型可划分为自然灾害事件、灾难事故事件、突发公共卫生事件以及社会安全事件四大类。在原生事件强台风中,因其发生灾害要素是气候-水文,所以为自然灾害事件;从突发事件分级看,《国家突发公共事件总体应急预案》也对突发事件的严重程度和影响范围等因素划分了四级:Ⅰ级(特别重大)、Ⅱ级(重大)、Ⅲ级(较大)和Ⅳ级(一般),而广东省强台风的等级多是Ⅲ级(较大)。就影响范围而言,当前强台风释放的能量强,使得登陆路径的辐射范围广,影响若干个沿海城市。强台风"威马逊"影响着粤西地区,包括阳江、湛江、茂名等市;强台风"天兔"影响着广东省中东部,包括深圳、汕头、惠州、汕尾、揭阳等市;强台风"尤特"在阳江市到湛江市之间的沿海地区登陆,影响着阳江、湛江、汕头、韶关、河源、梅州、茂名、肇庆、清远、揭阳等市。可见,强台风突发事件的破坏力极强,影响范围极广。

7.2.4.2 次生事件：电力中断

在原生事件中承灾载体所蕴含的电能在强台风的袭击下出现故障，导致电力中断的发生。次生事件的灾害要素是来自于原生事件承灾载体的破坏，其触发的因素是强台风释放的能量超过了电力系统设备的抗风标准，以电网 200 kV 跳闸条数为例，近几年随着台风等级越强，广东电网跳闸线路条数越多，如图 7-8 所示。电力设施受损而导致发电、变电和输电出现故障，进而导致沿海城市大范围的电力中断。次生事件的承灾载体是其他城市生命线系统，如水厂、通信设备、交通系统等。

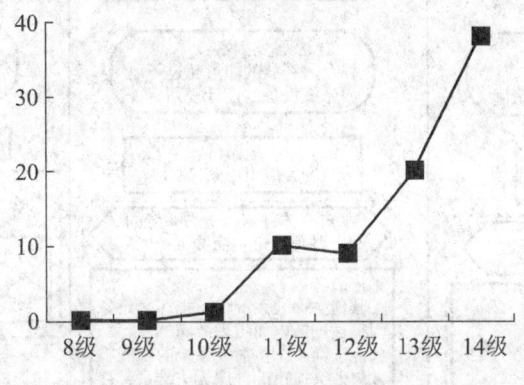

图 7-8　电网 200 kV 跳闸条数

次生事件电力中断使城市运转、城市居民生活以及城市安全无法得到保障时，社会极易滋生各种不良信息，而且电力中断事件使得城市生命线系统的瘫痪会导致灾情信息无法及时公布给社会公众，因此电力中断事件的承灾载体所蕴含的灾害要素是官方和谣言信息。

7.2.4.3 衍生事件：社会混乱和公众恐慌

在强台风袭击下，沿海城市大范围的电力中断，不仅导致了其他城市生命线系统无法正常地运作，而且因当时通信不畅，各种灾情信息难以快速准确地公布，社会上的谣言极易滋生，公众会因无法自救而哄抢救灾物资，会因担心可能有潜在的灾害事故危险而出现无秩序的逃离现象，这些都将会导致人心惶惶和社会混乱恐慌。因此，在衍生事件中，灾害要素是来自于次生事件中承灾载体的破坏，即城市生命线系统功能破坏所蕴含的官方和谣言信息，还有社会公众的物质需求。衍生事件的触发因素是当官方灾情信息公布的程度低于谣言传播的程度，以及公众生活需求与现实供给的矛盾超出了公众的承受范围时，衍生事件的承灾载体是社会秩序和社会公众。在我国的危机传播中，社会公众因各种误导信息或谣言而做出不理性的行为选择的现象常有发生。总而言之，在完善物质和公众信息方面的规划上，应明确地规定哪些信息需要传播，哪些信息必须传播，以什么频率传播等，妥善处理物质的供需问题，对城市公共安全保障有着十分重要作用。

衍生事件社会混乱和公众恐慌属于社会安全事件，表现为哄抢物资或因社会公众的生存遭受威胁而发生的群体性事件；从突发事件的灾害要素看，一方面，由于灾害发生下的物资需求具有突发性、不确定性、失效性和事后选择性的特征，在城市生命线系统无法保障社会公众需求的特定环境下，供需矛盾扩大化的灾害物质需求特性会使具有共同利益诉求（生存需求）的社会公众聚集起来形成社会利益群体，另一方面，衍生事件首先是由于强台风而诱发的，后来是由于城市生命线系统功能失效，使得灾情信息公布不及时，公众的知情权无法得到保障，公众盲目揣测、被动等待政府主动公布信息或受谣言的滋扰。因此，就灾害要素而言，它既有外部环境因素的影响，又有社会公众自身因素的影响，所以它属于内外双生型危机，即内外因素影响着衍生事件的发展。如图7-9所示。

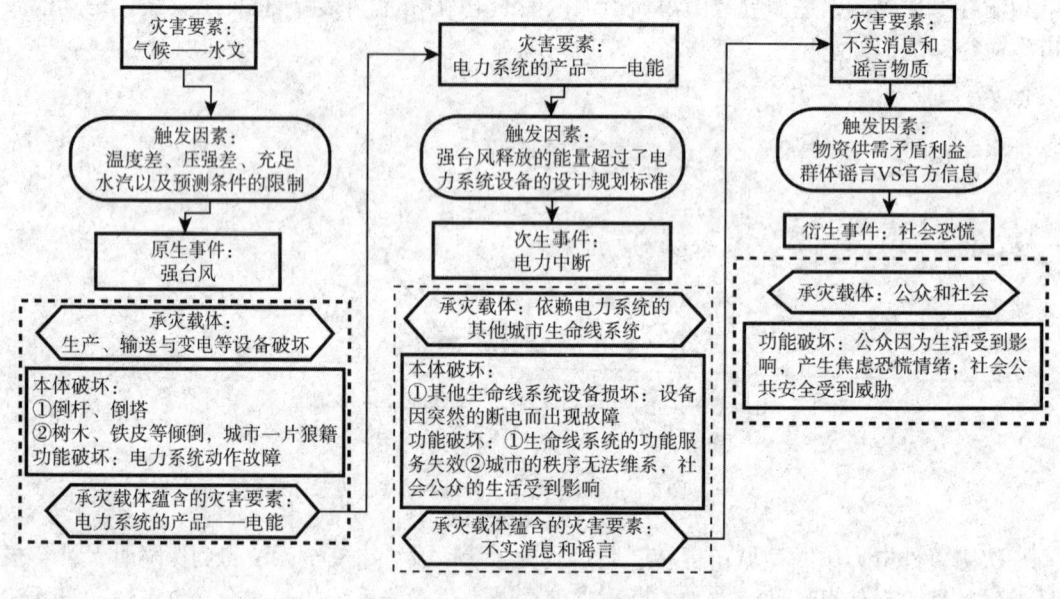

图7-9　强台风灾害"事件链"

7.3　广东省沿海城市生命线系统安全规划现状和问题

7.3.1　广东省沿海城市生命线系统安全规划现状

近几年来，国家在城市的建设领域开始重视公共安全，在2008年实施的新修订的《城乡规划法》和《国家综合防灾减灾规划（2016—2020年）》中都有明确的规定。广东省以及各沿海城市的人民政府在此基础上，在防灾和应急管理方面出台了相关规划文件。生命线系统内部各主体的安全意识也在不断地加强，同时根据广东省灾害环境的特点制定了相关的内部安全规划文件。

7.3.1.1　城市规划中的安全意识不断提高

目前在城市规划中，已经开始重视公共安全，已有对公共安全问题进行了相关规定。在过去的城市规划中，由于计划经济色彩，城市规划偏重在经济效益方面的布局，而忽视了城市的可持续发展和城市公共安全。但是随着社会的发展，国家逐渐意识到城市规划中公共安全的重要性。2006年4月由原建设部颁布的新修订的《城市规划编制办法》（第146号）第十五条提出："确定综合防灾与公共安全保障体系，提出防洪、消防、人防、抗震、地质灾害防护等规划原则和建设方针",明确将城市安全、灾害防护与城市规划建设紧密联系在一起,这是在城市规划中提高了安全规划地位的重要表现。2008年实施的新修订的《城乡规划法》中提出城乡规划应符合公共安全、公共卫生的需要,其中在第17条中提出应将防灾减灾等内容作为城市总体规划的强制性内容。针对生命线系统功能发挥对城市公共安全重要性的问题,《中华人民共和国国民经济和社会发展第十三个五年规划纲要》在全面提高安全生产水平上,提出应加强电信、电网、路桥、供水、油气等重要基础设施安全,希望通过加强生命线系统的安全监控和安全保障工作,提高整个系统运作安全的保障能力,在此基础上,广东省人民政府也在《广东省国民经济和社会发展第十三个五年（2016—2020年）规划纲要》中将提升防灾减灾和应急能力列入未来规划的任务内容。

《广东省城镇体系规划》（2012—2020年）在"四线"管制以及区域城镇支撑体系中,提出交通、供水、排水、供电、通信等设施的科学规划;此外,提出加强广东省各区域在电力输送、电源建设以及油品供应等方面的合作。虽然该规定偏重经济效益,以经济为基础,但是这种通过经济合作的方式建立生命线系统沟通机制,亦能间接地加强生命线系统间的功能运作的安全。在广东省14个沿海城市中,各城市都制定了城市总体规划,如广州市城市总体规划（2011—2020年）、深圳城市总体规划（2010—2020年）等,见表7-6。

表7-6 广东省沿海城市城市总体规划

沿海城市	城市规划名称
广州	《广州市城市总体规划（2011—2020年）》
深圳	《深圳市城市总体规划（2010—2020年）》
珠海	《珠海市城市总体规划（2001—2020）》（2015年修订）
汕头	《汕头市城市总体规划（2002—2020）》（2013年修订）
惠州	《惠州市城市总体规划（2006—2020年）》
汕尾	《汕尾市城市总体规划（2011—2020）》
东莞	《东莞市城市总体规划（2000—2015年）》
中山	《中山市城市总体规划（2010—2020年）》
江门	《江门市城市总体规划（2011—2020年）》
阳江	《阳江市城市总体规划（2016—2030年）》
湛江	《湛江市城镇体系规划（2003—2020年）》
茂名	《茂名市城市总体规划（2011—2030年）》（批前公示）
潮州	《潮州市城市总体规划（2015—2030年）》（批前公示）
揭阳	《揭阳市城市总体规划（2016—2030年）》（修改）

在广东省14个沿海城市的城市总体规划中,除了汕头、阳江、潮州和揭阳4个城市的城市总体规划未公示,无法得知城市总体规划的内容,已有6个城市将安全规划作为总

体规划中的一部分,将防灾和减灾应急作为独立的一个章节,对人防、防震、防洪、消防等进行了规定,对安全越来越重视。

7.3.1.2 广东省沿海城市安全规划的建设已有成效

根据前面的理论界定,安全规划包括了防灾和应急管理两个内容。从目前国家的安全规划体系看,以防灾减灾规划和应急管理体系规划为主导,在规划内容上,将防灾和应急管理的规划内容糅合在一起,通常在一个安全规划中会包括上述两种内容,以保障城市的公共安全。如国家以五年为一个时间跨度,修编了最新的城市公共安全规划《国家综合防灾减灾规划(2016—2020年)》和《国家突发事件应急体系建设"十三五"规划》,围绕"一案三制"从法律制度、体制机制、预警机制、应急管理能力建设、科技水平等提出了新的任务。广东省根据上述的两个公共安全规划,出台了《广东省防灾减灾规划》(截至目前,广东省"十二五"规划),提出要建立多层次、全方位、高标准的防灾减灾体系,规划重点在提高自然灾害防灾减灾的能力;同时《广东省突发事件应急体系建设"十三五"规划》对灾害的监测预警、应急管理提出了建设任务。结合上文城市总体规划,目前对安全规划的编制如图7-10所示。

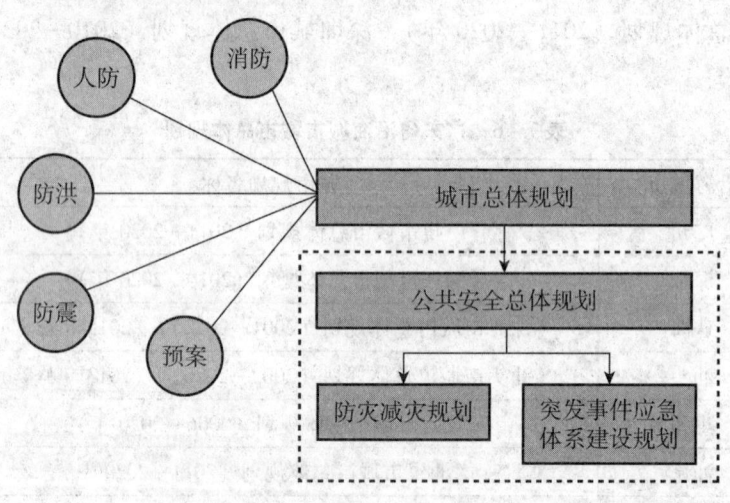

图7-10 广东省城乡经济安全规划体系

根据过去对防灾和应急管理规划的建设,广东省已经形成了比较完整的防灾和应急管理体系:

1. 气象灾害预警的误差不断降低

强台风属于自然灾害事件,我们难以控制强台风的发展,因此关键是在预警上。从预警上看,在《广东省气象灾害防御条例》中,提到在未来的建设规划中,必须实现以预警信号的停工停课和主动应对气象灾害的预警机制。当前,沿海城市气象部门在密切监视热带气旋的生成、发展和登陆和消失的过程,在获知热带气旋的等级为强台风的路径、强度和移动方向与速度后,及时汇报同级政府、三防指挥部。当地政府应急管理机构将会要求各生命线系统做好防风加固工作,相关政府部门如城管或住建部门对户外广告牌采取加固措施,对树枝等进行修剪。在气象预警技术规划方面,根据《广东省气象发展"十二五"规划》的指导,广东省气象监测预报预警水平稳步提高,对沿海城市的台风监测范围延伸到100公里,台风24小时内路径预报偏差与过去相比缩小了26公里,突发灾害性天气预警也提前了30分钟。自2012年以来,广东省开发的"南海台风模式"在台风路径预测上已达到世界先进水平,并在2015年的评估结果中,该模式的路径预测误差在世界范围内仅次于欧洲,该项成果也为强台风的应急预警提供了技术支持。

2. 应急管理机构不断完善

结合《广东省防灾减灾"十二五"规划》和《广东省突发事件应急体系建设"应急十二五"规划》(下简称应急"十二五"规划),在规划期间,省、市、县(市、区)已经全部建立了应急管理机构,也建立了健全的广东省减灾委员会和各类防灾减灾的组织机构。生命线系统各主体在各职能主管部门和省级公司的管理下,也建立"条块"式的应急管理办公室。

在政府应急管理机构上,在广东省内规划建立全省应急管理组织体系,在省级和地级以上市分别设立了应急领导机构、办事机构、工作机构和专家组,如图7-11所示。

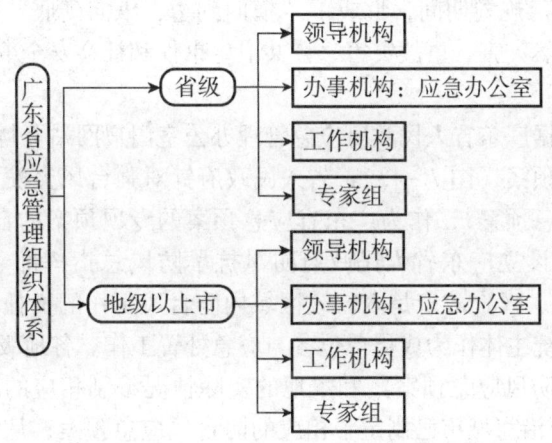

图7-11 广东省应急管理组织体系

此外,在属地应急管理机构下设了若干个应急指挥系统,如防汛防旱防风总指挥部、防震抗震救灾工作联席会议、突发公共卫生事件应急指挥部等。以强台风灾害为例,当属地人民政府应急管理办公室在获知强台风路径的预测后,沿海城市人民政府防汛抗旱防风指挥部会立即召开会议,根据灾害发生达到的应急预案的标准启动应急预案。根据相关规定,沿海城市人民政府防汛抗旱防风指挥部(下简称"三防")根据防台风应急预案的适用范围启动Ⅳ级和Ⅲ级应急响应并进行相应的处置,广东省人民政府防汛抗旱防风总指挥部根据应急预案启动Ⅲ级和Ⅰ级应急响应,并根据适用范围协助处置Ⅰ级和负责处置Ⅱ级。

生命线系统应急管理机构属于条块管理模式,"条"代表生命线系统,"块"是地方政府的简称。从内部看,由于广东省沿海生命线系统的外在特征是一个企业,它的应急管理模式和机制都是参照上一级公司的管理运行模式,由上级公司对灾害应急事件进行管理。与此同时,在外部,这些生命线系统又由其所属的当地政府管理,如图7-12所示。

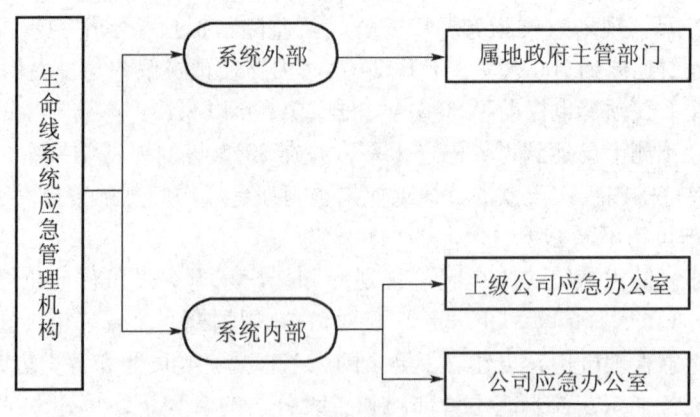

图 7-12　广东省生命线系统应急管理条块模式

3. 应急预案更加完善

在应急"十二五"规划期间,形成了"横向到边,纵向到底"的突发事件总体应急预案体系,并根据自然灾害、事故灾害、公共卫生事件和社会安全事件灾害类型制定了专项的应急预案。

在政府层面,根据广东省人民政府应急管理办公室门户网站资料显示,选取与生命线系统灾害相关的应急预案(图 7-13),省人民政府针对强台风突发灾害事件编制了《广东省防汛抗旱防风应急预案》,作为广东省应急预案的专项预案的自然灾害类预案之一,规定广东省人民政府设立广东省人民政府防汛抗旱防风总指挥部(下简称"三防指挥部"),各市、县(市、区)政府是本行政区域内防台风工作的责任主体,分级设立三防指挥部,各生命线系统主体作为成员单位参与应急处置工作。各地级市以上市人民政府根据《广东省防汛抗旱防风应急预案》和本地的实际情况编制相应的应急预案,据资料显示,目前广东省 14 个沿海城市已制定了相应的防台风应急预案;从灾害事故生命线系统崩溃的事故灾害看,广东省人民政府编制《广东省大面积停电事件应急预案》《广东省电力有序供应应急预案》《广东省通信保障应急预案》《广东省石油供应中断应急预案》。其中,《广东省处置大面积停电事件应急预案》是广东省根据《国家大面积停电预案》制定的,在预案内设立大面积停电应急领导小组,各市、县(市、区)是本行政区域内停电事件的责任主体,根据应急预案的适用范围启动Ⅳ级和Ⅲ级应急响应并进行相应的处置,广东省人民政府根据应急预案启动Ⅱ级应急响应,并对特别重大的停电事件上报国务院启动Ⅰ级响应。《广东省电力有序供应应急预案》提出当发生大面积停电事件后,由事发地经信局与供电局协调调度电力。《广东省通信保障应急预案》是广东省根据《国家通信保障应急预案》制定的,在预案内设立了广东省通信保障应急领导小组。但是据查结果显示,汕头、湛江、深圳已修编《大面积停电预案》,通过查阅广东省各沿海城市人民政府的门户网站,仅有广州公开了《通信保障应急预案》,其他沿海城市的人民政府门户网站并未见公开。

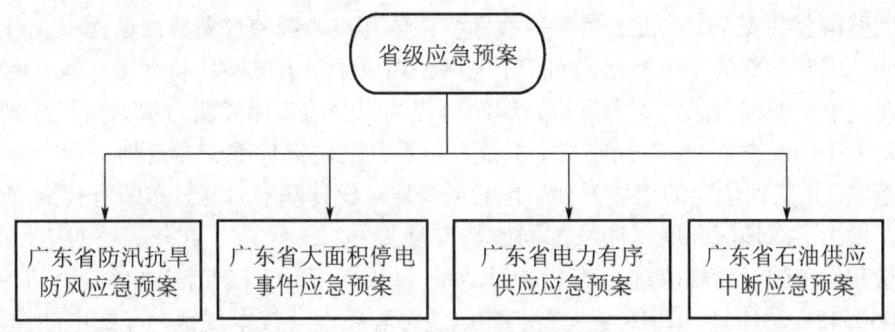

图 7-13　广东省生命线系统相关的应急预案

4. 应急保障能力不断提高

在规划期间制定了《广东省救灾物资储备管理暂行办法》；建立省、市、县（市、区）三级综合性和乡镇（街道）、村（社区）等基层综合性应急救援队伍，并根据不同的突发事件灾害，统一建立了广东省突发公共事件应急救援队伍库，明确了队伍的主管部门、部署地点和联系人方式；在广州、茂名、梅州、清远、惠州等市建立了5个省级救灾物资储备仓库。

不断加强跨部门、跨行业、跨区域的应急资源协调能力。以生命线系统应急物资协调为例，通信运营商、水厂、加油站向应急指挥部提出后备电源供应和能源的需求，政府部门将根据重要性等级和供电局的救灾调度情况以及各油站的情况，协调调配发电车和油料；政府部门协调调配消防部门的消防车与水厂的送水车合作，为社会公众提供应急用水；政府部门处理路障问题，为各生命线系统的物资调配保障道路通畅。其次，生命线系统主体的上级部门会根据灾情和申请需要，协调调配其他城市的应急救灾资源。

在应急"十二五"规划期间，广东省在全省的行政村办公场所配备固定电话以及建成了8000多套应急广播终端系统。同时，加强对预警信息的规划。在2018年申报完成并制定突发事件预警信息发布/传播数据规范和预警信息部门对接/采集数据规范。据调查了解，近几年强台风灾害发生后，政府部门由于有电力和通信的保障，基本上能够获得灾情信息。

5. 风险识别与评估常态化

开展每年两次的风险排查、督察的工作，在日常工作中不断加强对各生命线系统内部的安全隐患、应急物资储备等进行检查、指导和监督的工作。坚持每季度召开突发事件风险评估会议、定期召开生命线系统联系会议制度、灾后评估会议。以灾后评估会议为例，主要是对事故原因进行调查以及对应急管理过程工作的评估。政府部门召集应急工作中的各部门和各系统主体，在会议上总结汇报工作情况和灾害损失，反映暴露出来的问题，并总结相关的经验，对在会议上总结出来的问题进行常态化管理，对系统内部的脆弱环节进行加固，减少安全隐患，提高系统承灾载体的鲁棒性和应急管理能力，并为下一年的应急工作计划和未来五年规划的任务制定提供指导。

7.3.1.3　广东省沿海城市生命线系统内部的非工程性安全规格不断完善

生命线系统的公共性特征，决定了其在系统规划的过程中注重保障系统运作的安全，进而保障城市公共安全。为此，各生命线系统主体在本系统的规划建设过程中，根据本系统的特征，编制内部的安全规划，如广东电网公司属于南方电网公司管辖，南方电网公司根据南网供电区域强台风的灾害特点，编制《提高综合防灾保障能力规划设计原则》《输电线路防风工作导则》《输电线路技术规范》等系列的防灾标准安全规划，确定防风防汛的"四落实""三到位"的工作方针，也对沿海地区设计基本风速分布图进行滚动性修编的规划，提出沿海地区开展《防风加固改造专项规划（3年）》。此外，还对电网设施的送电线路和设备的设计规范进行统一规划，如《110～750 kV架空送电线路设计技术规范（GB 50545—2010）》，2014年发布《输电线路防风设计技术规范》《配电线路防风设计技术规范》；在通信系统的安全规划上，三大运营商都已修订《防汛防风应急预案》，也设立了建立多层次、体系化的增强型通信保障体系规划目标，如广东省移动运营商为了提高通信的质量和安全性，规划建成能抵御15级超强台风的超级基站约100个。根据主管部门的要求，践行政府印发的防灾和应急管理规划，各生命线系统主体在安全规划上已经建构了相应的应对灾害的体系。

在应急预案上，各系统已经编制本企业的应急处置预案，如水厂、供电局和三大运营商都已修订完善了《防汛防风应急预案》，如供电局的《处置大面积停电应急预案》、三大运营商的《通信保障应急预案》《防汛防风应急预案》、水厂公司的《供水中断应急预案》。这些应急预案都会涉及与本企业有着密切关联的灾害事件的应急处置内容，如通信运营商和水厂的应急预案都会涉及电力中断的处置内容，供电局的应急预案会涉及通信保障的处置内容。

在物资管理方面，目前将电力系统的广东电网公司的"省输变电工程公司安全事故应急救援队"列入了广东省突发公共事件应急救援队伍库；其次，在应急关键物资储备上，据调查显示，广东省沿海城市供电局、通信运营商、石油供应商都配备了自备电源，但是就水厂而言，仅有小部分的沿海城市配备了后备电源，如汕尾市的新地水厂和湛江市的徐闻县水厂，如表7-7所示；对于应急通信设备而言，各系统主体都按照应急通信安全，配备了卫星电话、对讲机或固定电话等应急通信设备。

表7-7 生命线系统后备电源储备情况

生命线系统	沿海城市		
	汕尾	汕头	湛江
电力系统（供电局）	应急发电车4辆，后备电源15台	应急发电车2辆，后备电源46台	应急发电车7辆，后备电源34台
通信系统（中移动、中电信）	有固定式和便携式后备电源	有固定式和便携式后备电源	有固定式和便携式后备电源
供水系统（水厂）	新地水厂后备电源（高压）	无	徐闻县水厂后备电源（低压）
能源（油料）	中石化43座加油站配备后备电源	中石化在关键路径上的加油站配备后备电源	中石化125座加油站和中石油25座加油站都配备后备电源

数据来源：《广东省电力应急联动机制的研究》。

7.3.1.4 广东省沿海城市生命线系统内容工程性安全规划不断完善

在电力系统中，广东电网在电力设施建设过程中，以《输电线路技术规范》为建设标准：电网输电线路设计抗风能力为12～13级（平均35m/s的风速）或基本是以50（30）年一遇的灾害事件为基础；其次，广东电网为了提高电力系统的运行安全，设置了两种层次的电网：一是电网一次系统中的"八交八直"输电通道和鲤曲双回线设备，二是电网二次系统中的"三道防线"设备，包括继电保护装置、开关设备、安全稳定控制装置。另外，通过完善500 kV输电线路环网结构来完善沿海城市的电网结构，如广州木棉、深圳现代、东莞东纵、惠州大亚湾、粤东沿海城市等建设500 kV输变电工程，优化和完善珠江三角洲地区和粤东地区的500 kV双回路内外环网。最后，制定"黑启动"方案。但是据目前调查了解，由于"黑启动"的电网技术要求很高，导致大部分的沿海城市并没有制定"黑启动"方案。

在通信系统中，三大运营商的重要设备在规划中基本都建设在市区，所有的核心业务都需要电力供应保障。为此，基于电力安全的考虑，三大运营商都对设备设施进行了等级划分，为A、B、C、D等级，最高级A级根据1:2以上的比例配备支撑24小时以上的后备电源，次高级B级一般实行1:1配备后备电源，一般等级的C级和最低级的D级按照区域范围比例配备后备电源。此外，为了保障通信设备不因高速且长时间的运作而出现事故灾害或数据资料的损失情况，三大运营商在每一机房都设置了空调监控系统。

在供水系统中，广东省沿海城市在水资源方面多属于资源型短缺或工程性短缺型，因此水厂的建设多是依地下水而建，如湛江市12座水厂中有55%为地下水。但是随着技术的提升，目前的水厂也开始以地表水为主，形成了地下水和地表水两种形式的水厂。水厂分布和水源来源分散，不会出现供水集中化的危险。各水厂由于建设时间比较久远，安全性比较薄弱，因此，各水厂已逐渐向属地政府和供电局提出更改电源回路的计划，由原来单回路电源更换为双回路电源，提高电源供应的安全保障。但是，从广东省范围看，各水厂使用的都是极度依赖电力的高压水泵，从目前看，沿海城市大部分水厂并没有针对电力安全配备后备电源。最后在应急水源方面，目前广东省在规划建设43项应急备用水源工程。

在交通系统中，沿海城市的交通系统形成地面、高架、立交和高空的综合交通网络。在强台风灾害中，交通系统的作用在于为应急救援队伍和车辆的通行提供支撑服务，其主要依赖的是地面交通。首先，高速公路的开通为应急救援队伍的出行提供了方便快捷的路径，由于高速公路在建设中设置出入口，因此当获知强台风气象预警信息后，交通系统可通过出入口的设置封闭路段保障安全；其次，由于强台风灾害发生后，对GPS定位系统的影响很大，针对此问题，GPS定位系统开通了地图预下载功能，可在网络不通的情况下，也能找到目的地的路径。

在能源（油料）系统上，广东省沿海城市的每一座加油站都设置了油库监控系统，配备了消防安全设备，以区域位置的重要性为加油站配备后备电源。

7.3.2 广东省沿海城市生命线系统安全规划问题分析

7.3.2.1 对灾害环境认识不足

目前，对社会发展过程中的风险以时间为标准，可划分为"前工业社会风险""工业社会风险"和"风险社会风险"三个风险。根据本章第一节对广东省沿海城市生命线系统灾害环境特点的分析，目前广东省沿海城市处在传统风险、现代城市风险并存的状态。一方面，广东省沿海城市在城镇化快速发展的过程中，仍然存在着传统的灾害风险，表现在受自然灾害的不稳定性和自然灾害因子的影响，比如强台风灾害；另一方面，由于城镇化发展、科学技术发展与进步、生命线系统和工业生产紧密结合、利益分配矛盾和人类行为冲击、致灾因子和承灾载体相互作用等，使其面临着诸多安全事故风险和人为风险。再一方面，由于灾害环境是统一在一个大的区域环境中，随着社会的发展，社会和生命线系统规模不断扩大，广东省自然、社会和生命线系统三者环境更加紧密联系在一起，灾害环境承载体脆弱性越来越高，由于某一灾害环境的变化，就极容易影响其他灾害环境，导致复合灾害的发生，比如强台风自然灾害会导致大面积停电事件的发生。

但是在这种风险灾害环境的影响下，反思当前安全规划，会发现安全规划对灾害环境的认识不充足。

1. 单灾种的安全规划和单一灾害环境的安全规划

目前的安全规划是在总体安全规划的基础上，按照基于灾种类型的原则进行分门别类地制定专项规划，如地震型的《国家防震减灾规划（2006—2020年）》、洪涝灾害型的《珠三角内涝整治规划》、灾害事故型的《广东省安全生产应急管理规划》等，主题都是以单一的灾害环境为主，如地震规划是以自然环境为主，安全生产是以生命线系统环境为主，多是针对单一灾害的安全措施规划。其次，由于沿海城市的不断发展，在强台风极端自然灾害的影响下，会导致生命线系统环境的变化，引起新一轮的事故灾害，进而影响社会公众的生存而导致潜在的公共安全危险。沿海地区人口和工业增长的环境、生命线系统基础设施增加与近期台风增强的趋势的"叠加效应"，三种环境和环境中四种致灾因子的交叉影响对广东省沿海城市安全的威胁越来越凸显，单一的、片面的、不完整的任务措施难以解决这种广东省沿海城市因强台风而发生的多灾种复杂灾害。

2. 安全规划忽视环境作用的能力

目前的安全规划都是基于城市总体规划的现状进行防灾和应急方面的规划，而城市总体规划带有经济色彩，偏重为经济建设服务，对生命线系统的规划布局也围绕经济建设服务，规划的目的是为工业园、产业布局和中心城市等服务，为了保障它们的运作，生命线系统规模不断扩大，但是会使得生命线系统的安全规划处在一种跟随状态，是一种被动式的安全规划。随着沿海城市经济的发展，工业社会的发展以及伴随式的生命线系统的科技进步，二者需求的扩大，导致资源浪费和污染物的产生，都严重破坏了生态环境，进而影响了大气循环，引发极端的强台风灾害，其释放的能量又会作用在生命线系统本身。以经济建设服务为目的和被动式扩张的生命线系统安全规划，忽视了自然环境、生命线系统环境和社会工业的协调发展，并不能真正地解决生命线系统的安全问题，安全规划的措施只是起到一种"治标不治本"的作用。

7.3.2.2 对"灾害要素"和突发事件"触发条件"的分析不足

风险识别是安全规划制定的基础。通过对广东省沿海城市生命线系统在强台风灾害作用下的灾害发生机理进行分析，是风险识别一种有效途径。根据第五章的灾害发生机理分析：①物质、能量和信息在达到临界值或一定触发条件后，在灾害发生过程中，是能相互转换的，三种灾害要素存在着耦合作用关系。如当风能灾害要素触发电力系统的灾害条件，会影响电力系统电能灾害要素。②影响生命线系统安全的风险：风力释放的能量、电力能量、灾情信息与谣言。③灾害要素间耦合作用的发挥是由触发条件决定的，触发条件的成立必须以灾害要素为基础。通过"灾害要素"分析突发事件会产生的风险作用，研究生命线系统产生的风险作用是如何随着触发条件或临界值的变化而变化，对防灾减灾和后期的应急管理工作都非常重要。

但是在目前制定的安全规划中，只是对各种灾害的规划内容和要点进行简单的罗列，并没有在灾害风险作用的综合研究分析的基础上进行。以《广东省防灾减灾"十二五"规划》为例，只是对每一种自然对象的工作目标和任务建设的重点做了一个简单的布置，总共是六种规划对象：水利，气象，防震、地质、农林、海洋，每一种规划对象有对应的安全措施，彼此间相互独立。但是不同种类的灾害本身的灾害要素是可以相互扭转的，"一对一"式对安全规划进行简单的罗列，是无法应对不断变化着的突发事件。其次，安全规划的措施缺乏针对性。在目前广东省的安全规划中，由于没有从系统整体性对沿海城市生命线系统的安全进行规划，而目前使用的综合性的安全规划仍以自然灾害为主，安全措施多是针对与自然相关的灾害要素，就会忽略电力灾害要素、信息灾害要素以及物质等与自然不相关的灾害要素。如《广东省防灾减灾"十二五"规划》的六种规划对象中，水利、气象，海洋对应的是气候－水文物质灾害要素，地震、地质对应的是板块运动的动能能量灾害要素，但是并未见生命线系统的防灾减灾的工作目标和任务建设要求，结果会使得该规划在应对强台风作用下生命线系统功能失效事件时，仅仅是流于表面，实际作用十分小。最后，安全规划的目标缺少生命线系统电能自救能力。本文的生命线系统功能失效事件是由强台风引发的事故灾难。目前事故灾难的安全规划的目标是以事故灾害的死亡率和救援力量建设为主，如《广东省突发事件应急体系建设"十三五"规划》的规划目标中事故灾难的生产安全事故死亡率下降10%、建立各类救援基地等。但是通过上文分析，生命线系统功能失效的关键触发条件是电能的失效，各系统内部的电力安全保障能力本应成为其中的规划目标，但是由于安全规划中缺少该目标，相应地就缺乏强制力约束，也将难以提升生命线系统的安全性。

7.3.2.3 对承灾载体规划认识不足

承灾载体是突发事件的作用对象，它作为"三角形"模型的中间媒介，一旦被损坏，意外释放的灾害要素，会产生"多米诺效应"，会带来一系列的次生甚至是衍生事件。随着广东省沿海城市的发展，生命线系统的结构日益复杂、规模日益扩大，使得暴露的承灾载体的数量和价值就更大，受损的程度也远远高于其他非沿海城市。沿海城市各个生命线系统以网状的形式运行，当电力系统本体遭到破坏后，导致其自身功能失效，其生命线系统的耦合性作用会导致供水、通信、交通、加油站出现功能性破坏，无法正常为社会提供服务，致使鲁棒性大大降低，从而引发生命线系统功能失效的次生灾害和社会混乱的衍生灾害。

反思目前沿海城市生命线系统的安全规划，对生命线系统作为强台风灾害的承灾载体的综合性认识不足：

1. 沿海城市发展过快，生命线系统的前期规划滞后于城市发展

每一个沿海城市在建设过程中，都会根据本城市的特点制定本城市的总体规划，一般以10年或5年为一个规划期，生命线系统各主体根据城市总体规划和当时的技术水平开展系统布局和建设工作。但是随着改革开放的不断深入，广东省各市在近十年来的生产总值得到了一个质的飞跃，工业化和城市化的步伐加速，对生命线系统的需求也不断地提高。但是由于生命线系统的规划根据城市总体规划布局，而且当时的技术比较落后，随着经济发展，就会慢慢显示出其落后于城市化和工业化进程的弊病。为了满足需求，各系统往往是被迫改造或高负荷地运行；由于技术限制，生命线系统设施存在新老交错运行，稳定性比较弱的情况，过去的生命线系统的规划就会成为历史遗留问题。以电力系统为例，许多输电线路是在改革开放后建造的，由于当时技术限制以及城市总体规划的限定而难以调整系统布局，但是为了满足工业发展对用电的需求，电力系统不得不在原来的规划上进行改造或增容，如果改造或增容仍然滞后于工业进程，仍然无法满足负荷需求，将继续改造。这样的做法，势必增加电力系统的复杂性和运行的不安全性。

2. 生命线系统各自为政

通信、供水、交通和能源（油料）系统对电力系统的依赖性很高，系统间的联系十分紧密。当电力系统功能失效后，虽然其他生命线系统的本体没有受到强台风的破坏，但是由于电力系统无法为它们提供电力服务，通信、供水等的功能也将会失效。但是从目前生命线系统看，生命线系统制定的安全规划和实践是以系统主体独立开展的，各自为政，没有认识到各系统主体间合作和功能鲁棒性的重要性，表现在以下问题：其一，规划缺乏共享性。生命线系统主体因信息安全考虑和布局设施安全，所制定的规划都是相互独立的，并不对外公布，规划的细节内容仅共享在系统内部，在信息不对称的状态上，整个生命线系统的安全运行只能处在一种被动状态。以供电局和通信运营商为例，据调研得知，彼此双方并不知道对方重要设施的规划情况，也就无法对输电线路和通信进展进行同步的规划布局。此外，生命线系统的主管政府部门也不掌握相关的信息，据广东省各地市的经信局反映，各生命线系统主体没有将系统的布局和应急预案等信息备案。其二，缺乏协调性。生命线系统的安全规划和实践是以系统为主体开展的，虽然各系统制定的安全规划能加强本系统内部的安全保障能力，但是各规划在内容上可能存在相互矛盾或雷同的方面。如在交通系统，存在近几年沿海城市公路等级和车速的提升与交通安全设施的矛盾，在雷同方面，基于系统对电力的依赖性。在电力系统的安全规划上必定涉及其他生命线系统的电力安全保障，其他生命线系统内部的安全规划也必定涉及电力安全保障的内容，由于是系统内部的规划缺乏强制性，各系统可能会出现相互博弈的局面。如湛江市东海岛宝钢湛江钢铁基地过于相信电力系统的安全保障能力，而在基地内部没有进行后备电源的规划布局。其三，缺乏统筹。生命线系统主体本质是以经济利益为目的的企业，运营商是相互独立的，需要政府将生命线系统各主体统筹，加强彼此间的合作。但是由于目前条块分割的

管理体系，导致各系统间的联系不太紧密。以生命线系统电源规划布局为例，水厂、通信基站、加油站等应在重要设备的输电线路电源规划上向供电局申请双回路电源设计，但是在实际中，因为涉及很多的职能部门，目前单回路电源的系统也难以与供电局沟通，协调处理该问题，这导致在电力中断后，其他生命线系统处于被动状态。

3. 缺乏针对强台风灾害承灾载体的情景规划

沿海城市作为一个大型的复合承灾载体，它包括若干个承灾个体，主要的对象是人和系统，其中，系统包括生命线系统。根据上文的分析，随着沿海城市的不断发展，强台风对生命线系统的破坏价值也在不断增大，电力系统作为关键性的承灾载体，会导致生命线系统功能破坏，进而间接威胁着社会公共安全，生命线系统的安全在社会公共安全中的比重不断提升。但是纵观广东省的综合防灾减灾规划和应急体系规划以及14个沿海城市的总体规划，主要针对的规划对象是承灾载体中的"人"，在此基础上的情景规划也只是围绕"洪涝"和"地震"灾害对"人"的影响而进行的规划，如《东莞市城市总体规划（2000—2015年）》和《江门市城市总体规划（2011—2020年）》。这种缺乏将生命线系统作为承灾载体的安全规划，虽然能保障人民群众的生命安全，但是难以加强系统的保障能力，也无法提升系统对不确定性因素的应对能力，无法降低生命线系统潜在风险对社会公共安全的破坏。

7.3.2.4 应急管理体系建设的规划不足

"应急管理"的目标是保护突发事件中的"承灾载体"，它是根据突发事件的发生、发展和消亡的演化规律进行的过程管理。应急管理是一个十分复杂的过程：在突发事件发生时，灾害要素不断地集聚，此时沿海城市政府和各生命线主体应对潜在的要素进行识别和预警，进行各种防风加固的工作；在突发事件发生过程中，生命线系统的承灾载体会出现本体破坏和功能性破坏，产生"多米诺"效应的"事件链"，即生命线系统功能失效事件链，此时应该采取措施阻碍或阻断事件的发展蔓延；当突发事件发生后，应根据应对措施的实施效果进行评估和灾后的重建。强台风灾害突发事件涉及自然事件、灾害事故事件和社会安全事件，从广东省沿海城市强台风灾害的应急管理运行效果存在的问题反思应急管理规划不足。

1. 预警机制的规划任务没有落实

虽然广东省开发的"南海台风模式"在台风路径预测误差上在世界范围内仅次于欧洲，而且也设立了台风灾害的预警机制，但是在实际运作中，预警机制并没有得到很好的落实。其一，由于政府部门和各生命线系统缺乏危机预警机制意识，许多灾前本应加强防风加固的设施和需清理的路障工作没有落实到位，导致电力系统和通信系统的架空和室外的设备受灾情况十分严重。其二，受跨部门、跨行业和跨系统的条块分割的影响，一项任务由多个部门负责，导致协调不及时而预警行动没有落实。以线路沿线的树枝为例，为了防止树木倾倒影响供电、通信和交通道路，大型树木的加固和清理工作是由市容绿化部门应急力量负责的，对于树枝、落叶等杂物的清理由环卫部门来完成，但供电局等自身砍伐树木需要得到林业部门批准，这样就难以协调做好树木的防风工作，也使得预警行动出现不一致和被动的局面。

2. 应急预案的情景规划缺乏预见性

应急预案情景设定缺乏预见性，相关的应急预案的修编并未考虑最坏的情况，对可能发生灾害的严重性考虑不足，导致应急救灾工作十分被动。强台风是一种极其不稳定的自然灾害，它对沿海城市释放的能量等级在目前的气象预测技术水平中是比较难预测的，对沿海城市造成的损害就会比较难预算。应急预案作为灾害应急管理过程的指导性文件，因此，在应急预案的情景设定中，应急预案的相应等级和处置过程必须基于灾害最坏的情况。从近几年在广东省发生的强台风事件看，由于强台风的风力等级都达到14级以上，按照应急预案规定，启动防汛Ⅲ级和Ⅱ级响应，但是由于每一等级都没有从最坏的情况设定，导致每一等级应急响应相隔的时间非常短，几乎是一天提升一个等级，如表7-8所示，导致局势非常紧张。例如2013年强台风"尤特"，广东省三防总指挥部在8月12日上午10：00启动防风Ⅲ级应急响应，在8月13日上午9：00从Ⅲ级提高到Ⅱ级，在8月15日14：00，将防风Ⅱ级应急响应变更为防汛Ⅲ级应急响应；在强台风"天兔"发生时，广东省三防总指挥部在8月20日12：00启动防风Ⅲ级应急响应，在8月21日11：00提高至Ⅱ级响应；强台风"彩虹"发生时，广东省三防总指挥部在10月2日上午10：00启动防风Ⅳ级应急响应，并在22：00从Ⅳ级提高到Ⅲ级，在10月3日22：00将防风应急响应从Ⅲ级提高到Ⅱ级，在10月4日9：00将防风应急响应从Ⅱ级提高到Ⅰ级。同时，电力中断导致通信、供水、能源（油料）和交通的功能服务受到严重破坏，但在应急预案的情景设定中，并未将这些在耦合作用下的最坏的情况考虑进去，在面对灾害时，各类应急预案响应等级未能体现生命线系统功能失效灾情的严重性。

表7-8 近几年强台风事件范围和应急响应等级情况

强台风大事件	影响范围	响应等级	间隔时间
尤特	粤西地区	省防总防风Ⅲ级至Ⅱ级	23小时
天兔	中东部	省防总防风Ⅲ级至Ⅱ级	23小时
威马逊	阳江市到湛江市之间沿海地区	省防总防风Ⅲ级至Ⅱ级	26小时
彩虹	江门、阳江、湛江等沿海地区	省防总防风（Ⅳ级到Ⅲ级）	12小时
		省防总防风（Ⅲ级到Ⅱ级）	24小时
		省防总防风（Ⅱ级到Ⅰ级）	11小时

3. 应急预案情景主体不明确

应急管理的工作应根据"突发事件"和"承灾载体"来开展。强台风灾害的承灾载体是生命线系统，生命线系统功能失效才会进一步影响着社会关系系统，而且生命线系统功能失效是因电力系统的破坏而产生的。鉴于此，应急预案的应急规划的主体应该以强台风为背景，以电力系统为核心，当沿海城市在出现大面积停电后，启动相应的《大面积停电应急预案》，召集大面积停电应急领导小组召开会议，指挥处置大面积停电事件。但是据调研了解得知，在实际运用中，当发生强台风导致大面积停电事件时，灾害所在的沿海城市启动《防汛防旱防风应急预案》和召开三防指挥部会议，并未启动大面积停电应急预案，未成立应急小组，救灾主体的供电局也只是根据广东省三防总指挥部启动的应急响应等级启动本系统内的《防风应急预案》，而没有启动本系统内的《大面积停电应急预案》来处置和应对灾害事件。

其次，应急预案缺乏衔接。由于生命线系统是以三防指挥部启动的应急响应等级处置本系统内的灾情的，使得应急预案与现实灾情不符合，预案与现实缺乏衔接性。以电力系统为例，据供电局反映，供电局根据广东省三防总指挥部启动的应急响应进行准备和处置工作，但是在相隔不到一天的时间内，应急响应等级上升为一个等级时，各项准备工作需重新安排，极容易打乱他们抢修调度的进度。

4. 应急管理运行机制不畅

生命线系统功能失效涉及电力、供水、交通和能源等环节，它是一个跨区域、跨系统和跨部门的综合性的应急管理工程。但是在实际的应急工作中，生命线系统和主管政府部门的条块管理的应急管理机构模式在运行过程中出现了"条块分割"的现象，主要表现在跨系统和跨部门间的横向应急分割。

在生命线系统中，据调查了解，由于各生命线系统在灾前缺乏协调机制或没有签订灾中互助协议，在灾害发生后，各生命线系统主体在恢复救灾过程中只能通过向政府申请援助。在政府部门中，因为存在境外各种权限问题，如果没有上级指挥部门的行政命令，将无法实现跨部门间的协调。如当供电局向主管的政府部门提出对中石化中石油用油需求后，但是因为运输油料涉及多个部门，包括负责加油站的运油车在运输油的安全保障工作方面的交通厅，和负责运油车的道路秩序的公安机关的交通管理部门，以及石油供应商公司等，主管的政府部门需要与其他部门进行沟通协调，就会暴露出横向协调的缺陷，最后仍是需经上一级领导协调才得以解决。

5. 信息沟通机制不完善

在灾害发生后主要信息是灾情摸损和信息的上传下达，信息沟通的对象是政府、生命线系统和城市支柱性重要用户。据调查了解，当前沿海城市人民政府和各生命线系统间的沟通机制和信息共享机制并未真正成立，其问题主要是表现在灾前和灾中。首先，在灾前，缺乏日常沟通，而且各系统内部出于安全保密考虑，都将系统内的某些重要设备信息及其分布图设定为机密信息，信息不共享会导致无法在灾前做好功能保障工作。如供电部门在灾前因无法得知通信运营商基站的分布图，则无法提前加强基站的保电工作，反过来通信运营商也难以为供电部门提供稳定的通信渠道。其次，在灾中，在强台风灾害袭击后，沿海城市的通信将会中断，而且随着业务需求，以前能在灾害中发挥作用的微波载波机也已退出市场服务，如何将灾情信息上传下达和共享成为首要的难题。据了解，目前只有部分生命线系统拥有卫星电话和少量对讲机，能将灾情信息上传至属地总指挥部，其余只能靠"人跑"的方式，极大地延误了救灾时机。而且由于缺乏共享机制，上传的灾情信息因通信限制和"人跑"的时间差，难以统一下达至各生命线系统，极容易出现救灾不统一的现象。对于灾情损害程度的摸查，由于目前在科技投入规划方面仍有限制，其"摸损"只能靠"人估算"的形式，难以保证准确性。这种不准确性又会影响到指挥部的决策，影响到应急救援人员队伍的安排。

6. 生命线系统内部合作规划的工作不完善

无论是在正常状态还是应急处置状态，生命线系统主体间是相互影响、相互支持的，各自为政状态的应急工作是无法提高整个系统灾害的恢复效率的。在实际的应急工作中，各系统并没有利用生命线系统功能支持的作用：其一，供电局的救灾复电需要通信支持，通信运营商的救灾恢复网络需要供电局的电力供应,但是供电局在输电线路走廊的架设与通信运营商的通信线路缺乏统一性,导致在灾害发生后,供电局和通信运营商救灾恢复的区域出现不一致,应急工作处于被动的状态。其二,无论是供电局、通信运营商和水厂,在应急救灾时十分需要油料的支持。但是在实际中,它们并未与油料供应商签订协议,油料供应商也未在每一个加油站处规划设计应急加油专用通道,导致在灾情发生后,各系统主体只能与社会车辆一同排队等候,使得各系统的用油十分紧张,也延误了救灾时机。

7. 应急救援资源事前规划不充分

应急资源是应急救援工作顺利开展的基础。为了确保应急工作的有效实施,在灾情还没有发生前,必须对应急资源进行合理的准备。但是在近几年强台风灾害的实际应急工作中,针对如后备电源、应急通信设备、人员队伍等应急资源的储备事前规划工作仍然不足:其一,应急资源储备的数量有待提高。以后备电源为例,我国提出企业可根据需要自行储备,这种缺乏强制性约束的应急物资储备规定,会使各生命线系统基于系统的成本和经济利益的考虑,而选择不购置后备电源等应急物资,但是在灾害发生过程中,这些没有购置后备电源的生命线系统主体会纷纷向政府部门提出物资申请救援,增加了物资调配的压力和难度。其二,由于技术和信息共享的限制,没有建立统一的生命线系统应急资源库,也没有对各系统的应急资源库的属性标准进行统一性规划,使得在应急救灾过程中,政府部门因无法掌握物资的详细信息而无法进行协调调配,各生命线系统间也无法进行直接的物资联动合作。其三,在应急救援队伍库,目前只有广东电网公司的"省输变电工程公司安全事故应急救援队"被列入了广东省突发公共事件应急救援队伍库,即只拥有电力系统的应急救援队伍的联系方式、部署地点信息,由于政府部门缺乏其他生命线系统应急救援队伍的信息,在灾害过程中,将会导致应急人员无法协调而出现应急抢修工作各自为政的现象。

8. 信息公布渠道不畅通

在衍生事件中的信息类型主要是官方信息和非官方信息两种,官方信息是指社会公众从政府、供电局、供水企业、通信运营商等获得的信息。据调查了解,在灾前和灾中,气象局、三防办、水利部门、供电局、通信运营商会通过电视媒体的公告或公示、广播、手机短信、官方微博等发布信息。但是在灾中,虽然这些部门十分重视社会公众对灾情的知情权,但是由于电力系统和通信系统功能失效,这些日常的传播渠道将难以发挥作用,即使电视媒体的应急保障措施做得充分,政府部门能通过该渠道发布信息,但是对于信息接收方的社会公众而言,他们的信息接收设备的功能是失效的,这样会出现官方信息覆盖率低,容易给谣言的滋生提供空间。

9. 应急生活物资供需矛盾大

城市生命线系统功能的失效,会严重影响着社会公众的生活。生活必需品的缺乏,严重威胁着社会公众的生命安全。在灾前,广东省民政厅会根据气象部门的预警,提前调配生活物资,如帐篷、折叠床、棉被、毛巾被(毛毯)、衣服、应急灯、干粮等省级救灾储备,当灾害发生后,根据各生命线系统的受灾情况对社会公众的影响,将救灾物品分配到各个救灾区域。但是,由于灾情物资具有突发性,在各种需求的叠加效应下,供需矛盾会快速加剧,储备物资无法满足社会公众的需求。而且,据调查,有些地区在灾害发生后会容易出现社会公众哄抢物资的现象,如因强台风"彩虹"在国庆节登陆,被困的自由行旅客和当地市民在获知湛江市市区的某一加油站可以提供服务后，一窝蜂地争先排队抢油，秩序非常混乱。从本质来说，这也反映了政府缺乏对公众的灾害安全教育，才导致各种社会混乱事件的发生。

7.4 完善广东沿海城市生命线系统安全规划

随着城市生命线系统规模的扩大，城市生命系统安全变得越来越重要，它的安全规划也成为一种新的研究范式。随着沿海城市的发展，城市生命线系统的灾害环境蕴含的安全问题越来越凸显，生命线系统的灾害连锁反应对城市的破坏也越来越严重，传统的安全规划也未能很好地解决这种多灾种的系统性安全问题，仅仅重视城市生命线系统的工程性规划，或只专注在某一环节上的安全规划，也无法应对当前强台风增强的趋势；城市公共安全是政府的一个重要职责，城市生命线系统涉及多个主体，仅仅依靠他们是难以全面提高综合防灾减灾和应急能力的，需要政府承担起主要职责，统筹协调各城市生命线系统的安全规划。

在上文分析的基础上，基于风险环境特点和风险发生机理反思安全规划存在的问题，结合工程性规划和非工程性规划，就防灾和应急管理提出完善路径的建议，也是为政府部门对生命线系统安全规划的编制和执行提供一种优化的思路，力求将强台风灾害对生命线系统造成的损失降到最低。

7.4.1 科学编制和落实安全规划

7.4.1.1 沿海城市生命线系统安全规划原则

1. 协调社会发展与自然的关系

2006年11月，在哥斯达黎加召开的全球变暖对台风活动影响问题的专题研讨会上，提出了《关于人类活动引起的气候变化与台风之间关系的声明》（以下简称《声明》），《声明》指出全球气候的变暖，将很可能增加台风的最大风速和降水量，当海表温度每升高1℃，台风的风速将增强3%～5%。而全球气候的变暖往往又是人类活动的过于频繁和对自然界过度破坏造成的。因此，沿海城市生命线系统的安全规划必须要考虑人、生命线系统和自然的平衡关系，改变以经济效益为中心规划的现状。沿海城市的人民政府对生命线系统的规划建设起到监督的作用，要减少电网、交通、水厂等因布局不合理或设施安全标准不合格而对生态自然造成的污染，统筹考虑人口、环境、生态、生命线系统建设等各方面因素，坚持保持人、生命线系统和自然关系协调发展，打造"绿色、生态、低碳"的沿海城市。

2. 坚持政府的主导作用，以电力安全供应为核心

专项规划是根据风险区划来编制的。根据上文对强台风灾害的发生机理的分析，在强台风灾害下，生命线系统的功能失效是灾害连锁反应的重要环节，其中电力供应中断是关键性灾害要素。因此，在编制安全规划时，要处理好强台风和生命线系统安全的关系。强台风只是一个导火索，安全规划的主体应以生命线系统的安全保障为主要内容，科学考虑

系统之间的内在联系，各生命线系统以电力系统的安全供应为核心，必须充分发挥政府在安全规划中的主导作用，组织发动各生命线系统主体关注系统整体的安全问题，使生命线系统的安全保障形成统一协调的有机整体。

3. 规划层次：整合性原则

城市生命线系统涉及风力、电力、通信、供水和交通等多个系统，其安全规划必定具有跨部门、跨行业跨系统的特征，因此，在规划层次上必须要整合现有基础上的安全规划。首先，从过去传统的条块分割式的安全规划，转变为多部门条块结合式的综合规划；其次，在单个系统内部现有的安全规划基础上，统筹扩大到城市的所有系统在强台风背景下的共同规划，保障整个城市系统的运行安全；再次，应将预防、应急、恢复重建的全过程纳入安全规划体系，融合工程性规划和非工程性规划，实现硬件和软件相结合；最后，沿海城市生命线系统安全规划是与城市的整体发展和布局息息相关的，因此，政府部门应牵头协同各生命线系统，将沿海城市生命线系统安全规划无缝隙地纳入城市规划体系中，使其与城市总体规划、土地利用规划、城市公共安全规划等有效协调，要求在规划前采用先进的风险评估方法，各系统主体在布局时综合考虑自然、基础建设、工业和社会因子的因素，避开灾害源和敏感区域，如风口位、滩涂或农田城市，实现沿海城市生命线系统的布局和安全规划的有效结合。

7.4.1.2 建立和完善沿海城市生命线系统安全规划实施监督体系

广东省沿海城市生命线系统安全规划是由政府组织领导各生命线系统依照法律规定编制，安全规划编制的目的是通过对规划内容的实施，将规划变为现实，从而降低沿海城市生命线系统在强台风下袭击下的风险，所以安全规划是否得到执行以及执行的效果如何，将极大地影响着生命线系统的安全，进而影响着城市的公共安全。针对如预警机制、事前准备不足的情况，首先，要强化规划的实施，各级人民政府生命线系统主体要切实履行职责，加大工作力度，确保每一项规划任务能够得到落实。其次，建立一个安全规划监督机构，对安全规划的实施进行专门监督。由于城市的安全规划一般是由人民政府依照法律编制的，但是其涉及各个生命线系统，因此可建立双渠道的监督体系，包括人民政府的监督和生命线系统间的监督。人民政府作为安全规划的统筹者和主导者，必须建立对沿海城市生命线系统安全规划实施监督的专门机构，负责对每一年该项安全规划实施效果进行评价，监督沿海城市人民政府和生命线系统是否按照该项安全规划实施到位、定期检查每一生命线系统存在的安全隐患、提出修改沿海城市生命线系统安全规划的建议等工作。生命线系统间的互相监督是一种基于系统间耦合作用的一种监督形式。

孕灾环境分析可知生命线系统间是彼此支持联系的，依赖彼此提供的服务运作，因此可利用这种"唇亡齿寒"的关系，建立生命线系统安全规划监督委员会，由监督委员会监督各系统的安全规划是按照规定实施，也可向政府部门提出并改进城市安全规划的建议。再其次，建立评估考核机制。上述的两个监督机构在履行监督职能时，可定期对本规划执行情况的监督检查结果，对各地各部门安全生产规划目标、重点工程项目的实施进展情况进行公布，并明确设定中期评估和终期考核的时间，对各部门的规划实施和任务完成等情况进行阶段性评估。最后，对安全规划实行过程管理，在五年的规划期限内实行两年的滚动式修编方式。对安全规划进行评估考核，是为修正安全规划内容提供支撑，无论沿海城市的生命线系统安全规划做得多细致,也无法应对城市灾害环境,无法一劳永逸地解决安全问题,这是一个需要进行不断控制、修正、更新的过程。

7.4.1.3 将广东省生命线系统安全规划纳入法定规划体系

国外发达国家的城市生命线系统能够安全地运行是完善的法律体系作用的结果,法律是沿海城市生命线系统安全规划得以充分实现的制度保障。完善的法律法规体系,是人民政府依法授权负责编制生命线系统安全规划、依法监督安全规划实施以及生命线各系统履行职能的必要条件。国家对城市生命线系统的安全问题已出台一些法律法规,如《中华人民共和国城乡规划法》中规定确保输配电设施、通信设施、水库、消防通道、道路等用地得到有效的保护,禁止搭建违章建筑或擅自改变用途;《突发事件应对法》提出要统筹安排应对突发事件的设备基础设施建设;查阅广东省人民政府应急管理办公室的官方门户网站,网站显示广东省也根据国家的法律制定了相应的地方性法规和规章,如《广东省保障电力供应及安全工作方案》《广东省道路交通安全条例》《广东省气象灾害防御条例》《广东省防汛防旱防风工作若干规定》等。

在此基础上,需要加快推动安全规划执行的法规规章的制定工作,改变安全规划仅仅流于形式的局面。首先是规划标准法制化。一方面,对各生命线系统的安全规划和相关标准规范法制化,政府相关部门根据法规规章监督各生命线系统主体贯彻落实相关的条例、技术标准和规范,对违法破坏的行为加以严厉的惩罚;另一方面,要对已制定的法律法规和标准规范进行更新和完善,对目前已制定的防灾减灾和应急管理的法律法规进行梳理,解决法律法规在某些条例上的矛盾。以《电力法》《电力设施保护条例》和《森林法》为例,它们在法律效力上处于同一位阶,但是在砍伐树木方面就存在矛盾。对已有的标准规范,如《110～500 kV 架空送电线路设计技术规范(DL/t 5092—1999P)》《66 kV 及以下架空电力线路设计规范(GB 50061—1997)》《110 kV～750 kV 架空送电线路设计技术规范(GB 50545—2010)》等已经明显地显示出滞后性和不适应性的地方进行更新和完善,使其不仅符合国际标准,同时适应广东省沿海地区的强台风灾害特点。其次,主体职责权限的法制化。明确各参与主体和生命线系统在应对台风突发事件时的权责体系、联系人制度和处置程序等,消除在应急救灾过程中可能出现的矛盾或冲突。再次,关键因素的法制化。根据上文分析可知,后备电源是防灾和应灾的关键因素,对后备紧急电源强制法律化,可参照《关于加强重要电力用户供电电源及其自备应急电源配置监督管理的意见》,以法规规章的形式强制要求广东省沿海地区的各生命线系统主体或重要行业配置紧急用电。最后,生命线系统项目建设风险评估法制化。生命线系统的基础建设项目,通过风险评估,可在建设过程中,对建设安全标准不及格的项目,通过法律的形式,强制项目停止建设,直至符合风险评估的安全标准。如图 7-14 所示。

此外,为了解决城市总体规划对安全规划的影响,解决安全规划滞后于社会发展的问题,妥善处理生命线系统安全规划的法律地位,可通过将城市公共安全规划和生命线系统安全规划纳入城市总体规划的框架内,取消城市总体规划中有关安全规划的部分,包括防灾和应急管理,将城市公共安全规划的等级提升,将其确定为城市总体规划中的专项规划,同时在城市公共安全规划的基础上,将生命线系统安全规划确定为公共安全总体规划的专项规划,通过安全规划执行的法规规章,不断完善生命线系统规划技术标准,丰富规划内容,使得生命线系统安全规划成为一个独立体系。

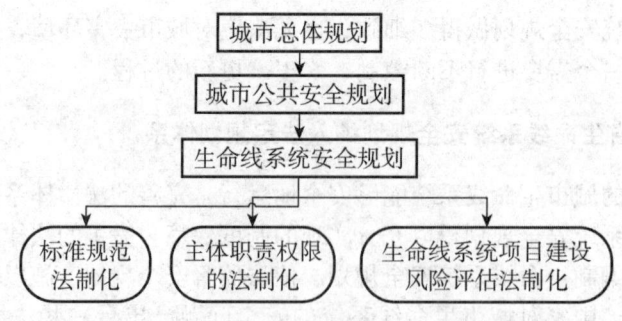

图7-14 生命线系统安全专项规划法定规划体系

7.4.2 工程性规划和非工程性规划：本体破坏和功能破坏

本体破坏和功能破坏是生命线系统的两种破坏形式，与生命线系统的结构和抗灾能力有关，而生命线系统的结构和抗灾能力又与资源配置相关联，如资金的投入度、物资的准备度等。本体破坏和功能破坏涉及系统结构工程问题，要从预防和应对上改善沿海城市生命线系统的安全规划，则需要结合非工程性规划和工程性规划，提高沿海城市生命线系统的抗灾能力。如图7-15所示。

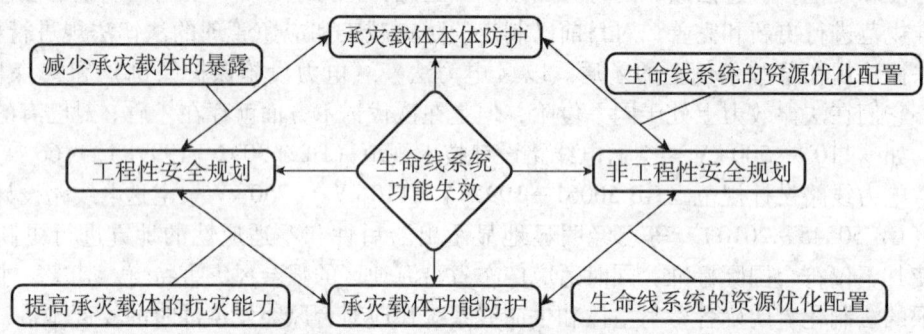

图7-15 工程性规划和非工程性规划

7.4.2.1 减少承灾载体的暴露

制定合理的系统发展战略，适当缩小系统规模。如供水系统和通信系统，为了业务需求，发展规划都由原来的集中化逐渐向分散化转变，导致呈现分布的点多且分散的状态，这种分散化的状态虽然减轻了业务量的压力，但是也意味着承灾载体暴露的数量和价值越高。因此，通过缩小系统的规模，用更小的规模提供更高的服务，可以适当减少生命线系统在强台风破坏下的暴露。

对生命线系统进行合理的统筹规划和管理，减少承灾载体脆弱性的暴露。在统筹规划方面，政府部门应统筹电力系统和通信系统在线路走廊的架设规划，实行二者的同步规划和同步建设，保障每一区域的输电线路有通信服务，每一个通信基站线路都有电力供应；政府部门应统筹能源（油料）系统，在每一个加油站处，根据应急移动发电车或消防车所占通道的最大面积，划分一个应急加油通道；交通系统的道路网络在救灾过程中是最为关键的，政府部应根据灾后应急车辆的实际宽度和道路的实际宽度，将交通通道划分为应急救灾通道和社会通行通道，并将划分后的道路网络规划图公示；政府部门应统筹城市水厂规划，加快建立应急备用水源工程的建设，统筹考虑在建和规划的水厂，应将水厂和备用水源点布局在交通便利和供电安全保障强的区域。在管理方面，要加强对杆塔基础的下沉、埋藏等工作，加强通信运行的维护等工作，此外，政府部门应牵头加强各系统在事前规划的联动，通过在项目的前期规划的合作，合理布局城市生命线系统规划，降低整个系统的灾害风险，从而减少脆弱性的暴露。如线路管道埋藏在地下是未来生命线系统减少暴露的一个发展方向，管道和线路的铺设错综复杂，这必定需要经过政府的协调处理布局矛盾，才能保障整个系统的安全。

7.4.2.2 提高承灾载体的抗灾能力

根据上文对"承灾载体"的分析，可知电力系统本体破坏和电力供应的功能破坏是影响生命线系统运作的关键。因此，要提升生命线系统自身的抗灾能力，首先要对电力系统进行全面的提升和加强。每当强台风袭击，最常见的是电力设施的杆、塔、线等的本体破坏，主要表现为倒杆倒塔、线路跳闸受损等，因此关键是提高沿海城市电力设施的抗风能力。其一，提高抗风标准，有针对性地加强沿海地区电网二次系统中的"三道防线"设备。对当前的电网设备设施进行抗风风险评估，对不具有抗风能力的设备进行淘汰，对抗风标准低的设备进行更新和完善。其二，研究新的防风加固方法。在"彩虹"事件中，湛江市供电局采取了综合加固方式，如加插拉线，实行每3基拉线，使12级风圈内的设施受损较以往少，成效较明显。但是出于成本效益考虑，一些沿海城市电力设施采取每5基拉线的加固方式，虽然基本能抵抗风力，但是中间未能打拉线的杆塔仍然受损严重。这种加固方式虽然能减少受损程度，但是"治标不治本"，研发新的加固方法尤其重要。其三，实行"强交强直"，构建交直流协调发展、结构合理、技术先进的特高压电网，实现电网全面升级。其四，线路布局避开海边、河岸或开阔地带的风口位置，线路走向尽量避免与台风方向接近垂直的线路走廊和杆塔。其五，制定"黑启动"方案。启动"黑启动"方案，可以保证任何一个节点或系统功能失效不至于使整个系统崩溃，这是一种安保形式。在"彩虹"事件中，湛江电网在几乎"全黑"情况下，启动"黑启动"方案，通过对港茂甲乙线、港岛甲线进行强送电，成功恢复了两座500 kW变电站的供电，为后续的复电工作和社会稳定起到了关键作用。

鉴于生命线系统对电力的依赖性，保障生命线系统的安全运行可在生命线系统规划建设时增加电力供应的"辅助"系统，即后备电源管理系统，通过加强各系统内部的电力供应而降低对电力系统的依赖。以强台风突发事件为背景，"主干"为电力系统，"分支枝叶"为其余依赖电力系统运行的系统，一旦"主干"的供应中断，"分支枝叶"其本体虽没有遭受巨大的破坏，但是在"养分"中断的情况下，已无法履行其承担的功能，甚至会造成更严重的灾难事故。因此在各系统的规划建设上要发展后备安保电源管理系统，当供应中断后，各系统的后备安保电源管理系统能自动启动内部紧急后备电源，能在一定程度上保障系统功能运转，维持对社会的服务工作，从而降低城市公共安全的压力。

7.4.2.3 完善沿海城市生命线系统的资源优化配置规划

统一对沿海城市生命线系统的资源优化配置进行规划。资源包括人、物资、资金，相应地，这三大类在资源优化配置规划的具体内容就是应急救援队伍体系、应急救援物资配置体系、资金规划。

对于应急救援队伍体系的规划，其组成应该包括指挥体系和现场救援人员体系。参考《广东省防汛抗旱防风应急预案》的组织指挥体系，由分管的副省长为总指挥以及相关政府部门负责人和生命线系统分管负责人组成。现场救援人员体系是由生命线系统内部的应急救援人员组成，设立现场指挥机构。在突发事件的灾害现场，第一时间成立现场指挥机构，由第一位到达现场的高级领导或专家担任先期处置的指挥官，待更高层面的领导常驻现场后，移交指挥权，规定每一个救援队只对一个现场指挥官负责。进一步完善广东省突发公共事件应急救援队伍库，将各生命线系统的应急救援队伍列入此库中，在应急救援队伍库的基础上，完善省、地级以上市的生命线系统的联络制度。

对于应急救援物资配置体系，政府应推动沿海城市生命线系统做好应急物资储备和调配的工作。一方面，政府应在安全规划中列出一份详细的物资清单，明确规定各系统必须存储的应急物资的品种、数量以及物资分布点的位置，如在关键设施配备两个以上的后备电源和能维持12小时以上的油料、重要站点配备一个卫星电话、规定的区域范围内配备相应数量的对讲机、人群聚集地应设计自来水存储罐等，并由政府通过监督系统收集物资储备的数量情况；其次，实行应急救援物资标准化，将各生命线系统上报的物资进行集成，建立统一的应急救援物资数据库，由政府部门统筹，多系统主体共享；最后，科学规划、稳步推进各级救灾物资储备库（点）分布建设，在各个系统间的最合理的地址建立储备库，加强救灾物资储备体系与应急物流体系衔接。

从调查结果显示，生命线系统安全保障能力薄弱的一个关键问题是资金投入不足。从近几年的规划来看，在生命线系统内部，各系统主体出于成本和经济利益的考虑，在提高系统安全性和物资的储备上会有所保留，使得安全性和经济性失衡；在灾害应对过程中，由于城市生命线系统具有公共性的特点，应急资金具有竞争性的特征，如果资金投入单纯以政府为主，则远远满足不了大范围的生命线系统的需要，而且这必定会增加政府的财政压力。事实上，在规划上仅仅依赖生命线系统或政府，安全性效益和经济性效益之间的平衡是难以获得的。因此，对于应急资金的规划，要以政府为主导，积极调动政府、生命线系统和灾后保险赔偿机构的力量，实行政府投入和社会资本共存与合作的机制。在政府资金方面，加强政府资金在生命线系统上的投资力度，将完善生命线系统结构和提高强台风抗灾能力作为一个项目纳入政府预算的规划中，使各系统在保证建设总量的基础上，实现建设质量的提高。如在国家能源局印发的《配电网建设改造行动计划（2015—2020年）》中，提出2015—2020年配电网建设改造投资不低于2万亿元。可利用资金对沿海重要的线路进行防风加固改造，安装防风拉线、改进杆塔基础、优化杆塔选型标准等；在供水系统，政府应增加资金投入，增加高低压的水泵的数量、应急备用水源的工程项目和应急送水车量；增加资金投入在数据库以及信息系统平台的建设上，实现政府和生命线系统间信息的互联互通。在生命线系统内部，供电局、水厂、通信运营商作为企业，对于安全规划必须购置的后备电源，可以实行经营使用权转让的方式，向转让的第三方公司收取转让的利息，消除成本因素的影响。在灾后保险赔偿机构，实行市场提供、政府协助的方式为生命线系统主体提供赔偿服务，帮助生命线系统主体在灾后的恢复重建工作。

7.4.3 完善应急管理体系建设规划

强台风具有非常强的突发性，在它影响下的城市生命线系统以及整个应急管理过程亦会变得十分不确定，因此需要对现有的应急管理体系建设规划进行完善，融合为动态型和静态型的建设规划。

7.4.3.1 优化广东省沿海城市灾害预警机制规划

一个完整的预警机制必定包括监测、研判、行动环节，如图7-16所示。监测环节的对象是"灾害要素"或"致灾因子"，主要内容是沿海城市的区域环境，包括自然环境中的强台风的路径和释放能量等级、生命线系统中各系统运行的状态、社会人文环境谣言和物质供需的变化，监测这些变化是否超过临界值或触发条件。研判环节是指对监测数据进行研究分析并做出判断，并将结果上报警示，警示的对象包括政府、生命线系统主体、应急救援队伍以及社会公众。行动环节的主要内容是采取各种控制和准备措施，防风加固、物资提前准备等。

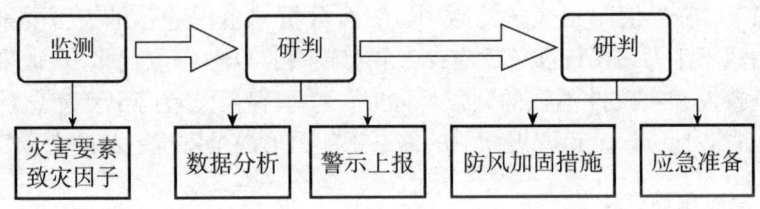

图7-16　广东省沿海城市预警机制规划

在监测上，目前仅有对气象灾害的数值和观测资料的监测，缺少对气象灾害和生命线系统运行的联动监测，因此，应在进一步完善广东省开发的"南海台风模式"的监测模式的基础上，不断缩小台风路径预测误差和将预报的时间前移至三天，同时，将"南海台风模式"与生命线系统监测联动，构建一体化的数据监测模式。在研判上，根据调研所知，从强台风"威马逊"发生后，某些沿海城市才实行研判的过程。因此，要将"研判"规范化，将研究分析的任务贯彻落实到应急总指挥部，以科学指导灾前的预防工作。在行动上，预警机制的关键是防控措施的落实。因此，要在政府部门和生命线系统主体内形成基本的的规避技能，当获知灾害警示后，在气象预报的三天时间内能形成一种"条件反射"，如生命线系统的主管部门完成所有的安全问题排查，包括防风加固和应急资源储备工作，更新应急资源储备数据信息；政府部门协助生命线系统清理线路沿线的树枝和户外广告牌；提前调配人员和物资，以防强台风发生后，出现因路障而无法通行等问题。通过这种"条件反射"式的预警行动模式，减少灾害要素和致灾因子对生命线系统造成的破坏。

7.4.3.2 完善应急预案体系

现实中强台风灾害对生命线系统的破坏是不可能完全避免的,要使"高风险"的生命线系统变为"低风险"状态,既要通过各种措施预防灾害发生来缓解和消除风险,又要积极地做好各种应对的措施,既要防患于未然,又要未雨绸缪,这就需要建立完善的应急预案体系。以广东省人民政府在 2006 年印发的《广东省突发公共事件总体应急预案》为例,广东省已形成了专项预案、部门预案、各地级以上的总体应急预案、企事业单位预案四大类应急预案。针对强台风自然灾害,广东省人民政府不断地修编了《广东省防汛防旱防风防冻应急预案》,对生命线系统的主体如广东电网公司、中石化广东分公司、中石油广东销售分公司、交通集团、物资集团、铁路集团等单位在应对灾害时的职责进行了划分。此外,还对防风的应急响应分级以及响应工作小组进行了详细解释。再者,由于在现实中每一个生命线系统都会在自身系统特性的基础上制定不同的预案,如防台风应急预案、停电预案、通信中断预案、供水中断应急预案等,也有各自的应急响应等级,因此,广东省人民政府应统筹各个系统的应急预案,实现应急预案备案率达到 100%。再次,从前文对"突发事件"的分析可知,当沿海城市发生强台风后,一般涉及自然灾害事件、生命线系统灾害事故以及社会安全事件,单纯某一类型的应急预案无法实现灾害情景的有效衔接,应以备案的各生命线系统的应急预案为参考,结合防台风应急预案,以情景构建和"触发条件""临界值"最大化的原则,综合分析"事件链"的灾害要素,编制出台一份有关强台风下生命线系统连锁反应灾害应急预案,以"一取代多",改变过去应急预案中各预案衔接性和实践性不强的缺点,同时,广东省人民政府出台应急预案编制的指南,以供广东省各地级以上市开展相关的编制工作,形成全省统一的应急预案体系。

7.4.3.3 完善应急协调机制

沿海城市生命线系统涉及多个生命线系统主体和职能部门,其灾害连锁反应也非常强,因此有必要建立一个属地为主、统一指挥、牵头协调、标准化管理的机制。"属地为主"是指当灾情超出了事发地人民政府的管辖范畴时,属地范围内的应急事务的"指挥权"归属属地政府,属地之内应急事务的"协调沟通"以及属地之外事务的指挥权归属上级政府。"统一指挥"是指建立一个应急指挥管理中心,作为应急运行的中枢机构。由台风灾害发生地的分管副市长作为应急指挥官,城市生命线系统主体为指挥体系的成员和专家。在获知强台风预报信息后,由应急指挥官组织各个生命线系统对其系统内部可能发生的灾害和受灾情况科学地进行预判,制定相应的应急方案;在灾害发生后,作为最高的指挥机构和信息对接中心,各职能部门和生命线系统提供专业决策咨询和技术支撑,并由应急指挥官派发任务和协调各方的职能。"牵头协调"是指政府牵头协调,实现生命线系统主体间横向联动,如由政府牵头,各生命线系统签订协议,为彼此建立绿色通道。如油料紧缺问题,石油企业与各系统主体签订协议,在灾害发生时,可优先加油,而电力、通信系统可为其提供应急电源、通信的保障,交通部门为应急车辆开通绿色通道,各系统协同应急。"标准化管理"是指在政府和生命线系统中建立一个共同标准体系,将设备设施的规划布局、人员、通信、物资等联合为一个整体,使各主体的应急处置能够无缝隙地协调合作和快速找到对接人员,降低在应急协调过程中彼此间合作时的"误差成本"。

7.4.3.4 重视科技规划：完善沿海城市生命线系统信息管理系统

强台风下城市生命线系统灾害事件具有一定的演化过程和规律，可以利用科学技术的力量，结合气象灾害预警系统，对城市生命线系统灾害进行预测、分析和预警。首先，预判分析是以数据量为基础的，因此需科学规划和完善城市生命线系统安全规划基础数据库，包括各个系统设备的安全标准规范数据库，重大危险源数据库，应急设备、人员和物资数据库，气象灾害数据库，各系统中重要设施分布图等，通过数据库的建立，实现跨部门、跨行业、跨系统甚至跨地域的信息共享规划目标。

其次，在数据库的基础上，建立城市生命线系统灾害管理信息系统，将上述数据库的信息纳入统一的信息管理系统。以应急物资调配为例，通过统一的信息系统，当灾害发生时，各生命线系统在该平台上提出需求申请后，由人民政府统一安排配置，减少过程中可能出现的问题，迅速地调配物资，提升物资储备调配的管理水平，同时也提高了各系统在物资上的联动效率。

再次，建立灾害发生机理模型。根据上述第四章的灾害发生机理，强台风一般会产生生命线系统功能失效的次生事件和社会混乱的衍生事件。因此，可收集近几年来广东省曾经发生的强台风事件的数值以及造成灾害结果的信息，利用计算机分析技术，建立灾害发生模型，分析和预先判断灾情可能破坏的最大值。

最后，利用新一代的信息技术和大数据挖掘，制定"智慧"沿海城市生命线系统发展规划，通过在城市生命线系统中嵌入感应器或防范报警器等，对重要设施的运行状态进行实时的动态分析和管理，将其物联成网。通过信息管理系统和"智慧"城市生命线系统，结合灾害发生机理模型，做到灾前分析、整合和预判，提前做好防范措施，在灾后几分钟内确定灾害的本体破坏和功能破坏的地点以及灾情的破坏程度，减少灾情摸查的时间和信息不对称的情况。减少灾害的损失，保证生命线系统运作的安全，进而保证城市公共安全。

7.4.3.5 完善应急信息传递和发布机制规划

信息的联动和信息的共享程度影响着信息的准确性，也会影响应急指挥决策命令，会导致应急救灾混乱事件的发生。生命线系统主体多，相应的信息也会零散和杂乱。因此，利用信息管理系统，建立应急信息传递机制，如图7-17所示。其一，数据信息统一分析。通过政府和生命线系统主体参与的应急组织指挥体系和信息管理系统，各系统主体将获得的信息上传至信息平台系统，由应急组织指挥体系进行分析并下达指挥命令。其二，规范信息报送制度。由于强台风灾害涉及的职能部门和生命线系统主体多，人员流动大，会出现信息重复上报、分类不规划而遗漏信息或上报不及时的情况。因此，应在安全规划中，通过信息平台的属性限定，列明灾害发生前、发生中和发生后必须上报的信息类型、上报的事件等，将信息报送制度作为一项即时性和常规性的工作。其三，实行信息共享机制。政府部门应根据各系统的需求，列明一份需信息共享的清单，明确哪些信息需要共享，并将共享信息建成相关数据库。通过信息系统和信息共享机制，确保在应急处置过程中能迅速获得有用的数据，提高应急处置的效率。

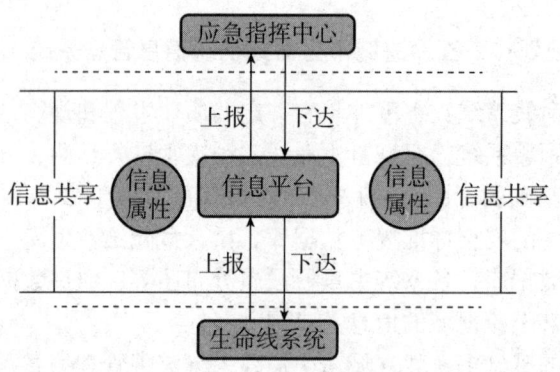

图 7-17　信息传递规划

　　社会公众的心理是随着事态的变化而变化的,而信息的公开是可以帮助公众尽快地稳定心理和情绪的。在强台风灾害影响下,城市生命线系统功能的失效,整个城市的运作将处在瘫痪的状态,当社会公众最基本的生存需求受到威胁时,社会公众最渴望获知的是灾情的信息,此时政府相关部门如何有效地向社会公众发布灾情信息以及与社会公众进行良好的沟通,对于灾害的应对、恢复和政府形象的维护与提升有着异乎寻常的意义。在经过2008年冰灾和强台风"威马逊"的城市"孤岛"状态的教训后,只有政府和群众了解与掌握灾情信息,才能消除群众的恐慌,才能主动在"社会混乱"链上防灾减灾。因此,在生命线性系统安全规划内容里应重视社会公众的知情权,增加信息发布的任务。其一,应完善自然灾害的早期预警信息发布系统,提高灾害预警信息发布的准确性、时效性和社会公众覆盖率。其二,建立灾害信息公开制度。明确规定信息公布的类型、范围、内容,公布的频率、信息公布的渠道与方式、隐瞒不报的责任。其三,多渠道地向公众发布应急信息。在强台风连锁反应突发灾害下,移动通信网络几乎处在停止运作的状态,人与人间几乎处于信息封闭的状态。可利用有线广播和无线广播迅速快捷传输通道的特点,在沿海城市人口密集的区域或乡镇地区建立广播工程,利用无线电波发射和接受设备,扩大信息的覆盖率;召开新闻发布会,快速收集情报并召开新闻发布会,公开信息,解释原因,消除谣言,如在2003年纽约大停电事故中,原纽约市长布隆伯格迅速调查停电的原因,并在停电后约30分钟提交停电报告,举行了新闻发布会,向公众解释该次停电初步判断的原因;设立新闻媒体人临时办公处,邀请新闻媒体人进驻沿海城市生命线系统应急指挥部。其四,实现政府和社会公众双向沟通的实时交流。可通过建立临时的沟通渠道,通过社会公众的反映,及时了解基层的灾情情况。同时,临时的诉求表达与心理辅导相结合的沟通机制尤其重要,通过沟通辅导,组织人员到社区,进行每家每户的心理辅导工作,疏导群众的压抑情绪。

7.4.3.6　增强政府对生命线系统和社会公众安全意识的教育

　　提高生命线系统主体对强台风的防灾减灾的意识。由于各系统对强台风灾害的意识不强,导致灾害发生前的防风加固、清理路障和信息交流等工作不到位。因此,政府应急办作为应急管理的日常办事机构,应综合协调各生命线系统主体的培训工作。其一,通过组织定期的应急"双盲"演练,加强应急演练的标准化实施,增加演练的实战性,从而加强系统间的联系和抗灾的实战能力,增加系统对强台风灾害的重视度;其二,政府部门定期开展灾害管理的培训课程,整理制定具体细化到身处不同情景下的灾害管理课程,向生命线系统各主体的灾害管理者传授灾害管理的知识。

提高社会公众的自救能力和心理承受能力可减缓政府和生命线系统在救灾恢复工作过程中的压力。因此,要完善防灾减灾宣传教育的工作机制。首先,应将防灾减灾教育纳入国民教育体系,通过正规的渠道让社会公众接收到科学的防灾减灾知识,在灾害发生时能做到不慌不乱,能按照防灾减灾的知识按部就班地进行抗灾,做到既能自救又不会影响应急救援队伍的工作。同时推进灾害风险管理相关学科建设,为生命线系统和风险管理方面培养人才。其次,针对不同的社会群体出版相应的防灾减灾科普读物、教材,针对青少年,可设计相应的防灾减灾动漫、游戏、影视剧等,政府部门和城市生命线系统要充分利用官方渠道,如政府部门使用电视媒体的公告、电力系统利用95598客服、三大运营商的10000客服和10086客服热线等,开发微博、微信等渠道,发布防灾信息的同时解答公众的疑惑,努力营造防灾减灾良好的文化氛围;最后,举办面向公众和生命线系统的应急演练活动和建设灾害遗址图书馆。通过基于情景设计的应急演练活动和真实发生的灾害事件,让社会公众亲身参与到灾害中,感受灾害的威力,提升社会公众的应急自救能力。

7.5 本章小结

本章首先对强台风导致城市生命线系统功能失效风险发生机制进行分析,通过"突发事件""灾害要素"和"承灾载体",构造"强台风—城市生命线系统—社会秩序"的"事件链"演化过程,探寻当前沿海城市生命线系统的风险演化过程以及安全问题,为反思生命线系统安全规划存在的问题提供事实依据。虽然每一个系统的风险发生机制的影响因素很多,但是通过分析,可以得出共性因素。其中,影响生命线系统安全的"灾害要素"是能量和信息:风力等级和灾情信息。导致生命线系统功能失效的"触发条件"主要为两个:风力等级大于电力系统设备规划建造等级和电力供应中断。导致生命线系统应急救灾混乱事件发生的"触发条件"是灾情信息准确度低。生命线系统功能失效会衍生社会混乱事件的发生,其"触发条件"是谣言信息的产生以及官方信息的缺失、物资供需矛盾过大。生命线系统功能失效的关键"承灾载体"是电力系统,它也是生命线系统安全问题的关键,表现为电力系统的本体破坏脆弱性高和其他生命线系统运作对电力系统的依赖,即耦合作用的鲁棒性低,导致整个系统出现功能性破坏。

了解了广东省沿海城市安全规划和生命线系统安全规划现状后,接着基于风险社会的风险环境特征和风险发生机制的分析,反思了目前生命线系统安全规划的问题。随着广东省沿海城市的发展,城市总体规划中的安全意识不断提高,城市规划和公共安全规划逐渐形成体系,在安全规划的指导下,应急管理取得明显的改善与进步;生命线系统主体也在政府职能部门的指导下,安全意识得到提高,表现为技术规划和制度规划得到不断地完善。但是随着环境的变化和风险发生机制的演化过程,生命线系统安全规划仍存在对灾害环境认识不足、对突发事件认识不充分、对承灾载体认识不足、应急管理规划不足等四个问题。

　　风险识别和安全问题是安全规划的第一步。针对风险环境特点和风险发生机理中反思得到的安全规划存在的问题，以政府为主导，统筹生命线系统，基于安全规划的编制和安全规划的内容提出科学编制和执行安全规划、结合工程性规划和非工程性规划降低承灾载体的本体破坏和功能破坏，完善沿海城市生命线系统应急管理体系的三个建议。通过这三个方面的建议来完善沿海城市生命线系统安全规划，同时为政府部门对生命线系统安全规划的管理提供一种优化的思路，进而减少强台风灾害对生命线系统造成的破坏，减少生命线系统对公共安全的威胁。

8 案例分析——广东省茂名市典型自然灾害场景集构建及应对方案

8.1 茂名市区域环境风险分析

茂名市面临南海,位于广东省的西南边。随着强台风所释放的能力的增强,沿海城市的灾害受损也呈现增长的趋势。根据中国沿海台风灾害综合风险评价,茂名市属于台风灾害高风险地区,而且台风灾害能覆盖整个茂名地区,而且越是靠近海边的区域,受台风影响越严重。

随着改革开放的步伐不断往前推进,广东省茂名市由过去的农村或小城镇转变为工业城市,茂名市的人口规模、经济结构、产业结构、交通网络、人口流动等发生着深刻的变化,伴随着城市规模的不断扩大,维系城市和区域社会经济发展和稳定的城市关键基础设施,特别是电力系统也在不断地更新和升级。在面对释放的能量逐渐增强的强台风,电力系统的应对能力明显不足,如2013年强台风"尤特"、2014年的第9号超强台风"威马逊"和2015年超强台风"彩虹",都严重威胁了茂名市电网的正常运行。因此,深入研究和分析电力系统的安全规划,最大限度地提高系统的安全性,进而最大限度提高系统应对灾害的能力,对提高茂名市的城市整体安全具有重要的作用。同时,也能为政府统筹城市生命线系统的规划建设提出有针对性的指导建议。

8.1.1 茂名电网基本概况

截至2016年底,茂名电网建成500 kV变电站1座,500 kV线路4条,220 kV变电站10座,220 kV线路34条,110 kV变电站60座,110 kV线路119条,详见表8-1。在变电站区域分布方面,500 kV变电站只有1座在茂南区;220 kV变电站在各个县(区)都有分布,其中南部电白最多,为3座,北部信宜最少,为1座;110 kV变电站分布与220 kV变电站分布类似,其中南部电白最多,为15座,北部信宜最少,为10座;35 kV变电站以北部信宜最多,为10座,茂南区最少,为0座。详见表8-2。

表8-1 茂名电网规模数据(截至2016年底)

项目	500 kV	220 kV	110 kV	35 kV	10 kV
变电站座数	1	10	60	18	—
变压器台数	6	19	90	26	14 444
线路条数	4	34	119	47	685
线路长度(km)	232.46	1092.636	17 793.01	488.529	13 743

表8-2 茂名电网各县（区）变电站（座）数据（截至2017年底）

项目	500 kV	220 kV	110 kV	35 kV
茂南	1	2	10	0
电白	0	3	15	2
高州	0	2	13	4
信宜	0	1	10	10
化州	0	2	13	3

超高压500 kV经位于茂南区的500 kV茂名变电站，除输往广西、湛江和阳江外，经过降压为220 kV后，分别输往六运、利铁等10座220 kV变电站，其中茂南区内有榭平岭、河东220 kV变电站，与位于电白区的泥桥220 kV变电站相连，如图8-1所示。

8.1.2 茂名市自然地理环境风险分析

茂名市地处北回归线以南（东经110°19′～111°41′，北纬21°22′～22°42′），位于广东西南部，属热带亚热带季风温和气候。全市大部分地区年降水量在1500～1800 mm之间，东部和北部降水多，中部和南部降水少。

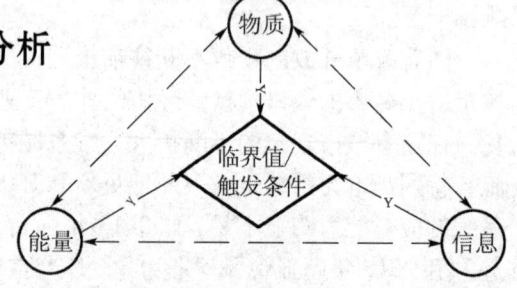

图8-1 茂名电网地理接线图（截至2016年）

茂名市地势由东北向西南依次为山地、丘陵、台地、平原。地形以山地丘陵为主，兼有平原和沿海滩涂。北部和东北部是由云开大山、云雾山和天露山集结形成的山地，山地海拔多在500～1500 m之间；中部主要是丘陵，丘陵高度在100～500 m；南部是台地平原。经过对茂名市部分乡镇地形进行分析，68%的乡镇均为山地丘陵。其次，茂名河川发达，溪流密布；集雨面积达100平方公里以上的大小河流有鉴江、袂花江、小东江、黄华江等39条。

茂名南临南海，每年夏秋季节均易遭受台风的袭击。据统计，2012—2016年年平均登陆和影响广东的台风为5.4个。其次，由于茂名多山地河流，在强台风带来的强风和强降雨的影响下，容易引发山洪内涝等次生灾害，对电网的安全稳定运行有着严重的影响。2013年强台风"尤特"进入茂名境内，带来了狂风暴雨，其中高州市新垌镇记录得全省最大降雨量523.1 mm，大雨造成茂名市多条江河河水暴涨，市区街道、圩镇、村庄受灾严重，茂名市区龙岭开关站、关山开关站均遭受严重水浸，其他开关站也经受了不同程度的水浸影响。

500 kV变电站位于茂南区，220 kV变电站及110 kV变电站以茂名南部三县（区）所占比例较大，北部二县（区）所占比重较少，35 kV变电站以北部二县（区）所占比例较大。当台风经过茂名地区，南部沿海三县（区）所遭受台风风力破坏最大，因此变电站所面临的台风灾害非常严峻。北部二县（区）由于山区较多，容易发生山体滑坡及泥石流突发事件，因此要做好针对性的防范工作。

8.1.3 茂名市人文社会环境风险分析

过去沿海城市仅依靠第一产业为主，以传统农业渔业的生产生活方式自给自足，工厂企业少，对城市基础设施如电、自来水、通信等依赖性不高，停电可以使用家里备用的蜡烛照明、停水可以饮用山泉水或井水等。改革开放以后，广东省成为中国发展速度最快的一个省份，受广州、深圳等沿海城市经济快速发展的辐射带动，其他沿海城市的经济也得到了快速发展。随着经济的发展，产业结构得到转型升级，茂名市第二、第三产业生产总值占全市生产总值的比重不断上升，规模以上工业单位数从 2011 年的 628 个增至 2016 年的 978 个。

《茂名市城市总体规划（2011—2030）》明确了构建"一核双轴五带，多节点放射状"的城市空间发展格局。"十二五"期间"一体两翼三大抓手"发展思路的全面落实，构建了"海滨新区""高新区""水湾新城"三大平台，茂名市在交通建设、工业园区扩能增效、城市扩容提质等方面均取得了突破性进展。据茂名统计局 2015 年全市经济运行情况分析数据显示，全年完成交通运输基础建设投资 118.9 亿元，全年新增规模以上工业 134 家，全市城镇化率为 40.02%。

电力设施是城市生存和发展必须具备的基础设施，电力是保持城市功能正常运转的必要条件。随着茂名城市化进程的发展，其对电力需求的依赖性也越来越高。据索玮岚等人《城市生命线系统耦联多维度测度方法研究》指出，在城市生命线系统耦联中，电力系统的作用尤为重要。

8.2 茂名市电力系统风险发生机制分析

安全和应急管理是基于影响系统和城市安全潜在、突发和灾后等的灾害因素的分析，并以一定的技术和手段控制其演化，对于电力系统的安全防护，也应该是基于影响其潜在、突发和灾后等的灾害影响因素，包括发生的诱因、条件、发生过程、灾害后果，对灾害风险发生机制的分析是安全防护的基础工作。因此，运用城市公共安全与科技的"三角形"理论模型构建台风导致的电力灾害发生机制的演化过程，通过对"事件链"分析"突发事件""承灾载体"和"灾害要素"分析台风天气（强风、强降雨、雷电）对电力系统的影响及台风灾害引发的次生衍生灾害对电力系统的影响等。

8.2.1 基于强台风的茂名电网"灾害要素"分析

"灾害要素"是指可能导致突发事件发生的因素，当"灾害要素"超过了临界值或遇到一定的触发因素后，爆发或即将爆发突发事件。灾害要素具有物质、能量、信息三种形式，三种形式的灾害要素会在演化过程中不断地转换，例如当沿海城市强台风吹袭导致电力系统功能失效后，意味着维持社会运行的能量消失，会意外释放信息灾害要素，到达了一个临界值或触发条件后，社会公众出现恐慌心理，它是一个由能量向信息转换的过程。在台风事件中，其对茂名电网的灾害要素包括：物质、能量、信息以及三者的耦合，三者关系如图 8-2 所示。

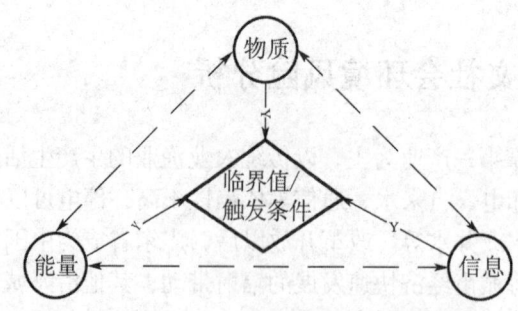

图 8-2 灾害要素关系图

1. 台风"温比亚"的茂名电网"灾害要素"分析（表 8-3）

表 8-3 基于强台风"温比亚"的灾害要素分析

事项		灾害要素		
		物质	能量	信息
台风		√	√	
线路跳闸			√	
设备受损	杆塔倒塌	√	√	
	配变受损	√	√	
	线路损坏	√	√	
台区停电			√	√
其他城市生命线		√	√	√

2. 台风"尤特"的茂名电网"灾害要素"分析（表 8-4）

表 8-4 基于强台风"尤特"的灾害要素分析

事项		灾害要素		
		物质	能量	信息
台风		√	√	
洪水内涝		√	√	
线路跳闸			√	
设备受损	杆塔倒塌	√	√	
	配变受损	√	√	
	线路损坏	√	√	
台区停电			√	√
其他城市生命线		√	√	√

3. 台风"彩虹"的茂名电网"灾害要素"分析（表8-5）

表8-5 基于强台风"彩虹"的灾害要素分析

事项		灾害要素		
		物质	能量	信息
台风		√	√	
洪水内涝		√	√	
线路跳闸			√	
设备受损	杆塔倒塌	√	√	
	配变受损	√	√	
	线路损坏	√	√	
台区停电			√	√
其他城市生命线		√	√	√

4. 茂名电网"灾害要素"分析总结

在台风事项中，其灾害要素在电力系统中体现为物质和能量两个方面。在物质方面为由台风带来的强降雨，持续的强降雨导致多地江河水位上涨；在能量方面，则体现为台风的风力大小，风力越大对电网带来的破坏越大。

在洪水内涝事项中，其灾害要素体现为物质和能量两个方面。在物质方面，即为水本身，水具有导电性质，会引起电网设备的短路事件。在能量方面，当水位超过一定的临界值则产生洪水，洪水在流动的过程中，具有一定的动能或势能，洪水的冲击会导致电网设备的损坏。

在线路跳闸事项中，其灾害作用体现为能量方面，即由跳闸导致的电能输送中断。

在设备受损事项中，其灾害作用主要体现为物质及能量方面。在物质方面表现为在外力作用下导致电网设备本身的损坏。在能量方面表现为设备受损后导致的电力输送中断。

在台区停电事项中，其灾害作用主要体现为能量和信息两个方面。在能量方面，为电能输送中断；在信息方面，即引发谣言、引发社会系统动荡。

8.2.2 基于台风的茂名电网"突发事件"分析

"突发事件"是由灾害要素导致的，具有十分强的破坏性，它的爆发是一个量变到质变的过程，是"灾害要素"超过某一临界值或遇到一定触发因素后，在物质作用、能量作用、信息作用或耦合作用下瞬间或短时间发生，如图8-3所示。

1. "温比亚"的茂名电网"突发事件"分析

基于以上分析，对2013年台风"温比亚"袭击茂名电网事件资料进行分析，整理了在强台风灾害下茂名电网突发事件的触发条件及其灾害作用类型，如表8-6～表8-9所示。

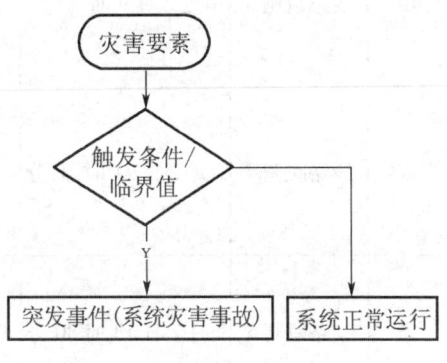

图8-3 突发事件作用关系模型

表 8-6 台风事件（温比亚）

序号	时间	量级		位置		移速	范围	临界值/触发条件	灾害作用
		风力等级	最大风速	纬度	经度				
1	7月1日20时	10级	28 m/s	北纬19.7°	东经111.8°	20 km/h	七级风圈半径380千米	—	物质、能量
2	7月2日00时	11级	30 m/s	北纬20.2°	东经111.1°	30 km/h	七级风圈半径380千米	—	物质、能量
3	7月2日02时	11级	30 m/s	北纬20.6°	东经110.70°	30 km/h	七级风圈半径380千米	—	物质、能量
4	7月2日05时	10级	28 m/s	北纬21.00°	东经110.30°	30 km/h	七级风圈半径300千米	—	物质、能量
5	7月2日07时	10级	25 m/s	北纬21.2°	东经110.1°	30 km/h	—	—	物质、能量
6	7月2日10时	10级	25 m/s	北纬21.9°	东经109.8°	25 km/h	—	—	物质、能量

表 8-7 线路跳闸事件（温比亚）

序号	事件	截止时间	量级	范围	临界值/触发条件	灾害作用
1	线路跳闸1	7月2日6时00分	110 kV 线路 * 1 10 kV 线路 * 11	无具体	台风过境（台风七级风圈范围包括茂南、高州、电白、信宜、化州）	能量
2	线路跳闸2	7月2日7时30分	220 kV 线路 * 1 110 kV 线路 * 1 35 kV 线路 * 2 10 kV 线路 * 34			能量
3	线路跳闸3	7月2日9时30分	220 kV 线路 * 2 110 kV 线路 * 1 35 kV 线路 * 2 10 kV 线路 * 47			能量
4	线路跳闸4	7月2日11时30分	线路 * 3 110 kV 线路 * 1 35 kV 线路 * 2 10 kV 线路 * 52			能量
5	线路跳闸5	7月2日13时30分	220 kV 线路 * 3 110 kV 线路 * 1 35 kV 线路 * 2 10 kV 线路 * 56			能量

续表 8-7

序号	事件	截止时间	量级	范围	临界值/触发条件	灾害作用
6	线路跳闸 6	7月2日15时30分	220 kV 线路 *3 110 kV 线路 *1 35 kV 线路 *2 10 kV 线路 *56	无具体	台风过境（台风七级风圈范围包括茂南、高州、电白、信宜、化州）	能量能量
7	线路跳闸 7	7月2日17时30分	220 kV 线路 *3 110 kV 线路 *1 35 kV 线路 *2 10 kV 线路 *61			能量

表 8-8 设备损坏事件（温比亚）

序号	事件	截止时间	量级	范围	临界值/触发条件	灾害作用
1	配变损坏 1	7月2日17时30分	配变 *22 台	低洼台区等	水浸损坏树木/漂浮物导致短路烧坏/雷击损坏/树木压坏	能量
2	配变损坏 2	7月2日17时45分	配变 *22 台			能量
3	配变损坏 3	7月2日19时30分	配变 *12 台			能量
4	倒杆倒塔 1	7月2日17时30分	10 kV 线路 *52 基 低压线路 *138 基	无具体	强风/洪水冲击/山体滑坡/暴雨冲刷	物质、能量、信息
5	倒杆倒塔 2	7月2日17时45分	10 kV 线路 *52 基 低压线路 *138 基			物质、能量、信息
6	倒杆倒塔 3	7月2日19时30分	10 kV 线路 *52 基 低压线路 *138 基			物质、能量、信息
7	线路损坏 1	2日17时30分	高低压线路 79 千米	全茂名地区	10 kV 线路运行年限超过 30 年。低压线路多为低压裸导线，线路残旧线径小	
8	线路损坏 2	2日17时45分	高低压线路 79 千米			
9	线路损坏 3	7月2日19时30分	高低压线路 79 千米			

表8-9 台区停电事件（温比亚）

序号	事件	截止时间	量级	范围	临界值/触发条件	灾害作用
1	台区停电1	7月2日6时00分	台区475个	—	线路跳闸/配变损坏/倒杆倒塔	信息
2	台区停电2	7月2日7时30分	台区622个	—		信息
3	台区停电3	7月2日9时30分	台区970个	—		信息
4	台区停电4	7月2日11时30分	台区1120个	—		信息
5	台区停电5	7月2日13时30分	台区1243个	—		信息
6	台区停电6	7月2日15时30分	台区1243个	—		信息
7	台区停电7	7月2日17时30分	台区1365个	—		信息
8	台区停电8	7月2日17时45分	台区1365个	—		信息
9	台区停电9	7月2日19时30分	台区1365个	—		信息

2. "尤特"的茂名电网"突发事件"分析

基于以上分析，对2013年强台风"尤特"袭击茂名电网事件资料进行分析，整理了在强台风灾害下茂名电网突发事件的触发条件及其灾害作用类型，如表8-10～8-14所示。

表8-10 台风事件（尤特）

序号	时间	量级		位置		移速	范围	临界值/触发条件	灾害作用
		风力等级	最大风速	纬度	经度				
1	8月13日15时	14级	42 m/s	北纬18.9°	东经114.1°	20 km/h	七级风圈半径320千米	—	物质、能量
2	8月14日11时	14级	42 m/s	北纬21°	东经112.4°	20 km/h	七级风圈半径320千米	—	物质、能量
3	8月14日15时50分	14级	42 m/s	北纬21.20°	东经112.30°	20 km/h	七级风圈半径320千米	—	物质、能量
4	8月14日20时	12级	35 m/s	北纬21.80°	东经111.40°	15 km/h	—		物质、能量
5	8月14日23时	11级	30 m/s	北纬22°	东经110.9°	15 km/h	—		物质、能量
6	8月15日3时	10级	25 m/s	北纬22.5°	东经110.8°	13 km/h	—		物质、能量

表8-11 洪涝事件（尤特）

序号	事件	时间段	范围	临界值/触发条件	灾害作用
1	洪涝1	无数据	茂南	持续强降雨	物质、能量
2	洪涝2	无数据	茂港	持续强降雨	物质、能量
3	洪涝3	无数据	电白	持续强降雨、水库泄洪	物质、能量
4	洪涝4	无数据	化州城区	持续强降雨、水库泄洪	物质、能量
5	洪涝5	无数据	化北地区	持续强降雨、水库泄洪	物质、能量

表8-12 线路跳闸事件（尤特）

序号	事件	截止时间	量级	范围	临界值/触发条件	灾害作用
1	线路跳闸1	8月14日11时30分	35 kV 线路 *1 10 kV 线路 *13	10 kV（水宿线 *2、中马线、菠宿线、石大线）。 35 kV（中官线、合壶线）。 10 kV（茂南茂港21条，高州49条，电白38条，信宜35条，化州25条）	台风过境（台风中心经过高州、电白、信宜）；洪水（化州）	能量
2	线路跳闸2	8月14日17时30分	110 kV 线路 *2 35 kV 线路 *2 10 kV 线路 *57			能量
3	线路跳闸3	8月15日9时30分	110 kV 线路 *1 35 kV 线路 *3 10 kV 线路 *66			能量
4	线路跳闸4	8月15日11时30分	10 kV 线路 *3			能量
5	线路跳闸5	8月15日17时30分	10 kV 线路 *1			能量
6	线路跳闸6	8月16日16时30分	110 kV 线路 *3 35 kV 线路 *4 10 kV 线路 *28			能量

表8-13 设备损坏事件（尤特）

序号	事件	截止时间	量级	范围	临界值/触发条件	灾害作用
1	配变损坏1	8月14日11时30分	配变*2台	低洼台区等	水浸损坏（55台）、树木/漂浮物导致短路烧坏（26台）、雷击损坏（18台）、树木压坏（8台）	能量
2	配变损坏2	8月15日11时30分	配变*17台			能量
3	配变损坏3	8月15日17时30分	配变*7台			能量
4	配变损坏4	8月15日17时30分	配变*11台			能量
5	配变损坏5	8月15日19时30分	配变*39台			能量
6	配变损坏6	8月16日16时30分	配变*31台			能量

续表 8-13

序号	事件	截止时间	量级	范围	临界值/触发条件	灾害作用
7	倒杆倒塔1	8月15日11时30分	10 kV 线路*88 基 低压线路*470 基			物质、能量、信息
8	倒杆倒塔2	8月15日15时30分	10 kV 线路*213 基 低压线路*44 基			物质、能量、信息
9	倒杆倒塔3	8月15日17时30分	10 kV 线路*34 基 低压线路*39 基	110 kV（倾斜/倒杆 287 基，断杆 91 基）；低压杆塔（倾斜/倒杆 2384 基，断杆 419 基）	强风、洪水冲击、山体滑坡、暴雨冲刷	物质、能量、信息
10	倒杆倒塔4	8月15日19时30分	10 kV 线路倒杆 23 基 低压线路倒杆 4 基			物质、能量、信息
11	倒杆倒塔5	8月16日16时30分	10 kV 线路倒杆 20 基 低压线路倒杆 21526 基			物质、能量、信息
12	开关站水浸	8月15日11时30分	龙岭开关站 官山开关站	市区	小东江水位持续高涨（水位值）	物质、能量、信息
13	线路损坏1	8月15日11时30分	高低压线路 143 千米			
14	线路损坏2	8月15日15时30分	高低压线路 203 千米	全茂名地区	10 kV 线路运行年限超过30年低压线路多为低压裸导线，线径小、线路差	
15	线路损坏3	8月15日17时30分	中低压线路 276.36 千米			
16	线路损坏4	8月16日16时30分	中低压线路 361.7 千米			

表 8-14 台区停电事件（尤特）

序号	事件	截止时间	量级	范围	临界值/触发条件	灾害作用
1	台区停电1	8月14日11时30分	台区 830 个	—	线路跳闸、配变损坏、倒杆倒塔（线路对应台区停电）	信息
2	台区停电2	8月14日17时30分	台区 1597 个	—		信息
3	台区停电3	8月15日09时30分	台区 553 个	—		信息
4	台区停电4	8月15日11时30分	台区 65 个	—		信息
5	台区停电5	8月15日17时30分	台区 22 个	—		信息
6	台区停电6	8月16日16时30分	台区 3867 个	—		信息

3. "彩虹"的茂名电网"突发事件"分析

基于以上分析,对2013年强台风"彩虹"袭击茂名电网事件资料进行分析,整理了在强台风灾害下茂名电网突发事件的触发条件及其灾害作用类型,如表8-15～8-19所示。

表8-15 台风事件(彩虹)

序号	时间	量级		位置		移速	范围	临界值/触发条件	灾害作用
		风力等级	最大风速	纬度	经度				
1	10月3日15时	12级	33 m/s	北纬18.9°	东经114.3°	25 km/h	七级风圈半径260千米	—	物质、能量
2	10月3日22时	13级	38 m/s	北纬19.5°	东经113.0°	25 km/h	七级风圈半径260千米	—	物质、能量
3	10月4日7时	15级	48 m/s	北纬20.30°	东经111.70°	20 km/h	七级风圈半径200千米	—	物质、能量
4	10月4日10时	15级	50 m/s	北纬20.70°	东经111.20°	23 km/h	七级风圈半径200千米	—	物质、能量
5	10月4日14时	15级	50 m/s	北纬21.1°	东经110.5°	20 km/h	七级风圈半径200千米	—	物质、能量
6	10月4日17时	14级	42 m/s	北纬21.5°	东经110.0°	20 km/h	七级风圈半径200千米	—	物质、能量
7	10月4日19时	12级	35 m/s	北纬21.8°	东经109.7°	15 km/h	七级风圈半径200千米	—	物质、能量
8	10月4日22时	11级	30 m/s	北纬22.1°	东经109.3°	15 km/h	七级风圈半径200千米	—	物质、能量

表8-16 洪涝事件(彩虹)

序号	事件	时间段	范围	临界值/触发条件	灾害作用
1	洪涝1	无数据	无数据	—	物质、能量
2	洪涝2	无数据	无数据	—	物质、能量
3	洪涝3	无数据	无数据	—	物质、能量
4	洪涝4	无数据	无数据	—	物质、能量
5	洪涝5	无数据	无数据	—	物质、能量

表 8-17 线路跳闸事件（彩虹）

序号	事件	截止时间	量级	范围	临界值/触发条件	灾害作用
1	线路跳闸 1	10月5日11时	500 kV 线路 *7 220 kV 线路 *11 110 kV 线路 *14 35 kV 线路 *9 10 kV 线路 *183	无数据	台风过境（台风中心经过高州、电白、信宜）；洪水（化州）	能量
2	线路跳闸 2	10月5日20时	500 kV 线路 *7 220 kV 线路 *11 110 kV 线路 *14 35 kV 线路 *9 10 kV 线路 *183			能量
3	线路跳闸 3	10月6日10时	500 kV 线路 *7 220 kV 线路 *11 110 kV 线路 *14 35 kV 线路 *9 10 kV 线路 *183			能量
4	线路跳闸 4	10月6日15时	500 kV 线路 *7 220 kV 线路 *11 110 kV 线路 *14 35 kV 线路 *9 10 kV 线路 *183			能量

表 8-18 设备损坏事件（彩虹）

序号	事件	截止时间	量级	范围	临界值/触发条件	灾害作用
1	配变损坏 1	10月5日11时	配变 *0 台	低洼台区等	水浸损坏（55台）、树木/漂浮物导致短路烧坏（26台）、雷击损坏（18台）、树木压坏（8台）	能量
2	配变损坏 2	10月5日20时	配变 *4 台			能量
3	配变损坏 3	10月6日10时	配变 *4 台			能量
4	配变损坏 4	10月6日17时	配变 *4 台			能量
5	配变损坏 5	10月6日23时	配变 *4 台			能量
6	配变损坏 6	10月8日17时	配变 *5 台			能量
7	倒杆倒塔 1	10月5日11时	10 kV 线路 *3 基 低压线路 *15 基	110 kV（倾斜/倒杆 287 基，断杆 91 基）；低压杆塔（倾斜/倒杆 2384 基，断杆 419 基）	强风/洪水冲击/山体滑坡/暴雨冲刷	物质、能量、信息
8	倒杆倒塔 2	10月5日20时	10 kV 线路 *36 基 低压线路 *188 基			物质、能量、信息

续表 8-18

序号	事件	截止时间	量级	范围	临界值/触发条件	灾害作用
9	倒杆倒塔3	10月6日10时	10 kV 线路*36基 低压线路*188基	110 kV（倾斜/倒杆287基，断杆91基）；低压杆塔（倾斜/倒杆2384基，断杆419基）	强风/洪水冲击/山体滑坡/暴雨冲刷	物质、能量、信息
10	倒杆倒塔4	10月6日17时	10 kV 线路*40基 低压线路*223基			物质、能量、信息
11	倒杆倒塔5	10月6日23时	10 kV 线路*44基 低压线路*233基			物质、能量、信息
12	倒杆倒塔6	10月8日17时	10 kV 线路*53基 低压线路*345基			物质、能量、信息
13	线路损坏1	10月5日11时	10 kV 线路 1.1 千米 低压线路 4.54 千米	110 kV（倾斜/倒杆287基，断杆91基）；低压杆塔（倾斜/倒杆2384基，断杆419基）	强风/洪水冲击/山体滑坡/暴雨冲刷	
14	线路损坏2	10月5日20时	10 kV 线路 8.7791 千米 低压线路 42.614 千米			
15	线路损坏3	10月6日10时	10 kV 线路 8.7791 千米 低压线路 42.614 千米			
16	线路损坏4	10月6日17时	10 kV 线路 9.6181 千米 低压线路 49.059 千米			
17	线路损坏5	10月6日23时	10 kV 线路 9.9081 千米 低压线路 50.444 千米			
18	线路损坏5	10月8日17时	10 kV 线路 10.935 千米 低压线路 63.037 千米			

表 8-19 台区停电事件（彩虹）

序号	事件	截止时间	量级	范围	临界值/触发条件	灾害作用
1	台区停电 1	10月5日11时	台区 3612 个	—	线路跳闸/配变损坏/倒杆倒塔	信息
2	台区停电 2	10月5日20时	台区 3612 个	—		信息
3	台区停电 3	10月6日10时	台区 3612 个	—		信息
4	台区停电 4	10月6日17时	台区 3612 个	—		信息
5	台区停电 5	10月6日23时	台区 3612 个	—		信息
6	台区停电 6	10月8日17时	台区 3612 个	—		信息

在台风事件中，其灾害作用主要分为能量和物质两类。在能量方面，即为风能，"尤特"风力等级高达 14 级，风速在 41.5～46.1 m/s；在物质方面，则是由强台风"尤特"带来的强降雨，茂名市数天的降雨都维持在暴雨等级。

在洪涝事件中，其灾害作用主要分为能量和物质两类。在能量方面为洪水在流动的过程中具有一定的动能，洪水的冲击可能导致电网设备的破坏；在物质方面，则为水本身，水具有一定的导电能力，电网设备浸泡在水里可能导致短路烧毁。

在跳闸事件中，其灾害作用体现为能量方面，即由于跳闸导致电能输送中断。

在设备损坏事件中，其灾害作用体现为物质方面，即由于外力作用导致电网设备本身的损坏。

在台区停电事件中，其灾害作用体现为信息方面。

8.2.3 茂名市强台风导致电力系统灾害承灾载体分析

8.2.3.1 茂名市电力系统承灾载体破坏情况

公共安全"三角形"模型的一边是"承灾载体"，它是"突发事件"的作用对象，根据承灾载体的在突发事件中的破坏表现，具体表现为两种类型：一是本体的破坏，体现为脆弱性，二是造成功能的破坏，体现为鲁棒性。茂名市电力系统承灾载体破坏情况如表 8-20 所示。

表 8-20 台风下的电力系统承灾载体破坏情况

事件	灾害作用	触发条件	破坏类型	承灾载体
台风	物质、能量	—	本体破坏、功能破坏	杆塔、配变、线路
洪水内涝	物质、能量	持续强降雨	本体破坏、功能破坏	杆塔、配变、线路

续表 8-20

事件		灾害作用	触发条件	破坏类型	承灾载体
线路跳闸		能量	强风吹袭、洪水浸泡	功能破坏	输电系统、配电系统
设备损坏	杆塔倾倒	物质、能量	强风吹袭、洪水浸泡、洪水冲击、山体滑坡	本体破坏、功能破坏	配电系统
	配变损坏	物质、能量	洪水或水浸损坏、短路烧毁、雷击损坏、树木压坏	本体破坏、功能破坏	配电系统
	线路损坏	物质、能量	杆塔倾倒	本体破坏、功能破坏	配电系统
台区停电		信息	线路跳闸、设备损坏	功能破坏	其他城市生命线系统用电用户

在电力系统中，风力灾害要素的承灾载体是构成电网结构完整性和维系电力系统运作所必须依赖的设施设备，包括 500 kV、220 kV、110 kV、35 kV、10 kV 等电压等级的线路、杆塔、变压器等设备，表现为本体性破坏：断线、倒杆、倒塌或拒动。电能灾害要素的承灾载体是依赖电力运作的其他生命线系统、城市支柱产业和社会公众，是一种功能性破坏。

在通信系统中，电力供应中断的承灾载体是基站机楼，包括了架空线缆、同轴线缆、光纤等有线传输介质和无线电波收发器，是一种功能性破坏，导致所有的消息无法传送。通信中断事件的承灾载体是应急救灾主体和社会公众，使得灾情信息无法上传下达，灾情必要信息无法向社会公布。

在供水系统中，电力供应中断的承灾载体是高低压水泵，是一种功能性破坏。而供水中断事件的承灾载体是居住区生活、工业（乡镇工业）、畜禽饲养、公共建筑、消防等。

在交通系统中，风力灾害要素的承灾载体是大型树木、广告牌和电杆线等，电力供应中断的承灾载体是交通信号灯、GPS 定位系统等。交通混乱事件的承灾载体是应急救援队伍和社会公众的出行，阻碍了应急救援车辆到达灾区。

在能源（油料）系统中，电力供应中断的承灾载体是加油站的油泵系统，是一种功能破坏，油站无法正常为车辆加油。油料紧缺抢油事件的承灾载体是应急救援物资和社会公众的生活，如应急发电车的用油。

根据上述的分析，茂名沿海城市生命线系统功能失效是因电力系统的本体破坏而导致的系统内连锁性功能破坏造成的，如图 8-4 所示。这反映了电力系统的本体破坏是生命线系统在面对强台风灾害时最脆弱的环节，也更验证了通信、供水、交通和能源系统对电力系统在物理结构上的依赖性，反映了它们对电力系统鲁棒性的要求十分高。

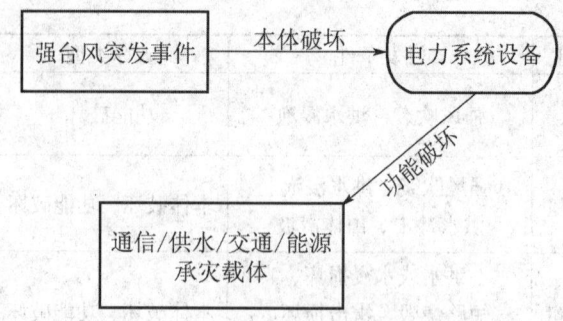

图 8-4 生命线系统承灾载体破坏关系模型

8.2.3.2 茂名市电力系统承灾载体本体脆弱原因分析

根据前面的分析，茂名城市生命线系统承灾载体本体破坏体现在电力系统设备上，根本原因是系统设备在面对强台风灾害时的脆弱性。第一，其本体破坏的脆弱性因电网的结构性规划造成的。一旦某一传输线路或变电站出现故障，将会导致沿海城市电网大幅度减供负荷而大面积停电。第二，其脆弱性体现在抗风能力弱。当前，电网线路在最大风值规划设计基本是以50或30年一遇的理论风速分布图设计，以35m/s的平均风速建造，最高标准的线路（500 kV）为42m/s的平均风速，多以强台风重现期为准，近几年茂名市登陆的强台风风力等级如表8-21所示，这种电网抗风设定标准过低，近几年的强台风已经超出这些标准。其次，早期的电网线路设计标准缺乏统筹规划，随着时间推移，很多线路设备老旧，设备之间的衔接性越来越差。从突发事件的链层级看，次生事件电力中断是强台风突发事件与沿海城市生命线系统功能失效事件的联结点。

表8-21 广东省强台风风力等级

台风名称	中心附近最大风力	最大阵风
尤特	14级（42 m/s）	17级（60.5 m/s）
天兔	14级（45 m/s）	17级（60.7 m/s）
威马逊	17级（60 m/s）	17级（59.8 m/s）
彩虹	15级（50 m/s）	17级（67.2 m/s）

数据来源：《中国气象统计年鉴》《广东省气候公报》。

8.2.3.3 茂名市电力系统承灾载体功能鲁棒性低原因分析

茂名城市生命线系统承灾载体功能破坏的根本原因是系统间的关联依赖程度，当系统间的依赖性越高，其功能越容易被破坏，系统功能的鲁棒性则越低，如果系统间的依赖性越低，某一系统功能破坏，其他系统的功能受到的威胁将会减少，该系统功能的鲁棒性则越高。通信系统、供水系统、能源（油料）以及交通系统中的交通信号灯和GPS定位系统对电力系统的电力供应具有极大的依赖性，它们和电力系统有着紧密的联系，因此当电力系统的电力供应的功能受到破坏后，其他系统的承灾载体在本体没有受到破坏的情况下,其功能的运作仍被破坏;电力系统和交通系统的 CPS 定位系统都需要通信系统提供的通信服务,在通信中断后,电力系统难以在主配网上进行调度联系和获得灾情信息,交通系统的 GPS 定位系统将无法定位实况信息。根据调查显示来看,水厂和加油站对通信系统的依赖程度相对较小,在强台风导致通信中断的情况下,水厂和加油站受到的影响并不大,这意味着在通信上,这些系统的鲁棒性高于电力系统和交通系统。

8.2.3.4 强台风茂名电力系统突发事件发生演化过程分析

承灾载体作为一种中间媒介,一旦被破坏,承灾载体蕴含的"灾害要素"被释放,就会产生"突发事件"的"多米诺效应",即"三角形"模型的"事件链"。

台风可以在短短几个小时内生成,这种灾害具有突发性强的特点。本研究采用实地调查和深度访谈的方法,深入了解茂名曾发生的强台风情况:强台风袭击城市生命线系统,导致城市功能失效,影响着城市公众的正常生活,引起工厂安全问题和社会秩序混乱等,严重威胁着城市的安全。强台风触发的连锁灾害事件较多,因此,将强台风自然灾害事件为原生事件;次生事件是城市供电中断为事件;衍生事件是城市生命线系统功能失效和潜在工业灾害导致的谣言和信息公开不及时而触发的社会恐慌事件。"突发事件""灾害要素"和"承灾载体"的基本情况如表 8-22 所示。

表 8-22 事件链基本情况

事件	灾害要素	承载载体	触发条件
原生事件:强台风	物质:气候-水文	电力系统设备设施	温差和湿度差 压强
次生事件:电力中断	能量:电	其他生命线系统	台风释放能量超过了电力系统的抗风能力
衍生事件:社会恐慌	信息:谣言 VS 官方信息 物质:生活用品	人和社会秩序	官方信息公布低于谣言 供需矛盾下的利益群体形成

1. 原生事件:强台风

强台风导致城市生命线系统功能失效的原生事件是强台风,事件的灾害要素是气候-水文,事件的触发因素是异常高海温和弱冷空气造成的温度差、压强以及充足的海洋水汽,事件的承灾载体是电力系统的电力生产、输送与变电等设备,如:杆、塔、电缆等,承灾载体蕴含的灾害要素是电力系统的电能。对突发事件做出详细的划分,可为应急管理部门提供具体的依据,有助于应急管理的开展。根据《国家突发公共事件总体应急预案》中的规定,突发事件的类型可划分为自然灾害事件、灾难事故事件、突发公共卫生事件以及社会安全事件四大类。在原生事件强台风中,因其发生灾害要素是气候-水文,所以为自然灾害事件;从突发事件分级看,《国家突发公共事件总体应急预案》也对突发事件的严重程度和影响范围等因素划分了四级:Ⅰ级(特别重大)、Ⅱ级(重大)、Ⅲ级(较大)和Ⅳ级(一般),而广东省强台风的等级多是Ⅲ级(较大)。从影响范围而言,当前强台风释放的能量强,使得登陆路径的辐射范围广,影响着若干个沿海城市。强台风"威马逊"影响着粤西地区,包括阳江、湛江、茂名等市;强台风"天兔"影响着广东省的中东部,包括深圳、汕头、惠州、汕尾、揭阳等市;强台风"尤特"在阳江市到湛江市之间沿海地区登陆,影响着阳江、湛江、汕头、韶关、河源、梅州、茂名、肇庆、清远、揭阳等市。可见,强台风突发事件的破坏力极强和影响范围之广。

2. 次生事件:电力中断

在原生事件中承灾载体所蕴含的电能在强台风的袭击下出现故障,导致电力中断的发生。次生事件的灾害要素是来自于原生事件承灾载体的破坏,其触发的因素是强台风释放的能量超过了电力系统设备的抗风标准,以电网200 kV跳闸条数为例,近几年,随着台风等级越强,广东电网跳闸线路条数越多,如图8-5所示。电力设施受损而出现发电、变电和输电出现故障,进而导致沿海城市大范围的电力中断。次生事件的承灾载体是其他城市生命线系统,如:水厂、通信设备、交通系统等。

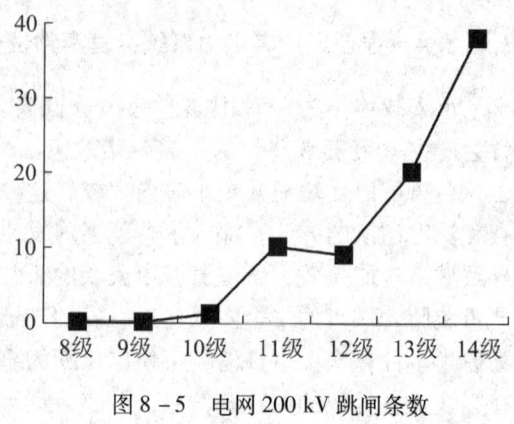

图8-5 电网200 kV跳闸条数

次生事件电力中断使得城市运转和城市居民生活以及城市的安全无法得到保障时,社会极易产生各种不良信息,而且电力中断事件使得城市生命线系统瘫痪会导致灾情信息无法及时公布给社会公众,因此电力中断事件的承灾载体所蕴含着的灾害要素是官方和谣言信息。

3. 衍生事件:社会混乱和公众恐慌

在强台风袭击下,沿海城市大范围的电力中断,不仅导致了其他城市生命线系统无法正常地运作。因当时通信不畅,各种灾情信息难以快速准确地公布,社会上的谣言极易滋生,再加上公众会因无法自救而哄抢救灾物资,会因担心可能有潜在的灾害事故的危险而出现无秩序的逃离现象,都将会导致人心惶惶和社会的混乱恐慌。因此,在衍生事件中,灾害要素是来自于次生事件中的承灾载体的破坏:城市生命线系统功能破坏所蕴含的官方和谣言信息,还有社会公众的物质需求。衍生事件的触发因素是当官方灾情信息公布的程度低于谣言传播的程度以及公众生活需求与现实供给的矛盾超出了公众的承受范围,衍生事件的承灾载体是社会秩序和社会公众。在我国的危机传播中,社会公众因各种误导信息或谣言而做出不理性的行为选择的现象常有发生 。总而言之,完善物质和公众信息方面的规划上,明确规定哪些信息需要传播,哪些信息必须传播,以什么频率传播等,妥善处理物质的供需问题,对城市公共安全保障有着十分重要的作用。

衍生事件社会混乱和公众恐慌事件是属于社会安全事件,其行为会表现为哄抢物资或因社会公众的生存遭受威胁而引起的群体性事件;从突发事件的灾害要素看,一方面,由于灾害发生下的物资需求具有突发性、不确定性、失效性和事后选择性的特征,在城市生命线系统无法保障社会公众需求的特定环境下,供需矛盾扩大化的灾害物质需求特性会使得具有共同利益诉求(生存需求)的社会公众聚集起来形成社会利益群体,另一方面,衍生事件首先是由于强台风而诱发的,后来是由于城市生命线系统功能失效,而使得灾情信息公布不及时，使公众的知情权无法得到保障，公众除盲目揣测、被动等待政府主动公布或受谣言的滋扰。因此，就灾害要素而言，它既有外部环境因素的影响，又有社会公众自身的因素影响，所以它属于内外双生型危机，内外因素影响着衍生事件的发展。

8.2.4 基于强台风的茂名电力系统应急管理分析

8.2.4.1 预防准备分析

针对可能的突发事件的特点和规律、承灾载体的特征和布局，分析应急管理的需求，从体制、机制、法制、预案和设施、资源、队伍、保障等方面进行科学有效的预防准备。

1. 温比亚

1）防御强热带风暴"温比亚"的部署情况：

茂名局在台风登陆前 24 小时开始着手防御部署，局防灾办先是启动了防风防汛Ⅳ级应急响应，5 小时后，结合最新台风动向，将防风防汛响应级别提升至Ⅲ级。及时通过 OA 系统及短信等方式向局各部门、各单位通报关于热带风暴的天气预警。要求各部门、各单位加强热带风暴防御工作，防止麻痹大意。

2）截至登陆前 24 小时的准备工作开展情况：

（1）茂名局各部门在岗值班的人员共 208 人，包括输电、变电、配电、通信及自动化等专业在内的 70 支应急抢修队伍共 1423 人也已处于待命状态，随时可投入到抢修工作中。各类抢修物资也已准备到位。

（2）输电、变电、配电已经按应急预案和应急处置方案的要求开展各类检查、准备工作，要求各级领导亲自组织和检查落实准备工作。

（3）基建、市场、营销系统相应督促各施工队开展在建工程检查防御工作，督促重要用户应急准备工作，增加客服人员在岗值班处理好客户的报障工作。办公室、新闻、政工等后勤部门全力做好后勤保障、新闻报道工作，组建党员先锋队、团员先锋队准备参与抢险救灾。

（4）在重要用户的保供电方面，茂名局已将全局 5 台应急发电车及 26 台应急发电机提前布置到重要用户供电接入点。在局大楼准备了一台应急发电车备用。

2. 尤特

8 月 12 日下午及 13 日上午茂名供电局组织应急指挥中心相关人员参加了省公司、网公司防御强台风"尤特"的视频会议。防灾办公室当天上午组织系统运行部、各级调度中心等部门召开防灾信息报送协调会，15 时已完成应急抢险物资库存核查发布工作，进行了应急队伍待命情况核实，共有 90 支应急队伍共计 1360 人处在待命状态。茂名供电局于 13 日上午发出《关于做好应对强台风"尤特"运维检修工作的通知》，16 时完成台风应急物资初步需求清单汇总工作。截止到 8 月 13 日 16 时，茂名供电局主网运行正常，配网运行正常，无重要用户供电受到影响。

3. 彩虹

茂名供电局应急办公室根据省公司及政府部门的工作要求，自 9 月 29 日下午起，通过 OA 及短信平台发布国庆假期中后段可能有 1 个热带低压环流或热带气旋影响的天气预警信息，10月2日上午局应急办公室将热带风暴"彩虹"的生成情况及活动路径进行了发布，全面部署各单位部门抗击"彩虹"。

茂名供电局应急办根据台风预测路径提前进行预判，通知各级部门加强与三防、水文部门的联系，并现场落实与三防部门、辖区内水库的应急沟通机制，确保在强降雨的情况下电网运行安全，做好山洪暴发、城市内涝、水库泄洪等突发状况防范应对措施及与政府相关部门相互信息通报工作。

茂名供电局于10月2日16时30分启动防风防汛Ⅳ级应急响应，10月3日中午通知各部门、各县区局取消休假，10月3日茂名地区在岗值班人数为约1113人（原值班安排约400人，陆续返回岗位700多人），10月4日上午在岗值班人数为2820人，各部门恢复正常上班，全力做好抗击"彩虹"的各项工作。

为做好抗击"彩虹"的应急处置工作，茂名供电局应急办组织各专业管理部门，积极行动，布置各专业防御工作。

设备特巡特维方面，在10月2日前完成了全地区88座变电站防洪防涝专项检查，对33座变电站的排水系统进行了清理；组织完成了对输电线路共2722基杆塔防风检查工作，完成了全部配电线路防风拉线专项检查；共完成清理线路树障隐患点226处，清理隐患树木1488棵。自9月30日起大修技改工程全面停工，人员撤离。

电网运行风险方面，组织对主网继电保护及备自投进行了全面排查。国庆期间，茂名电网全接线、全保护运行，发布了《茂名电力调度抗击"彩虹"台风电网事故预案》，制定了台风期间茂名电网断面控制原则及"黑启动"方案。

基建工程现场方面，在10月3日前完成了主网、配网及小型基建各个工地现场自查清查工作，对工地现场的防风防御措施进行加固，对脚手架、跨越架、施工升降电梯、塔吊等高空易倒塌设施进行加固或拆除。

市场客服方面，在9月30日前完成了茂名地区15个重要用户及大型住宅小区、重要活动场所等客户用电安全检查工作；加强95 598值班安排；完成了应急发电车、应急发电机的检查测试及调配初步安排工作。

物资装备方面，在国庆假期前已完成抢修物资材料和工器具检查，对配变、高低压熔丝、低压开关等抢修备品备件进行了梳理，并完成了缺额的补充，在10月2日前完成了茂名地区应急物资实时库存情况的梳理工作，库存物资金额共计4141万元。

应急队伍方面，10月2日局应急办对全地区76支应急抢修队伍的应急待命状况进行重新核对确认，根据各级应急单位的梳理结果，台风登陆前茂名地区内外部应急队伍实际可调动人数为1460人。

4. 总结分析

对突发事件的特点及规律分析不够具体，未结合突发事件对承灾载体的特征及布局进行分析，对应急管理工作进行了部署准备，但未对应急队伍、资源的数量进行科学的分析。例如在台风"尤特"案例中，对高州新垌、化州城区、电白沙琅等地方可能引起的洪涝灾害考虑不周，对应急队伍、物资、装备的调遣及现场处置捉襟见肘。根据应急预案，在预测热带风暴到来前48小时，应发布防风防汛预警，但在这三个案例中，并未体现。

8.2.4.2 监测监控分析

监测监控分析是基于对突发事件作用机理和规律、承灾载体脆弱性与鲁棒性的认识，确定合理有效的监测监控源头、范围、方式、方法等；对应急管理的组织、流程、设施、资源、队伍、基础保障等进行全面详实的数据统计并及时更新；对应急管理流程进行跟踪记录。

1. 温比亚

从台风开始登陆起，采用报表方式每隔1～2小时对台风造成的灾害数据进行统计跟踪，包括跳闸线路、设备受损、停电区域、应急处置等方面，分析统计数据并采取相应措施。

应急队伍、装备方面的数据无记录。

2. 尤特

台风登陆前一天，开始关注台风动态，每隔3～5小时对台风进行动态及工作准备情况进行跟踪。

有对应急队伍方面的统计，但未发现监测监控分析记录。

3. 彩虹

台风登陆后方开始对台风造成的灾害数据进行统计，并且更新时间长，更新频次少。

4. 总结分析

茂名局在台风过境时间段，对台风造成的灾害数据进行了统计跟踪，包括各电压等级线路、设备受灾情况；对应急资源（详细的资源）、装备、队伍进行了统计监控，但数据统计分析的频次和时机应规范化，例如台风"彩虹"案例中对电网设备受灾数据的统计全部在台风过境后，受灾情况已无新变化，建议考虑从台风影响茂名范围开始统计数据，体现数据更新变化与使用的价值。另外，对应急管理的组织、流程、设施、资源、队伍、基础保障方面的数据分析有待加强。

8.2.4.3 应急过程分析

在应急过程中需要根据突发事件和承灾载体的综合灾情的实时发展与态势进行分析，及时调整应对方案和措施，从而使应急管理更加科学有效；应急过程中的组织、流程、设施、资源、队伍、基础保障等各方面应协同应对。

1. 温比亚

7月1日9时茂名局启动防风防汛Ⅳ应急响应，14时启动防风防汛Ⅲ级应急响应，7月1日20时防灾办发出《关于茂名供电局加强"温比亚"强热带风暴应急响应工作的紧急通知》，对各单位（部门）在Ⅲ级应急响应的基础上加强值班提出了要求。7月2日18时30分取消防风防汛Ⅲ级应急响应，恢复正常生产秩序。

据气象部门预报，未来两天茂名市部分地区仍有大雨到暴雨的强降水过程，茂名局防灾办发出通知，要求各部门（单位）保持高度的敏感性，充分认识防范自然灾害工作的重要性和严峻性，并对做好有关后续工作提出了六点工作要求：

（1）要求各生产部门、各县区局高度重视"温比亚"过后的消缺及低压用户抢修工作,持续跟进,确保有关消缺及低压抢修工作按计划检修安排,确保消缺及后续低压计划检修工作安全。

（2）要求各单位组织人力,对有关设备开展特巡,消除此次"温比亚"袭击中存在的安全隐患。

（3）要求各单位关注"温比亚"过后持续的降雨或短时的强降水过程可能造成的山体滑坡等自然灾害,做好有关电网设备的风险防范工作。

（4）由于"温比亚"过后开展抢修工作已经持续一整天,部分人员连续值班已超过两天,因此要求各级领导关注员工精神状态,合理安排作业,特别注意后续计划检修工作中的人身安全。

（5）要求各单位务必做好应对强降雨及其衍生灾害的防御工作及因灾损失的信息汇报工作。

（6）要求"温比亚"过后各生产部门、各县区局（安监部负责汇总落实）对本次抢险工作进行回顾总结,发掘抢险工作中的亮点,发扬好的做法,提出改进意见及整改措施,要求各单位对强热带风暴"温比亚"防风防汛工作总结在7月11日前上报局防灾办公室。

2. 尤特

茂名供电局8月13日12时启动了防风防汛Ⅳ级应急响应,16时提升为Ⅲ级应急响应。

茂名局防灾办在"尤特"生成后立即密切关注,从8月10日开始就通过OA和短信系统及时将台风的最新信息和预警工作要求传达给各部门、各单位。根据"尤特"移动路径,结合茂名局的实际情况,茂名局防灾办于8月13日12时启动了防风防汛Ⅳ级应急响应,16时提升为Ⅲ级应急响应,18时提升为Ⅱ级应急响应。8月16日,根据茂名地区持续大范围降雨、进入抢修复电攻坚阶段等情况,局防灾办发出《关于做好当前抢修复电工作的通知》,进一步部署抢修复电工作。8月17日19时起,根据抢修复电工作进入尾声阶段的情况,局防灾办调整应急响应为Ⅲ级。

8月17日,结合前线抢修人员由于持续高强度作业,导致出现体力与精神疲倦、安全意识松解等情况,为确保抢修工作安全完成,加强应急期间电力设施抢修工作安全管控工作,局安监部发出《关于加强"尤特"强台风电力设施抢修工作安全管控的通知》,要求各单位部门落实好抢修计划和任务安排,加强施工作业安全管控,注意做好人身安全的防护措施,局安全督察大队组织做好现场作业的安全监督工作。

强台风"尤特"在8月14日15时50分在阳江市阳西县溪头镇附近沿海地区登陆,登陆时中心附近最大风力14级,最大风速42 m/s,台风中心在20时左右从阳西转入茂名境内,先后从茂名的电白、高州、信宜等县市辗转扫过,"尤特"中心在茂名境内停留超过了10个小时,台风风力由入境时的12级降至离境时的10级。受其影响,茂名大部分地区出现9~12级大风,14日至17日大部分地区出现持续大范围降雨,茂名主网总体运行正常,配网受到严重影响。强台风"尤特"累计造成茂名电网110 kV线路跳闸6条次,35 kV线路跳闸10条次,10 kV馈线跳闸168条,累计损失负荷16.42万千瓦,损失电量137.17万千瓦时,截止到8月18日19时50分,全部受影响的6882个台区,约

765 430户全部恢复供电（包括政府要求延迟复电的水浸居民区）。8月18日20时结束防风防汛Ⅲ级应急响应，恢复正常生产秩序。

3. 彩虹

1）灾中：

(1) 领导高度重视，靠前指挥。台风登陆前，南方电网公司有关领导、广东电网公司有关领导对防御"彩虹"强台风和做好抢修复电工作提出了具体要求。茂名市政府于10月3日召开了抗击台风"彩虹"视频会议，会议上李红军市长对防灾救灾工作进行了统一部署。茂名供电局应急指挥中心启动应急联动机制，与市政府和相关部门保持信息畅通，定期向市政府汇报茂名电网受灾情况，4日16时30分，茂名市有关领导到达茂名供电局应急指挥中心指导抢修复电工作。茂名供电局高度重视这次强台风的抗灾复电工作，提前周密部署落实了各级领导责任，统一了抗风思路，克服了麻痹思想，确保了应急处置期间的正确指挥决策，有效提高了应急响应速度。

(2) 及时启动应急响应进行应急处置。茂名供电局于10月2日16时30分启动防风防汛Ⅳ级应急响应，10月3日15时调整为Ⅲ级应急响应，10月3日22时调整为Ⅱ级应急响应，10月4日11时30分调整为Ⅰ级应急响应。应急响应期间局长、书记、各分管局领导均在岗位带班值班，全体应急队伍迅速进入待命状态。

2）灾后抢修：

茂名供电局在启动防风防汛Ⅱ级应急响应后，有关领导以及值班分管局领导坐镇应急指挥中心，台风应急响应期间茂名供电局共安排了超过3000人在一线生产现场应急值守，在10座220 kV变电站安排运行人员进驻值守，并在关键的站点安排了继保及通信人员提前进驻。统一指挥部署，全局上下一心，抗击台风"彩虹"。

10月4日南方电网省公司通过应急指挥中心检阅和部署防灾复电工作，局应急指挥中心通知各部门、各单位要贯彻落实南方电网公有关领导、广东电网省公司有关领导等关于抢修复电的工作要求，坚持"安全第一、合理安排、有序推进"的抢修复电工作原则。截至10月4日22时，抢修复电工作安全高效推进，接近八成10 kV停电线路主干线恢复了运行。

10月4日深夜，在抗灾复电工作取得初步成绩的同时，茂名供电局应急指挥中心通过灾情核查、研究部署了10月5日的抢修复电工作的任务：第一，基本完成主网消缺工作，争取主网架全接线方式运行，全力配合湛江地区电网的恢复，做好220 kV湛泥线、220 kV谢赤线恢复运行的准备工作；第二，基本完成10 kV主干线的恢复供电，重点工作区域在化州和信宜片区；第三，开展10 kV配网支线和低压用户的消缺工作，争取更多用户恢复供电。

10月5日16时，茂名供电局基本恢复10 kV主干线路运行，完成了4日晚应急指挥中心下达的当日抢修任务，17时茂名供电局调整防风防汛响应为Ⅲ级。

10月5日深夜，茂名供电局应急指挥中心经过研判，确定10月6日抢修复电工作的任务：一是恢复所有配网支线、台区供电（不具备施工条件的除外）；二是做好220 kV湛泥线恢复运行的相关准备工作；三是对主要生产场所（变电站、仓库、调度大楼）、主要设备（输电、变电、自动、通信）开展特巡；四是对已复电的配电线路和低压用户进行隐患排查及消缺。

10月6日01时15分，220 kV 榭赤线恢复送电运行，检修、继保人员对220 kV 榭平岭站站内相关设备进行了检查，设备运行正常，测温正常。10月6日20时，茂名供电局恢复绝大部分受影响用户供电，完成了5日晚应急指挥中心下达的当日抢修任务，经研判应急指挥中心将防风防汛响应调整为Ⅳ级。

10月7日18时，茂名供电局全面恢复供电，结束防风防汛应急响应。

4. 总结分析

在台风"尤特"中，对外来支援队伍如何参与救援的工作机制方面有待完善，存在对长期的应急响应过程交接班工作不到位的情况。在台风"彩虹"案例中，外部救援队伍到达现场后，与受灾单位（茂名局）的沟通协调依然存在问题，建议建立外部单位参与救援工作的协同机制，并加强应急演练以达到更好的效果。

8.2.4.3 应急恢复分析

对突发事件应对过程进行总结评估，对损耗的应急设施、资源、队伍、基础保障等进行补充修整，恢复应急能力。

1. 温比亚

无数据。

2. 尤特

对抢修复电的主要不足及今后的改进措施进行了分析，主要包括三方面：一是应对洪水灾害的现场处置方案存在短板；二是外来应急支援队伍的工作机制有待完善；三是应急值班工作交接不到位。

3. 彩虹

存在的不足和原因分析包括：一是电网抗灾能力方面；二是系统运行管理方面；三是设备管理及抢修复电方面；四是客户服务应急管理方面；五是新闻宣传和后勤管理方面；六是物资调配管理方面；七是应急综合能力方面。

4. 总结分析

在突发事件基本处理完成以后，应对整个事件的初始、发展、控制、结束阶段的应对情况进行总结分析，发现应急应对（管理）当中出现的问题，运用PDCA循环管理的理论方法，不断优化提升。在本次选取的三个案例中，对突发事件应对过程的总结分析有待加强，例如，"温比亚"案例并未进行总结分析，"尤特"及"彩虹"案例中对一些重点突出问题进行了总结分析，但建议考虑更多的维度，可从应急设施、资源、队伍、流程规划、基础保障等方面进行分析。

8.3 茂名电网"情景–次级情景"分析

8.3.1 基于三角形建模的案例

案例是对一系列真实情景的动态描述，呈现情景的产生、发展、高潮和结束过程，好的案例描述能够清晰地呈现事件发展的时空性。案例一方面描述关键和典型情景，另一方面描述对应的情景解决方案及方案效果。案例描述要突出构成案例的三大要素：情景描述、解决方案描述和决策方案评价。

在本研究中，根据风力大小，根据12级及以下、12～15级、15级以上三个区间选取了三个台风。如下表所示。

表8-23 台风案例基本情况表

年份	月份	台风	级别	中心最大风速（m/s）	登陆地点	影响地区	来源
2013	6月	温比亚	强热带风暴	11	28	2日登陆广东湛江麻章区湖光镇	广东、海南	中国天气台风网-2013台风专题
2013	8月	尤特	强台风	14	42	12日登陆菲律宾吕宋岛东部沿海，14日二次登陆广东阳	海南、台湾、广东、广西、福建等地	中国天气台风网-2013台风专题
2015	10月	彩虹	强台风	16	50	4日登陆广东湛江坡头区沿海	海南、广东、广西	中国天气台风网-2015台风专题

8.3.2 情景-次级情景

本节从"情景即所见"的角度出发定义情景，情景拆分自真实案例，与情景类似，次级情景同样来源于案例，是对情景的扩充描述，一个情景与多个次级情景相对应。在分析的三个台风案例中，因台风等级不同，所遇到的情景也不一样。一是应急响应级别，在"温比亚"案例中，先后启动了Ⅳ级、Ⅲ级应急响应，而在"尤特"及"彩虹"案例中，则分别启动了Ⅱ级和Ⅰ应急响应，由于应急响应级别不一样，应急响应的解除也相应地有所不同；二是电网受灾情况，在"尤特"案例中出现了开关站水浸的情景，而在"温比亚"及"彩虹"案例中则分别出现了220 kV及500 kV线路跳闸的情景。

1. 12 级及以下台风"温比亚"的情景–次级情景分解（图 8-6）

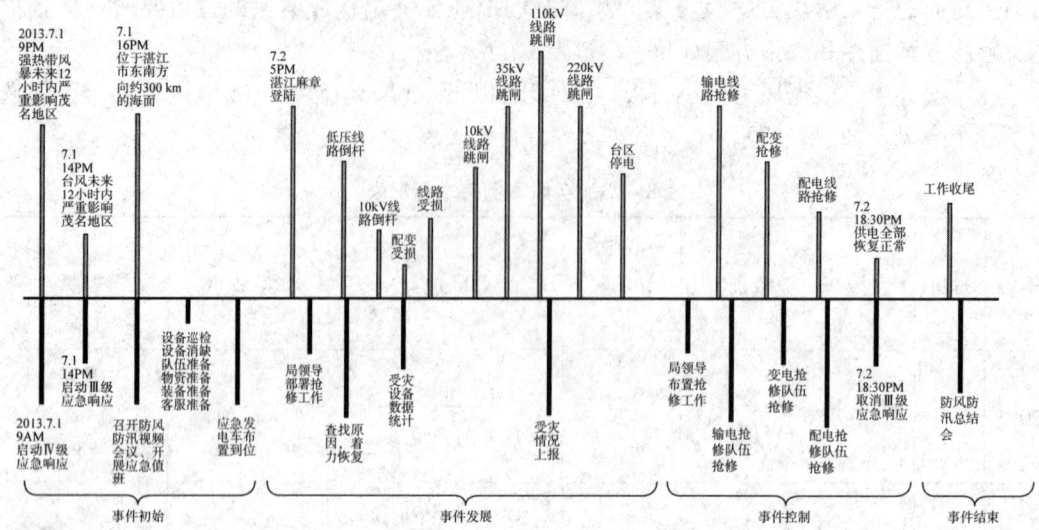

图 8-6 "温比亚"的情景–次级情景分解

2. 12~15 级台风"尤特"的情景–次级情景分解（图 8-7）

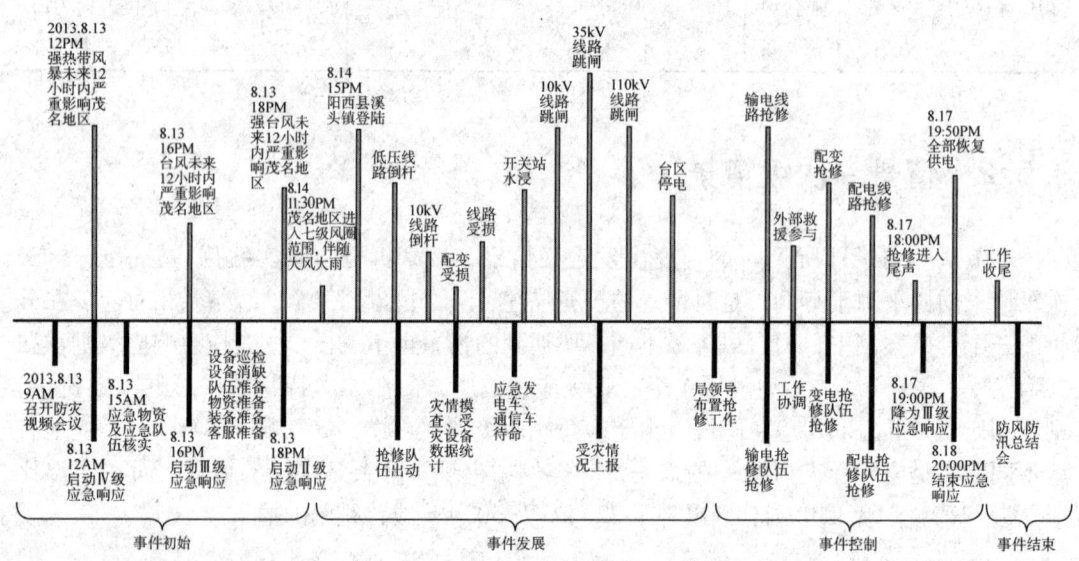

图 8-7 "尤特"的情景–次级情景分解

案例分析——广东省茂名市典型自然灾害场景集构建及应对方案

3. 15级及以上台风"彩虹"的情景－次级情景分解（图8-8）

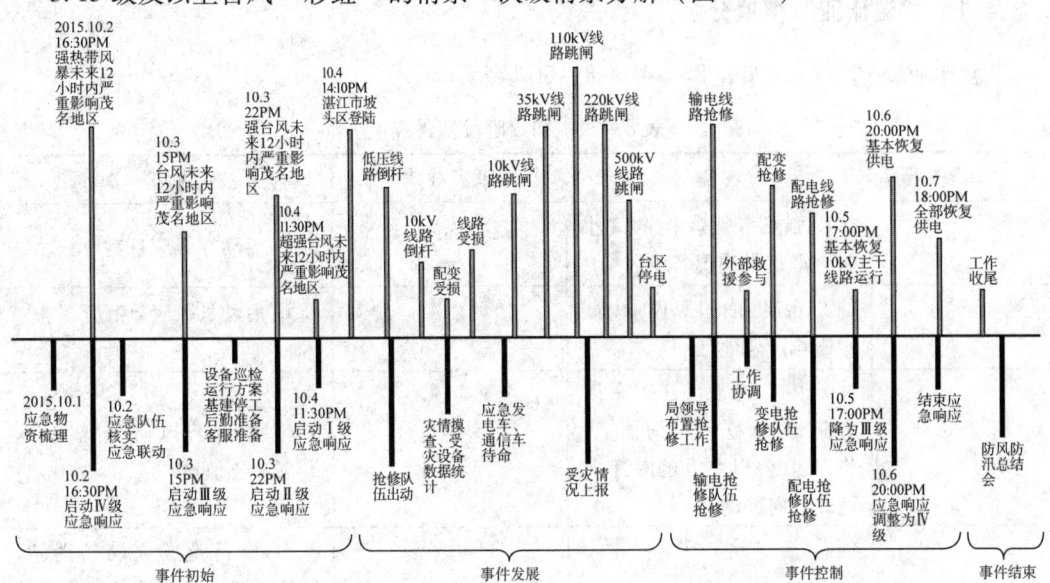

图8-8 "彩虹"的情景－次级情景分解

8.3.4 情景分解

本节运用了公共安全三角形将相关情景拆分为灾害相关、救援相关、承载载体、环境四大种类，这种拆分有利于情景的分解和后面案例的检索。

案例模型具有4个显著特征：

（1）案例层次性：案例表达结构分为5个层次，包含案例、情景、次级情景、对象和要素。层级分类可以将情景进行分类，同时优化了案例结构化程度，为后面的分析和决策提供更高效的帮助。

（2）案例多维度：情景由次级情景、对象、要素等组成，要素坐标轴量化案例信息的各属性，要素坐标轴被定义为坐标空间中的一个点。情景由多个案例属性特征组成，即对情景的描述是多维度的。从案例层面分析，情景本身作为一个案例信息点，同其他情景共同构成案例情景空间。

（3）模型普适性：情景提取于案例，不同类型案例可能包含相同情景，例如情景"人群聚集"出现在不同的突发事件中。根据突发事件可由不同的情景组合产生，大大提高了情景决策的参考性。

（4）案例模型层级关系：模型包含案例层级信息间一对一、一对多和多对多三种关系。一个案例包含多个情景；一个情景可能包含多个次级情景；对象与次级情景一一对应；要素作为案例底层信息与各层均为多对多关系，要素作为模型的底层信息是共享的。

本研究中对案例的分解为情景－次级情景的二级分解，事件各阶段包含的情景、次级情景信息记录分别用序列1，2，3，…；a，b，c…标记。

4.3.4.1 "温比亚"情景分解

"温比亚"情景分解如表 8-24 ~ 8-30 所示。

表 8-24 初始阶段情景表

环境	灾情	承灾载体	救援
	1. 强热带风暴未来12小时内严重影响茂名地区		4. 启动Ⅳ级应急响应
	2. 台风未来12小时内严重影响茂名地区		5. 启动Ⅲ级应急响应
	3. 中心位于湛江市东南方向约300公里的海面上,将以30公里左右的时速向西北方向移动		6. 召开防风防汛视频会、开展应急值班
			7. 设备巡检、设备消缺、队伍准备、物资准备、装备准备、客服准备
			8. 应急发电车布置到位

表 8-25 初始阶段次级情景表

环境	灾情	承灾载体	救援

表 8-26 发展阶段情景表

环境	灾情	承灾载体	救援
	1. 湛江麻章登陆		10. 局领导部署抢 11. 修工作
	2. 低压线路倒杆	6. 低压电杆	12. 低压电杆抢修
	3. 10 kV 线路倒杆	7. 10 kV 电杆	13. 中压电杆抢修
	4. 配变受损	8. 配变	14. 配变抢修
	5. 线路受损	9. 线路	15. 输电、配电线路抢修

表 8-27 发展阶段次级情景表

环境	灾情	承灾载体	救援
	3. a 10 kV 线路跳闸	7. e 配网	13. g 10 kV 线路跳闸恢复
	4. b 35 kV 线路跳闸		14. h 35 kV 线路跳闸恢复

续表 8-27

环境	灾情	承灾载体	救援
	5.c 110 kV 线路跳闸	9.f 主网	15.i 110 kV 线路跳闸恢复
	5.d 220 kV 线路跳闸		15.i 220 kV 线路跳闸恢复

表 8-28 控制阶段情景表

环境	灾情	承灾载体	救援
	1. 高压线路全部恢复正常供电		4. 抢修重点转向中、低压
	2. 中压线路全部恢复正常供电		5. 抢修重点转向低压
	3. 供电全部恢复正常		6. 取消Ⅲ级应急响应

表 8-29 控制阶段次级情景表

环境	灾情	承灾载体	救援

表 8-30 结束阶段情景表

环境	灾情	承灾载体	救援
	1. 工作收尾		防风防汛工作总结

表 8-31 结束阶段次级情景表

环境	灾情	承灾载体	救援

8.3.4.2 "尤特"情景分解

"尤特"情景分解如表 8-32～8-39 所示。

表 8-32 初始阶段情景表

环境	灾情	承灾载体	救援
	1. 强热带风暴未来 12 小时内严重影响茂名地区		4. 启动Ⅳ级应急响应

续表 8-32

环境	灾情	承灾载体	救援
	2. 台风未来 12 小时内严重影响茂名地区		5. 启动Ⅲ级应急响应
	3. 强台风未来 12 小时内严重影响茂名地区		6. 启动Ⅰ级应急响应
			7. 应急物资及应急队伍核实
			8. 设备巡检、设备消缺、基建停工、后勤准备、客服准备

表 8-33　初始阶段次级情景表

环境	灾情	承灾载体	救援

表 8-34　发展阶段情景表

环境	灾情	承灾载体	救援
	1. 茂名地区进入七级风圈范围，伴随大风大雨		
	2. 阳西县溪头镇登陆		
	3. 低压线路倒杆	8. 低压电杆	13. 低压电杆抢修
	4. 10 kV 线路倒杆	9. 10 kV 电杆	14. 中压电杆抢修
	5. 配变受损	10. 配变	15. 配变抢修
	6. 线路受损	11. 线路	16. 输电、配电线路抢修
	7. 开关站水浸	12. 开关站	17. 开关站抢修

表 8-35　发展阶段次级情景表

环境	灾情	承灾载体	救援
	4. a 10 kV 线路跳闸	9. e 配网	13. g 10 kV 线路跳闸恢复
	5. b 35 kV 线路跳闸		14. h 35 kV 线路跳闸恢复
	6. c 110 kV 线路跳闸	11. f 主网	15. i 110 kV 线路跳闸恢复

表 8-36　控制阶段情景表

环境	灾情	承灾载体	救援
	1. 高压线路全部恢复正常供电		4. 抢修重点转向中、低压
	2. 中压线路全部恢复正常供电		5. 抢修重点转向低压
	3. 供电全部恢复正常		6. 降为Ⅲ级应急响应

表 8-37　控制阶段次级情景表

环境	灾情	承灾载体	救援

表 8-38　结束阶段情景表

环境	灾情	承灾载体	救援
	1. 工作收尾		2. 防风防汛总结会

表 8-39　结束阶段次级情景表

环境	灾情	承灾载体	救援

8.3.4.3　"彩虹"情景分解

表 8-40　初始阶段情景表

环境	灾情	承灾载体	救援
	1. 强热带风暴未来12小时内严重影响茂名地区		5. 启动Ⅳ级应急响应
	2. 台风未来12小时内严重影响茂名地区		6. 启动Ⅲ级应急响应
	3. 强台风未来12小时内严重影响茂名地区		7. 启动Ⅱ级应急响应
	4. 超强台风未来12小时内严重影响茂名地区		8. 启动Ⅰ级应急响应
			9. 应急物资梳理
			10. 应急队伍核实、应急联动
			11. 设备巡维、运行方案、基建停工后勤准备、客服准备

表 8-41　初始阶段次级情景表

环境	灾情	承灾载体	救援

表 8-42　发展阶段情景表

环境	灾情	承灾载体	救援
	1. 湛江市坡头区登陆		
	2. 低压线路倒杆	6. 低压电杆	13. 低压电杆抢修
	3. 10 kV 线路倒杆	7. 10 kV 电杆	14. 中压电杆抢修
	4. 配变受损	8. 配变	15. 配变抢修
	5. 线路受损	9. 线路	16. 输电、配电线路抢修

表 8-43　发展阶段次级情景表

环境	灾情	承灾载体	救援
	3. a 10 kV 线路跳闸	7. f 配网	13. h 10 kV 线路跳闸恢复
	4. b 35 kV 线路跳闸		14. i 35 kV 线路跳闸恢复
	5. c 110 kV 线路跳闸		15. j 110 kV 线路跳闸恢复
	5. d 220 kV 线路跳闸	9. g 主网	16. k 220 kV 线路跳闸恢复
	5. e 500 kV 线路跳闸		17. l 500 kV 线路跳闸恢复

表 8-44　控制阶段情景表

环境	灾情	承灾载体	救援
	1. 高压线路全部恢复正常供电		
	2. 中压线路全部恢复正常供电		4. 降为Ⅲ级应急响应
	3. 供电基本恢复正常		5. 降为Ⅳ级应急响应

表 8-45　控制阶段次级情景表

环境	灾情	承灾载体	救援

表 8-46 结束阶段情景表

环境	灾情	承灾载体	救援
	1. 工作收尾		防风防汛总结

表 8-47 结束阶段次级情景表

环境	灾情	承灾载体	救援

8.3.5 情景分析

8.3.5.1 "温比亚"情景分析

在"温比亚"案例的四个阶段，事故初始、发展、控制、结束阶段在应急上存在不足。下面将对以上案例的应急机制进行补充，见表 8-48。

表 8-48 "温比亚"情景分析

	情景	次级情景	救援（包括时间）	问题	评价
初始阶段	强热带风暴未来12小时内严重影响茂名地区			未发现应急预警过程的记录	按照预案，应该在台风登陆前24小时发布应急预警
				在台风到来之前，是否针对台风灾害做专项风险评估，例如针对不同的区域可能发生的灾害进行风险评估	
	情景	救援	时间	问题	评价
发展阶段	低压线路倒杆配变受损				所需的救援队伍、物资、装备是否匹配，过少或者过多

续表 8-48

	情景	救援	时间	问题	评价
控制阶段					
	情景	救援	时间	问题	评价
结束阶段					落实对应急队伍的奖罚，可以提升应急抢修能力
					未对应急过程进行有效的总结分析

8.3.5.2 "尤特"情景分析

在"尤特"案例的四个阶段，事故初始、发展、控制、结束阶段在应急上存在不足。下面将对以上案例的应急机制进行补充，见表 8-49。

表 8-49 "尤特"情景分析

	情景	次级情景	救援（包括时间）	问题	评价
初始阶段	强热带风暴未来 12 小时内严重影响茂名地区			未发现应急预警过程的记录	按照预案，应该在台风登陆前 24 小时发布应急预警
				在台风到来之前，是否针对台风灾害做专项风险评估，例如针对不同的区域可能发生的灾害进行风险评估	
	情景	救援	时间	问题	评价
发展阶段	低压线路倒杆配变受损				所需的救援队伍、物资、装备是否匹配，过少或者过多

续表 8-49

情景	救援	时间	问题	评价
控制阶段				对外来支援队伍如何参与救援的工作机制方面有待完善

情景	救援	时间	问题	评价
结束阶段				落实对应急队伍的奖罚，可以提升应急抢修能力
	总结分析			应增加总结分析的维度，使分析更全面，不断提升，精益求精

8.3.5.3 "彩虹"情景分析

在"彩虹"案例的四个阶段，事故初始、发展、控制、结束阶段在应急上存在不足。下面将对以上案例的应急机制进行补充，见表 8-50。

表 8-50 "彩虹"情景分析

情景	次级情景	救援（包括时间）	问题	评价
初始阶段	强热带风暴未来 12 小时内严重影响茂名地区		未发现应急预警过程的记录	按照预案，应该在台风登陆前 24 小时发布应急预警
			在台风到来之前，是否针对台风灾害做专项风险评估，例如针对不同的区域可能发生的灾害进行风险评估	

续表 8-50

	情景	救援	时间	问题	评价
发展阶段	配变受损				所需的救援队伍、物资、装备是否匹配，过少或者过多
	低压线路倒杆				对受灾数据统计分析的频次和时机应规范化
	情景	救援	时间	问题	评价
控制阶段					在外来支援队伍如何参与救援的工作机制方面有待完善
	情景	救援	时间	问题	评价
结束阶段					落实对应急队伍的奖罚，可以提升应急抢修能力
	总结分析				应增加总结分析的维度，使分析更全面，不断提升，精益求精

8.4 基于情景的应急管理分析

应急管理是指在突发事件和承灾载体所构成的灾害体系中，我们如何施加人为干预作用。人为干预可以用于突发事件，减少突发事件的发生。应急管理的本质是管理灾害要素及其演化与作用过程。

应急管理的核心是获知应急管理的重点目标，掌握应急管理的科学方法和关键技术，把握应急管理措施实施的恰当时机和力度。

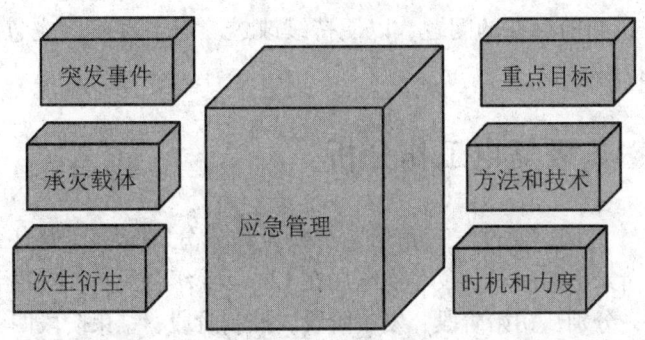

图 8-9 应急管理框架

8.4.1 12 级及以下复电工作分析

以台风"温比亚"为例,通过"三角形"分析及情景分解 1 分析得出 12 个情景片段,4 个次级情景,以及情景下的应对,茂名局在 12 级及以下台风自然灾害下的复电工作中所出现的问题及不足,分别从初始阶段、发展阶段、控制阶段、结束阶段四个阶段来描述。

初始阶段:存在 3 个情景,当预测强热带风暴未来 12 小时内严重影响茂名地区情景下,其应对是启动Ⅳ级应急响应;当预测台风未来 12 小时内严重影响茂名地区情景下,其应对是启动Ⅲ级应急响应;当中心位于湛江市东南方向约 300 公里的海面上的台风将以 30 km/h 向西北方向移动情景下,其应对是召开防风防汛视频会、开展应急值班。从情景分解及分析得出存在以下问题:在机制方面,按照茂名局防风防汛应急预案,在台风到来前 24 小时,需要发布应急预警,但在案例的记录中,并未发现应急预警过程的记录;在应急准备方面,在台风到来之前,应针对台风灾害做专项风险评估,例如针对不同区域可能发生的灾害进行风险评估,为更精确地准备应急资源提供依据。

发展阶段:存在 5 个情景及 4 个次级情景,当低压线路倒杆情景下,其应对是启动低压电杆抢修;当 10 kV 线路倒杆情景下,其应对是启动中压电杆抢修;当配变受损情景下,其应对是起动配变抢修;当线路受损情景下,其应对是输电、配电线路抢修;当 10 kV 线路跳闸情景下,其应对是 10 kV 线路跳闸恢复;当 35 kV 线路跳闸情景下,其应对是 35 kV 线路跳闸恢复;当 110 kV 线路跳闸情景下,其应对是 110 kV 线路跳闸恢复;当 220 kV 线路跳闸情景下,其应对是 220 kV 线路跳闸恢复。从情景分解及分析得出存在以下问题:未发现对区域灾情的分析记录,建议分区域(例如某条村)对灾情进行统计分析,以便于匹配所需的救援队伍、物资、装备等资源,避免资源过少造成抢救不力或者资源过多造成资源浪费。

控制阶段:存在 3 个情景,当高压线路全部恢复正常供电情景下,其应对是抢修重点转向中、低压;当中压线路全部恢复正常供电情景下,其应对是抢修重点转向低压;当供电基本恢复正常情景下,其应对是降为Ⅲ级应急响应;从情景分解及分析得出存在以下问题:应急响应降为Ⅲ级以后就没有相关记录,按规定应该还有一次降级,降为Ⅳ级,直至最后取消应急响应。

结束阶段:存在 1 个情景,当工作收尾情景下,其应对是防风防汛总结。从情景分解及分析得出存在以下问题:未发现对应急应对过程进行总结分析的报告,建议进行应急应对过程的总结，分析当前存在的问题，以便持续改进。需要落实对应急队伍的奖罚机制，以提升应急抢修能力。

8.4.2　12～15级复电工作分析

以台风"尤特"为例，通过"三角形"分析及情景分解分析，得出14个情景片段，3个次级情景，以及情景下的应对，茂名供电局在12～15级台风自然灾害下的复电工作中所出现的问题及不足，分别从初始阶段、发展阶段、控制阶段、结束阶段四个阶段来描述。

初始阶段：存在3个情景，当预测强热带风暴未来12小时内严重影响茂名地区情景下，其应对是启动Ⅳ级应急响应；当预测台风未来12小时内严重影响茂名地区情景下，其应对是启动Ⅲ级应急响应；当预测强台风未来12小时内严重影响茂名地区情景下，其应对是启动Ⅱ级应急响应。从情景分解及分析得出存在以下问题：在机制方面，按照茂名局防风防汛应急预案，在台风到来前24小时，需要发布应急预警，但在案例的记录中，并未发现应急预警过程的记录；在应急准备方面，在台风到来之前，应针对台风灾害做专项风险评估，例如针对不同区域可能发生的灾害进行风险评估，为更精确地准备应急资源提供依据。

发展阶段：存在7个情景及3个次级情景，当低压线路倒杆情景下，其应对是起动低压电杆抢修；当10 kV线路倒杆情景下，其应对是起动中压电杆抢修；当配变受损情景下，其应对是起动配变抢修；当线路受损情景下，其应对是输电、配电线路抢修；当开关站水浸情景下，其应对是开关站抢修；当10 kV线路跳闸情景下，其应对是10 kV线路跳闸恢复；当35 kV线路跳闸情景下，其应对是35 kV线路跳闸恢复；当110 kV线路跳闸情景下，其应对是110 kV线路跳闸恢复。从情景分解及分析得出存在以下问题：未发现对区域灾情的分析记录，建议分区域（例如某条村）对灾情进行统计分析，以便于匹配所需的救援队伍、物资、装备等资源，避免资源过少造成抢救不力或者资源过多造成资源浪费。

控制阶段：存在3个情景，当高压线路全部恢复正常供电情景下，其应对是抢修重点转向中、低压；当中压线路全部恢复正常供电情景下，其应对是抢修重点转向低压；当供电基本恢复正常情景下，其应对是降为Ⅲ级应急响应。从情景分解及分析得出存在以下问题：一是应急响应降为Ⅲ级以后就没有相关记录，按规定应该还有一次降级，降为Ⅳ级，直至最后取消应急响应；二是对外来支援队伍如何参与救援的工作机制方面有待完善。

结束阶段：存在1个情景，当工作收尾情景下，其应对是防风防汛总结。从情景分解及分析得出存在以下问题：应增加总结分析的维度，使分析更全面，不断提升，精益求精。需要落实对应急队伍的奖罚机制，以提升应急抢修能力。

8.4.3　15级及以上复电工作分析总结

以台风"彩虹"为例，通过"三角形"分析及情景分解分析，得出13个情景片段，5个次级情景，以及情景下的应对，茂名供电局在15级及以上台风自然灾害下的复电工作中所出现的问题及不足，分别从初始阶段、发展阶段、控制阶段、结束阶段四个阶段来描述。

初始阶段：存在4个情景，当预测强热带风暴未来12小时内严重影响茂名地区情景下，其应对是启动Ⅳ级应急响应；当预测台风未来 12 小时内严重影响茂名地区情景下，其应对是启动Ⅲ级应急响应；当预测强台风未来 12 小时内严重影响茂名地区情景下，其应对是启动Ⅱ级应急响应；当预测超强台风未来 12 小时内严重影响茂名地区情景下，其应对是启动Ⅰ级应急响应。从情景分解及分析得出存在以下问题：在机制方面，按照茂名供电局防风防汛应急预案，在台风到来前 24 小时，需要发布应急预警，但在案例的记录中，并未发现应急预警过程的记录；在应急准备方面，台风到来之前，应针对台风灾害做专项风险评估，例如针对不同区域可能发生的灾害进行风险评估，为更精确地准备应急资源提供依据。

发展阶段：存在 5 个情景及 5 个次级情景，当低压线路倒杆情景下，其应对是起动低压电杆抢修；当 10 kV 线路倒杆情景下，其应对是起动中压电杆抢修；当配变受损情景下，其应对是起动配变抢修；当线路受损情景下，其应对是输电、配电线路抢修；当 10 kV 线路跳闸情景下，其应对是 10 kV 线路跳闸恢复。当 35 kV 线路跳闸情景下，其应对是 35 kV 线路跳闸恢复；当 110 kV 线路跳闸情景下，其应对是 110 kV 线路跳闸恢复；当 220 kV 线路跳闸情景下，其应对是 220 kV 线路跳闸恢复；当 500 kV 线路跳闸情景下，其应对是 500 kV 线路跳闸恢复。从情景分解及分析得出存在以下问题：一是未发现对区域灾情的分析记录，建议分区域（例如某条村）对灾情进行统计分析，以便于匹配所需的救援队伍、物资、装备等资源，避免资源过少造成抢救不力或者资源过多造成资源浪费；二是对受灾数据统计分析的频次和时机应规范化，在本案例中，对电网设备受灾数据的统计全部在台风过境后进行，受灾情况已无新变化，建议考虑从台风影响茂名范围开始统计数据，体现数据更新变化与使用的价值。

控制阶段：存在 3 个情景，当中压线路全部恢复正常供电情景下，其应对是降为Ⅲ级应急响应。当供电基本恢复正常情景下，其应对是降为Ⅳ级应急响应。从情景分解及分析得出存在以下问题：一是应急响应降为Ⅳ级以后就没有相关记录，应有最后的取消应急响应过程；二是对外来支援队伍如何参与救援的工作机制方面有待完善。

结束阶段：存在 1 个情景，当工作收尾情景下，其应对是防风防汛总结。从情景分解及分析得出存在以下问题：应增加总结分析的维度，使分析更全面，不断提升，精益求精。需要落实对应急队伍的奖罚机制，以提升应急抢修能力。

8.5 本章小结

本章基于广东省茂名市风险环境特点和风险发生机制，针对其风险环境的特征，首先，应用公共安全"三角形"理论模型，从"突发事件"和"承灾载体"两个维度出发，分析茂名市强台风引发的电力系统灾害随时间演化的过程；然后根据演化分析，结合"应急管理"维度给出茂名市电力灾害的应急管理初步分析。其次，应用多维情景空间理论，对茂名市电力灾害的事件链演化模型和初步应急管理分析，进行情景－次级情景分解，构建情景应对鱼骨模型，构建茂名市电力灾害情景应对模型，最后基于该情景模型，对茂名市电力灾害进行 12 级以下、12～15 级和 15 级以上三个区间应急管理措施分析总结。本案例茂名市电力公司的实际项目，较好地应用了公共安全"三角形"理论模型和多维情景空间理论进行实际建模分析，实践证明可以清晰有效地对实际公共安全事件进行分析总结，并得出有效的应急管理措施。

9 前沿成果介绍

本章承接以上章节，主要介绍应用上述相关理论和方法研发出来并已经被应用的最新技术和产品，包括国家应急平台、社会治理大数据平台、现代治安防控体系和城市生命线安全运行监测系统等。

9.1 基于"情景－应对"的第二代国家应急平台研究项目

国家自然科学基金委员会的"非常规突发事件应急管理研究"重大研究计划集成项目直接面向和紧密围绕重大研究计划的总体目标，从两方面开展研究：提升现有国家应急平台体系科学性的多学科融合的基础研究；相关研究成果的集成升华和与国家应急平台体系的"对接"。具体包括：突发事件应急场景下数据集成、组织与存储、数据共享方法研究；面向应急辅助决策的定量与定性相结合的案例分析与集成管理方法；网络分布式多模型环境下的智能化应急处置决策模型库构建方法；个体和群体在紧急状态下的心理反应与行为规律；面向"情景－应对"型决策、与国家应急平台体系相融合的应急管理开放式集成研究平台设计与构建；基于集成平台的突发事件情景推演与决策过程模拟仿真与集成应用示例。提出"数据融合—模型推演—案例推理—心理行为规律"综合集成的"情景－应对"型应急决策理论和方法；构建基于"网络集成—计算集成—应用系统集成"三层交互的，与国家应急平台体系相融合的，跨学科、跨地域协作共享的"交响"式应急管理开放集成研究平台。

9.1.1 主要研究内容

"非常规突发事件应急管理"重大研究计划的科学目标定位是，在非常规突发事件的特殊约束条件下，通过对相关学科进行观测、实验和理论创新与综合集成，形成对非常规突发事件应急管理的核心环节——监测预警与应对决策的客观规律的深刻科学认识，并提供科学方法；构建"情景应对"型非常规突发事件应急管理的理论体系，增强应急管理科技的自主创新能力；提高国家应急管理体系（包括应急平台/预案体系）的科学性，为国家高效有序地应对非常规突发事件提供决策参考。

该项目面向"非常规突发事件应急管理"重大研究计划的核心科学目标，针对当前国家应急平台体系在实践应用中反映出的科学问题，基于国家应急平台体系技术原型系统对国家应急平台体系功能的映射，重点从两方面开展研究。

其一，提升现有国家应急平台体系科学性的基础研究。

我国的应急平台体系已经初步建立，国务院应急平台已基本建成，构建了以国务院应急平台为中心，以省级和部门应急平台为节点、互联互通的国家应急平台体系，实现对突发事件的监测监控、预测预警、信息报告、综合研判、辅助决策、指挥调度等主要功能。但在应急平台体系的应急管理实践中也发现还有许多科学问题需要加以研究，例如突发事件应急，特别是非常规突发事件应急，由于问题的复杂性，对各类数据有极高的需求和依赖，而所需数据来源不一、结构各异、精细度差异大，面对如此复杂多样的数据源，现有应急平台体系尚缺乏足够的分析能力；对于非常规突发事件的应对，由于其复杂性，难以依靠既有经验和规律，是典型的'情景－应对'型，其"情景"的构建，既需要依靠信息获取和数据分析，又需要依靠模型—数据集成的计算分析，还需要依靠对相关案例"片段"的高效获取与综合匹配分析，并且需要考虑个体和群体的心理行为特征及其对事件发展和应急处置的影响，在这些方面，现有国家应急平台体系的功能还有待提升。本研究项目面向提升国家应急平台体系综合决策科学性的目标，从数据、案例、模型、心理行为指征四方面及其综合集成开展科学研究。

其二，"非常规突发事件应急管理"重大研究计划相关项目研究成果的综合集成升华研究，及其与国家应急平台体系"对接"的研究。

集成项目作为"非常规突发事件应急管理"重大研究计划的集成升华平台，肩负了集成重大研究计划各相关项目的研究成果，实现跨学科、跨地域研究的共享与综合集成的使命，也为应急管理研究的持续改进与提升提供更广泛的研究共享与集成平台。同时，通过应急平台技术原型系统的映射，实现研究成果与国家应急平台体系功能需求的对接，增强我国应急管理科技的自主创新能力，实现科学研究服务社会和国家重大需求的终极目标。面向这一目标，本项目将开展应用系统集成、网络集成、计算集成三个层次的集成研究，其中网络集成和计算集成作为应用系统集成的环境与支撑，并以国家应急平台体系技术原型系统为依托，最终构建"情景－应对"型决策、与国家应急平台体系相融合的开放式集成研究平台。

项目研究成果既为提升国家应急平台体系的科学性提供理论和方法支撑，又为突发事件应急管理的基础研究提供共享平台。具体研究内容包括如下几个方面。

1. 突发事件应急场景下的数据集成、组织与存储、数据共享方法研究

在非常规突发事件的应急管理过程中数据的管理是重要组成部分之一。随着网络技术、数据管理、数据集成等技术的迅速发展和广泛应用，信息技术在非常规突发事件应急管理领域也获得了越来越多的关注。如何准确、高质量地获取来自多个异质数据来源的信息，并以合理的组织方式迅速高效地传递给应急处理中各层次相关人员，是信息技术在突发事件应急管理中的核心问题，数据的集成、处理和共享是其中最关键的环节，数据管理技术在非常规突发事件中的应用中获得及时、准确和完整的事件相关信息，是有效提升突发事件应急处理能力的关键。根据应急管理场景中对数据管理技术的具体需求，我们的研究内容分为应急管理场景下的数据集成、数据组织与存储、数据共享三个方面。

突发事件应急管理中的数据集成需要有效管理来自相关部门、互联网以及现场采集等的多源数据，项目研究将突发事件中需集成的数据源分为三个大类。

一是突发事件应急管理相关行业、部门业务系统中的数据源。由于行业、部门具有定义良好的数据标准及业务规程，数据以结构化和半结构化组织为主，并且可向集成平台提供数据获取的标准接口。

二是互联网中的与突发事件相关的网页数据源。在应急管理场景下,当突发事件出现时,互联网中关于事件的新闻报道、论坛帖子、博客文章、搜索引擎记录等数据对全面客观了解突发事件的最新情况、事件消息的传播机制、事件对网络舆情的影响以及受众心理分析都具有不可或缺的作用。互联网数据以非结构化和半结构化为主。互联网数据给集成技术和非结构化数据的管理带来了更多的挑战。

三是突发事件现场数据在突发事件应急处置过程中,事件现场的数据对掌握事件最新动态从而正确做出决策具有关键性的作用,因此在现场的事件处置人员实时采集现场图片、声音、视频等数据,这些数据以非结构化、多模态的组织形式为主,并且具有相应的采集标准。集成平台需要将现场数据与来自行业、部门以及互联网的数据整合为一体,为事件决策提供技术支撑。

2. 面向应急辅助决策的案例分析与集成管理方法研究

由于突发事件具有破坏性强、影响范围大、相关因素多的特点,加之其偶发性和突发性强,导致对其规律认知和应对经验积累的困难。因此,案例统计和分析是认知突发事件规律和应对方法的重要和必要手段。由于实际情况的纷繁复杂,即使是同类问题的各个案例的具体情况也有很大不同。如何找到关键的影响因素并分析其共性规律,需要通过对大量案例的系统分析。不同类型的突发事件有不同的特点与规律,处置不同类型事件需要不同的方法,需要对不同类型的案例进行合理分类,确定其具体的构成要素,建立基于案例的推理方法和方便查询与辅助决策应用的案例库系统。具体研究内容包括:案例分类分级与结构化的模型和方法研究;案例量化与知识化模型和基于案例的辅助决策方法研究;面向应急辅助决策与科学研究相融合的案例库架构方法研究。

3. 网络分布式多模型环境下的智能应急处置决策模型库构建方法研究

基础平台需要集成的各类突发事件监测预警与应急决策模型是高度分散在网络里的。这些模型多是各自开发、相对独立的。由于突发事件模型包含广泛,所以突发事件模型库应该是一个开放的系统,对不同研究人员开发的各类模型都能够存储、运用,并能够科学合理管理和运用其领域知识进行相关模型的选择和组合的推理。对上述网络分布式模型群进行集成、运行并实现在线协同推演,采用统一的模型表示方法、选择合适的模型进行组合形成模型——数据链是构建智能化应急处置决策模型库的关键。具体研究内容包括:网络分布式模型的表示方法研究;模型信用值的评价方法研究;基于多智能体(mufti-agent)技术的模型——数据链构建方法研究;网络分布式模型——数据驱动的应急决策智能化模型库设计方法研究。

4. 个体和群体在紧急状态下的心理反应与行为规律

重点研究突发事件下个体的心理和行为的神经机理包括:第一,与突发事件相关的个体的生理反应;第二,与突发事件相关的个体的情绪反应及神经基础;第三,突发事件中个体的情绪和生理反应如何影响人的社会认知、决策。

研究突发事件下人群的心理和行为指标测量及标准化。结合心理学理论和方法学进展,以及国内外的实证研究和实践结果,编制一套突发事件下人群心理与行为指标测量的工具库。在借鉴国内外已有测量工具的基础上,修订并开发有效的心理与行为反应测量工具。为了保障测量的信度和效度,所筛选的测量条目有代表性,有区分度;结构清楚、稳定。在多个人群样本中进行测试,进行项目分析和结构分析。另外,再抽取目标职业样本进行测试，对测量工具结构进行验证性分析，确立测量工具的结构。

研究突发事件下个体的心理与行为演化规律包括：第一，突发事件中信息传播、发布对个体的风险/危害认知、态度形成的影响及基本规律；第二，突发事件中情绪体验与个体应对方式、行为选择倾向的关系；第三，突发事件中不同角色的心理冲突与融合，以及信任建立的基本规律。研究突发事件下群体的心理与行为演化规律。包括认知评价过程，情绪过程和行为倾向过程。

5. 面向"情景-应对"型决策、与国家应急平台体系相融合的应急管理开放式集成研究平台设计与构建

面向"情景-应对"型决策、与国家应急平台体系相融合的开放式集成研究平台应具有两方面的功能，其一是为我国已经初步建成的应急平台体系提供持续发展的核心科学支持；其二是为突发事件应急管理研究提供具有时空广度和领域深度的共享型研究平台。面向其功能需求开展如下研究。

(1) 突发事件应急平台体系基础平台的总体架构设计。

随着应急体系的不断演进，相关学科、相关理论的不断丰富，各地区也不断推出有地方特色的应急系统，为进一步结合地方实践和应急理论，真正走上实践—理论—实践的科学发展道路，逐步从单一应急支撑系统发展到多地区系统应对突发事件，平台研究将针对应急体系的基础架构和标准化方面做出分析，从根源上使得跨地域应急处置变为可能。

整个基础平台围绕网络集成、计算集成、应用系统集成三个方面来进行搭建，利用信息的自组织模式搭建开放式的网络共享集成平台，实现跨学科、跨地域研究人员和跨领域地方应急系统的信息数据的收集、共享，作为整个应急服务的数据支撑。通过采用云计算、云存储等技术，搭建计算共享集成平台，以满足跨学科、跨地域、日益复杂的突发事件处置分析要求，提供更智能、更高效的模拟分析服务；通过云应用技术，为跨地域和跨平台的应用系统提供集成平台，以达到跨区域的应急处置的目的。

(2) 面向服务的开放式应急模型集成方法与研究平台构建。

在集成重大研究计划分布式的研究成果以及针对国家应急平台体系多层级、多领域的特点方面，都面临着分布式、跨平台、异构性、不确定性、互操作等方面的诸多困难，必须建立一种合适的、具有弹性的方法和系统架构加以解决，并解决实际研究平台构建中应用系统集成、分布式计算、协同管理等一系列关键问题，构建面向服务的开放式应急模型集成方法与研究平台。

(3) 基于云技术理念的非常规突发事件应急辅助决策计算集成环境。

突发事件应急管理涉及海量数据，包括历史数据、行业和部门数据、突发事件现场的数据。其中大量数据是实时、动态的，因此需要对这些数据进行快速、及时的收集、集成、分析和处理；此外还有一些突发事件的预测模型由于计算量巨大，应急现场的小型计算机不能完成实时计算任务，从而对系统的运算能力提出了极高的要求。云计算作为一种新兴的共享基础架构的方法，可以将巨大的系统池连接在一起以提供各种服务，从而使得超级计算能力通过互联网自由流通成为可能。

(4) 面向应急管理的科技共享、集成与协作网络平台环境。

面向跨时间、跨地域、跨学科的非常规突发事件应急管理研究的共享、集成与协作，建立基于互联网的研究共享平台，实现共享、集成、协作，具备开放性和扩展性等。

9.1.2 研究目标

基于"情景－应对"的国家应急平台体系项目的总体研究目标为：研究和构建与国家应急平台体系相融合的应急管理开放式集成研究平台，实现"情景－应对"型决策的理论与方法创新，如图9－1所示。项目研究成果将为突发事件应急的信息处理、过程评估、综合研判、辅助决策等提供基础理论和方法，为提升国家应急平台体系的科学性提供持续支撑平台，能在软件层面与相关项目双向交互，可以集成、验证相关基础研究成果，为突发事件应急管理的基础研究提供共享平台。

基于项目研究成果，实现现场信息、部门信息、网络信息的综合分析，异地数据、异地模型的在线协同推演，灾情与灾区心理的耦合分析，基于网络计算的异地会商，为非常规突发事件应急管理提供科学的预测预警与决策支撑。

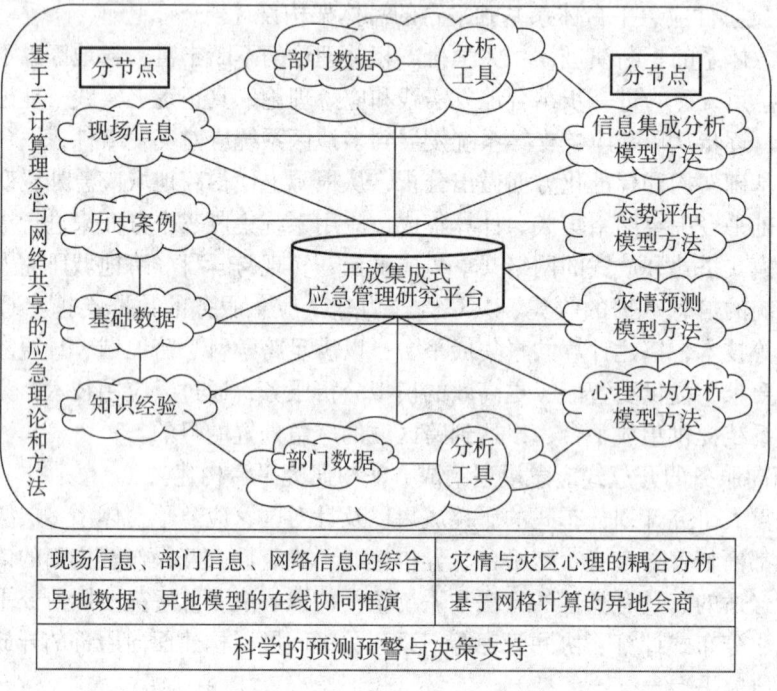

图9－1 项目的总体目标

根据"情景－应对"的国家应急平台体系项目的总体目标和内容，本书介绍了遵循这一技术路线的社会治理大数据平台、城市生命线运行监测平台等前沿科技成果。同时这一研究于2018年成为国家重点研究计划立项，成为投入高科技应用和推广的研究。

9.2 社会治理大数据平台

面对人口、资源、环境矛盾日益突出，城市日益脆弱等问题，如何及时预见风险，及早预防，主动保障，使各级各类突发事件对社会治理和城市运营造成的影响最小化，有效遏制各种城市病，确保城市连续不间断运行是当今社会治理需要考虑的问题，如图9－2所示。

图9-2 社会治理和城市运营造成的影响

公共安全是提升社会治理和城市正常运行的基础和必要条件,其直接影响产业经济发展,影响城市 GDP;是城市宜居、宜业、宜学、宜游的前提和条件;关系城市形象、投资吸引力、对外合作拓展力;是政府执政能力的直接体现,能提升民众幸福指数;是创新政府社会治理维护社会稳定的基石。

同时公共安全大数据为城市公共安全发展提供支持和保障,体现为:提高防灾减灾能力,立足防灾减灾综合防治,强化多灾种综合、各部门协同、跨行业合作的防灾减灾能力建设;提高社会安全防控水平,进行社会安全风险评估,重点监测和防控引发社会安全问题的重点区域、重点人群、重点目标;保障食品卫生安全,建立卫生和食品安全风险评估系统,加强对食品药品加工、生产、储运到流通全过程的监管;加强城市运行管理,实现从宏观到微观、精细化、实时化的安全运行监管;掌控城市安全运行脉络,保证城市系统健康稳定运行,科学安全规划城市建设,合理规避风险;有效防范安全生产事故,创新安全监管监察方式,从源头进行监控和治理,监督管理安全生产主体责任情况,防范和遏制重大、特大事故,促进安全生产。

以上可以整合成社会治理和城市安全运行的框架,主要包括:风险识别与评估、动态风险监测与管控、城市安全运行管理与辅助决策支持。如图9-3所示。

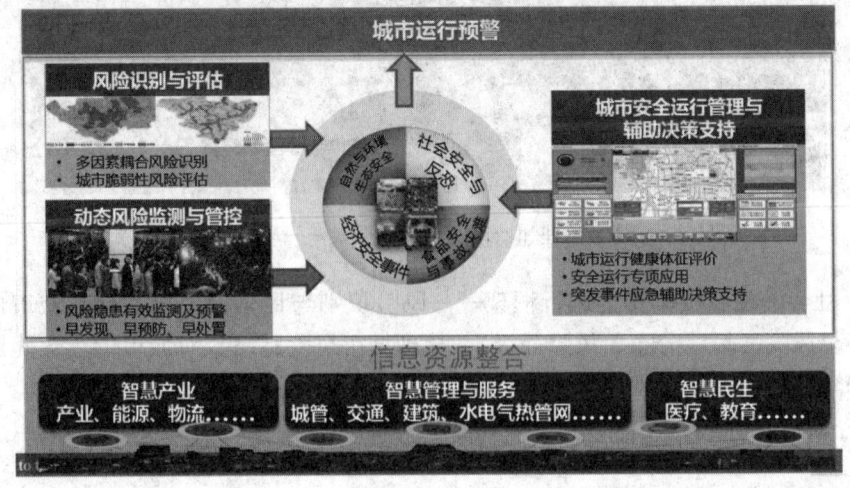

图9-3 社会治理和城市安全运行框架

(1) 社会治理和城市安全运行框架——运行管理与辅助决策支持，主要基于 GIS 和 VR 技术对脆弱性区域、城市生命线系统风险评估图和滑坡泥石流风险评估图，从智能主体层、基础设施网络和城市基础环境三个层次，应用风险监测与评估模型对城市安全运行进行风险监测与预警。如图 9-4 所示。

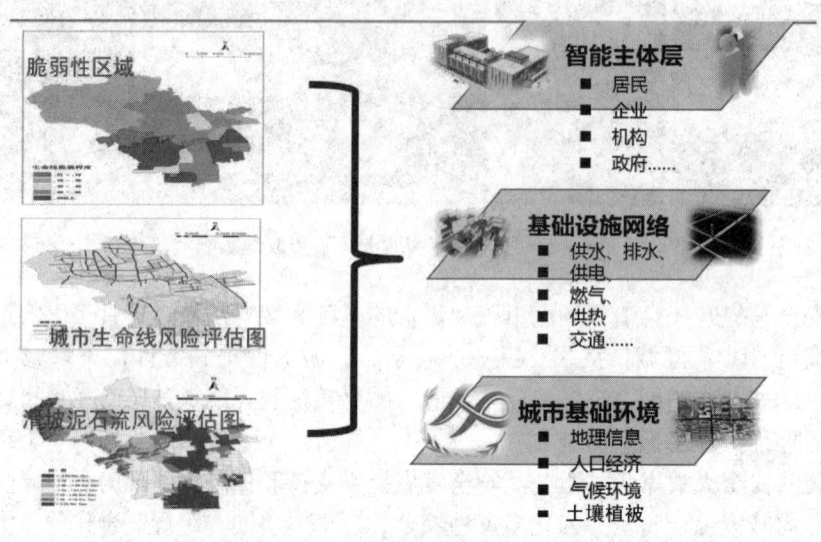

图 9-4　社会治理和城市安全运行框架——风险监测与预警

(2) 社会治理和城市安全运行框架——风险监测与管控，主要对人流车流密集区、城市核心区、车站、机场、商业区等进行风险监测与管控。如图 9-5 所示。

图 9-5　社会治理和城市安全运行框架——风险监测与预警

(3) 社会治理和城市安全运行框架——风险识别与评估，主要是确定城市面临的主要公共安全风险（风险分布、风险等级），梳理城市风险脉络，对城市的承灾脆弱性进行分析和综合评估，为城市风险治理和应对提供依据。如图 9-6 所示。

图 9-6 社会治理和城市安全运行框架-风险识别与评估

平台主要由防恐反恐、社会治安大数据分析系统、重点人员、对象防控分析模型与系统、社情民意监测与热点发现技术与系统、基层安全信息采集、处理技术与系统、城市安全运行大数据监测与诊断系统、城市综合风险辨识与评估系统、民情流水线和三维数字社会服务系统组成,以下主要介绍治安大数据系统以及城市生命线监测系统。

9.3 基于大数据平台的现代治安防控体系

大数据理论的快速发展,带来了互联网技术的飞跃进步,如今在一些互联网领域已经初步实现智能化。基于大数据的分析,包括关联规则挖掘分析、行为分析、地理分析、网络分析、个性化服务分析、基于现代通信工具数据分析等,深入掌握市民心理画像和行为规律及特征分析,做好精准管理信息推送支撑,实现引导管理及服务效果提升、违法犯罪行为监测与政府形象传播、公信力监测及管理支持、重点管理对象筛选和分级管理支持、改善民生、预测社会形势、辅助决策等,挖掘此理论在社会治理领域具有的高应用价值。其技术路线如图 9-7 所示。

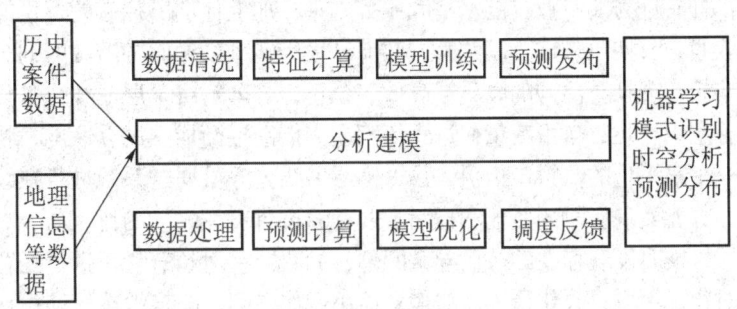

图 9-7 现代治安防控体系技术路线图

9.3.1 管理智能化

智能管理的前提是对大规模事件处理的快速、准确，特别是在当今社会高速发展、网络世界的爆炸式扩张、社会经济政治文化趋于复杂和多样化的大背景下，一方面只有适应并高效处理这些快速累计的数据才能有效地提高社会治安管理能力，否则面对浩如烟海的数据以捉襟见肘的人手是不可能做到高效应对的。另一方面通过大数据的精准建模分析，可以从数据中发现规律，从数据中寻找未来，精确指导防范手段的运用方向，以最小的人力物力实现最合理的智能管理防控，将犯罪、危险因素消灭在萌芽之中。

9.3.2 服务拓展化

约翰霍普金斯大学教授弗朗西斯·福山认为：控制犯罪的最佳形式不是利用一支具有镇压性的警察力量，而是要让年轻人适应于社会生活，遵守法律，并通过非正式的社区压力把违法犯罪分子改造，回归社会。一个理想的社会治安防控体系必然强调管控过程的透明性、参与性、责任和回应，实现与公众间权责明确、互动参与的新型关系。通过构建公开的民意表达平台，保障畅通的表达渠道，保障民众充分参与的警务运行机制，提升警察服务群众的效果。

基于新公共服务理论，社会的治理应该高度关注民主价值与公共利益，这本来就是建设服务型政府、服务型公安的应有之义。尤其是中国共产党第十九次全国人民代表大会胜利召开以来，国家、人民对未来公共服务质量的要求和期望非常高，如何能够最快捷、便利、科学、合法地实现民众的合理诉求、化解社会矛盾、提升人民生活质量和增加政府公信力将是未来一段时间里，作为负责绝大部分服务公众需求任务的公安部门所应重视的关键因素。而如今通过大数据分析和互联网技术，仅就公安行政工作而言，能够清晰、准确、快速地了解当前民众对于公众服务的痛点和需求，相关部门可以以需求为导向对行政服务的流程、内容、服务、结果进行有针对性的优化，最终实现公安宣传、便民服务、群防群治、信息采集、行政审批等行政服务的高质量。

基于街头官僚理论，我们可以知道，最直接影响人民生活质量的，其实是最一线的基层行政人员的行政能力和服务水平，但现实工作中又不可能确保每一名特别是偏远贫困山区的基层一线工作人员都拥有优秀的专业技能水平和服务水平，加上他们所拥有的宽松的行政裁量权因实际情况难以收紧，长期以来成为制约我国政府升级为转型新型服务型政府的难题。新型社会治安防控体系要想实现社会治理的高质、高效、公正，必须解决基层一线公务员水平不一、监管不到位、服务意识不足、自由裁量权过大等问题。借助逐渐成熟的互联网、物联网、大数据等技术，建立一个扁平化的监管、指引体系，基层一线公务员通过系统进行在线行政，就算是再偏远的山区，都能实现实时的监管和指引，并且通过对以往大量的行政命令流程、结果进行大数据分析，可以及时发现存在的裁量异常问题，如交警在对超载货车进行处罚时，改纸质处罚单为联网实时化、不可更改化录入违法信息缩小运作空间，改自由选择处罚罚金为系统按超载货车违法情况，如超载程度、同一公司名下的其他车的超载情况、司机和车主的超载"前科"等，综合判断适宜的罚金范围供民警选择，杜绝超自由裁量行为。

9.3.3 打击精确化

以大数据为基础,能够做到对社会重点区域、高危人员、易受害群体的密切关注,从而做出精准预警,引导实现精确打击。社会 PGIS 等技术的高速发展,为社会治安管理的精确化提供了极为有力的支撑,通过对社会数据进行人工基础信息采集、智能感知网采集等,实现公安部门对圈定的重点区域、高危人员、易受害群体的密切关注,实现对此类群体的实时位置、变更预警、行为轨迹、关系分析、关联信息等深入掌握,从中实现精确的人员管控、人群管控、区域管控、内容管控、物品管控等,使有限的警力得到最大的发挥。

例如基于数据挖掘的城市治安事件分级预警,如图 9-8 所示。通过大数据技术,首先是采集信息,采集各类社会治安防控数据,如人口信息、生理纹理信息、警用地理信息、城市规划信息、物流数据、金融机构、视频监控信息、电信运营数据、房产数据、网络运营商(包括微信及 QQ、微博数据、人口密度数据、网络购物数据、网页浏览记录等)。然后是生成事件分类器,寻找出不同区域的不同治安状况与地理环境、产业环境、人口现状等因素之间的一系列关联规律。利用关联规则算法总结历史上各社会治安事件构成要素,发现相关联性较高的各属性集合。再利用聚类算法进行聚类分析,形成社会治安事件事件簇,划分出不同的事件等级。最后使用分类器学习算法生成分类器。当发生一种新的社会治安事件时,能够通过采集实时大数据,自动分析该事件的各个要素,如人数、事件类型等,自动分类到相应的事件簇,确定新事件的警级,再利用时间序列分析中的相关分析,最终可以得出事件影响因素的影响程度和相互关系,辅助决策。

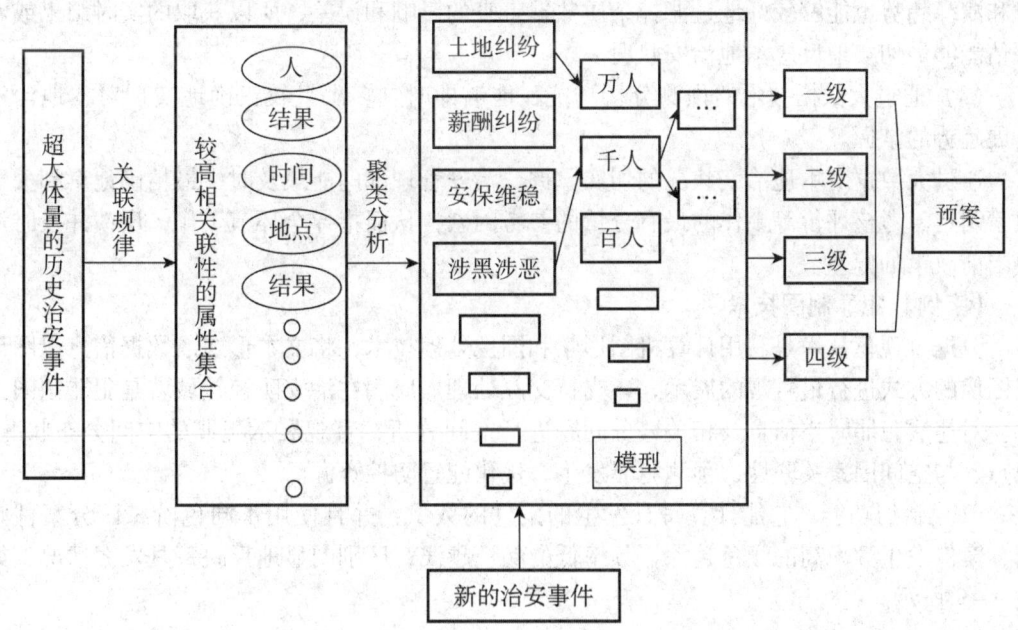

图 9-8 基于数据挖掘的城市治安事件分级预警原理图

9.3.4 决策科学化

1. 传统模式下的本地治安情况调查存在的问题

（1）主观性过强，由于是人力统计，参与统计的工作人员较多，教育水平、技能水平、工作素养等参差不齐，都会难以避免地引入统计工作人员的主观看法。

（2）误差太大，衡量一个地区的治安水平，需要从很多角度进行统计，但需要统计的数据规模远超人力可以实现的规模，只能通过抽样、问卷等形式进行，会导致大的误差，甚至造成南辕北辙的结果。

（3）统计计算耗时长、对人工统计出来的数据进行分析，需要复杂的转换、计算、统计、分析过程，整体耗时非常长，不可能实现长期、多次的分析。

（4）考量指标不全面不合理，各地有自身的独特情况，考量的指标必须要参考这些情况。

（5）掺杂利益冲突较多，如横向对比不同镇的治安情况，镇的综治办、公安局领导自然希望自己管辖的镇能取得比较好的成绩，会在统计中想方设法参入一些"不平衡"因素等。

2. 大数据模式下的本地治安状况调查模式特点

更为客观、精确、实时。

（1）对数据的精确收集，通过对物联网等智能感知设备获取的数据更是绝对真实可靠的。

（2）大数据的处理模型本身是符合逻辑演绎的，大规模数据下所反映出来的逻辑规律和演绎趋势也能够较好地过滤掉杂质数据带来的影响和误差，所以获取的实时结果或者评估能够最切实地反应本地治安状况。

（3）通过大数据技术的预测分析功能，能够即时、多次且较正确地实现对本地治安发展趋势的掌握。

通过大数据对本地治安状况的切实掌握，治安管理部门能最及时、最精确地得到关于政策制定、考核评价等工作的最有分量的参考因素，从而指导全环节工作，反馈并及时调整当前政策的偏差。

【案例】犯罪制图技术

数据可视化技术是利用计算机图形学和图像处理技术，将文本形式的数据信息以图形或图像的方式进行最直观的展示，还支持交互处理。应用在治安防控领域就是犯罪制图技术。对违法犯罪时空信息及相关警务问题进行空间分析，直观展示犯罪的空间分布状况、热点、与空间因素关联性，预测犯罪发生，优化配置防控资源。

（1）台历功能。它能计算每日发生的案件的数量，并且使用不同色阶来区分案件频密，案件发生频率高的颜色越深，频率低的颜色越浅，区别明显地反映每月发案情况，如图9-9所示。

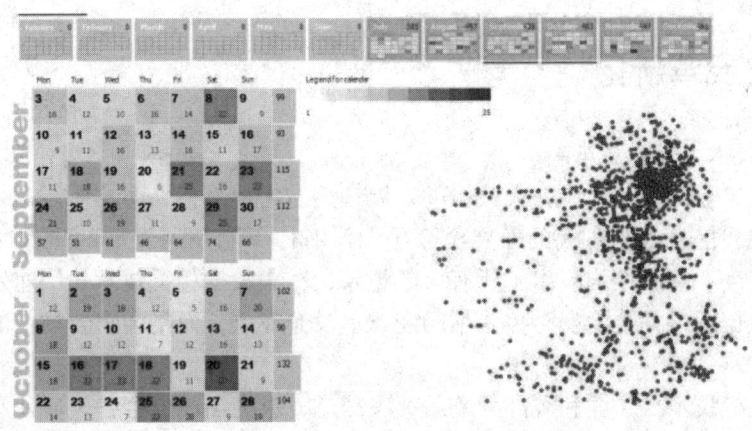

图9-9 犯罪制图中的台历功能演示

(2) 犯罪的空间分布热点图。可以根据KDE、G函数等制作静态、动态热点图,根据自己选定的时间段来看整个犯罪热点的变化,如图9-10所示。

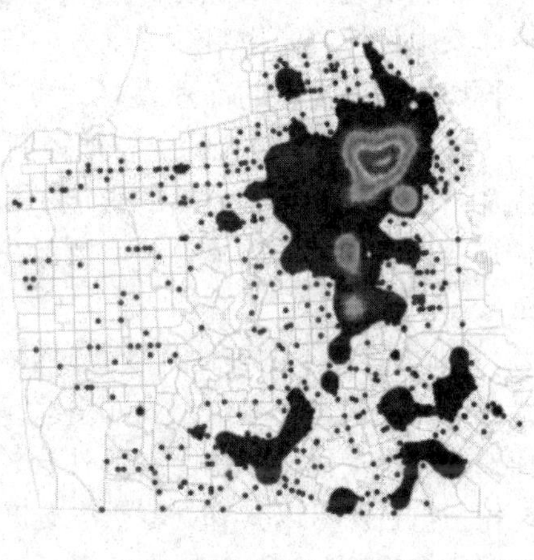

(3) 犯罪预测功能。通过对微博、监控录像、社交网络、传感器及交通系统的数据分析来预测可能发生犯罪的热点地区和犯罪类型。通过使用LDA集合概率模型来处理离散数据集合,发现社会当前热议话题,通过标签来识别语句中的词汇顺序、频率、权重来发现异常,预测某一时间、某一地点某一类型犯罪发生的概率,如图9-11所示。

图9-10 犯罪制图中的空间分布热点图演示

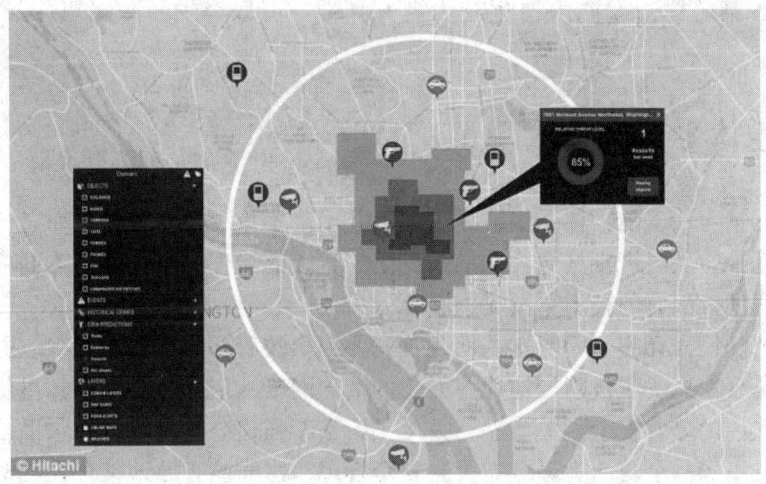

图9-11 犯罪制图中的犯罪预测功能演示

9.3.5 自我革新化

1. 助力技术上的自我革新

随着信息工业的快速发展，大数据的发展预期能为社会治安防控体系未来的发展提供有力支撑。现代信息工业时代的发展至今仍旧没有停下它快速发展的步伐，其发展的深度、角度、广度、持续性均超出了所有人的想象，在大数据相关技术的快速发展的大背景下，依靠大数据进行社会治安防控体系的变革远没有终点，而是会随着技术的发展而日新月异。

如用无人机技术自深圳和香港发端后突飞猛进，成为当前社会各领域几乎都有涉及的最为亮眼的成长热点，部分地区警务部门在构建新一代社会治安防控体系时，通过和相关技术企业和研究部门的密切合作，使无人机+人脸识别+芯片识别技术在新一代社会治安防控体系中发挥关键作用。

再如物联网技术的高速发展，也带来了高速视频智能处理、智能RFID射频标签识别、传感网、NFC、二维码、智能控制、无线互联、云计算和产品溯源等技术的快速升级与普及，这些技术具有天然的智能、自动、标准数据化、高效化等亲和大数据处理的特点，其本身在社会各领域中的广泛运用也注定其在新一代社会治安防控体系中拥有重要地位。

2. 助力体制上的弹性升级

通过利用信息技术、大数据技术等，建立统一的信息平台，实现治理结构的扁平化、指挥架构的直接化，相比旧有的社会治安防控体系，作为指挥层可以掌握更多的信息资源，作为执行层可以获取更多执法支援，作为监督层可以实现更好的监督效果……相比旧有的僵化的机制，如指挥层不了解实际情况而一味地提要求，执行层有困难无处可说，监督层疲于抽检看不到真实情况等，只需要提供一种开放、实时、兼容性好的平台，整个社会治安防控体系的体制就能由僵化变为富有弹性，可以容纳、应对更多更复杂的事务变化。

9.3.6 主体多元化

在传统的社会治安防控体系中，相关部门并不是不重视社会力量，而是一方面旧有技术手段难以精准、及时识别社会公众的最广泛、直接的治理需求，另一方面应对规模极为庞大的社会资源，旧有的技术手段无力整合分析。

警力有穷、民力无穷，面对这些问题首先要突出政府部门指挥、组织、引导、协调等作用，其次是公安机关积极引导构建多元化的治理网络，依靠社会和市场里优秀的、包括大数据技术在内的公共安全相关产品、技术供给不断强化公共安全管控水平，最后是通过各类新技术，引导社会自治力量参与公共安全管理，这样能有效地整合社会资源和提高公众参与水平。

1. 有助于整合社会资源

社会资源，特别是在现今市场经济、互联网产业快速发展的背景下，任何企事业、机构、团体、独立个人的每一个行为活动都会留下或多或少的轨迹，这些信息都是极为珍贵的社会资源，相比旧有的技术手段，在大数据技术的支撑下，一是可以对这些社会资源采集、优化、整合之后，提取其中有价值的信息以更有力地支撑社会管理；二是通过社会治安防控体系将这些社会资源共享连接之后，反哺资源提供者，提升其管理水平。

如道路设计部门、交通管理部门通过和高德地图、百度地图、腾讯地图等导航软件公司合作，对每天全中国上亿人员的交通轨迹进行大数据分析，为道路规划实现智能决策，高效辅助交通管理。而交通管理部门通过道路流量监测、交通事故定位、车牌位置识别等公共安全资源又可以反过来帮助各导航公司提高导航道路规划水平，指引分流社会车流等。

2. 有助于提高公共参与水平

网络技术广泛普及和运用后，为多元主体之间进行平等、迅速、完整的对话提供可能。社会治安的传统意义上的主体是公安部门，但实际上，几乎任何组织和个人都有社会治安和睦、社会秩序良好、人民幸福和美的美好期望，在法律管理范围之外，特别是道德舆情方面，任何组织和个人都有维护社会安全的能力。如果能实现各部门、组织、机构各司其职、通力合作，充分运用法律、行政、经济、人文等举措，最大限度地发挥全民力量和社会资源，发挥其建设美好家园的主观能动性，构建更加严密的社会治安防控体系，自然能助力保障人民群众最大程度的平安。

9.3.7 资源集约化

十九大报告提出，中国社会主要矛盾已经转化为人民日益增长的美好生活需要和不平衡不充分的发展之间的矛盾。当前中国最突出的不平衡之一，就是经济发展和生态环境保护的不平衡，人口经济和资源环境的不平衡，以及人与自然的不平衡。十九大报告在之前创建节约型社会的部署上的基础上，将降低资源消耗进一步细化为降低能耗、物耗。

一是用更精准化的社会防控实现更多人力资源的解放，无须再耗费大量的人力物力到广撒网式的防控预防中，可以将这些人力物力安排到更加适合的地方。二是用更智能化的社会管理实现更便捷的行政服务，节约行政能耗。以前一些需要数天、跑数个地方的行政审批现在也许只需要在手机上点击几下就可以成功办理。三是用更科学的方针决策实现更高效的社会管理。通过大数据辅助政策的制定，使宝贵的政策、资金、人力资源用在最需要、最重要的"刀刃"上。

9.4 城市安全空间构建理论和城市生命线安全运行监测系统

为提升城市综合服务功能与安全保障水平，实现城市人居环境的良性循环，针对城市运行和具有防灾功能的城市公共空间和日常生产生活的社会单元专属空间等时域连续的城市安全空间，清华大学公共安全研究院袁宏永教授等提出基于公共安全"三角形"理论模型的突发事件、承灾载体和应急管理等方面的城市安全空间构建理论；通过物联网监测、风险评估与精细化管理，清华大学公共安全研究院研究城市公共空间综合防控体系和社会专属空间安全保障体系等城市安全空间构建技术。并将该技术推行在合肥等城市中,一套将安全监管与物联网、云计算、大数据、人工智能、互联网+等信息科技深度融合的智慧化平台和系统,正一刻不停地监测着城市的关键安全系统,默默守护着市民的幸福生活。

9.4.1 城市安全空间构建理论

根据城市居民在城市生产生活的活动轨迹,从家庭经过城市公共场所到生产工作场所,然后再经过城市公共场所返回到家庭中,这一轨迹体现了时间空间连续的特征,如图9-12所示。因此,个人安全需求的保障要求城市安全空间的时域连续。城市安全空间可以分为:保障城市运行和具有防灾功能的城市公共空间和日常生产生活的社会单元专属空间。通过开展城市风险隐患的全方位物联网监测、评估与精细化管理等,创新公共安全管理和服务模式,提升城市安全发展与管理水平。

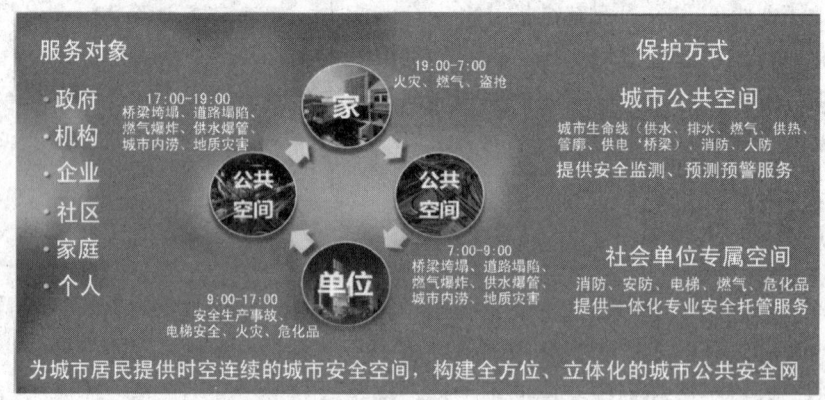

图9-12 城市安全空间构建体系

基于公共安全"三角形"理论模型的城市安全空间构建理论包括突发事件、承灾载体和应急管理等3个方面。灾害要素是构建城市安全空间威胁的来源,包括物质、能量和信息等类型。突发事件是灾害要素的作用形式,包括自然灾害、事故灾难、公共卫生事件以及社会安全事件等4大类型(即包括本书前面论述的电力、电信生命线系统,以及群体性事件系统等)。承灾载体是突发事件的作用对象,包括人(个体、家庭、社会单位等)、物(建筑、城市生命线、公用设施等)、系统(社会、经济、生态、信息等系统)3方面。应急管理是城市安全空间构建的重要方面,涉及防灾减灾、预防准备、应急响应和恢复重建4个阶段,包括风险评估、监测监控、预警预测和指挥决策等4个技术环节。

9.4.2 城市安全空间构建技术

城市公共空间构建需要对社会生活、生产有重大影响的城市生命线工程系统,以及具有防灾功能的消防设施、人防设施等,提供安全监测与预测预警服务。社会单元专属空间构建需要提供消防、安防、电梯、燃气、危化品等专业安全托管服务。

1. 城市公共空间综合防控体系构建技术

城市公共空间综合防控体系的构建，是基于物联网和大数据融合"感（感知层）、传（数据传输层）、知（专业知识及分析模型层）、用（应用层）"的技术架构；通过数据集中和共享，推动技术融合、业务融合、数据融合，打通信息壁垒，形成覆盖整个城市、统筹利用、统一接入的城市安全大数据平台；"平（时）"是城市公共空间安全的实时监控、综合展示、预测预警、风险分析、热线服务、隐患排查等综合监测运行中心；"战（时）"是信息报告、综合研判、辅助决策、资源协调、指挥调度的综合应急指挥中心，融合城市公共空间安全运行感知、动态风险监测与预警、决策指挥、统一调度及效能评估为一体。如图9-13所示。

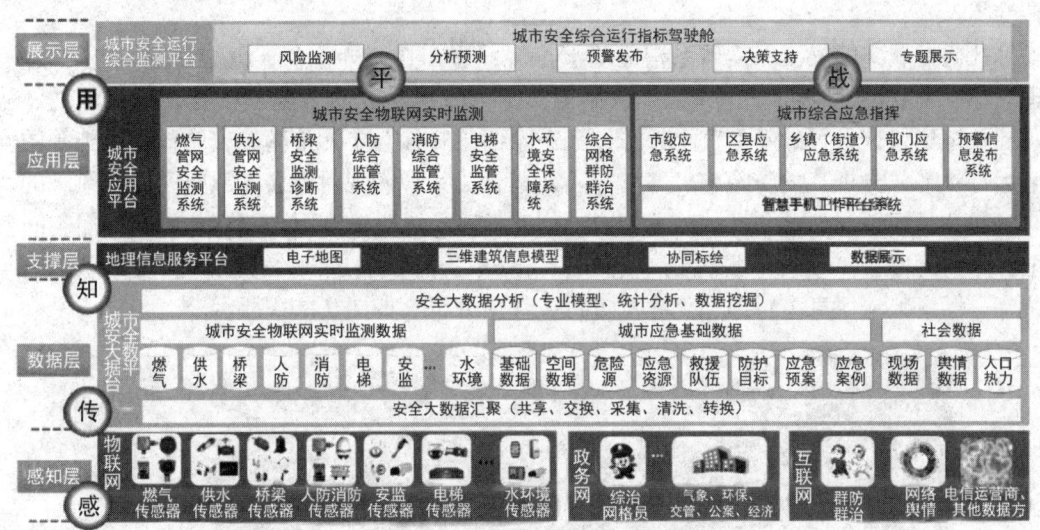

图9-13 城市公共空间综合防控体系架构

关键技术主要包括：

（1）城市公共空间监测物联网技术。在物理空间和信息空间上形成对建筑与超高层建筑、道路交通系统、城市地下空间、城市生命线工程等立体化的城市公共空间的监测物理网，实时监测城市基础设施运行状态和风险源，是实现城市综合风险评估、隐患动态识别、预测预警分析、目标追踪锁定等安全分析的数据来源。

（2）城市公共空间数据融合分析技术。通过城市公共空间安全运行监测物联网数据的采集汇聚和融合，结合政府各部门基础数据、地理信息数据、互联网数据、城市部件信息等进行综合分析，建立一套城市健康运行的体征指标体系，深度发掘城市风险管控薄弱点，服务城市公共空间安全源头治理和隐患排查治理工作。

通过城市公共空间综合防控体系体系化构建，实现监测无死角、信息全覆盖、横纵互联，纵向涉及各级政府、横向涉及各领域；形成涵盖物理空间与信息空间的网络特征和行为，物理空间与信息空间演化机制和相互影响的多层性网络，包括辨识、准备、监测、评估、判定、决策、预警、处置、救援和恢复重建等韧性化保障。

2. 社会专属空间安全保障体系构建技术

社会单元是城市安全防御最基本的社会专属空间，涉及消防、安防、燃气安全等方面，公共性高、涉及面广、相互关联性强，是确保城市居民生活正常运转、维系现代城市功能的重要组成部分，任何环节发生问题都可能造成严重的经济和生命安全损失。实现人员素质、设施保障和技术应用的整体协调，是显著提升社会参与风险防范和公共安全管理能力的关键。

通过以物联网、"互联网＋"、大数据等技术为支撑，将技防与人防方式相结合，对社会单元安全涉及的消防、安防等服务进行全方位整合，为各社会单元提供包含设计施工、监测报警、维保检测、培训演练、保险保障等全链条一站式的专业安全托管服务，实现每个社会单元具备独立安全防御的能力，推动社会化公共安全服务由"碎片化"向"一站式"转变，由"非专业化"向"专业化"转变，由"被动应付"向"主动管理"转变。

社会专属空间安全保障体系构建基于"全面感知、充分整合、激励创新、协同运作"理念，以物联网、"互联网＋"、大数据等技术为支撑，建立从隐患排查到勘察评估、从监控预警到快速处置的新型安全保障体系，全面感知社会单元消防、安防设备设施等的安全运行状态，分析其消防隐患、安防风险及耦合关系，实现对社会专属空间安全风险的及时感知，早期预测预警和高效处置应对，切实保障人民生命和财产安全。社会专属空间安全保障构建体系，通过物联网前端感知设备获取信息，通过网络传输层实现信息传输与共享，汇集数据信息进行加工整理及进行大数据分析。如图9-14所示。

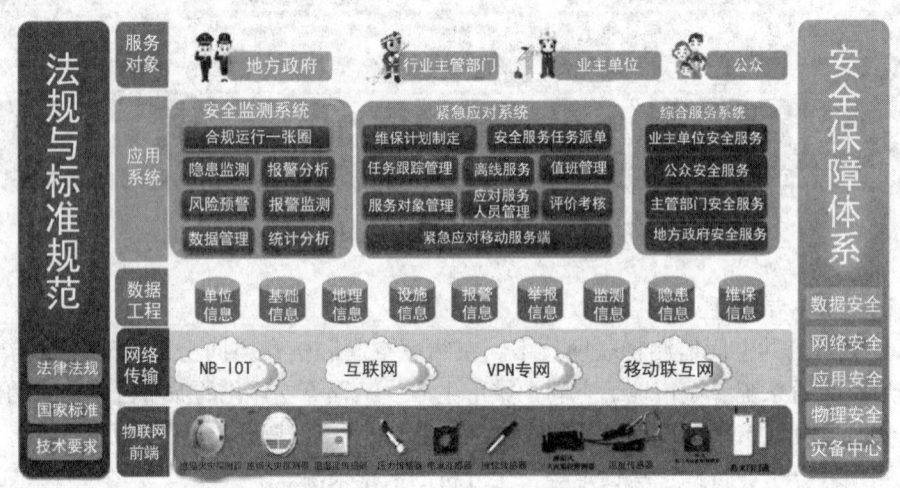

图9-14 社会专属空间安全保障体系架构

关键构建技术主要包括：

（1）社会专属空间安全设施运行监测与数据传输技术。综合利用射频识别、无线传感、云计算、大数据等技术，依托有线、无线、移动互联网等现代通信手段，在传统的监测火灾自动报警系统的运行状态及故障、报警信号的基础上，实现对消控主机报警信息、消防水压、电气火灾、燃气泄漏、防火门开关状态等消防设施运行状态的全面远程监控。同时基于窄带蜂窝物联网通信技术（Narrow Band Internet of Things，NB-IOT）具有的覆盖广、连接多、成本低、功耗低、架构优等特点，实现对消防设施运行状态信息的远程传输。

(2) 社会专属空间安全设施运行数据集成与大数据挖掘技术。通过数据接口对社会单元基础信息、设施在线监测数据、其他相关数据进行集成，实现各系统相互调用、互联互通。利用大数据挖掘技术对海量的集成数据进行处理与计算，挖掘数据的内在规律和变化趋势，为社会专属空间异常情况的预警以及智能决策提供支持。

通过多种方式为社会单元、社会公众、行业主管部门、地方政府提供社会化安全服务：①为社会单元提供评估、设备租赁、监测、报警、维保等服务。②为社会公众提供救援报警、安全咨询、安全培训等服务。③为行业主管部门提供风险隐患分析、业务整改、安全培训等服务。④为地方政府提供区域安全风险评估，安全设施规划等服务。

9.4.2 实例分析——城市生命线安全监测系统

以清华大学公共安全研究院为依托的辰安科技以公共安全科技为支撑，融合应用物联网、云计算、大数据、移动互联、BIM/GIS等现代信息技术，研发出适用于城市、园区与城镇的系列生命线安全监测产品，透彻感知桥梁、燃气管网、供水管网、排水管网、热力管网、电梯等城市生命线运行状况，分析生命线风险及耦合关系，深度挖掘城市生命线运行规律，实现对城市生命线系统风险的及时感知，提前预测预警和高效处置应对，确保城市生命线的主动式安全保障。如图9-15所示。

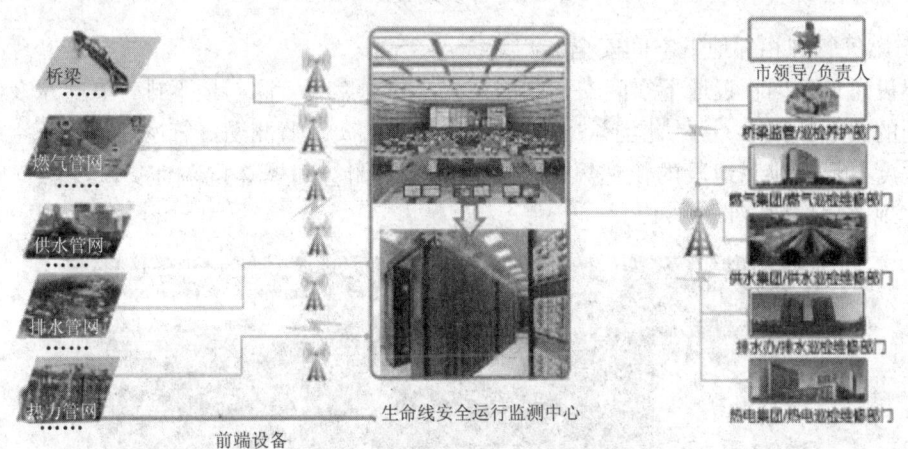

图9-15 城市生命线系统安全监测系统

该系统包括桥梁安全监测系统、燃气管网相邻地下空间安全监测系统、排水管网安全监测系统、排水管网安全监测系统、电梯安全监测系统。

1. 桥梁安全监测系统（图9-16）

建设桥梁安全监测与诊断系统，实现对桥梁安全运行全生命周期的监测和管理，实时监测和跟踪材料、环境、载荷等对桥梁结构性能的影响，及时查明结构现存缺陷与质量衰变情况，并评估分析其在所处环境条件下可能发展的势态及其对结构安全运营造成的可能的潜在威胁，为养护需求、养护措施等决策提供科学依据，以达到运用有限的养护资金获得最佳养护效果的目的，确保结构安全运营。

桥梁安全监测的内容主要是应力应变、挠度、振动等能够反映桥梁的静、动态结构响应的参数，以及桥梁的外部环境因子。通过对视频信息、移动目标分析、结构安全参数、环境参数、外部系统信息的采集、接入、处理等，实现对桥梁的健康诊断、超载车辆识别、桥梁事故早期预警等功能。

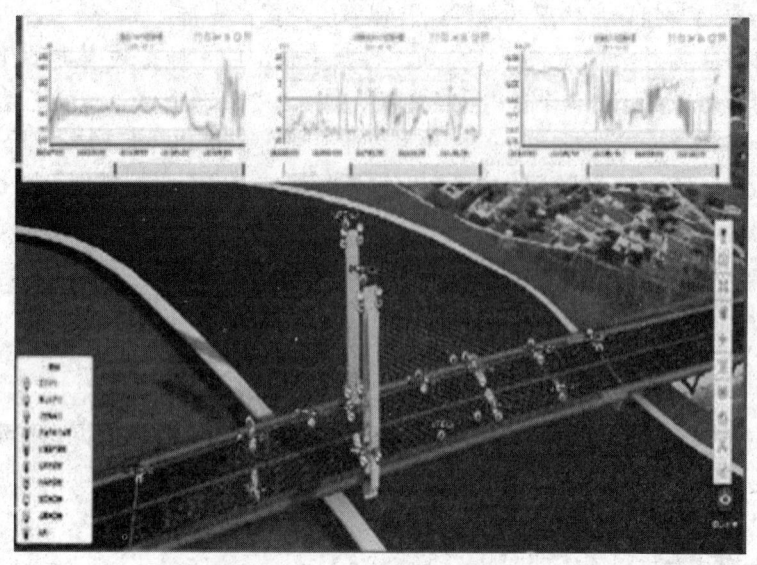

图 9-16 桥梁安全监测系统

2. 燃气管网相邻地下空间安全监测系统

建设燃气管网临近地下空间安全监测系统，建立燃气管网与地下排污、排水及其他相邻空间的关系数据库，评估地下空间轰燃爆炸风险；实时监测燃气管网邻近地下空间可燃气体浓度；形成泄漏地段的快速风险预警，降低密闭空间爆炸危险性；减少燃气管网漏损，实现减损增效（图 9-17）。

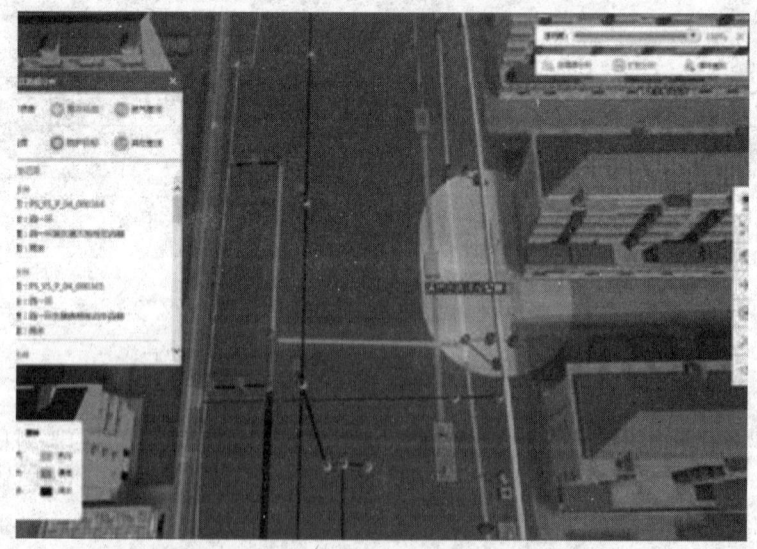

图 9-17 燃气管网相邻地下空间安全监测系统

3. 供水管网安全监测系统

建设供水管网安全监测系统，建立地下供水管网压力、流量和声波信息实时监测检测系统，快速评估供水管网运行状况，准确定位管网泄漏位置和状况，实现对泄漏地段路面塌陷的快速预警，降低供水管网漏损率，实现减损增效（图9-18）。

图9-18 供水管网安全监测系统

4. 排水管网安全监测系统

建设排水管网安全监测系统，通过监测管网运行的流量、液位实现对排水管网运行状态的感知，对管网可能发生的泄漏、堵塞、外溢情况等进行报警和预测预警分析，如图9-19所示。

图9-19 排水管网安全监测系统

5. 热力管网安全监测系统

建设热力管网安全监测系统，热力管网的监测以及时发现泄漏现象为目标，实现对管道运行状态异常和泄漏的及时报警和分析（图9-20）。

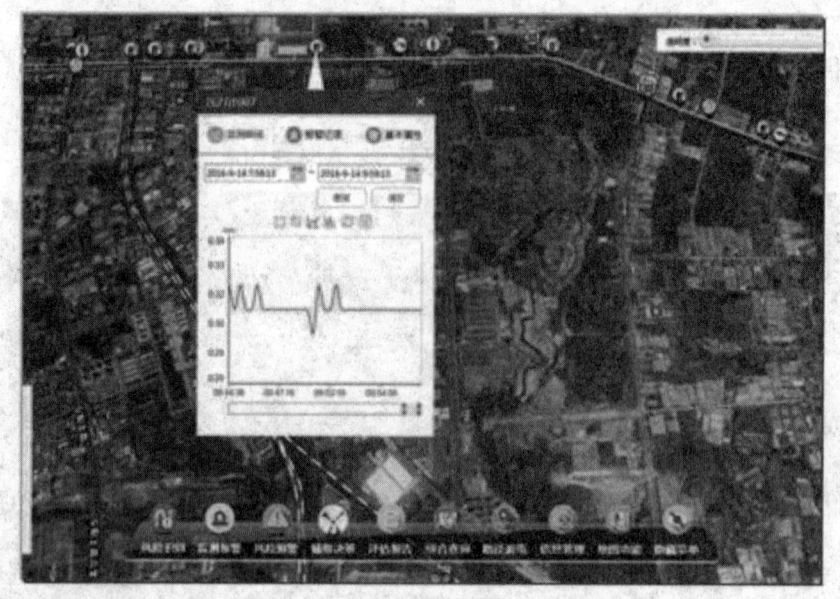

图 9-20 热力管网安全监测系统

6. 电梯安全监测系统

建设电梯安全监测系统，对存量和增量电梯进行统一编码，实现快速报警、定位、救援；采用多种手段建立覆盖全部电梯的物联感知网络，实现运行及报警信号的汇集和传输；对电梯海量信息进行融合分析和大数据挖掘，实现对电梯安全的全风险链有效监管、运行监测分析、故障预测报警和应急联动救援（图 9-21 所示）。

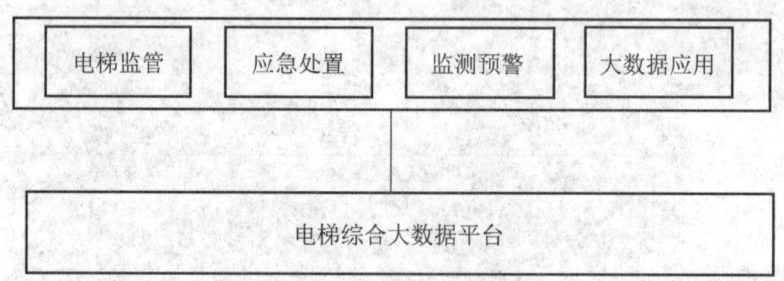

图 9-21 电梯安全监测系统

由清华大学合肥公共安全研究院研发的城市生命线安全运行监测系统，在全球首次建成了城市尺度灾害监测实验网，实现了对城市重要基础设施进行整体安全监测、预警和快速响应。

清华大学合肥公共安全研究院党委书记汪曙光介绍说，"仅合肥市实施的一期项目，监测中心每天实时采集与分析30多亿条数据。自2017年运行以来，平均每月发出各类预警36起，联动处置15起。2017年9月22日成功避免一起燃气填充长度达50米的重大燃爆事故险情。此外，还发现供水预警5起，供水爆管预警6起，桥梁超载预警792起。"

"这对于有效提升安全风险防控效果是非常有帮助的，"汪曙光说，通过及时发现各种风险隐患，实现城市安全监管透明化、服务管理主动化，为城市安全健康运行保驾护航，民众的生活安全指数也会相应地提高。

在对城市重要基础设施进行实时安全监测、预警的基础上，"城市安全云平台"进一步建立起来。"城市安全云平台"的服务对象包括"城市生命线系统"、重要经济单元、重要社会活动地理单元、重要社会管理单元以及社会大众等。

云技术和物联网技术高度融合的城市安全云平台，能有效支撑建设城市基础设施安全数据库，构建智慧安全城市体系，进而有效利用城市基础设施数据资源发展城市公共安全数据产业。"城市安全云平台"的运用使政府监管部门能及时掌握各生产经营单位的安全生产经营状况，有效提升安全监管与应急管理能力；企业通过使用智慧安监平台，也能及时上报风险管控和隐患查治情况，进一步落实企业安全生产主体责任。

目前，"城市安全云平台"以30座城市的基础业务量为基准进行架构设计，满足覆盖安徽省多行业、多层次、跨领域、跨部门的城市群业务交互需求。"未来将逐步把安防服务、燃气安全服务等纳入'城市安全云平台'，为社会单元提供更全面的安全服务与保障。"但目前的平台只能算是 1.0 版本，依据第二代国家应急平台的技术路线设计，对电力、电信、交通空间的监测监控并没有被纳入平台。

9.5 本章小结

本章对当前公共安全和应急管理领域的部分前沿科技产品进行介绍，截至目前，国家应急平台的研究仍然在中国科技部以及国家自然科学基金委员会的资助下继续进行。因此构建以国家应急平台为核心的"横向到边，纵向到顶"中国国家公共安全网，必须遵循新一代国家应急平台技术体系，整合相关研究成果，逐步研究构建电力、电信、交通、供水、供气、食品和社会稳定监测和治理等相关技术并形成子平台，最终建成国家应急平台体系，如图 9 – 22 所示。

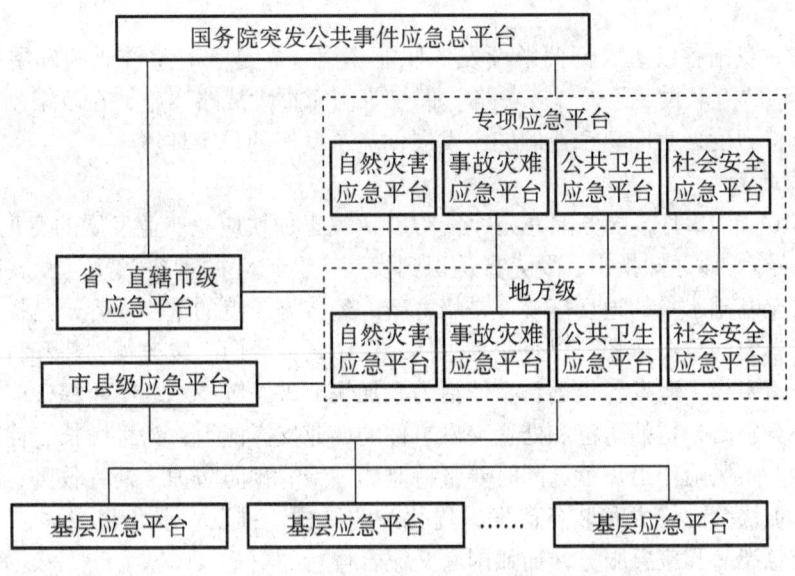

图 9 – 22　国家应急平台体系

10 构建城市应急产业科技创新体系

国家创新体系（National Innovation System，简称 NIS）最早是由英国创新经济学家弗里（Chris Freeman）于 1987 年提出的，当时提出这个概念是为了研究日本的经济奇迹。国家创新体系的建设是以企业为主体、产学研结合的技术创新体系，是《国家中长期科学与技术发展规划纲要》一个亮点，是推进自主创新的重大举措。同样应急管理科技的发展，以及其在社会治理中的应用与发展也需要一个好的科技创新体系的支撑。因此本书在最后的章节，结合前面章节的分析论述，从应急产业扶持政策体系、应急产业高质量供给体系、应急产业技术创新体系、应急产业融合发展体系、应急产业应用推广体系、应急产业行业管理体系、应急产业骨干力量体系 7 个维度，分析我国以及广东省的城市应急产业科技创新体系。详细分析自然灾害应急、电力和群体性事件三个主体的相关政策，分析应急管理的法律法规、政策和行政管理制度的创新决策，最后给出制定广东省应急科技产业技术路线图的基本流程和思路以供参考。

10.1 应急管理的相关法律法规、政策和行政管理制度

10.1.1 应急产业发展政策

近年来，我国各级政府部门继续发挥职能作用，立足于应急产业的发展，围绕"中国制造 2025""互联网+""一带一路"倡仪等国家重大战略实施，在政策制定、项目规划上加大支持力度，为应急产业的健康发展创造了良好的政策环境。

1. 国家政策

（1）2014 年 12 月，国务院办公厅发布了《关于加快应急产业发展的意见》（国办发〔2014〕63 号）。该通知指出，要充分认识到发展应急产业的重要意义，发展应急产业是提高公共安全基础水平的迫切需要，是培育新的经济增长点的重要内容，是提升应急技术装备核心竞争力的重要途径，以企业为主体、以市场为导向、以改革创新和科技进步为动力，加强政策引导，激发各类创新主体活力，加快突破关键技术，不断提升应急产业整体水平和核心竞争力，增强防范和处置突发事件的产业支撑能力，为稳增长、促改革、调结构、惠民生、防风险作出贡献。同时要坚持监测预警、预防防护、处置救援、应急服务的重点方向，加快关键技术和装备研发，优化产业结构，推动产业集聚发展，支持企业发展，推广应急产品和应急服务，加强国际交流合作。

（2）2015 年 7 月 13 日，工业和信息化部、国家发改委、科技部联合发布了《国家应急产业示范基地管理办法（试行）》，办法提出，示范基地是指为满足国家公共安全和处

置突发事件需要，以促进应急产业聚集发展为目标，对应急技术研发、应急产品制造和应急服务发展具有示范、支撑与带动作用且产业特色鲜明的依法设立的各类开发区、工业园区（聚集区）以及国家规划重点布局的产业发展区域。示范基地分为专业类和综合类，专业示范基地集中发展某一应急产业领域且具有为突发事件处置提供保障的能力；综合示范基地集中发展两个以上应急产业领域且具有为跨省级行政区域处置重大突发事件提供综合保障的能力。示范基地建设充分发挥市场机制作用，遵循培育和发展相结合的原则，要在全国范围内依据资源优势，兼顾区域分布，协调类型布局，合理定位。

（3）2016年5月，中共中央、国务院印发的《国家创新驱动发展战略纲要》（中发〔2016〕4号）提出，要加快工业化和信息化深度融合，把数字化、网络化、智能化、绿色化作为提升产业竞争力的技术基点，推进各领域新兴技术跨界创新，构建结构合理、先进管用、开放兼容、自主可控、具有国际竞争力的现代产业技术体系，以技术的群体性突破支撑引领新兴产业集群发展，推进产业质量升级。要加强面向国家战略需求的基础前沿和高技术研究。围绕涉及长远发展和国家安全的"卡脖子"问题，加强基础研究前瞻布局，加大对空间、海洋、网络、核、材料、能源、信息、生命等领域的重大基础研究和战略高技术攻关力度，实现关键核心技术安全、自主、可控。明确阶段性目标，集成跨学科、跨领域的优势力量，加快重点突破，为产业技术进步积累原创资源。

（4）2016年7月，国务院印发《"十三五"国家科技创新规划》（国发〔2016〕43号）。该规划指出，要发展可靠高效的公共安全与社会治理技术，围绕平安中国建设，以建立健全公共安全体系为导向，以提高社会治理能力和水平为目的，针对公共安全共性基础科学问题、国家公共安全综合保障、社会安全监测预警与控制、重特大生产安全事故防控与生产安全保障、国家重大基础设施安全保障、城镇公共安全风险防控与治理、综合应急技术装备等方面，开展公共安全保障关键技术攻关和应用示范工作，形成主动保障型公共安全技术体系。运用现代科技改进社会治理方法和手段，开展社会治理公共服务平台多系统和多平台信息集成共享、政策仿真建模和分析技术研究，开展社会基础信息、信用信息等数据共享交换关键技术和综合应用技术研究。力争到2020年，形成较为完备、可靠、高效的公共安全与社会治理技术体系，为经济社会持续稳定安全发展提供科技保障。

（5）2016年12月9日，中共中央、国务院发布了《关于推进安全生产领域改革发展的意见》。该意见指出，要牢固树立新发展理念，坚持安全发展，坚守发展决不能以牺牲安全为代价这条不可逾越的红线，以防范遏制重特大生产安全事故为重点，坚持安全第一、预防为主、综合治理的方针，加强领导、改革创新，协调联动、齐抓共管，着力强化企业安全生产主体责任，着力堵塞监督管理漏洞，着力解决不遵守法律法规的问题，依靠严密的责任体系、严格的法治措施、有效的体制机制、有力的基础保障和完善的系统治理，切实增强安全防范治理能力，大力提升我国安全生产整体水平，确保人民群众安康幸福、共享改革发展和社会文明进步成果。

（6）2016年12月29日，国务院办公厅发布了《关于印发国家综合防灾减灾规划（2016—2020年）的通知》（国办发〔2016〕104号）。该通知提出了"着力构建与经济社会发展新阶段相适应的防灾减灾救灾体制机制，全面提升全社会抵御自然灾害的综合防范能力，"并提出了"加强防灾减灾救灾科技支撑能力建设""建立并完善多灾种综合监测预报预警信息发布平台""加强灾害监测预报预警与风险防范能力建设""加强灾害应急处置与恢复重建能力建设"等主要任务。

(7) 2017年6月30日，工业和信息化部印发了《应急产业培育与发展行动计划(2017—2019年)》的通知，该通知提出，贯彻落实创新、协调、绿色、开放、共享发展理念，按照编织全方位、立体化公共安全网络的要求，以维护国家公共安全和保障突发事件应对为目标，以加快应急产业供给侧结构性改革为主线，以企业为主体，以市场为导向，加强政策引导和财税支持力度，营造产业发展良好环境，培育新的经济增长点；整合科技资源，提升应急科技创新能力，促进创新成果应用；推进产业融合发展，探索应急服务新模式新业态；服务"一带一路"建设，提高涉外突发事件应急能力；开展应急产业国际交流，助力产品、标准"走出去"，有效提升应急产业整体水平和核心竞争力，增强应对突发事件的产业支撑能力，为稳增长、促改革、调结构、惠民生、防风险作出贡献。力争到2019年，我国应急产业发展环境进一步优化，产业集聚发展水平进一步提高，规模明显壮大，培育10家左右具有核心竞争力的大型企业集团，建设20个左右特色突出的国家应急产业示范基地；产业体系基本形成，应急服务更加丰富，完成20个以上典型领域应急产品和服务综合应用解决方案；应急物资生产能力储备体系建设初见成效，建设30个左右应急物资生产能力储备基地，基本建立与应对突发事件需要相匹配、与制造业和服务业融合发展相适应的应急产业体系。

(8) 2018年6月29日，工业和信息化部、应急管理部、财政部、科技部联合发布了《关于加快安全产业发展的指导意见》(工信部联安全〔2018〕111号)。该意见指出，要面向生产安全和城市公共安全的保障需求，制定目录、清单，优化产品结构，引导产业发展，创新服务业态。因此，要加快先进安全产品研发和产业化步伐，研发风险监测预警产品。在生产安全领域，重点发展交通运输、矿山开采、工程施工、危险品生产储存、重大基础设施等方面的监测预警产品和故障诊断系统；在城市安全领域，重点发展高危场所、高层建筑、超大综合体、城市管网、地下空间、人员密集场所等方面的监测预警产品。同时研发安全防护防控产品，在生产安全领域，重点发展用于高危作业场所的工业机器人(换人)、人机隔离智能化控制系统(减人)、尘毒危害自动处理与自动隔抑爆等安全防护装置或部件、交通运输领域的主被动安全产品和安全防护设施等；在城市安全领域，重点发展智能化巡检、集成式建筑施工平台、智能安防系统等安全防控产品；在综合安全防护领域，重点发展电气安全产品、高效环保的阻燃防爆材料及各类防护产品等。同时，要积极培育安全服务新业态，在规范发展安全工程设计与监理、标准规范制订、检测与认证、评估与评价、事故分析与鉴定等传统安全服务基础上，积极发展安全管理与技术咨询、产品展览展示、教育培训与体验、应急演练演示等与国外存在较大差距的安全服务，重点发展基于物联网、大数据、人工智能等技术的智慧安全云服务。

2. 广东省政策

(1) 2016年2月28日，广东省人民政府印发了《广东省供给侧结构性改革总体方案(2016—2018年)及五个行动计划的通知》(粤府〔2016〕15号)。该通知指出，要坚持培育发展新动能与改造提升传统动能相结合。把创新驱动发展战略作为推进供给侧结构性改革的关键支撑，增加创新资源和技术、设备供给，深入开展大众创业万众创新，加快技术、产品、业态、商业模式等创新。坚持优化存量、引导增量、主动减量紧密结合，加快培育发展新产业，通过技术改造等手段激活存量资产，增强现有产业和企业发展动力，加快淘汰落后产能和化解过剩产能,有序推进产业转移和国际产能合作。

(2) 2016年6月22日,广东省人民政府办公厅印发了《关于加快应急产业发展的实施意见》(粤府办〔2016〕65号)。该意见指出,要主动适应和引领经济发展新常态,紧紧围绕"三个定位、两个率先"目标,以创新驱动发展为核心战略,充分发挥我省装备制造业和电子信息产业的基础优势,以企业为主体、以市场为导向,强化组织协调,集中发展重点领域应急产品,探索创新应急产业服务模式,不断优化应急产业发展环境,增强防范和处置突发事件的产业支撑能力,培育新的经济增长点,推动我省应急产业快速发展。到2020年,建立3~5个国家级应急产业示范基地,建成一批初具规模的应急产业集聚区,形成若干个国内一流、国际领先的骨干企业集团,发展一批产品特色明显的中小微企业,打造一批"广东智造"应急产品,拓宽应急产品应用范围,挖掘公众对应急产品的有效需求,以珠三角为中心,带动粤东西北,辐射全国市场,形成具有广东特色的应急产业体系。

(3) 2017年3月17日,广州市工业和信息化委、广州市发展和改革委、广州市科技创新委联合印发了《广州市关于支持应急产业发展指导意见的通知》。该通知指出,到2020年,要建成一批初具规模的应急产业集聚区,形成若干个国内一流的骨干企业集团,发展一批产品特色明显的中小微企业,打造一批有品牌知名度的应急产品,拓宽应急产品应用范围,挖掘公众对应急产品的有效需求,形成具有特色的应急产业体系。要积极培育应急产品和服务消费要求,大力推动应急产业集聚发展,推进关键技术研发和科技成果转化,支持重点企业加快发展,促进应急产业交流与合作,加强应急产业人才队伍建设。

10.1.2 沿海防台风应急相关政策

1. 国家政策

(1) 2016年4月28日,交通运输部发布了《关于贯彻落实国家防总专题会议精神对防汛抗旱防台风工作进行再部署再检查再落实的通知》。该通知指出,要根据各自防汛防台风工作的重点领域和薄弱环节,认清防汛防台风形势,采取切实有效的防台风应急防控措施。着力做好公路、水上在建工程的防汛防台风工作,重点加强港珠澳大桥、南京以下12.5米深水航道建设及其他重大工程项目的安全监管和防汛防台风工作,加强督促检查力度,及时监测预警,防范滑坡、泥石流和水毁对公路的影响,确保安全度汛。同时,要着力做好防汛抗旱防台风物资、设备的储备和管理工作,提前补充和储备必需的物资器材,加强应急演练,始终保持良好的戒备状态,提升应急处置能力,确保关键时刻能够发挥作用。

(2) 2017年,水利部发布了《关于进一步贯彻落实习近平总书记、李克强总理重要指示批示精神全力做好主汛期防汛抗旱防台风工作的通知》。该通知提出,要加密监测预报,及时发布预警信息。要密切监视天气变化,实时掌握全国各地台风信息;加强水文、气象等部门的联合会商和分析研判,滚动预测预报,优化预报方法,提高预报精度、延长预见期;要落实防御措施,有效应对台风影响。进入台风多发季节时要密切监视台风的生成发展动态,强化联合研判和多部门会商,层层压实各级政府和有关部门的防汛防台风责任,逐一落实台风防御的各项预案和防范应对措施,突出抓好渔船回港避风、海上养殖人员上岸转移避险和沿海旅游景区安全度汛、低洼易涝地区避险等工作,适时采取停工停课停航等措施,确保人民群众生命安全;加强沿海高速公路、铁路、机场、电力、通信等重要基础设施和危化品生产储运、造船等重点企业的风险隐患排查力度,提前锚固加固各类高空构筑物、简易工棚和临时建筑,严密防范强风暴雨可能引发的次生灾害。要组织力量对防洪风险隐患和薄弱环节进行拉网式全面排查,认真排查台风威胁重点地区、城市洪涝易发区等防洪薄弱环节。

2. 广东省政策

(1) 2014年5月23日,广东省住房和城乡建设厅印发了《广东省在建房屋市政工程防御台风、暴雨灾害工作指引(试行)》的通知(粤建质〔2014〕98号)。该通知指出,要做好防灾准备工作。从收到白色预警信号开始直至气象部门解除所有预警信号为止,实行企业负责人带班指挥、项目负责人24小时现场值班制度;密切关注预警信号变化,了解台风发展趋势;检查工程项目部应急抢险物资储备情况,在危险地段设立警示牌;启动企业和工程项目部的应急处置机制,组织、协调工程项目部应急队伍相关人员及时收看(或收听)天气预报,密切关注天气变化,及时排查、消除施工现场的安全隐患,有关人员要坚守岗位,确保通信联络畅通,了解和掌握应急处置措施。对于在当地承担"三防"任务的建筑施工企业,要启动应急响应,按照当地有关部门的统一组织,参与应急处置行动。

(2) 2016年6月20日,广州市住房和城乡建设委员会发布了《关于认真做好汛期及台风等灾害性天气期间建筑施工安全生产工作的通知》(穗建质〔2016〕1122号)。该通知提出,要完善、落实汛期和台风等灾害性天气期间的安全生产责任制,认真研究分析并查找安全生产管理的薄弱环节,有针对性地制定措施,要组织专业人员深入各施工现场检查、指导防汛、防台风等灾害性天气的工作,并强化对工程建设各方责任主体落实安全责任情况的监督检查,狠抓各项措施的执行和落实,防止台风和暴雨引发的各类事故。同时,要及时掌握灾害性天气预报,做到工作早部署、任务早安排,确保安全防范工作落到实处。

(3) 2018年5月21日,广东省住房和城乡建设厅发布了《关于加强汛期和台风季节房屋市政工程施工安全管理工作的通知》(粤建质函〔2018〕1132号),该通知提出,要充分认识到加强汛期和台风季节房屋市政工程施工安全管理工作的极端重要性,切实加强组织领导,认真贯彻落实《地方党政领导干部安全生产责任制规定》,压实各级领导干部安全生产责任,切实履行安全生产监管责任。要针对汛期和台风季节的特点和规律,全面分析评估可能存在的安全风险和隐患,迅速部署开展相关防汛和防风抗风工作。要督促指导相关责任单位严格落实安全生产主体责任,开展汛期和台风季节安全隐患专项排查工作,组织实施应急救援演练,全面提高安全防范能力和应对突发事件的应急处置能力。

3. 福建省政策

(1) 2016年9月27日,福建省人民政府办公厅发布了《关于进一步强化防汛防台风应急转移工作的通知》(闽政办〔2016〕157号)。该通知指出,做好应急转移是防汛防台风工作的关键环节。要主动关注台风汛情,科学研判,把困难考虑得充分一点,把提前量做大一点,果断决策,超前部署,采取有力有效的措施,做到"不漏一船、不漏一人,应转尽转、杜绝擅自回流"。要全面贯彻上级部署要求,紧密结合本地实际,对辖区内人员转移工作负总责。要准确把握不同类型汛情的特点，充分考虑前后汛情的叠加效应，有针对性地采取人员转移和停工、停产、停课、休市"三停一休"等措施；在海上防灾工作方面，要及时组织船只到港避风，渔排人员和船上人员及时撤离上岸；在岸上防灾工作方面，要适时关停旅游景区、娱乐场所，停止工地施工作业；在陆上防灾工作方面，要适时组织低洼地、江河海岸边、危旧房、受灾地点等危险区域人员转移安置。对台风，要密切关注登陆地和台风过境区域的风力影响；对强降雨特别是短历时强降雨，要密切关注和及时处置山区山洪暴发和城市内涝、山体滑坡、泥石流等造成的危害，努力把灾害损失降到最低程度。

（2）2017年5月4日，福建省交通运输厅转发交通运输部《关于做好2017年防汛抗旱防台风工作的通知》（闽交建明电〔2017〕20号）。该通知指出，要进一步落实防汛工作责任。各级交通运输部门要克服麻痹思想，立足防大汛抗大灾，切实加强今年交通防汛抗灾组织。一要强化"行政首长为核心、各级指挥长具体负责"的防汛防台指挥体系，各级指挥长要认真落实防汛抗灾工作，密切监测暴雨洪涝灾情，发生汛情险情时要迅速行动、科学处置。二要加强防汛工作机制、应急经费等事项的落实，尤其要严肃防汛纪律，逐级、逐部门落实责任人并明确责任，防止因人事变动、岗位调整造成的责任脱节，确保本行业、本辖区防汛抗灾责任到人、物资到位、措施落实、信息畅通、指挥高效。

（3）2017年6月12日，福建省交通运输厅发布了《关于落实黄琪玉副省长防台风暴雨视频会讲话精神启动防台风暴雨Ⅳ级应急响应的通知》（闽交建明电〔2017〕34号）。该通知指出，要加强领导，强化组织。切实加强本轮交通运输防台风防暴雨工作的领导，强化"行政首长为核心、各级指挥长具体负责"的防汛防台风指挥体系，落实责任，将防范工作做早做实。受台风及强降雨影响区域的各级指挥长、各岗位防汛责任人要到岗到位，自上而下"统一、顺畅"指挥调度，确保一旦发生灾情时反应迅速、指挥高效、措施有力。要加强值班，值班人员坚守岗位，随时掌握台风暴雨动态和交通运营、建设状况；要强化监测预警，一旦出现安全隐患，要及时有效处置，并按有关规定及时报告相关部门。

（4）2017年7月30日，福州市住房保障和房产管理局发布了《关于强化措施进一步做好防汛防台风工作的紧急通知》（榕房〔2017〕61号）。该通知指出，各单位各部门务必要牢固树立防大汛、抗大灾的思想，不能有丝毫的侥幸心理，绝不能有丝毫的松懈情绪，保持高度警惕，严阵以待，切实把防御工作做实、做细、做到位。负责人要亲自动员部署，亲自督促抓好工作落实。各县（市）区住建（房管）部门、局机关有关处室要密切关注台风动向，对防御工作进行再次检查和落实。各县（市）区住建（房管）部门要组织人员深入危险房屋现场、征收拆除工地及物业服务项目现场，督促有关单位落实防台风责任，做好各项防范工作。

（5）2017年12月14日，三明市人民政府办公室发布了《关于印发三明市防洪防台风应急预案（修订）的通知》（明政办〔2017〕156号）。该通知指出，要做好暴雨、洪水、台风的防范与处置工作，提高快速反应和应急处置能力，保证防洪抗灾工作有序、高效地进行，最大限度地减少人员伤亡和财产损失。

10.1.3 电力灾害应急相关政策

1. 国家政策

(1) 2008年6月25日,《国务院批转发展改革委电监会关于关于加强电力系统抗灾能力建设的若干意见》(国发〔2008〕20号)。该意见指出,一是加强电力建设规划工作,优化电源和电网布局。电力建设要坚持统一规划的原则,电力规划要充分考虑自然灾害的影响,在低温雨雪冰冻、地震、洪水、台风等自然灾害易发地区建设电力工程,要充分论证、慎重决策。要根据电力资源和需求的分布情况,优化电源电网结构布局,合理确定输电范围,实施电网分层分区运行和无功就近平衡。要科学规划发电装机规模,适度配置备用容量,坚持电网、电源协调发展;二是调整电网建设标准,推进电力抗灾技术创新。要科学确定电网设施设防标准,对骨干电源送出线路、骨干网架及变电站、重要用户配电线路等重要电力设施,要在充分论证的基础上,适当提高设防标准。对跨越主干铁路、高等级公路、河流航道、其他输电线路等重要设施的局部线路,以及位于自然灾害易发区、气候条件恶劣地区和设施维护困难地区的局部线路,要适当提高设防标准。结合城市建设和经济发展,鼓励城市配电网主干线路采用入地电缆;三是完善电力应急体系,做好灾害防范应对工作;四是明确分工职责,搞好抢险救灾工作。

(2) 2011年7月7日,国务院颁布《电力安全事故应急处置和调查处理条例》。该条例根据《突发事件应对法》和《国家处置电网大面积停电事件应急预案》的有关规定,总结电力安全事故应急处置的实践经验,对电力安全事故应急处置的主要措施作了规定,明确了电力企业、电力调度机构、重要电力用户以及政府及其有关部门的责任和义务。比如有关电力企业、电力调度机构应当立即采取控制事故范围的紧急措施,防止发生电网系统性崩溃和瓦解事故;相关电力企业应当立即组织抢修损坏的电力设备、设施;供电中断的重要电力用户应当迅速启动自备应急电源,启动自备应急电源无效的,电网企业应当提供必要的支援;事故造成地铁、机场、高层建筑、商场、影剧院、体育场馆等人员聚集场所停电的,应当迅速启用应急照明,组织人员有序疏散。事故造成电网大面积停电的,国务院有关部门、有关地方人民政府应当按照国家有关规定,启动相应的应急预案,成立应急指挥机构,尽快恢复电网运行和电力供应;有关地方政府及有关部门应当立即组织开展应急处置工作。此外,条例还对恢复电网运行和电力供应的次序以及事故信息的发布做了规定。

(3) 2015年3月15日,中共中央、国务院发布了《关于进一步深化电力体制改革的若干意见》(中发〔2015〕9号)。该意见指出,要坚持安全可靠的根本原则,体制机制设计要遵循电力商品的实时性、无形性、供求波动性和同质化等技术经济规律,保障电能的生产、输送和使用动态平衡,保障电力系统安全稳定运行和电力可靠供应,提高电力安全可靠水平。进一步提升以需求侧管理为主的供需平衡保障水平。政府有关部门要按照市场化的方向,从需求侧和供应侧两方面入手,搞好电力电量整体平衡。提高电力供应的安全可靠水平。常态化、精细化开展有序用电工作,有效保障供需紧张下居民等重点用电需求不受影响。加强电力应急能力建设,提升应急响应水平,确保紧急状态下社会秩序稳定。

(4) 2015年4月7日,国家发展改革委、财政部联合发布了《关于完善电力应急机制做好电力需求侧管理城市综合试点工作的通知》（发改运行〔2015〕703号）。该通知指出，要加强电力需求侧管理，完善电力应急机制，各有关单位要在前期北京市、苏州市、唐山市、佛山市电力需求侧管理城市综合试点和上海市需求响应试点工作的基础上，进一步突出特色，建立长效机制，更好发挥试点的引领示范作用。要充分认识电力需求侧管理的重要意义：实施电力需求侧管理，有利于削减或转移高峰用电负荷，化解多年来反复出现的高峰电力短缺问题，并节约大量电源电网投资；有利于提升电力应急保障能力，应对重大自然灾害和突发事件，保障电力供需平衡和生产生活秩序；有利于消纳可再生能源发电，推动智能电网的应用和发展，提升用能管理、企业管理乃至社会管理水平。

（5）2015年11月13日，国务院办公厅印发了《国家大面积停电事件应急预案》（国办函〔2015〕134号）。该预案指出，要建立健全大面积停电事件应对工作机制，提高应对效率，最大程度减少人员伤亡和财产损失，维护国家安全和社会稳定。根据大面积停电事件的严重程度和发展态势，将应急响应设定为Ⅰ级、Ⅱ级、Ⅲ级和Ⅳ级四个等级。对大面积停电事件应对工作要坚持统一领导、综合协调，属地为主、分工负责，保障民生、维护安全，全社会共同参与的原则。大面积停电事件发生后，地方人民政府及其有关部门、能源局相关派出机构、电力企业、重要电力用户应立即按照职责分工和相关预案开展处置工作。

2. 河北省政策

2013年10月11日，河北省发展和改革委员会发布了关于印发《河北省应对重污染天气电力应急预案》的通知（冀发改电力〔2013〕1550号）。该通知指出，各级各有关部门、电力企业和电力用户要遵循政府主导、协调联动、统筹兼顾、节控并举的原则，先行压减工业用电负荷。重点压减钢铁、水泥、焦炭、化工等高污染行业用电需求，为相应减少发电生产创造条件。同时优化电力资源配置，在保证电网安全和民生、重要用户供电、供热的前提下，合理安排电网运行方式，及时协调外购电力，最大程度减少省内电力生产对环境的影响。

10.1.4 群体性事件应急相关政策

1. 国家政策

（1）2005年5月8日，司法部发布了关于印发《司法部关于进一步做好集中处理信访突出问题及群体性事件工作的意见》的通知（司发通（2005）31号）。该通知指出，要进一步增强做好集中处理信访突出问题及群体性事件工作的责任感和紧迫感。按照司法部的工作部署，发扬前一阶段工作中取得的成绩和经验，切实将处理信访突出问题及群体性事件工作继续抓紧抓好，为维护司法行政改革发展的大好形势做出更大的贡献。各级司法行政机关和广大信访工作者要从维护人民群众的根本利益、维护社会稳定、构建社会主义和谐社会的高度出发，进一步增强做好集中处理信访突出问题及群体性事件工作的责任感和紧迫感，要以"发现得早、化解得了、控制得住、处置得好"为目标，进一步建立完善矛盾纠纷排查机制和应急处置机制，确保能够及时发现和掌握本系统、本单位的上访信息，并区别情况及时果断处理，防止矛盾纠纷扩大、升级。

（2）2009年8月10日，商务部、外交部联合发布了关于建立境外劳务群体性事件预警机制的通知（商合发〔2009〕392号）。该通知指出，要妥善处理境外劳务事件，维护外派劳务人员和外派企业的合法权益，防范和处置境外劳务事件工作，要求建立劳务事件预防和应急体系，落实管理责任。充分认识建立健全境外劳务群体性事件预警机制的重要性。境外群体性劳务事件成因复杂，对外影响大。各省市和各驻外使领馆及各有关企业应从政治的高度出发，重视并建立健全境外劳务群体性事件预警机制，将预警和防范工作作为对外劳务合作常态管理的重要内容，尽量从源头上减少和避免境外劳务群体性事件的发生。对易引发群体性纠纷事件或上访事件的苗头性问题做到及早发现，及时预警。

2. 哈尔滨市政策

2016年10月21日，哈尔滨市人民政府办公厅关于印发哈尔滨市涉及民族方面突发群众事件应急预案的通知（哈政办综〔2016〕54号）。该通知指出，要加强各级、各部门协调统一行动，有效控制涉及民族方面突发群体性事件发生的等级，及时、妥善处置涉及民族方面突发群体性事件，切实维护少数民族群众的合法权益，进一步增强民族团结，维护全市社会稳定和国家统一。提出和把握现场处置工作的总体目标和方向；根据事件现场具体情况，迅速确定具体应急处理方案；对现场指挥部各工作组实施科学、有效的指挥，下达具体明确的任务，充分协调有关职能部门，按照预案各司其职，全面完成处置任务；根据突发事件发展情况，及时向市指挥部报告现场处置工作进展情况并提出相关处置意见。

3. 福州市政策

2017年3月20日，福州市住房公积金管理中心下达了关于印发《福州住房公积金管理中心窗口群体性突发事件应急预案》的通知（榕公积综〔2017〕20号）。该通知指出，为预防和妥善处置中心各窗口和周边涉及住房公积金的群体性突发事件，维护正常工作秩序和社会的和谐稳定，按"谁主管、谁负责"的原则，落实岗位责任制，由事件发生的相关管理部主任在中心的直接指挥下负责应急处置和妥善解决。中心综合处、法规处等部门按预案规定协同做好突发事件处置工作。坚持预防为主的工作方针，全体窗口干部职工都要树立"公积金为民"的宗旨，全心全意为市民提供优质服务，正确处理窗口发生的矛盾纠纷，从源头上防止涉及群众切身利益的群体性突发事件发生。要建立健全突发事件预警工作机制，管理部要落实日常巡查制度，密切关注和收集当地职工对住房公积金缴存使用政策的反映情况，时刻关注服务大厅秩序状况，做到早发现、早报告、早控制、早解决，将事件控制在萌芽阶段，及时消除诱发大规模群体性事件的各种因素。

4. 毕节市政策

2018年1月30日，毕节市人民政府办公室下达了《关于印发毕节市大规模群体性治安事件应急预案的通知》（毕府办发〔2018〕12号）。该通知指出，要确保发生在该市辖区内的大规模群体性治安事件应急处置工作科学高效、合理有序进行，有效防范本市可能发生或发展的大规模群体性治安事件，最大限度地减轻或避免人员伤亡、经济损失，保障公共安全和人民生命财产安全，为构建"法治毕节"提供稳定的社会治安环境。参照市级预案组建本级大规模群体性治安事件应急指挥机构，制定本级大规模群体性治安事件应急预案，建立和完善本级应急工作机制；按照属地管理原则负责本辖区大规模群体性治安事件应急处置及善后工作。

10.2 城市应急产业科技创新体系

10.2.1 应急产业扶持政策体系

国务院《关于加快应急产业发展的意见》(下简称《意见》)的出台,标志着我国首次对应急产业发展作出了全面部署。《意见》从增强自主创新能力、健全产业结构、促进集聚发展、促进推广应用和开展国际合作等方面提出了产业发展的主要任务。针对应急技术装备核心竞争力不强的问题,《意见》提出将通过国家科技计划(专项、基金等)对应急产业相关科技工作进行支持,并鼓励充分利用军工技术优势发展应急产业,推进军民融合。2014年12月,国务院印发了《关于中央财政科技计划(专项、基金等)管理改革的方案》(国发〔2014〕64号),对中央财政科技计划管理改革作出全面部署,并明确要求建立国家科技计划(专项、基金等)管理部际联席会议制度。以广东省为例,广东省一直十分重视突发事件应急管理科技支撑的建设工作,近两年,先后出台了《广东省人民政府办公厅关于加快应急产业发展的实施意见》(粤府办〔2016〕65号)、《广东省突发事件应急体系建设"十三五"规划》(粤府办〔2017〕5号)等重要文件,均强调了科技创新在突发事件应急管理中的重要支撑作用。此外,为加快应急服务业的发展,《意见》在充分利用现有产业扶持政策的基础上,着眼于解决应急产业发展政策的瓶颈问题,从产业标准、财税支持、人才发展和完善法规环境等方面提出了政策支持措施,分别如下。

1. 完善标准体系

以标准体系对应急产业的发展进行规范和促进,以国际标准推动应急产业升级改造,提升自主技术标准的国际话语权。发展我国应急产业的总体目标是建立以政府为主导、以企业为主体、社会积极参与、市场充分运作,建立专业化分工、规模化生产、市场化经营、标准化管理、集成化组织、社会化服务的产学研和服务紧密结合的应急产业体系。2008年1月23日,经公安部领导批准,公安部社会公共安全应用基础标准化技术委员会(简称基础标委会)在北京正式成立。该委员会按照公安部标准化工作归口管理要求和国家标准化管理委员会的有关规定,受公安部科技信息化局的委托,负责制修订社会公共安全行业内新技术、新标准领域及跨技术领域、跨部门、跨警种的公用性国家标准和公安行业标准及其宣传培训和监督检查工作。目前国内可查的关于公共安全的技术标准有13种,按时间排序分别有《体育场馆公共安全通用要求》(标准号:GB/T 22185—2008)、《公共安全业务连续性管理体系要求》(标准号:GB/T 30146—2013)、《公共安全业务连续性管理体系指南》(标准号:GB/T 31595—2015)、《公共安全视频监控联网系统信息传输、交换、控制技术要求》(标准号:GB/T 28181—2016)、《公共安全视频监控联网系统信息传输、交换、控制技术要求》(标准号:GB/T 28181—2016)、《公共安全视频监控数字视音频编解码技术要求》(标准号:GB/T 25724—2017)、《公共安全视频监控联网信息安全技术要求》(标准号:GB 35114—2017)、《公共安全指静脉识别应用图像技术要求》(标准号:GB/T 35742—2017)、《公共安全指纹识别应用图像技术要求》(标准号:GB/T 35736—2017)、《公共安全指纹识别应用采集设备通用技术要求》(标准号:

GB/T 35735—2017）、《公共安全人脸识别应用图像技术要求》（标准号：GB/T 35678—2017）、《公共安全指静脉识别应用算法识别性能评测方法》（标准号：GB/T 35676—2017）、《公共安全业务连续性管理体系业务影响分析指南（BIA）》（标准号：GB/T 35625—2017）、《公共安全大规模疏散规划指南》（标准号：GB/T 35047—2018）。

2. 加大财政税收政策支持力度

首先，给予财政支持。在相关投资、科研等计划中给予财政、税收等支持，建立由政府引导、全社会参与的应急产业发展投入机制。国家在公共管理相关专项等科技计划中投入了大量的中央财政资金，以近三年为例，在公共安全风险防控与应急技术装备方面的重点项目投入资金高达 30 亿元（见附录表 1、2、3）。此外，根据国家自然基金委员会的项目资助结果显示，近三年在公共安全与危机管理领域项目方面投入 2487.8 万元（见附录表 4、5、6），近三年在公共安全与危机管理领域的青年科学基金项目方面投入 591.5 万元（见附录表 7、8、9）。而以广东省为例，根据统计，广东省科技厅联合省府应急办，自 2008 年开始建立应急技术中心以来，已建设六批次共计 25 家应急技术中心，立项经费共 1100 万元。自 2014 年开始，省科技厅在应急技术中心项目上设立应急技术中心升级专项，采用竞争性申请项目的办法，截至 2016 年，共立项 16 个升级项目，科研经费投入共 435 万元。

其次，建立健全应急救援补偿制度。整合应急救援资源，体现特点，组建应急救援队伍。强化保障，健全队伍，确保队伍的有效运行。为进一步加强应急队伍的管理，更新维护应急物资装备，开展救援人员培训及应急救援演练，加大应急队伍经费保障力度，政府要充分发挥政府资金的引导推动作用，将安全生产应急救援队伍建设纳入政府资金扶持范围。各级政府每年应拿出专项经费作为应急队伍的经费保障。

另外，做好专项基金启动实施工作。做好深化中央财政科技计划专项基金管理改革方案的实施，落实财政科技投入和财政税收并举的政策，统筹协调有关公共安全领域的资金配置问题。

3. 加强人才队伍建设

科技创新的关键在人才，加强人才队伍建设，重点是推动应急产业领域科研平台体系建设，着力培养高层次、创新型、复合型的核心技术研发人才和科研团队，培育具有国际视野的经营管理人才，造就一支既具备科技知识又掌握现代管理的复合型科技企业家队伍，其中应特别注重培育战略性企业家。以北京辰安科技股份有限公司为例，辰安公司高度重视人才在培养核心竞争力方面的重要作用。2016 年公司加强了中高端人才的引进，共入职 7 名博士和 7 名海归人才，入职硕士 43 人，中高级专业人才 171 人，占招聘总量的 70%，公司在户口指标、进修指标、公租房申请、人才培养计划、晋升机会、薪酬调整、绩效奖金、福利发放等向中高端人才倾斜。公司拥有一大批行业内的专家学者和专业的管理与技术团队，核心人员在国内应急领域有很高的知名度与行业影响力。公司首席科学家范维澄先生，是中国工程院院士，是国内外在公共安全领域有重大影响的学术带头人。总裁袁宏永先生，是"科技北京"百名科技领军人才，也是国内公共安全领域具有重大影响力的资深专家，曾主持过多项国家级重大科技项目。公司在北京、武汉、合肥建立三大研发基地，各研发团队依照各自的技术优势开发符合公司的产品架构的各种应用和软件。公司一方面注重招揽贤才，另一方面，也高度重视创造宽松的研发环境，鼓励员工在实际工作中发挥作用和才能,设立了人才引进、培训培养、技术创意奖励等激励机制,不拘一格让人才在公司技术研发与管理中发挥重要作用。

而广东省应急技术中心的建设则充分发挥高水平专家的领军作用,中心负责人以中青年科技创新人才如华南农业大学廖明教授、国家"973"首席科学家如中山大学余新炳教授以及两院院士吴清平院士、刘人怀院士等为代表,充分发挥大专家的"领军"引导作用;通过中心负责人总体负责,技术骨干负责具体事务的管理模式,培养一批以青年为主的人才队伍。根据统计,截至2016年8月,从事应急技术中心建设的科技人才达919人,其中博士349名,占38%,这些应急科技专家队伍为广东省突发公共事件关键共性技术和前瞻性技术的跟踪研究,监测、预警和评估发展态势,讨论研究防治措施,制定有针对性的防控措施,加强应急技术储备工作等方面提供了强有力的技术支撑和指导。

4. 优化发展法律环境

在现代法治原则的支配下,把突发事件的应对纳入法治化轨道,是依法治国构建社会主义和谐社会的重要内容,也是有效化解危机和保障公民基本权利的重要基础。针对当前我国公共应急法制的现状及存在的问题,与经济社会快速发展的客观要求相比,在公共应急法制建设方面还存在不小差距:一是法律体系相对分散,没有统一的紧急状态立法,现有的应急法律法规冲突较多,有待清理规范;二是应急立法滞后,立法模式有待改进;三是现有的突发事件应急法律制度还不够完善,一些急需建立的应急制度尚未通过法律、行政法规建立起来,在已经建立的突发事件应急制度中,有的是由部门规章或者规范性文件确立的,其规范性不够强,效力不够高,并缺少有效的执行监督;四是在现有的应急法律、法规中,缺少紧急权运行程序的设计,对政府行使行政紧急权和公民权利的保障与救济规定还有待完善。

因此,首先要完善相关法律制度,规范应急产业发展;完善事关人身生命安全的应急产品认证制度。要加强改善现有立法,建立科学的立法模式,制定统一的紧急状态法,完善相应的应急法律规范是当前我国公共应急法制建设的重要任务。只有通过不断地加强和完善应急法律规范与应急制度建设,把应急系统纳入法治化轨道,确保公民权利获得更有效的法律保护,公共权力能更有效地依法实施,我国的公共应急法制才能更好地适应经济和社会的需要,更好更快地发展。

其次,鼓励发展应急产业协会等社团组织,加强行业自律和信用评价。对应急产业重大项目建设用地,在符合国家产业政策和土地利用总体规划的前提下予以支持。

10.2.2 应急产业高质量供给体系

近年来,随着经济的发展、社会的进步和公众安全意识的提高,我国社会各方对应急产品和服务的需求也在不断增长,应急产业逐渐显露出极大的发展潜力。目前,国家应急管理部正式挂牌成立。这一重大创新举措,不仅实现了我国应急管理体制的改革新突破,也对未来我国应急产业高质量发展提出了新的挑战。应急产业是为突发事件预防与应急准备、监测与预警、处置与救援提供专用产品和服务的产业,为此要充分认识新时代我国发展应急产业的重要意义,客观把握应急产业发展中存在的困难问题,加快构建适应新时代要求的高质量应急产业体系,为发展实体经济尤其是新兴产业提供有力支撑。长期以来,我国应急产业主要依托相关行业发展，不同产品发展状况差异较大，产业技术水平不高。对于兼用应急产品，使用主体和使用频率有限，市场需求量较小，企业普遍规模不大、生产工艺落后，"小、散、乱"现象较为普遍，同质化严重，可靠性、稳定性、标准化程度不高。对于专用应急产品，由于缺乏科技投入和稳定的市场支撑，类似高端消防车、救援机器人、交通救援装备等，技术水平尽管比较高，但与国外先进水平相比还有非常大的差距，很难满足专业救援队伍需求。同时，受"重处置、轻预防；重硬件、轻软件；重产品、轻服务"的传统应急管理理念影响，虽然处置救援类产品生产企业较多，而监测预警、预防防护类产品发展较为滞后，应急服务产品更加稀缺。目前，需要按照不断满足人民对美好生活需要的要求，尽快加大科技投入，不断提高应急产业和服务技术水平。

通过政府购买服务等方式支持与生产生活密切相关的紧急医疗救援、航空救援等应急服务发展，推动应急服务专业化、市场化和规模化；完善应急产品认证制度，健全应急物资实物储备、社会储备和生产能力储备，引导应急产品标准化、模块化、系列化、特色化发展，充分发挥市场机制作用，大力培育技术水平高、服务能力强、具有国际竞争力的大型企业集团，加快发展批应急特色明显、创新能力强的中小微企业，推动大中小企业协调发展。鼓励建立应急产业协会、联合会等社团组织，理顺并加强应急行业管理。

1. 应急产品的分类

美国在应急产品体系建设方面形成了一套装备目录体系，具体划分了21大类，709小类，美国联邦应急管理署（Federal Emergency Management Agency，FEMA）还专门提供了6663种示例产品，包括个体防护设备、救援与搜救装备、信息技术设备、通信装备、探测装备、洗消装备、医疗装备以及其他装备等。2015年，工业和信息化部、国家发展改革委起草了《应急产业重点产品和服务指导目录（2015年）》（以下简称《指导目录》）。《指导目录》确定了四个重点领域及其发展方向，再进一步细分产品和服务，形成了领域、发展方向、细分产品和服务三级结构。一级分别为监测预警产品、预防防护产品、处置救援产品和应急服务产品等4个领域，二级分别为自然灾害监测预警产品、事故灾难监测预警产品等15个发展方向，三级分别为地震灾害监测预警产品、地质灾害监测预警产品等266个细分产品和服务，其中监测预警69项、预防防护49项、救援处置108项、应急服务40项。总体上看，《指导目录》明确了今后一段内国家重点鼓励发展的应急产品和服务内容。从应急产品的来源进行分类，可分为"专用、兼用、通用"三类。一是专用产品，专用于应急保障和突发事件应对的产品，没有安全威胁时基本上发挥不了其他功能。例如地震灾害救援专用的生命探测仪、灭火器、安防报警设备等。二是兼用产品，既可以用于应急保障和突发事件应对也可以用于常态领域的交叉性多用途安全产品。如工业监控系统，可用于设备安全运行和危险物品生产过程的监控，也可用于对生产过程的监控；又如具备应急功能的特种车辆，在平时可以作为一般车辆承担运输功能。三是通用产品，主要是在日常提供本身产品的功能，但在应急保障和突发事件应对过程中可以根据需要提供服务的关联性产品，如模拟仿真技术、通信服务、挖掘机乃至矿泉水等。

2. 加快先进安全产品研发和产业化

公共安全产品是当前和未来处置突发事件需要研发和掌握的专用应急产品，需要通过科技创新和研发，并通过产学研的方式使之产业化。以北京辰安科技股份有限公司为例，辰安立足于公共安全产业，主要从事公共安全软件、公共安全装备的研发、设计、制造、销售及相关产品服务。公司定位的公共安全产业涉及：自然灾害、事故灾难、公共卫生、社会安全四个主要方面，与主要面向社会安全领域的安防产业有很大区别。辰安公司目前的公共安全产品包括三个方面：一是公共安全与应急平台，公司公共安全应急平台软件产品包括省级应急平台综合应用系统、市县应急平台综合应用系统、数据交换与共享系统、应急态势标绘系统、应急三维地理信息系统、协同会商系统、综合接处警与应急系统（海外）及相关技术服务；公共安全装备产品包括现场应急平台、三维电子沙盘、移动互联在线会商终端、移动应急终端、应急平台一体机、桥梁综合处理主机、智能红外燃气监测仪、多通道气体监测仪、高频压力采集器、预警溯源仪等。公共安全应急平台将对实时信息和数据、非实时信息和数据进行接入，通过综合研判、模型分析、专题图制作、方案编制等功能对上述接入数据进行分析、处理和加工，在此基础上输出事件情况报告、事件专题图、辅助方案等成果。应急平台对提高突发事件应对能力、平时和战时应急管理工作效率、科学分析事件态势发展、辅助领导决策支持、积累知识案例用于以后的事件处置都有较大的帮助。二是城市安全，城市中的道路、桥梁、给水、排水、燃气、热力、电信、电力、工业和综合管廊等市政管线工程，统称为生命线工程，担负着城市的信息传递、能源输送、排涝减灾、废物排弃的功能，是城市赖以生存和发展的物质基础，是城市基础设施的重要组成部分，是发挥城市功能、确保社会经济和城市建设健康、协调和可持续发展的重要基础和保障。公司的城市生命线安全运行监测系统通过公共安全物联网感、传、知、用技术架构，在对城市生命线进行风险评估的基础上，对重大风险进行实时监测，感知风险的变化情况，及时进行预警。同时在海量监测数据的基础上，采用城市生命线公共安全科技模型分析评估城市生命线的安全运行状态，分析突发事件后的次生衍生关系，准确判断定位事故点。通过城市生命线安全运行监测系统可深刻洞察城市生命线安全运行规律，及时发现各种风险隐患，实现城市生命线安全监管透明化、服务管理主动化，提升城市减灾防灾能力。三是海外公共安全业务，面向海外的国家一体化应急平台、综合接处警与应急系统需求，提供公共安全整体解决方案与应用支撑服务。公司的海外公共安全业务能够融合政府、行业部门、单兵力量、民众个体的需求，融合公共安全、应急响应、地理信息、突发事件现场信息、应急机构、应急人员、应急车辆、应急物资等信息和数据，通过统一云服务向各级用户发布，可同时为国家、战区、城市、警务站等指挥中心以及社区、家庭和个人提供服务，对公共安全与应急管理系统运行过程中积累的海量业务数据进行挖掘和分析，并向本系统内，以及来自其他部门的用户提供多种公共安全应用服务。

根据工信部发布的《关于加快安全产业发展的指导意见》，意见明确指出了三类公共安全产品：

一是风险监测预警产品。生产安全领域，重点发展交通运输、矿山开采、工程施工、危险品生产储存、重大基础设施等方面的监测预警产品和故障诊断系统。城市安全领域，重点发展高危场所、高层建筑、超大综合体、城市管网、地下空间、人员密集场所等方面的监测预警产品。

二是安全防护防控产品。生产安全领域，重点发展用于高危作业场所的工业机器人（换人）、人机隔离智能化控制系统（减人）、尘毒危害自动处理与自动隔抑爆等安全防护装置或部件、交通运输领域的主被动安全产品和安全防护设施等。城市安全领域，重点发展智能化巡检、集成式建筑施工平台、智能安防系统等安全防控产品。综合安全防护领域，重点发展电气安全产品、高效环保的阻燃防爆材料及各类防护产品等。

三是应急处置救援产品。应急处置方面，重点发展应急指挥、通信、供电和逃生避险等产品，以及危险品泄漏等应急处置装备。应急救援方面，重点发展各类搜救、破拆、消防等智能化救援装备。

3. 发展方向

目前国内应急产业的发展方向是瞄准重大突发事件处置需求，聚焦极端条件下的抢险救援和生命救护，重点发展高精度灾害监测预警、高可靠风险防控与安全防护、特种交通应急保障、消防救援、专用紧急医学救援、智能无人应急救援装备、先进社会安全保障产品等十类标志性应急产品，对标国际先进水平实现领跑或并跑，推动应急产业向中高端发展，加快形成系列化应急产品和成套化应急解决方案；围绕应急管理咨询、灾害防治避难工程、应急救援服务等领域，发挥政府购买引导作用，加快相关领域改革力度，重点发展应急管理支撑服务、社会化应急救援服务、应急专业技术服务等三类标志性应急服务，拓展应急服务新类型，探索特许经营等应急服务新模式，推动应急设施建设和运营社会化；推动完善市场规模小、经济效益低但确实需要的应急产品扶持政策，开展关键领域应急物资生产能力储备基地建设，推进应急产业增品种、提品质、创品牌，推动生产过程自动化、信息化、智能化，补齐应急产品保障供给短板。

加快建立政府扶持、企业为主、市场引导的应急产业体系架构；继续推进应急产业示范基地建设，逐步形成以重点区域和关键领域为支撑的应急产业发展格局。

10.2.3 应急产业技术创新体系

应急产业技术创新体系主要是提高创新能力。突破一批保障生产安全、城市公共安全的关键核心技术，研发一批具有国际先进水平的安全与应急产品，推广应用一批"机械化换人、自动化减人"的安全技术装备。本书从高水平科技创新基地、产业前沿和共性技术、安全技术成果转移转化三个方面列举了国家与广东省应急产业技术创新体系的现状。

1. 建设一批高水平科技创新基地

现阶段，我国处于工业化、信息化、城镇化和农业现代化快速发展时期，安全发展、科学发展成为转变经济发展方式的必然要求。目前安全生产基础薄弱导致生产安全事故频发，而安全产业作为提供安全技术和产品及安全服务的主体，是安全生产领域事前预防、过程控制和事故应急救援的基础，因此迫切需要持续、健康发展，尽快形成完善的安全产业体系，提高安全技术、装备和服务水平，提高安全生产能力，满足全社会对安全健康与稳定的新需要。产业集聚发展是现代产业发展的重要规律。国家将根据区域突发事件特点和产业发展情况，合理布局并培育建设一批国家应急产业示范基地，引领国家应急技术装备研发、应急产品生产制造和应急服务发展。按照国家科技创新基地总体部署，推动国家重点实验室建设和优化整合，大幅提升安全产业领域持续创新能力。组建若干个细分领域的安全技术创新联盟，推动安全技术示范应用、科学普及与教育培训基地建设，逐步形成国家安全科技示范网络和成果推广体系。论证若干应急产业重点专项，并纳入国家科技计划（专项、基金等）中，引导企业加大科技投入，掌握一批达到国际先进水平的关键技术,促进大众创业、万众创新。推动应急产业领域科研平台体系建设,建设一批重点实验室、技术中心和工程(技术)研究中心,打造应急产业区域性创新中心和成果转化中心,推动一批自主研发的重大应急技术装备投入使用。要鼓励建立产学研协同创新机制,加大国防科技、物联网、信息技术等在应急产业中的应用。

国家的重大创新基地以徐州安全产业园为例,徐州安全产业园是徐州高新区与中国安全生产科学研究院积极落实国家"科技兴安"精神而共同建设的,力求通过安全科技创新集聚、安全科技产业集聚、安全科技服务集聚,将徐州高新区打造成为全国性的安全科技研发和国际安全技术交流中心、全国性的安全科技产业中心、全国性的安全技术和安全装备交易中心、全国性的矿山安全应急救援中心。园区通过与中国矿业大学、中国安全生产科学研究院、中煤科工集团等高校院所合作开展安全科技协同创新,为徐州高新区智能矿山安全科技产业发展搭建平台。徐州高新区在国内逐渐扛起了安全产业的大旗,并受到了工信部、科技部、安监总局、中国煤炭工业协会、中国矿业大学、中煤科工等国家部委及相关单位的高度认可和支持。中国安全谷被科技部授予国家安全技术与装备火炬特色产业基地,被工信部和国家安监总局授予首批国家安全产业示范园区。

目前,广东省已建设了广州科技创新基地,建筑面积8.1万平方米,由电子信息、生物医药、新材料三个专业孵化器和综合服务大楼、国际会议厅组成,优先引入跨国公司区域总部、国家重点实验室、工程与技术研发中心和有产业化前景的发明专利技术实施型企业。综合服务大楼内设有公共服务区和风险投资促进区,引入优秀社会中介服务机构,为企业提供财务代理、会计、审计、法律事务、专利申报、管理咨询等各方面的贴身服务;引入风险投资公司、技术产权交易所、科技担保公司、资产评估公司、银行等一系列与企业资本运作相关的机构,为项目和投资方提供多层次的投融资对接服务。广州科技创新基地主要吸引国内外包括公共安全产品在内的具有先进科技水平的项目进行研发、中试及产业化,是集研发、技术成果交易与产品展示等多功能为一体的综合性孵化器;是归国留学人员创业及国家863计划、科技攻关项目成果的转化基地,也是优秀科技企业及企业家的培训基地。目前,广州科技创新基地已成为留学人员广州创业园的核心园区。

广东省在2016年6月22日出台了《广东省人民政府办公厅关于加快应急产业发展的实施意见》(粤府办〔2016〕65号),意见中指出未来广东省将加强应急产业发展的规划布局和指导,鼓励有条件的地区发展各具特色的应急产业集聚区,依托高新区、经济开发区、产业转移园区,推动应急产业集聚发展,支持有条件的产业聚集区申报国家级应急产业示范基地和生产能力储备基地。重点打造深圳应急产业集聚区,以中海信创新产业城为核心,联动坂雪岗科技城、宝龙工业园、阿波罗未来产业园、国际低碳城、大运新城等5个园区,重点发展安防、灾害监测预警、信息安全、应急通信等方面的应急产品、技术和服务。

珠海应急产业集聚区,以富山工业园为核心,联动航空产业园、新青科技工业园、南屏科技工业园等3个园区以及规划建设中的新兴际华集团"南方安全谷",重点发展化工消防、旱涝抢险、道路救援、轨道交通救援、水上救援、航空救援、人员搜救、应急体验、应急培训及演练、应急医疗等方面的应急产品、技术和服务。

东莞应急产业集聚区,以松山湖——寮步应急产业带为核心,联动大朗等周边镇(街)应急产业集聚区,重点发展消防救援、应急电源、生命救护等方面的应急产品、技术和服务。

2. 攻克一批产业前沿和共性技术

聚焦重点行业领域安全需求,以数字化、网络化、智能化安全技术与装备科研为重点方向,通过中央财政科技计划(专项、基金等)支持符合条件的灾害防治、预测预警、监测监控、个体防护、应急救援、本质安全工艺和装备、安全服务等关键技术的研发。

广东省通过一批安全产业龙头企业来实现产业前沿和共性技术的研发。早在2011年12月,广东省就成立了全国首家省级应急产业协会——广东省应急产业协会。协会成立以来,在推动全省应急产业发展方面做了大量工作,以应急市场应用需求为导向的技术创新有了长足进步,目前已经初步形成了重大灾害处置救援的现场保障装备体系,特别是在机器人、应急通信、指挥调度、信息安全、应急供水供电、城市排涝、消防装备等领域,涌现出了一批具有强盛竞争力的应急企业和产品,并在历次国内外重大灾害抢险救援中发挥了独特的作用。

深圳优仕康通信有限公司专注于应急通信、指挥调度、智慧化通信联动调度系统的研发制造和集成服务,为行业客户提供"有线、无线、窄带、宽带、音频、视频及数据"等跨网络、全信息融合业务解决方案。该方案包括新一代智慧化应急通信系统、大容量呼叫中心系统、虚拟集群系统、在线即时会议系统、无纸传真系统、巡岗执勤系统、智能联动通信系统、跨网络智慧指挥调度系统、不同制式专网间的互联互通、跨网络智慧联动指挥调度系统、智慧园区、智慧化城市智能通信解决方案等,实现了融合接入、交换、语音识别与侦测、减噪滤波、数传、语音同步控制等功能于一体,以及不同制式、不同频率段的无线系统之间与有线电话、IP、2G/3G/4G、卫星网络等互联,解决了突发状况下现场指挥调度的通信需求。国家火炬重点高新技术企业——广东易事特电源股份有限公司,长期致力于UPS电源、EPS电源、通信电源、数据中心集成系统、光伏逆变器、分布式光伏发电电气设备与系统、智能微电网等高科技产品的研发、制造、销售和服务。融合航空测量摄影、地理信息系统软件开发、真三维数字地图于一体的综合性大规模空间数字化企业——广州市红鹏直升机遥感科技有限公司,与广东省数字广东研究院合作,成立空间数据多维仿真工程中心,为军队、武警、公安、民航空中交通管理、安全生产监督管理、城市规划、重大灾害应急处置提供了智能决策辅助服务,成为国内多维智能空间仿真技术的领先者。以应急救援为主要业务的东莞市永强汽车制造有限公司在消防、救援、液体粉体运输等特种车的研发制造方面发展势头迅猛,近几年先后并购了德国、英国、卢森堡等多家同行企业,增强了常规消防救援装备、特种底盘救援装备、两栖全地形救援装备、军事应急救援保障装备等4大系列、几十种功能用途不同的大型装备的研发、生产、供应和服务能力,成为我国城市消防、森林火灾、地震、洪水、冰雪、油气田、机场、危化品事故灾害处置救援领域最有竞争力的装备供应商,进入国内特种车行业第一阵营。广州三业科技公司在智能柴油机水泵的研发创新过程中具备了大量的知识产权,其中产生了19项国家专利,获得多项发明奖和技术创新奖以及国家资助项目,持续的技术创新有力地推动着产品的进步与发展。三业公司的智能柴油机水泵设备以及配套产品已进入飞机维修库消防、油气库消防、热电厂消防、冶炼炉循环冷却给水、固定消防产品测试等应用领域,同时也成为解决城市洪涝灾害的主要装备供应商,在历次抢险救灾中起到重要的生力军作用,并逐步形成技术含量高、品位高、安全性高、实用性强、适应性强、配套能力强的

"三高三强"优势。三业公司也成为空军工程大学导弹学院研究所的教学、试验基地；总参"军用动力发电技术重点实验室"教学、试验基地；后勤学院教学、试验基地；武器装备学院教学试验基地。

3. 加强安全技术成果转移转化

通过创投基金等渠道支持转化一批先进适用安全技术和产品。鼓励地方政府完善科技成果转化激励制度，健全科技成果评估和市场定价机制，提升科技创新和成果转化效率。以国家控股的辰安科技股份有限公司为例，辰安科技通过持续的研发投入与合作创新来实现安全技术成果转移转化。该公司拥有公共安全与应急平台方面专业的核心技术团队和长期的技术积累，同时也高度重视技术研发工作，每年均投入大量资金用于新技术与新产品的研发，使公司的技术水平持续保持行业领先。在推动加强内部技术创新的同时，公司也积极尝试整合外部研究机构的科研力量，补充公司在基础研究上的投入。2012年公司加入由清华大学牵头成立的面向行业产业的公共安全协同创新中心，该中心系根据国家2011计划有关精神，协同清华大学、国家行政学院、中国人民公安大学、北京科学技术研究院、中国标准化研究院、同方威视技术股份有限公司、辰安科技公司等单位组建成立的产学研用一体的，致力于全面提升我国公共安全技术持续创新及通用预防与应急成套化装备能力的非法人组织。公司在公共安全与应急领域已拥有发明专利1项，实用新型专利30项，外观设计专利7项；软件产品登记42项，软件著作权210项。

而广东省根据本省突发公共事件应急技术的发展现状，自2008年以来，针对省内常见的突发公共事件，依托省部级重点实验室，按照各灾害领域基本建设安排应急技术中心开展关键技术研发工作。在社会安全领域，完成突发事件心理援助、虫媒病毒性传染疾病、核化生医学防护、公共网络安全风险评价、城市生命线工程结构力学、化学中毒与核辐射应急技术和饮用水安全的应急检测技术储备工作；在防灾减灾领域，完成突发性海洋灾害事件、破坏性地震应急技术和应急平台技术的技术储备工作；在自然灾害领域，完成灾害性天气、山洪灾害突发事件和地质灾害应急技术储备工作；在公共卫生领域，完成重大道路交通伤急救、实验动物安全、食品安全卫生应急技术、食品安全应急检测技术、突发事件紧急医学救援技术、重大传染病预防和控制技术、禽流感监测与预警及快速诊断应急技术和新发传染病病原学检测技术等的技术储备工作；在事故灾害领域，完成了化学应急检测技术储备工作；在综合管理领域，完成突发事件应急卫星定位与低空遥感技术和突发事件应急关键信息技术的技术储备工作。这些为进一步提升广东省应急处置能力，为各级政府救灾工作和应急处理决策提供科技支撑和依据，某些技术已经达到了国内领先水平。

10.2.4 应急产业融合发展体系

产业融合发展就是要发挥国防科技资源优势，加快核、航天、航空、兵器等军工技术向应急领域转移转化，加快标准、技术、生产多层面融合，推动军工企业与应急产业生产企业融合发展。

1. 健全投融资服务体系

探索建立政策引导、市场化运作的投资服务体系。鼓励地方将安全产业纳入政府基金投资范畴，引导金融机构等积极参与地方安全产业发展投资和行业安全产业发展投资；引导股权投资基金、创业投资基金等各类民间资本为企业发展、安全产业园区建设和智慧社会安全基础保障能力建设等提供支持。

推动企业利用多层次资本市场进行融资。鼓励企业按照国家相关政策在资本市场进行股权融资，以发行公司债券、资产支持证券等方式进行债权融资。鼓励金融研究机构开展安全产业指数研究，引导社会资本关注安全产业。

积极发展安全装备融资租赁服务。引导国内大型融资租赁机构与安全装备生产企业组建融资租赁服务联合体，通过融资租赁等方式，为企业生产安全、城市公共安全等提供大型安全装备、基础设施等的融资租赁服务。

2015年11月5日，工业和信息化部、国家安全生产监督管理总局（现已并入应急管理部）、国家开发银行、中国平安在北京签署了《促进安全产业发展战略合作协议》，将组建国内首支安全产业发展投资基金，规模将达1000亿元。四方着力在安全领域开展深度合作，不断提高经济和社会各行业领域的本质安全、防灾减灾与应急救援能力和水平，切实保障人民群众生命和财产安全，推进信息化与工业化深度融合，推动投融资体制改革和市场建设，助推工业转型升级，催生新业态，形成新的经济增长点。在产业发展投融资方面，四方共同策划组建的中国安全产业发展投资基金将为安全产业发展提供市场化的金融投资平台。基金将事故高发及高危行业的安全技术改造、安全技术和产品推广应用作为合作支持的重点领域。如安全技术改造，提高本质安全水平的安全技术与产品的研发、产业化及推广应用水平，推动安全产业基地或园区建设、安全产业创新平台及监测检测平台建立，对安全产业龙头企业实施兼并重组、上市等。在国家部委和国家银行的支持下，运用中国安全产业投资基金。支持政府公共安全项目投入，在不增加负债的前提下，地方政府以时间换空间，以市场换技术装备和资金。支持企业安全项目投入采用金融租赁模式，不增加企业负担，企业以本质安全增加效益，从税前提取安全费用偿还，实现一次性装备到位，分期分年偿还，确保本质安全。

2. 完善产业链协作体系

建设安全产业大数据平台。依托制造强国产业基础大数据平台，构建多方合作、共建共享的国家安全产业基础数据库。基于云计算和大数据分析技术，面向各类市场主体提供供应链合作、经济运行分析、技术和市场发展趋势研判、产业区域布局优化、示范应用、政策效果评估等公共服务。

继续开展国家安全产业示范园区创建。编制发布《国家安全产业示范园区创建指南》，鼓励有条件的地区发展各具特色的安全产业集聚区，形成区域性安全产业链。在示范园区的基础上，择优建设一批安全产业国家新型工业化产业示范基地，逐步培育成为具有国际影响力的先进安全装备制造集群。

建设安全产业公共服务平台。依托现有社会公共服务资源，选择一批基础好、信誉高的技术服务机构，扶持建设一批公共服务平台，规范服务标准，提升服务质量，增强对园区建设、产业链的协同发展等方面的支撑作用。

大力发展服务型制造。支持地方政府、园区、企业积极发展品质安全工艺和产品设计服务、安全装备（系统）定制化服务、全生命周期安全管理服务等服务型制造，对接科技、金融等多种资源，创新商业模式，引导企业深度参与上下游产业链的协同和社会协作。

以合肥国家高新技术产业开发区为例，合肥国家高新技术产业开发区（简称高新区）是在1991年3月经国务院批准成立的国家级高新区，是合芜蚌自主创新综合改革示范区核心区、合肥现代化新兴中心城市"空间发展战略"西部组团的核心区域，2015年在全国国家高新区综合排名中位列第7。近年来，高新区认真贯彻落实党中央、国务院关于推动安全产业发展的决策部署，抢抓国家大力发展安全产业的战略机遇，明确了打造安全产业聚集高地的发展目标。高新区通过整合优势资源、创新体制机制、培养龙头企业等有力举措，扎实推进安全产业发展，目前安全产业已成为高新区第二大产业。2015年，高新区被国家安全监管总局、工信部列为国家安全产业示范园区创建单位。拥有国家级高新技术企业157家，国家级企业技术中心5个，省级企业技术中心49个，省级以上重点实验室22个，其中国家级实验室2个，部属实验室4个。近年来，涌现出一批创新动力强劲的企业和技术领先的产品，推动了高新区安全产业的高速发展。中电集团38所研发的预警机、北斗导航装置技术居于国际领先地位；科大立安公司研发的LA100型火灾安全监控系统处于世界领先水平；合肥通用机械研究院研发的极端条件下重要压力容器的设计、制作与维护项目获2015年国家科技进步一等奖；合肥三联公司的机动车交通事故预防技术研究及应用项目获国家科技进步一等奖；安徽科力信息公司承担了国家工信部、公安部等五部委智能交通项目；合肥金星机电公司先后主持承担18项国家及省市级科技攻关计划、创新基金计划及科技成果产业化项目；安徽中科瀚海公司研制的"城市天然气管网检测系统"被列入国家安全监管总局"四个一批"项目。

3. 探索安全产业与保险业合作机制

利用首台（套）保险补偿机制支持符合条件的重点行业领域重大安全技术装备。鼓励地方政府和企业在国家保险政策支持的范围内与保险企业开展合作，吸引保险资金参与重点行业领域和区域性安全产品示范工程建设及安全基础设施建设。鼓励安全产品研发制造企业与保险企业开展合作，创新商业模式、销售渠道和产品服务等，加速推动先进安全技术、产品和服务的规模化应用。

工业和信息化部、国家安全生产监督管理总局（现已并入国家应急管理部）、国家开发银行、中国平安于2015年11月在北京签署了《促进安全产业发展战略合作协议》，通过四方合作探索运用保险机制培育和壮大市场需求，创新产业发展新模式。通过四方合作依据安全产业与保险产业高度契合的特征，在充分借鉴发达国家保险业支持安全产业发展的基础上，借助国内大型保险集团客户资源与市场渠道，以创新保险险种、降低保险费率、安全产品免费赠送、安全装备及安全基础设施回购租赁等多种方式，支持安全技术和产品的研发与推广应用，培育广大安全产业的市场需求，降低事故发生概率，同时也降低保险理赔概率，实现安全产业与保险产业的互通信息、互用资源、开拓市场、共赢发展。

10.2.5 应急产业应用推广体系

先进制造技术的落脚点是企业，企业是实现技术创新的主体，因此，先进应急技术的研究开发必须以企业应用为根本。然而，我国应急产业尤其是相关企业总体的实力还不强，仅仅依靠企业自身的实力来推动先进应急技术的应用有一定的难度。因此，一个有效的官产学研相结合的应用推广体系的建设与有效运行,一方面将加快、促进先进应急技术的研究开发与应用推广,以推动应急产业发展;另一方面,运行的效果也是检验先进应急技术研究开发成效的标志。以广东省为例,广东省应急技术中心于2010年申请成立了广东省突发事件应急信息技术研究中心,专注于应急系统的研发与应用推广,例如在医疗应急领域,围绕"一带一路",与喀什地区第一人民医院、广东省对口支援新疆工作前方指挥部、广东省第二人民医院合作开发并应用了喀什区域化应急医疗救援平台(后面会介绍),同时还开展了科技资源共享方面的研究和应用,建立了资源共享平台——粤科汇,可以为应急产业链条涉及的科技资源,提供仪器共享、资源对接、数据管理等服务,通过该平台参与的仪器供需双方都能享受政府给予的政策优惠,为应急科技创新提供资源共享平台支撑。

1. 应急技术应用推广体系内容

研究运用财政、保险、标准等手段,制定激发单位、家庭和个人应急消费需求的政策措施,实施应急产品和服务推广示范工程;将关键应急装备纳入《首台(套)重大技术装备推广应用指导目录》,完善公共场所应急设施设备配置标准,采用引导性配备、示范性配备和补贴性配备等方式,推动应急设施设备装备与建设主体工程同时设计、同时施工、同时投入使用。基于这一思路,我们认为,先进应急技术应用推广体系中的内容,应包括以下三个部分。

政府购买行为。先进应急技术的研究开发具有一定的风险性,这种风险性随着研究阶段的完成,到应用、推广的产业化、商品化阶段越来越明显。一些对国家安全及国际竞争具有重要意义的先进应急技术的研究开发成果,需要在一定范围内和一定的时期内限制这些技术成果的扩散转移。因此,政府通过购买行为,可能创造一个特殊的市场——"政府市场",使那些很有发展前景而一时不能被市场接受的成果,以及为了国家利益必须保护的成果,能在这个特殊市场中实现其价值。

中试基地建设。中试是指实验研究开发成果实现产业化阶段中一个极其重要的环节,中试产品的成败决定了成果能否实现产业化、商品化,实现技术创新。在我国总体实力不强的中小企业占据绝大多数的情况下,中试基地的建设只能主要以政府建设为主,中试基地则应成为大多数中小企业先进应急技术产品成果的主要来源。2015年5月,全球500强、全国应急产业排头兵——新兴际华集团旗下的新兴重工集团与珠海市政府签订了项目投资协议。根据协议,新兴重工集团将在珠海市投资56.6亿元,建设装备制造、制造服务及区域总部等项目,打造"新兴际华·南方安全谷",规划在"十三五"期间承接"一带一路""中国制造2025""珠江西岸先进装备制造带"等国家最新战略,联合国家级应急救援产业技术创新战略联盟、国家行政学院及联盟成员单位的平台资源,汇集应急产业科技研发、成果转化、协同创新、装备制造、集成采购、培训演练、学术教育、国际交流八大高端要素,与地方政府共同打造国家级应急产业示范基地。与此同时,中国航空工业集团公司与珠海地方企业合资成立了具有国际竞争力的通用飞机有限责任公司,联合打造广东省唯一经批复正式成立的航空产业基地——珠海航空产业园;出身于中国航天高科集团的航天双力控股集团现已分别落户广州市天河智慧区和珠海市,计划通过合作投资、并购或项目合作等方式,实施智慧城市、应急广播、水下通信、分布式气象与环境信息采集分析、应急指挥调度等装备、技术产业化转化及运营项目信息服务网络建设。信息是应用推广的重要因素,从技术创新的角度看,在某些条件下和某种情况下,信息就意味着机会和成功。加强信息网络建设,提供信息服务,是政府推动企业技术创新、推动先进技术应用的有效手段。

2. 应急产业应用推广体系的运行过程

发展我国应急产业的总体目标是建立以政府为主导、以企业为主体、社会积极参与、市场充分运作,建立专业化分工、规模化生产、市场化经营、标准化管理、集成化组织、社会化服务的产学研和服务紧密结合的应急产业体系。因此,我们提出一个应急产业应用推广体系的宏观运行过程,如图10-1所示。

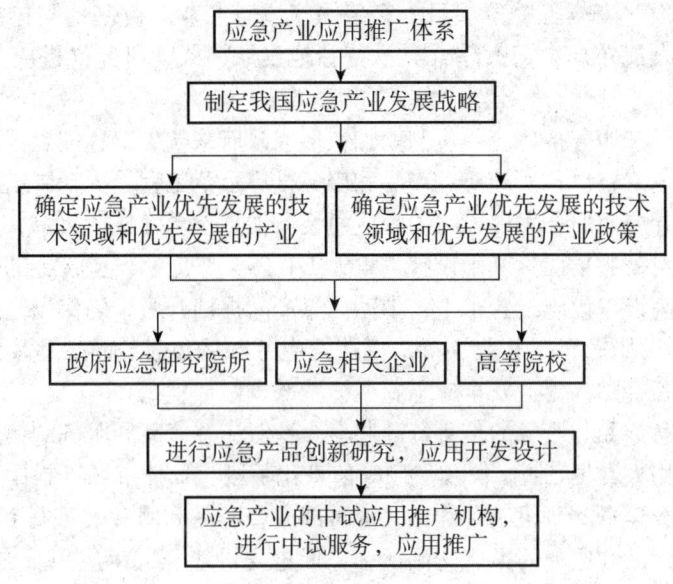

图 10-1　应急产业应用推广体系的宏观运行过程

整个运行过程,总体上是不断循环往复的过程。政府主要从国家利益出发,组织、协调全国范围内的应急管理工作,推动应急技术发展以实现国家目标,制定我国应急产业发展战略的目标、阶段、重点,确定应急产业优先发展的技术领域,从而根据技术领域的现状及产业的现状,制定出政府支持、鼓励应急技术发展的科技政策、产业政策、税收、资金投向及有关法律、法规政策及技术标准等。在政府政策的引导下,根据有关科研院所、企业、高等院校的研究开发方向,按应急技术领域建立各级基础性研究机构,应用开发设计研究机构如国家级应急技术领域的工程研究中心、国家重点实验室,应急技术各领域的研究院所、地方性、省、市研究开发机构,形成应急技术研究开发的层次性研究机构,建立由政府、科研院所、高校、企业组成的中试基地及应用推广机构,优先选择应用前景良好、适应面广的应急研究成果进行中试试验,完成产业化过程,进而使产业化成果全面推广应用。

3. 应急产业应用推广具体策略

推动应急产业融合发展。落实制造强国战略,推动应急产业与机械装备、医药卫生、轻工纺织、信息通信、交通物流、保险租赁等行业协同发展,以应急需求带动相关行业发展,用相关行业成果推动应急产业发展。落实军民融合发展战略,促进应急应战协同发展，发挥国防科技资源优势，加快核、航天、航空、船舶、兵器等军工技术向应急领域转移转化，发展高技术应急产品和装备。落实网络强国战略，促进大数据、云计算、物联网等技术在突发事件处置全流程中的应用，大力发展信息化应急管理产品。积极推动应急产业融入国家区域发展战略。

加快应急产业集聚发展。依托具有应急产业发展基础的现有工业园区（基地）、科技园区、经济开发区和新型工业化产业示范基地，发展各具特色的应急产品和服务，提高要素配置和能源资源利用效率，形成区域应急产业链。地方应根据各自发展优势，进行差异化发展，对有产业优势、区位优势和突发事件易发的地区，鼓励其培育和发展应急产业。鼓励大型企业建设"安全谷"等项目。完善国家应急产业示范基地支持措施，合理规划专业类示范基地发展布局，探索综合类示范基地发展模式，研究推进应急产业特色城镇建设。

健全应急产品和服务推广应用机制。加快形成政府采购、工程配置、家庭使用为主的应急产品和服务消费格局，实施应急产品和服务推广示范工程。推动制定政府购买应急服务具体措施，引导应急服务发展，将关键应急装备纳入首台套扶持目录，支持国产应急产品应用。制修订对公共场所、基础设施、重大工程等配置应急设备设施的标准，根据公共安全形势合理提高设备设施配置水平，带动应急产品提档升级，确保先进适用应急产品和服务在关键时刻"用得好"。出台引导家庭购置应急产品和服务的鼓励政策，设立应急产品及服务专项购置补贴，营造安全应急新型消费的良好环境。

加快推进应急产品与服务的信息资源共享。针对应急产品和服务的信息碎片化、孤岛化问题，充分运用大数据、"互联网+"等信息化手段，发挥市场机制作用，构建多种形式应急产品和服务信息共享机制，确保关键时刻应急产品和服务"找得到"。支持各种形式的应急技术、产品和服务的推广交流活动，促进先进应急成果应用。加强与救援队伍、应急预案等其他应急资源对接，推动应急平台之间互联互通、数据交换、系统对接，建设国家应急产品和服务信息综合平台。

例如，广东省得益于四十年来处于改革开放前沿和社会经济高速发展的沉淀和积累，应急产业得到了健康持续和长足的发展，已经走在了全国前列。目前，广东省建立了20多个应急技术研发中心，覆盖地质灾害、"三防"、动植物检疫防疫、食品安全溯源、信息技术应用、心理干预、传染病控制、生命保障等领域，并研发了数量质量可观的科研成果，其中有相当部分已经具备了应急产业化的条件。

在国家产业政策逐步出台的大好形势下，以协会（联盟）、公益救援组织和企业为代表的社会力量介入应急产业的热情越来越高涨，对推动应急产业所起的重要作用也开始显现。以广东省应急产业协会为例，2014年以来，协会以建设应急产业发展的公共服务平台为目标，坚持做好企业想做但仅依靠一两个企业难以做成、市场想做但无人牵头、政府想做但暂时缺乏精力或者不方便做的事。围绕这一目标，协会展开了一系列对应急产业发展具有实际推动作用，能实实在在地让企业、政府和社会公众都受益的服务。据了解，广东省应急产业协会与广东省科技基础条件平台中心、广东省标准化研究院、广东省青少年军校等机构，联合发起组建"应急产业标准化联盟"，开始着手开展应急产品和应急服务的标准化建设工作。同时，通过整合社会力量，设立了"应急领域产学研用资合作促进与产业化服务中心""企业融资和上市服务中心""应急信息化与智能化专业委员会"

"应急教育专业委员会"等机构,应急服务逐步进入了良性循环状态。广东省应急产业协会还联手广东卫视打造全国首档以安全生存为主题的大型综艺公益节目——《安全总动员》。通过文化和应急产业互动,以"互联网+产业"的运作理念和市场化的运作手段,努力打造面向家庭和个人消费者安全应急教育与消费的权威服务平台。据有关部门统计,《安全总动员》在项目推广期(2015年10月—2016年10月)内帮助相关企业实现3～5亿元的安全应急产品销售量,并由此拉动大众安全应急消费的刚性需求。广东省开了利用综艺娱乐形式推动应急产业发展、以公共安全需求引导应急产业方向的全国先河。

10.2.6 应急产业行业管理体系

全面提高防范应对突发事件的能力,建设应急管理体系的关键是要靠应急产业支撑。应急产业建设,应该以满足从突发公共事件的检测预警、事中处置控制到事后恢复、建设的全过程需求为目标,包括应急设施建造、应急设备与物资制造、应急服务提供等全方位、多领域的建设发展。本文认为,我国应急产业化发展的战略目标应当是:以满足突发事件的有效防范、应对为目标,围绕应急过程所需的设施、设备、物资和应急产业范畴服务,组织相关企业进行开发、生产与供给,整合与集成社会资源与相关产业服务,形成我国独立完整的有组织、有机制、有保障的应急产业体系。

从一般意义上说,应急产业是指提供应急功能、应急产品和应急服务的社会经济组织的总和。可以划分为应急设施建造业、应急设备与物资制造业、应急服务业三大类。其中应急服务业又可分为应急物流服务业、应急救援服务业、应急信息服务业、应急金融服务业、应急培训与咨询产业。具体而言:第一,应急设施建造业,主要包括突发事件应急所需基础设施的建造,不仅包括应对突发事件所需的避难所,还包括对应急管理提供支持的应急车道或铁路、管线、公共设施、桥梁等基础设施。第二,应急设备与物资制造业,主要是指应急设备、器材、工具和应急消耗类物资的提供,例如铲雪车、应急电筒、应急箱、睡袋等应急装备和突发事件中需要的大量食品、药品、日常用品等消耗类物资。第三,应急物流服务业,主要指的是为突发事件应对过程中的物流提供服务的行业,其内容涉及应急物流组织机制的构建、应急物流专业人员的管理、应急所需资金与物资的筹措、应急物资的储存与管理、应急物流中心的构建、应急物资的运输与配送等与突发事件应对中物流相关的各个方面。第四,应急救援服务业,是指以紧急救援为核心业务,在应急过程中由所需的行政服务、法律事务等形成的业务链,包括个人、组织行政援助等。第五,应急信息服务业,是在应急过程中,对信息收集、整理、传输以及反馈等一系列信息处理过程提供支撑的产业,其内容包括应急信息传输、计算机服务和软件业等。第六,应急金融服务业,是指为突发事件过程中所需的资金进行筹措、管理等提供服务的行业,如救灾基金会等。第七,应急培训与咨询服务业,是对进行救灾、防灾等方面知识提供培训教育、咨询,为防灾、救灾提供保障,包括专业化应急教育和普及类教育两种,前者是对从事应急指挥、应急方案规划技术的教育,后者是对日常灾害中的防灾、减灾等常识的教育和培训。

1. 健全产业相关标准体系

建立完善产业相关标准体系。全面梳理安全技术装备标准建设的需求和存在的问题,完善包括强制性国家标准、推荐性国家标准、行业和地方标准、团体标准、企业标准等在内的标准体系框架，建立政府主导制定与市场自主制定的标准协同发展、协调配套的新型标准体系，促进产品和服务推广应用。目前国内近五年关于应急管理的相关标准大致有《生产经营单位生产安全事故应急预案编制导则》（标准号：GB/T 29639—2013）、《地震灾情应急评估》（标准号：GB/T 30352—2013）、《地震应急避难场所运行管理指南》（标准号：GB/T 33744—2017）、《特种设备事故应急预案编制导则》（标准号：GB/T 33942—2017）、《雷电灾害应急处置规范》（标准号：GB/T 34312—2017）、《应急临时安置房防雷技术规范》（标准号：GB/T 34291—2017）、《突发事件应急标绘图层规范》（标准号：GB/T 35651—2017）、《突发事件应急标绘符号规范》（标准号：GB/T 35649—2017）、《城镇应急避难场所通用技术要求》（标准号：GB/T 35624—2017）、《应急导向系统评价指南》（标准号：GB/T 35413—2017）、《企业产品质量安全事件应急预案编制指南》（标准号：GB/T 35245—2017）、《应急信息交互协议第1部分：预警信息》（标准号：GB/T 35965.1—2018）、《应急信息交互协议第2部分：事件信息》（标准号：GB/T 35965.2—2018）。

制修定一批关键亟需的技术和产品标准。按照"急用先行、逐步完善"的原则，面向重点行业领域，推动制修定一批安全技术、产品的强制性标准，组织制修定相关安全产品行业标准，鼓励制定相关团体标准，并组织开展标准的宣贯和培训。

制修定重点领域安全生产标准。根据在安全生产执法检查过程中发现的突出问题、事故原因分析和新工艺技术装备应用等情况，及时制修定安全生产标准，提高重点行业领域安全生产标准，推动先进安全装备应用。

2. 健全应急产业发展的法律法规体系

目前我国涉及应对突发事件的法律、行政法规和部门规章虽然在逐步完善，但关于应急产业的相关法规还相对较少。《中华人民共和国突发事件应对法》的颁布为应急产业的发展提供了基础法制保障，但相关对应急各个产业发展的法规还有待制定。我国应该加快相关法律、法规、政策和制度的制定步伐，健全应急产业发展的法律法规体系，厘清政府与企业在开展应急管理活动中的关系和地位，明确各类企业在应对突发事件中应负有的责任和应尽的义务，建立各类应急资源的标准，明确应急资源的调配使用规则，使得应急法制建设能有效保障应急管理机制的运行，与应急管理能力同步提高。

3. 建立高效的政府管制与市场运作机制

积极探索市场化的运作方式，将政府管制与市场机制相结合，发挥政府主导和市场灵活的优势，建立高效的运作机制。市场具有广泛的资源，拥有积极性、灵活性特点，应急产业的发展可以通过政府管制和市场机制相结合，通过市场显性运作，将突发事件应对过程中的资源耗费通过市场机制转化为私人成本，通过市场化的运作为全社会应急提供支持。突发公共事件的有效应对，需要以大量的人力、物力、财力等资源为基础。

在现代市场经济体制中，公众的共同愿望是消除突发事件对社会的危害，但是为此需耗费的社会资源巨大，而这些资源耗费所形成的社会成本在我国目前来说还是由政府承担。相对市场机制而言，政府的职能是弥补市场的缺陷，满足社会公共需要，政府职能和市场机制的相互协调配合才是有效完善的解决思路。

因此，我国应急产业的发展，应该充分发挥市场机制的作用，由政府主导，建立一套完善的应急产业管理体系,有效合理配置广泛的社会资源,把灾害对人类社会造成的损害降到最低。在具体实施上,政府可以充分发挥引导、指向、监督作用,引导应急物资和服务的生产,通过政策优惠和激励补偿机制,鼓励社会和法人机构进行生产,开展产业化活动,动员社会资源。政府通过建立相应的应急产品管理流程和管理模式,对相应的公共产品和服务进行购买,调动市场的潜能,确保应急产品的生产。同时,在政企结合的过程中,促进企业水平的提高,以发挥全民积极应急的效果。

4. 建立完善的应急产业管理体制

发挥政府的主导作用,需建立应急产业管理体制。政府要充分发挥引导、协调作用,通过引导、鼓励、政策优惠等措施,组织整合社会资源,做好应急产业布局与应急资源计划管理。通过有重点的规划与布局,逐步促进应急产业的发展,形成应急产业的市场体系。应急产业市场的基本秩序,不仅需要政府的行政监督,也需要相应的法律、法规和制度作为保障。在规划应急产业发展的过程中,政府要充分发挥宏观调节作用,监督企业的运行状况,保障应急产业的有序发展。

5. 构建多层面、灵活联动的产业体系

应急产业是提供应急功能、应急产品和应急服务的社会经济组织的总和,其发展目的是为突发事件的有效应对提供产业支撑。然而在常态下,其作为广泛的社会资源,要为社会公众的日常生活服务,为社会经济的发展做贡献。因此,针对突发事件应急本身的属性特点,未来的应急产业应该是一个多层面、灵活联动的产业体系,应该是一个既可以作为日常社会经济的一部分,又可以迅速为突发事件应急提供足够完整的应急设施、应急设备、应急物资和应急服务的敏捷型的应急产品(服务)保障集成解决方案。

6. 建立应急产业协调管理机构

应急产业协调管理机构,负责整个应急产业的规划和应急生产的协调,以及应急资源的调用和管理。具体在应急产业中,要保障应急设施建造业、应急设备、物资制造业和应急服务业的相互联系、相互促进的均衡发展。同时应急管理机构要负责组织管理应急救援、应急培训和应急咨询人员的培养,为有效的应急提供健全的人员基础。

10.2.7 应急产业骨干力量体系

应急产业中大型一级工业企业在应急产业链条中,担负着进一步发挥骨干企业的带头作用,引领相关企业不断创新发展。应急产业龙头企业要以国家产业政策和市场为导向,抓好大企业战略管理,明确发展定位,准确掌握竞争对手的发展情况,做到知己知彼。

龙头企业要在发展上做到"四个带头",即带头用信息化引领企业发展,带头向高附加值的产业链延伸,带头发展装备制造业,带头建立创新平台和技术联盟。从注重追求速度和总量扩张,转变到创新发展模式以提高发展质量,实现速度与质量、效益、后劲相统一。

1. 努力营造应急产业骨干力量成长的良好环境

以产业结构优化升级为目标,全面推进大企业集团建设,同时要继续加强在公共性、基础性、前沿性技术领域的研究力度,服务于国家高质量项目需求。"群山环拱出险峰",

顶天立地的大企业集团不是凭空建成的，而是在数量众多的中小企业的基础上，经过市场残酷无情的竞争进行社会大浪淘沙式的筛选，政府的扶优扶强的支持等诸多因素共同造就的。当前中小企业遍地开花的局面已经形成，下一步应抓住国家推进资源型城市转型的有利契机，立足地方应急业基础和产业优势，充分发挥已有企业资源的作用，以应急业产业结构优化升级为目标，加强规划引导，积极破解制约大企业集网建设的不利因素，强力推进大企业集团建设。

以结构调整为抓手，加强工业企业资源的整合。大企业集团建设不仅是膨胀企业规模或加快企业间的兼并，而是把具有应急产业优势的企业通过兼并重组拓展产业链，鼓励有发展基础的大型企业发展应急产业，培育具有研发制造、集成创新、工程实施和运营服务能力的龙头企业，提高产业集中度。

2. 探索整合优势资源，推动形成国家级应急产业核心力量

建立重点企业联系制度，将重点企业作为重大政策措施的先行先试对象，提供政策、法规、标准、指南等公共服务产品。充分发挥骨干企业的示范引领作用，促进特色明显、创新能力强的中小微企业加速发展，形成大中小微企业相互支撑、协同合作的产业格局。力争到2019年，培育10家具有核心竞争力的大型企业集团。

支持具有应急产业优势的企业通过兼并重组拓展产业链，鼓励有发展基础的大型企业发展应急产业，培育龙头企业，提高产业集中度。适时整合优势资源形成国家应急产业核心力量；发挥骨干企业的带动作用，形成大中小企业相互支撑、协同合作的产业格局。建立重点企业联系制度，扶持应急产业中小企业走"专精特新"道路。力争到2020年末，培育10家左右龙头企业、100家左右骨干企业。

10.2.8 整体成效和对策分析

从以上分析可以看出，经过多年的发展，我国科技创新能力迅速提升，主要创新指标已进入国际前列，在研发人员数量、高科技产品出口额、研发费用、国际科学论文数、被引数、专利申请量、专利授权量等方面均已居于世界前列，创新数量问题基本解决，科技创新已经进入提高创新质量、支撑经济发展的新阶段，但在协同创新、创新主体和资金投入三个方面存在的问题仍然比较突出，对此本书提出了以下建议：

应推动政府、企业、科研院所和高等学校形成多元参与、高效协作治理的新格局。科学地划分和明确政府科技管理部门之间的职能分工，强调整体的、基本的和长期工作的核心功能，加强部门之间、地区之间、军事和民用之间的协调与配合，改变多个行政部门情况下导致的主题重复和资金浪费问题，建立和完善"明确责任、高效协调"的科技管理体制。

另外，高质量的应急企业数量不多，没有成为科学技术的创新主体，应急产业的科技创新大部分集中在高校和科研院所，企业只能作为技术应用和成果转化的地方，这方面也有待加强。因此，需要完善企业技术创新体系，激发企业创新活力，通过政策引导、政府采购、科技项目、财税、金融等多种方式，培育和激发企业的科技创新意愿。鼓励相关安全应急企业，联合相关高校以及IT企业协同创新，培育世界一流创新型企业，鼓励其建

立高水平的研发机构，形成健全的研发组织体系，集聚高端创新人才。同时政府应该通过在企业建立技术工程中心、重点实验室和博士后流动站等，支持企业创新体系建设。

建立科技资金多主体投入产出协调效率机制，鼓励地方政府和相关企业加大科技投入。从2008年开始，我国在公共安全领域共投入资金超过了30亿元，而且主要是政府财政资金，但资金使用的效率并不高。因此应建立多元化、强有力的科技投入体系，建立中央、地方和企业科技投入的协调机制和科技投入信息公开机制，努力避免科技项目重复、仪器重复采购、设施重复建设等问题，建立科技创业发展金融服务模式，鼓励银行等金融机构创新金融产品，积极发展天使投资，扩大风险投资规模。

总体而言，应急安全产业需要7个体系的协同融合发展，7个体系间存在着立体交互关系。协同发展的产业体系具有全局联动性、形态多样性、阶段变化性、开放互动性、灵活高效性的特征，是7个体系内每一个要素间都有关联互动的整体系统。当前中国应急产业体系形态正在应急科技创新的带动下从中低端全能型向高端引领型突破，但体系间非协同发展的矛盾显现，主要表现在关键应急产业技术创新体系短板突出，应急产业主体、政策和资金投入融合发展体系结构错配矛盾凸显，应用推广开放层次偏低，产业骨干力量协同发展机制僵化。建设协同发展的应急科技创新与产业发展体系，根本上要构建科技创新体系引领、各主体和要素协同发展的内生发展机制，为此建议，重塑实体经济发展导向机制，强化科技创新引擎机制，顺畅现代金融服务机制，健全人力资源资本化机制，加快构建开放型应急产业新体制。

10.3 应急科技产业技术路线图

10.3.1 产业技术路线图概念和作用

1. 技术路线图概念

最早出现在美国汽车行业，汽车企业为降低成本，要求供应商向他们提供产品的技术路线图。20世纪70年代后期和80年代早期，摩托罗拉和康宁公司先后采用了绘制技术路线图的管理方法。从现有国内外产业技术路线制定过程来看，产业技术路线图的基本结构主要包括：市场需求、产业目标、技术壁垒、研发需求和资源状况五个主层次。产业技术路线图制定的基本流程包括四大阶段的工作，即准备阶段、开发分析阶段、绘制阶段和修正更新阶段。产业技术路线图制定的核心工作是召开高质量研讨会，通过研讨会来整合信息和资源。在研讨会现场主要是依据头脑风暴法集中专家智慧，对调研获取的信息做出理性的评价和大胆的科学预测。产业路线图的制定应包括五次研讨会：分析市场需求—分析产业目标—分析技术壁垒和难点—分析研发需求—绘制技术路线图，这五次研讨会中使用的方法主要包括头脑风暴法和情景分析法（如图10-2所示）。

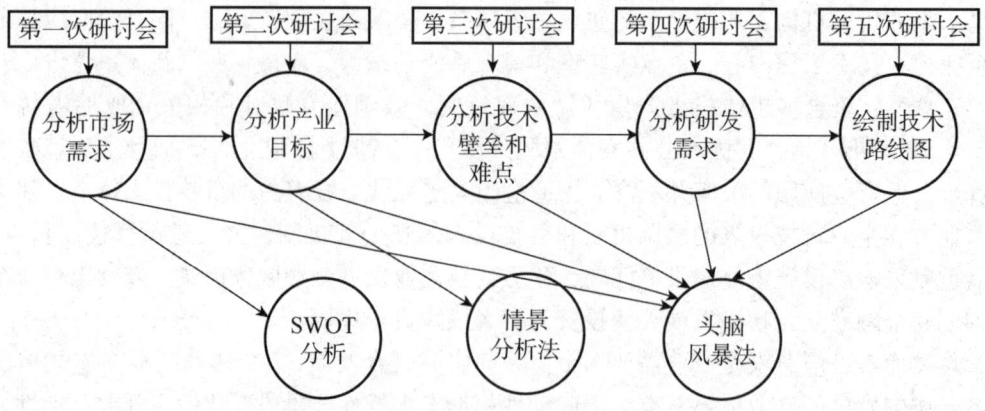

图 10-2 技术路线图研讨会内容和主要方法

2. 技术路线图的作用

作为有效的创新管理工具，技术路线图对不同的规模类型都能起到相应的作用。

从国家层面来说，技术路线图能够在政府部门之间有效传达科技政策信息和解决关键的非技术障碍，让共同的愿景和利益相关者进行沟通；识别国家现有的科技能力和瓶颈，作为计划投入和资源配置的决策依据；着重于国家专注的领域，推动技术创新并为国家的技术发展作长远考虑；使计划管理部门在公共项目选择中明确政府支持的投入导向，影响主要的研究与创新的赞助者集中于已识别优先顺序的技术发展。政府绘制技术路线图是通过官产学结合，政府主导的方式，通过基本公开，发挥着科技战略制定、关键项目选择的作用，是绘制技术路线图的基础。

从产业层面来说，技术路线图有助于产业共同认清所处的经济、社会、环境的变化，识别市场驱动因素；识别产业技术的优先顺序，评估和执行新技术，提高行业研究和应用新技术的能力；促使产业界共同分担成本，加强资源管理，致力于行业共同需求的技术突破；促进合作研发，鼓励技术开发成功后的扩散。产业绘制技术路线图是通过产学结合，产业联合体主导的方式，通过成员共享、部分公开，发挥着指引技术方向、引导社会资源配置和市场走向的作用，是绘制技术路线图的中间环节。

从企业层面来说，技术路线图可与企业战略和业务发展框架相匹配，通过战略确定技术目标，识别达到市场需求所必需的软硬技术，帮助企业识别技术鸿沟，找到发展机会。企业绘制技术路线图是通过企业内外结合、技术总监主导的方式，一般来说是通过业务秘密或策略性公开，发挥着标示企业技术位置、技术经营战略和战术制定的作用，处于绘制技术路线图中的前端地位。

10.3.2 广东省应急产业技术路线图制定的实践与经验

1. 广东应急产业技术路线图制定流程

尽管技术路线图作为一种创新管理工具在不同领域得到了广泛的应用，但由于组织制定技术路线图的主体与针对领域的不同，技术路线图绘制的技术路径也不尽相同。

广东科技厅以广东应急产业发展环境特点与需求为基础，研究确定了应急区域产业技术路线图的技术路径，即"应急市场需求分析—应急产业目标确定—应急技术壁垒分析—应急研发需求凝练"四阶段分析模块，从应急产业宏观环境到应急产业微观技术，各模块之间分析要素相关联，勾勒出广东应急产业技术路线图。四个模块的具体内容与应用方法如下：

（1）应急市场需求分析包括：应急产业背景、产业地位、产业技术现状、产业关联度和产业资源现状，并通过 SWOT 分析，运用头脑风暴法和德尔菲法识别市场需求并进行要素排序。

（2）应急产业目标确定包括：确定应急产业目标（如能效指标、成本指标等），列出相关产业目标要素、应急市场需求与产业目标关联分析，运用德尔菲法确定相关产业目标要素排序，通过分析矩阵最终获得与市场需求要素相关联的应急产业目标要素优先排序。

（3）应急技术壁垒分析包括：运用德尔菲法确定应急产业链涉及的技术领域及其关键技术产生技术壁垒的关键技术难点的分析（包括应急政策体制、技术本身等），产业目标要素与关键技术难点关联分析，通过分析矩阵确定关键技术难点的优先排序。

（4）应急研发需求凝练包括：列出研发需求，研发需求与产生技术壁垒的关键技术难点关联分析，运用德尔菲法识别研发需求的优先顺序（从风险、影响利润的因素、技术研发时间节点、组织研发主体四个方面分析研究），依据研发需求确定技术发展模式。

上述四个模块的组织研究工作按步骤完成后，将研究结果统一一汇总，识别出关键的时间节点，按时间节点有效地组合和连接各模块间的内容，并详细阐明如何配置以达到时间节点目标的各阶段所需资源、须防范的风险、采用何种技术创新组织模式等，应急产业技术路线图的绘制工作即告完成，如图 10-3 所示。

自 2004 年启动科技创新平台建设工作以来，广东省科技厅在广东省内组织建立和支持了各类产业科技创新公共平台共计 19 个。为充分在创新平台建设中协同推进产学研合作，发挥创新平台在提升产业进步中的作用，广东省科技创新平台以服务区域产业为基本定位，在明确目标和任务的基础上，积极探索创新平台的管理组织创新，将产业技术路线图的制定工作有机嵌入到科技创新平台的管理实践中，形成平台建设与管理的"广东模式"。

在确定以绘制产业技术路线图的方式指导平台建设工作后，广东省科技厅编制了《产业技术路线图制定指南》，以广东省科技厅发行的形式，在精心调研了多个产业后，在七个领域绘制产业技术路线图作为科技创新平台管理组织方式的试点，分别是广东省绿色无铅技术路线图、龙芯应用技术路线图，铝产业技术路线图、食品安全检测与评价技术路线图、生物质能源技术路线图、工业产品环境适应性技术路线图和陶瓷产业技术路线图。

各产业科技创新公共平台的组成单位按《指南》阐述的基本要求和步骤，根据各自的产业特点，组建专门的研究小组和确定领军人物，沿着"市场需求分析—产业目标确定—技术壁垒分析—研发需求凝练"的技术路径，积极开展为绘制产业技术路线图所需的调研和工作研讨会。经过一年多的研究与组织工作，上述试点领域中的五个产业技术路线图已经绘制成功，形成了集成各利益方意见与决策分析的研究报告，产业技术路线图进入实施阶段。由于绘制技术路线图的典型特征是，沿着技术路径的每一个步骤都是递进性的学习与经验积累，因此广东科技厅在创新平台建设组织管理的过程中应用该管理工具，以这样一种有效的知识、技术传播过程，使各利益方都表达了意见并认同了平台建设的理念，协同了区域与产业发展的共同目标，取得了良好效果。

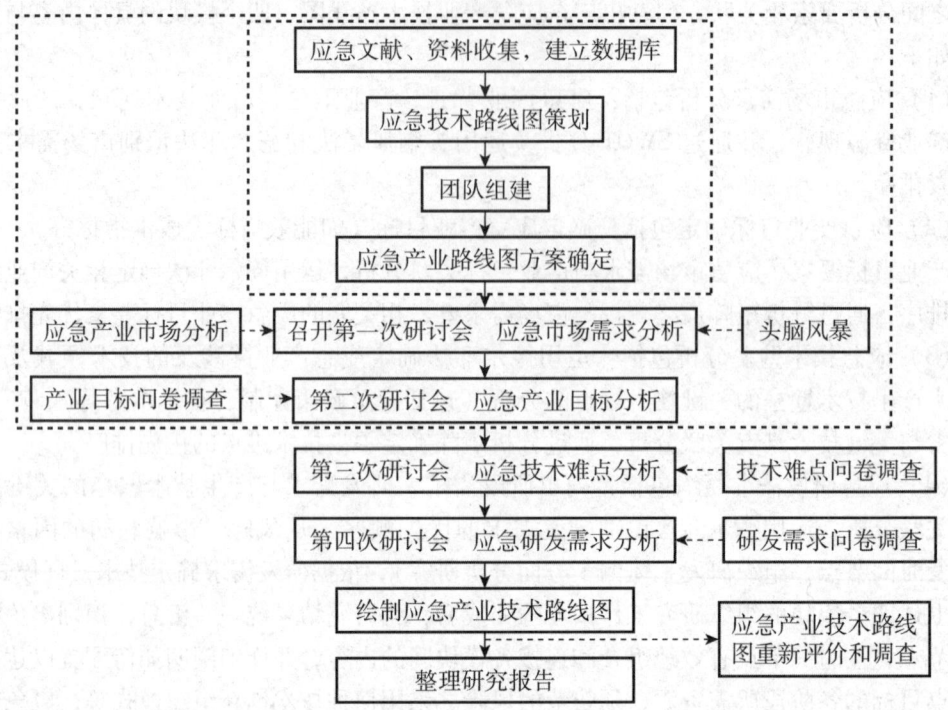

图10-3 广东应急产业技术路线图制定流程

在产业技术路线图的实施阶段，广东科技厅将按照确定的产业技术路线图，组织科研机构、大学产业界的专家共同制定详细的实施工作方案，按时间节点将政策、资源、人才、资金分阶段地落到实处。广东省产业技术路线图制定的实践工作以流程化的形式增强了科技协调管理与项目风险控制，为相关的科技管理工作提供了很有价值的工作思路。

2. 广东省应急产业技术路线图制定的思路

前面所述的技术路线图指定的基本思路是从产业现状出发，沿着市场—目标—技术壁垒—研发项目的路线，最后分析产业政策。整个过程是单向传递的过程，始于产业现状分析，终止于研发项目。基于此，本书参考了其他产业制定路线图的基本思路，提出广东省应急产业技术路线图制定模型，如图10-4所示。该模型明确了技术路线图的制定起始并反馈于应急产品市场，包括如下环节：

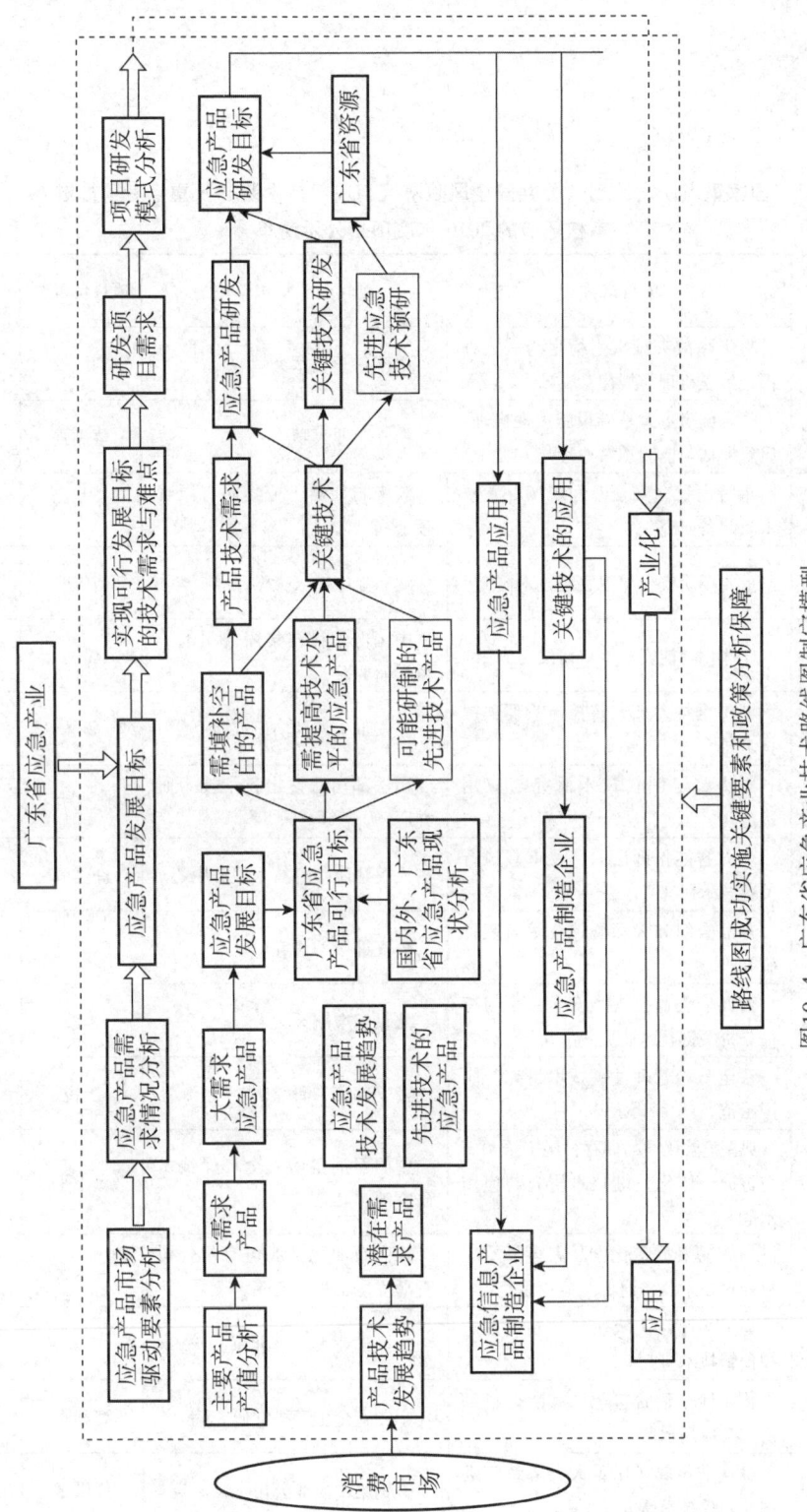

图10-4　广东省应急产业技术路线图制定模型

附录

表1 国家重点研发计划"公共安全风险防控与应急技术装备"重点专项拟进入审核环节的2016年度项目公示清单

项目编号	项目名称	项目牵头承担单位	项目负责人	中央财政经费/万元
2016YFC0800100	重大事故灾难次生衍生与多灾种耦合致灾机理与规律	中国科学技术大学	刘乃安	2900
2016YFC0800200	滨海城市重大基础设施灾变机理、风险评估与监测预警原理与方法	浙江工业大学	蔡袁强	3200
2016YFC0800300	重特大社会安全时间现场处置技术与装备研究	湖南省兵器工业集团有限责任公司	金银国	4000
2016YFC0800400	重要场所安全保卫关键技术研究	北京航空航天大学	苗俊刚	4000
2016YFC0800500	立体化智能安全卡口研发与应用	中国电子科技集团公司电子科学研究院	蔺博	2319
2016YFC0800600	城市重特大火灾防控与治理关键技术研究	公安部上海消防研究所	薛林	4000
2016YFC0800700	司法鉴定创新技术研究与应用示范	司法部司法鉴定科学技术研究所	陈忆九	3200
2016YFC0800800	多元智能化诉讼服务及审判执行关键技术研究	人民法院信息技术服务中心	许建峰	3420
2016YFC0800900	毒品查缉和吸毒管控技术与装备研究	公安部第一研究所	陈学亮	5000
2016YFC0801000	公共安全监控视频安全共享与特征分析关键技术研究	北京航空航天大学	李波	4075
2016YFC0801100	法定身份管理关键技术研究与应用示范	公安部第一研究所	于锐	2318
2016YFC0801200	典型危险化学品储存设施安全预警与防护一体化关键技术研究与应用示范	中国石油集团安全环保技术研究院	郑小平	2600
2016YFC0801300	易燃易爆危险化学品灾害事故应急处置技术装备研发与应用示范	中国石油化工股份有限公司青岛安全工程研究院	曹永友	2600
2016YFC0801400	煤矿典型动力灾害风险判识及监控预警技术研究	中国矿业大学（北京）	袁亮	2900
2016YFC0801500	化工园区耦合事故区域防控技术研究与应用示范	中国安全生产科学研究院	魏利军	4300
2016YFC0801600	金属非金属矿山重大灾害致灾机理及防控技术研究	鞍钢集团矿业公司	任凤玉	3500
2016YFC0801700	劳动密集型工业企业职业病危害防护技术与装备研发	中国安全生产科学研究院	张忠彬	3350

续上表

项目编号	项目名称	项目牵头承担单位	项目负责人	中央财政经费/万元
2016YFC0801800	煤矿重特大事故应急处置与救援技术研究	中国矿业大学（北京）	孙继平	2900
2016YFC0801900	高参数承压类特种设备风险防控与治理关键技术研究	中国特种设备检测研究院	寿比南	4000
2016YFC0802000	超高层建筑工程施工安全关键技术研究与示范	中国建筑股份有限公司	李景芳	2300
2016YFC0802100	油气长输管道及储运设施检验评价与安全保障技术	中国石油天然气股份有限公司管道分公司	黄维和	2000
2016YFC0802200	区域综合交通基础设施安全保障技术	西南交通大学	何川	2000
2016YFC0802300	临海油气管道和陆上终端设施检验评价与安全保障技术	中石化胜利石油工程有限公司	刘汝山	1700
2016YFC0802400	城市市政管网运行安全保障技术研究	同济大学	李杰	4271
2016YFC0802500	城镇安全风险评估与应急保障技术研究	清华大学	钟茂华	4000
2016YFC0802600	航空应急救援关键技术研究及应用示范	中船电子科技有限公司	张宏军	5400
2016YFC0802700	道路应急抢通关键技术研究与应用示范	安通建设有限公司	余卓平	3900
2016YFC0802800	灾害环境下人体损伤机理研究与救援防护技术装备研发及应用示范	清华大学	翁文国	5800
2016YFC0802900	高机动多功能应急救援车辆关键技术研究与应用示范	徐州工程机械集团有限公司	赵丁选	3900
2016YFC0803000	灾害现场信息空地一体化获取技术研究与集成应用示范	中国科学院长春光学精密机械与物理研究所	贾平	3000
2016YFC0803100	一体化综合减灾智能服务研究及应用示范	中国测绘科学研究院	刘纪平	3800
2016YFC0803200	应急物流关键技术研究及应用示范	普天物流技术有限公司	赵汝雄	4700

表2　国家重点研发计划"公共安全风险防控与应急技术装备"重点专项拟进入审核环节的2017年度项目公示清单

项目编号	项目名称	项目牵头承担单位	项目负责人	中央财政经费/万元
2017YFC0803400	重大综合灾害耦合实验和模拟技术与装备	清华大学	张辉	5000
2017YFC0803500	犯罪嫌疑人特征精细刻画与精准识别关键技术研究	公安部物证鉴定中心	叶健	1787

续上表

项目编号	项目名称	项目牵头承担单位	项目负责人	中央财政经费/万元
2017YFC0803600	毒品犯罪处置与戒毒康复技术装备研究	北京大学	方伟岗	1986
2017YFC0803700	社会安全信息服务和大数据应用关键技术研究	公安部第三研究所	梅林	3852
2017YFC0803800	案件现场勘验与目标关联分析关键技术研究	公安部物证鉴定中心	王桂强	4461
2017YFC0803900	道路交通安全主动防控技术及系统集成	中交第一公路勘察设计研究院有限公司	陆键	3459
2017YFC0804000	职务犯罪智能评估、预防关键技术研究	北京师范大学	张远煌	2674
2017YFC0804100	矿井突水水源快速判识与水灾防控关键技术研究	中煤科工集团西安研究院有限公司	董书宁	2958
2017YFC0804200	煤矿深部开采煤岩动力灾害防控技术研究	煤炭科学技术研究院有限公司	齐庆新	2470
2017YFC0804300	煤矿智能开采安全技术与装备研发	天地科技股份有限公司	杨俊哲	2470
2017YFC0804400	矿山安全生产物联网关键技术与装备研发	中国矿业大学	丁恩杰	2166
2017YFC0804500	海洋石油天然气开采事故防控技术研究及工程示范	中海石油（中国）有限公司	董星亮	3390
2017YFC0804600	大型高尾矿库溃坝灾害防控关键技术研究及应用示范	中国安全生产科学研究院	杨春和	2800
2017YFC0804700	典型危险化学品爆炸机理及事故防控关键技术研究及示范	北京理工大学	钱新明	4330
2017YFC0804800	危险品运输过程安全保障技术研究及示范	交通运输部公路科学研究所	周炜	2683
2017YFC0804900	典型重大生产安全事故人员安全保护技术与装备研发	中国安全生产科学研究院	李湖生	3100
2017YFC0805000	城市地下综合管廊安全防控技术研究及示范	中国市政工程华北设计研究总院有限公司	李颜强	2987
2017YFC0805100	高温熔融金属作业事故预防与控制技术研究	中国安全生产科学研究院	刘承军	5171
2017YFC0805200	矿山职业危害防治关键技术及装备研究	中煤科工集团重庆研究院有限公司	黄声树	2964
2017YFC0805300	交通运输基础设施施工安全关键技术与装备研究	中国佳通建设集团有限公司	田俊峰	2183
2017YFC0805400	地铁与地下管廊工程施工安全保障关键技术研究	北京交通大学	张顶立	2200
2017YFC0805500	建筑工程施工风险监控技术研究	上海建工集团股份有限公司	龚剑	1500

续上表

项目编号	项目名称	项目牵头承担单位	项目负责人	中央财政经费/万元
2017YFC0805600	移动式承压类特种设备风险防控与治理关键技术研究	中国特种设备检测研究院	刘三江	1692
2017YFC0805700	机电类特种设备风险防控与治理关键技术研究及装备研制	中国特种设备检测研究院	沈勇	1665
2017YFC0805800	国家石油及天然气储备库安全保障技术与装备研发	中国石油大学（北京）	董绍华	1419
2017YFC0805900	国家棉麻、粮食物资储备库安全保障技术与装备研发	中国科学技术大学	胡源	1500
2017YFC0806000	城市典型交通基础设施运维安全关键技术研究	招商局重庆交通科研设计院有限公司	王福敏	2000
2017YFC0806100	城镇建筑结构运维安全保障关键技术	中国建筑科学研究院	黄小坤	3981
2017YFC0806200	基于广电体系的融合应急通信关键技术研究与应用示范	青岛海尔多媒体有限公司	翟翌立	3091
2017YFC0806300	高原高寒地区灾害现场安置装备关键技术与装备研究及应用示范	中国人民解放军后勤工程学院	方振东	3800
2017YFC0806400	突发事件紧急医学救援保障成套化装备关键技术研究与应用示范	中国人民解放军军事医学科学院卫生装备研究所	孙景工	2500
2017YFC0806500	主动防控型警用机器人关键技术研究与应用示范	公安部第一研究所	赵杰	3097
2017YFC0806600	特种消防产品关键技术及应用示范	公安部上海消防研究所	朱青	4250
2017YFC0806700	无人应急救援装备关键技术研究与应用示范	沈阳新松机器人自动化股份有限公司	徐方	3500

表3 国家重点研发计划"公共安全风险防控与应急技术装备"重点专项拟进入审核环节的2018年度项目公示清单

项目编号	项目名称	项目牵头承担单位	项目负责人	中央财政经费/万元
2018YFC0806800	刑事执行监督控制技术研究	哈尔滨工业大学	李海峰	2235
2018YFC0806900	国家安全风险管理关键技术研究与应用	清华大学	袁宏永	2707
2018YFC0807000	国家公共安全应急平台	清华大学	苏国锋	2715
2018YFC0807100	融合智能移动警务关键技术研究与应用示范	公安部第一研究所	卢煜	2281
2018YFC0807200	法医学与痕迹学基础理论及死伤鉴定关键技术研究	公安部物证鉴定中心	胡兰	1927

续上表

项目编号	项目名称	项目牵头承担单位	项目负责人	中央财政经费/万元
2018YFC0807300	物证检验质量保证与量值溯源关键技术研究	公安部物证鉴定中心	许小京	1949
2018YFC0807400	毒品违法犯罪监测预警关键技术研究和应用示范	中国药科大学	徐慧	1965
2018YFC0807500	社会安全事件智能监测与预警关键技术与装备	华中科技大学	王红卫	1884
2018YFC0807600	特殊结构建筑防火灭火关键技术装备研发与应用示范	公安部天津消防研究所	韩伟平	2950
2018YFC0807700	基于人工智能的庭审信息化关键技术及装备研发与应用示范	杭州海康威视数字技术股份有限公司	毕会娟	2643
2018YFC0807800	煤矿隐蔽致灾地质因素动态智能探测技术研究	中国矿业大学（北京）	朱国维	2901
2018YFC0807900	煤矿热动力灾害防控技术与装备	煤科集团沈阳研究院有限公司	罗海珠	2466
2018YFC0808000	煤矿井下瓦斯防治无人化关键技术与装备	中煤科工集团重庆研究院有限公司	王清峰	2391
2018YFC0808100	矿井灾变通风智能决策与应急控制关键技术研究	中国矿业大学	周福宝	2831
2018YFC0808200	矿山灾害生命保障救援通道快速安全构建关键技术与装备	中煤科工集团重庆研究院有限公司	田宏亮	2898
2018YFC0808300	"互联网+"煤矿安全监管监察关键技术研究与示范	中煤科工集团重庆研究院有限公司	黄强	1950
2018YFC0808400	高海拔高寒地区金属矿山开采安全技术研究与装备研发	中国安全生产科学研究院	王家臣	2931
2018YFC0808500	大型煤气化工艺装置安全防控技术研究及示范	中国石油化工股份有限公司	刘海峰	2404
2018YFC0808600	典型石化过程安全保障关键技术及装备研发	天津大学	陈旭	2474
2018YFC0808700	城市地下大空间安全施工关键技术研究	中国铁建股份有限公司	雷升祥	1788
2018YFC0808800	严苛环境下典型承压类特种设备结构安全性评价及失效预防技术	华东理工大学	涂善东	1945
2018YFC0808900	特种设备安全防护系统功能安全保障关键技术研究	中国特种设备检测研究院	刘德宇	1576
2018YFC0809000	基于大数据的特种设备事故预测预防技术研究	中国特种设备检测研究院	李光海	1906
2018YFC0809100	出入境安全事件推演决策与应急指挥调度技术研究	中国检验检疫科学研究院	李新实	2475
2018YFC0809200	跨境邮寄物中风险源在线可视化识别与处置技术	广东出入境检验检疫局检验检疫技术中心	胡学难	1471

续上表

项目编号	项目名称	项目牵头承担单位	项目负责人	中央财政经费/万元
2018YFC0809300	国家危险化学品风险预警与信息共享服务关键技术研究与示范	国家安全生产监督管理总局化学品登记中心	孙万付	2861
2018YFC0809400	极端条件下的大区域电网设施安全保障技术	中国电力科学研究院有限公司	程永锋	1940
2018YFC0809500	机场消防安全关键技术与装备研发	中国民用航空飞行学院	贺元骅	1968
2018YFC0809600	涉水重大基础设施安全保障技术研究与工程示范	广东省交通集团有限公司	赖远明	1974
2018YFC0809700	社区风险监测与防范关键技术研究	北方工业大学	丁辉	1721
2018YFC0809800	社区风险监测与防范关键技术研究	天津大学	王文俊	2365
2018YFC0809900	安全韧性城市构建与防灾技术研究与示范	清华大学	黄弘	1868
2018YFC0810000	特殊环境下应急电源系统研究与应用示范	江西泰豪军工集团有限公司	陈永清	1860
2018YFC0810100	警用无人平台关键技术研究及应用示范	中国科学院沈阳自动化研究所	罗海波	2400
2018YFC0810200	复杂灾害条件下生命搜救装备研究与应用示范	公安部上海消防研究所	杨昀	2933
2018YFC0810300	应急救援特种防护材料关键技术研究与应用示范	际华集团股份有限公司	夏前军	2461
2018YFC0810400	水上应急救援关键技术研究及应用示范	烟台打捞局	严新平	2464
2018YFC0810500	复杂环境工程抢险关键技术研究及应用示范	新兴重工集团有限公司	冯志鹏	2380
2018YFC0810600	社会化应急服务体系关键技术研究	新兴际华集团有限公司	杨彬	3564

表4 2016年国家自然基金公共安全与危机管理面上项目公示清单

项目编号	项目名称	项目负责人	依托单位	批准金额/万元
71673294	深度不确定性下城市生物防御能力规划的政策模拟	祖正虎	中国人民解放军军事科学院军事医学研究院	48
71673130	基于灾区自救视角的重大突发灾害社区抗逆力研究	朱华桂	南京大学	45
71673036	基于动态风险的重大工业事故应急行动分析及优化方法	周剑锋	广东工业大学	48
71673146	应用CHESS（全面健康增强支持系统）提高合成毒品滥用者戒断率的可行性及有效性研究	赵群	南京信息工程大学	48

续上表

项目编号	项目名称	项目负责人	依托单位	批准金额/万元
71673267	多重关联情境下基于数据驱动的城市关键基础设施运行风险动态评估与防范策略研究	索玮岚	中国科学院科技战略咨询研究院	48
71673220	煤矿工人安全胜任力模拟构建与实现研究	孙林辉	西安科技大学	46
71673161	城市地铁系统中异常客流扰动下的网络韧性分析及对应策略研究	倪顺江	清华大学	48
71673159	基于大数据的群体性突发事件预测研究	吕鹏	清华大学	48
71673158	面向应急决策支持的模型集成管理方法研究	刘奕	清华大学	50
71673188	大数据驱动的城市供水系统风险分析与决策方法	刘晓	上海交通大学	46
71673256	新常态下群体心理安全在社会风险形成中的作用机制与干预对策	刘海燕	中国地质大学	50
71673293	公共场所中的群体聚集性发现与演化分析	李国辉	中国人民解放军国防科技大学	50
71673260	基于结构洞视角的应急救援团队情境意识形成机理研究	姜卉	中国科学院大学	48
71673076	气候变化和城市化背景下城市内涝灾害风险管理研究	贺山峰	河南理工大学	48
71673201	高原低压稀氧环境下营运官驾驶员驾驶疲劳演化进程与防控技术	郭忠印	同济大学	45
71673292	典型人员聚集场所群体行为突变扩散与防控方法研究	陈涛	清华大学	48
71673164	基于实时大数据的公共安全情景推演及应急决策方法研究	陈彬	中国人民解放军国防科技大学	50
71774143	基于大数据的民族地区应急决策参与者行为规律与机理评估	尔古打机	西南民族大学	49

表5 2017年国家自然基金公共安全与危机管理面上项目公示清单

项目编号	项目名称	项目负责人	依托单位	批准金额/万元
71774179	基于灾难弹性理论的医院应急能力评估与救援效率拟合研究	钟爽	中山大学	48
71774167	龙卷风建模与地震区别的应急医学行政策略研究	张鹭鹭	中国人民解放军第二军医大学	50
71774159	群体性事件核心人物社交关系演化与活动轨迹追踪研究	袁冠	中国矿业大学	48

续上表

项目编号	项目名称	项目负责人	依托单位	批准金额/万元
71774148	地铁特殊结构约束下客流疏远动力学特征与组织干预策略研究	胥旋	中国安全生产科学研究院	45
71774021	基于知识源的突发事件案例知识挖掘方法研究	王宁	大连理工大学	48
71774079	突发事件下密集人群失稳事故机制及疏散管控策略研究	王静虹	南京工业大学	48
71774068	面向跨组织合作的城市应急管理网络设计协作管理与效果评价研究	唐攀	暨南大学	48
71774042	大数据驱动下基于灾民特性的重大自然灾害应急物资精准配置研究	孙佰清	哈尔滨工业大学	48
71774094	人员异常行为触发社会安全突发事件机理与识别方法研究	疏学明	清华大学	48
71774168	基于多层次网络恐怖组织协作的动态演化与调控策略	欧朝敏	中国人民解放军国防科技大学	40
71774024	基于话语结构挖掘的PPP项目关联社会风险识别研究	刘毅	大连理工大学	48
71774166	面向大规模伤亡事件的城市医疗服务系统韧性评估、建模与优化策略研究	刘旭	中国人民解放军第二军医大学	48
71774019	基于生态足迹的港口危险化学品物流风险评估与风险监管研究	刘家国	大连海事大学	48
71774043	城市关键基础设施网络脆弱性关联分析的本体配置研究	李向阳	哈尔滨工业大学	50
71774154	公共政策舆情风险识别、评估、预警及对策研究	李倩倩	中国科学院科技战略咨询研究院	48
71774111	多层多维网络视角下的"互联网+舆情"扩散机理及动态管控策略研究	霍良安	上海理工大学	48
71774093	大数据背景下耦合人工智能算法的城市关联基础设施韧性预测与优化研究	黄弘	清华大学	48
71774143	基于大数据的民族地区应急决策参与者行为规律与机理评估	尔古打机	西南民族大学	49

表6 2018年国家自然基金公共安全与危机管理面上项目公示清单

项目编号	项目名称	项目负责人	依托单位	批准金额/万元
71874088	基于主路径网络的舆情传播态势预测与干预研究——以社会化媒体中舆情为对象	朱恒民	南京邮电大学	42.5

续上表

项目编号	项目名称	项目负责人	依托单位	批准金额/万元
71874132	三峡枢纽航运突发事件船舶交通应急调控方法研究	张煜	武汉理工大学	48
71874215	突发事件中政府信息发布对社会负面情绪感染演化的影响机制研究	张巍	中央财经大学	48
71874020	基于案例、社会化媒体研究与知识的突发事件应对流程的智能生成方法研究	叶鑫	大连理工大学	50
71874080	转型背景下制度信任的形成机制：基于中国本土案例的理论构建与实证研究	徐彪	南京大学	48
71874172	人类行为动力学及公共安全应急管理复杂系统	汪秉宏	中国科学技术大学	48
71874081	大面积航班延误情境中旅客群体性事件演化机理及防控方法研究	邵荃	南京航空航天大学	48
71874044	灾难性医疗需求激增情境下卫生系统"韧性"的理论与评价研究	宁宁	哈尔滨医科大学	48
71874072	供应链核心企业参与中小制造企业安全生产治理：动力、演化及引导	梅强	江苏大学	48
71874171	古建筑群火灾预防中的影响机理与优化策略研究	刘天卓	中国科学技术大学	48
71874024	中国政府主导情境下多种救灾模式的博弈比较与演化分析	刘德海	东北财经大学	48
71874052	动物疫情与网络舆情交互影响机理及其危机管理决策方法研究	李燕凌	湖南农业大学	50
71874123	中国关键基础设施系统生态演化机理与韧性提升策略	韩传峰	同济大学	49
71874165	基于数据驱动的滑坡地质灾害预测及其应急决策研究——以长江经济带三峡库区为例	郭海湘	中国地质大学（武汉）	48
71874069	基于高分辨率遥感数据的重大自然灾害应急物流系统规划理论研究	崔娜	济南大学	48
71874158	基于价值共创的食品安全社会共治模式及其食品供应链协调研究	陈达强	浙江工商大学	47.3

表7　2016年国家自然基金委员会公共安全与危机管理领域青年科学基金项目清单

项目编号	项目名称	项目负责人	依托单位	批准金额/万元
71603146	聚集人群系统自组织行为的定量化研究与机理分析	周睿	清华大学	17

续上表

项目编号	项目名称	项目负责人	依托单位	批准金额/万元
71603072	风暴潮灾害损失评估及救援体系构建	张鑫	河海大学	17
71603054	预警模式下考录多米诺效应的关键应急资源准备方案研究	张玲	福州大学	18
71603070	社会网络媒介化中重大工程环境损害的社会稳定风险传播扩散机理与预防策略	张长征	河海大学	17
71603237	基于群组需求更新的应急物资分配多时段决策研究	詹沙磊	浙江工商大学	17
71603109	非常规突发情境下危险化学品灾害事故的情景构建与动态推演研究	王循庆	山东工商大学	18
71603250	自媒体时代的网络舆情传播机理、演化效应及引导策略研究	王光辉	中国科学院科技战略咨询研究院	17
71603181	基于情景模拟的大学生危机行为产生机理及防控策略研究	石娟	天津理工大学	17
71603197	城市气象灾害免疫防御模型研究	刘星星	武汉理工大学	18
71603198	虚拟现实环境下行人寻路与群集动力学行为的实验与模拟	刘少博	武汉理工大学	17
71603284	基于大数据的应急物资储备与调度智能决策模型及算法研究	刘嘉	中南财经政法大学	17
71603145	基于认知过程建模和虚拟疏散实验的大型公共建筑突发事件中个体层面的疏散行为特征研究	李楠	清华大学	17
71603271	地震大规模创伤Anylogic多主体仿真建模研究-基于四次地震回顾性分析	康鹏	中国人民解放军第二军医大学	18
71603017	重大毒气泄漏事故应急预警决策支持方法研究	盖文妹	北京科技大学	16

表8 2017年国家自然基金委员会公共安全与危机管理领域青年科学基金项目清单

项目编号	项目名称	项目负责人	依托单位	批准金额/万元
71704046	楼梯台阶约束下密集人群三维疏散特征性及管控策略研究	朱孔军	合肥工业大学	18
71704168	人口老龄化背景下行人动力学演化机理及模型研究	张俊	中国科学技术大学	18
71704162	供需视角下中国城市邻避困境形成机理与整体性治理研究	徐松鹤	浙江师范大学	18

续上表

项目编号	项目名称	项目负责人	依托单位	批准金额/万元
71704085	基于阈值的群体事件互联网舆情传递链路预测及监控机制研究	魏静	南京邮电大学	19
71704001	多种诱导信息情境下突发公共事件舆情演进规律及其干扰机制研究	王治莹	安徽工业大学	18
71704161	随机后悔视角下台风灾害疏散行为分析与交通响应规划研究	王泽	浙江警察学院	19
71704124	社区地震灾害应对中多组织合作问题研究	卢俊	四川大学	17
71704091	面向大型活动突发事件的人群疏散动力学规律及诱导策略研究	刘晓栋	清华大学	13
71704096	应急预案流程图谱自动建模方法及其在场景式诊断中的应用	刘彤	山东科技大学	18
71704176	中国煤矿安全监察监管有效控制情景：基于演化博弈视角的研究	刘全龙	中国矿业大学	18
71704184	基于多层结构的恐怖组织网络协同演化与干预策略研究	李博	中国人民解放军第二炮兵工程大学	15
71704111	应急合作网络微观交互规则与宏观结构特征匹配机制研究——基于大规模突发事件自然灾害处置案例	孔静静	上海师范大学	19
71704183	城市核生化恐怖袭击的风险演化规律与预防策略研究	胡啸峰	中国人民公安大学	18
71704151	组织合法性视角下产品伤害危机对应策略的选择及影响机理研究	胡海菊	燕山大学	18

表9　2018年国家自然基金委员会公共安全与危机管理领域青年科学基金项目清单

项目编号	项目名称	项目负责人	依托单位	批准金额/万元
71804083	面向应急交通疏散的驾驶行为异质性建模及支持方法研究	张琳	清华大学	15
71804034	数据驱动的城市应急救援弹性优化策略研究	许钢炎	哈尔滨工业大学	18.5
71804186	面向大规模自然灾害的应急医疗需求动态预测研究——基于多主题建模	唐碧菡	中国人民解放军第二军医大学	17.5
71804078	基于大的数据研究H7N9疫情发生与船舶规律——以广东省为例	黄泽颖	农业部食物与营养发展研究所	16.5
71804026	基于建筑内残障人员行为特征的疏散建模与诱导性策略研究	傅丽碧	福州大学	18.5
71804148	线上线下舆情异步演化与协同治理研究	丁兆刚	西北大学	18.5

参 考 文 献

[1] 广东省食品安全网：http：//www. gdfs. gov. cn/public DocContent/73355. jhtml.
[2] 魏超. 群体性突发事件应急预防管理研究 [D]. 北京：对外经济贸易大学，2010.
[3] 余德建，周德群. 浅议政府应急管理交通企业管理 [J]. 交通企业管理，2008（10）：10 - 11.
[4] 罗伯特·希斯. 危机管理 [M]. 王成，宋炳辉译. 北京：中信出版社，2006：21 - 274.
[5] 杜茜. 我国食品安全应急管理多元参与机制研究 [D]. 杭州：浙江财经大学，2012.
[6] 玛丽恩·内斯特尔. 食品政治 [M]. 刘文俊译. 北京：社会科学文献出版社，2004.
[7] 王兆华，雷家骕. 主要发达国家食品安全监管体系研究 [J]. 中国软科学，2004（3）：19 - 24.
[8] 彭娟. 论日本食品安全危机的法律应急机制 [J]. 商业文化（下半月），2011（2）：14 - 15.
[9] 何志武. 政府危机管理述评 [J]. 理论月刊，2004，（1）：70 - 71.
[10] 吴兴军. 公共危机管理的基本特征与机制构建 [J]. 华东经济管理，2004，（3）：53 - 55.
[11] 张小明. 从 SARS 事件看公共部门危机管理机制设计 [J]. 北京科技大学学报 2003，（3）：22 - 26，38.
[12] 范维澄，刘奕，翁文国. 公共安全科技的"三角形"框架与"4 + 1"方法学 [J]. 科技导报，2009（6）：3.
[13] 张维平. 突发公共事件应急机制的体系构建 [J]. 中共天津市委党校学报，2006（3）：84 - 88.
[14] 薛娇. 构建公共安全科技体系 保障社会经济良性运转——访清华大学公共安全研究中心主任、中国工程院院士范维澄 [J]. 中国高校科技与产业化，2008（7）：17 - 20.
[15] 范维澄，刘奕. 城市公共安全与应急管理的思考 [J]. 城市管理与科技，2008（5）：32 - 34.
[16] 赵成根. 国外大城市危机管理模式研究 [M]. 北京：北京大学出版社，2006.
[17] 李鹰强. 食品安全危机管理中政府应急处理机制研究 [D]. 上海：复旦大学，2009.
[18] 宋英华. 食品安全应急管理体系建设研究 [J]. 武汉理工大学学报，2009（6）：161 - 164.
[19] 莫英杰，吴贾锋，姚卫蓉等. 我国食品安全应急科普的现状与分析 [J]. 中国食品学报，2012（1）：153 - 159.
[20] 马燕合. 关于我国食品安全科技工作的几点思考 [N]. 中国食品质量报，2008 - 09 - 23.
[21] 都业良，李有超，姚宜君，等. 食源性动物产品质量安全的影响因素及控制措施 [J]. 中国动物检疫，2013（12）：39 - 41.
[22] 何计国. 从"瘦肉精"事件看国内食品安全问题 [J]. 中国猪业，2011（4）：4 - 7.
[23] 张雪琳. 从"瘦肉精"案分析我国如何加强食品安全 [J]. 法制与经济，2012（2）：126.
[24] 鑫垚. 国外食品安全监管的经验和启示 [J]. 中国食品，2010（02）：80 - 83.
[25] 牛纪元. 我国兽药残留监控体系现状与发展对策 [J]. 中国动物检疫，2009（12）：23 - 24.
[26] 陈安，赵燕. 我国应急管理的进展与趋势 [J]. 安全，2007（03）：1 - 4，7.
[27] 中华人民共和国农业部公告第 265 号 [Z]. 农业部，2013.
[28] 赖志鸿. 广州市东山区市售熟肉制品卫生状况调查 [J]. 广东卫生防疫，1999（2）：69 - 70.
[29] 董晓梅，何志佳，麦承罡. 广州市部分居民对食品安全的认知、态度调查 [J]. 现代预防医学，2007（3）：578 - 579，584.
[30] SMITH D，RIETHMULLER P. Consumer concerns about food safety in Australia and Japan [J]. International Journal of Social Economics，1999，26（6）.
[31] 李全录，王小军，张琴. 首都动物及其产品无疫安全监管模式的构建与应用 [J]. 兽医导刊，2011（7）：10 - 12.

［32］国务院关于进一步加强食品安全工作的决定［J］．中华人民共和国国务院公报，2004（33）：39 -43．

［33］张志宽．浅析欧美食品安全监管的基本原则［J］．中国工商管理研究，2005（6）：7 -10．

［34］于瑛英．应急预案制定中的评估问题研究［D］．合肥：中国科学技术大学，2008．

［35］姚文生，万建青，王利永．关于我国动物源性食品安全监管问题的思考［J］．中国动物检疫，2009（5）：25 -26．

［36］范维澄，袁宏永．我国应急平台建设现状分析及对策［J］．信息化建设，2006（9）：14 -17．

［37］王俊平．德国兽医管理体系考察报告［J］．中国畜牧通讯，2002（3）：8 -15．

［38］刁永效．绿色动物性食品的品质控制［J］．动物科学与动物医学，2000（5）：68 -69．

［39］黎晓林．动物产品质量安全的影响因素及控制措施［J］．现代农业科技，2013（6）：289，291．

［40］罗广生．浅析食源性动物产品质量安全问题的根源及对策［J］．沿海企业与科技，2010（6）：17 -19．

［41］哈力木别克·胡斯曼．影响动物产品卫生质量安全的主要因素和对策［J］新疆畜牧业，2014（10）：18 -19．

［42］张喜才，张利庠．食品安全危机管理机制构建与对策研究［J］．生态经济2010（7）：58 -62．

［43］周一平．"瘦肉精事件"引发的法律问题及其解读［J］．河北法学，2010（10）：2 -8．

［44］张小兵．从两起非法制售"瘦肉精"案看如何构建食品安全防线［J］．湖南警察学院学报，2011（4）：68 -71．

［45］曹利强．食品安全突发事件全面应急管理体系构建思路研究［J］．河南工业大学学报（社会科学版），2013（2）：1 -4．

［46］刘晓毅，石维妮，蒋可心．美国食品安全应急体系对我国的启示［J］．食品工业科技，2010（20）：49 -52．

［47］杨迎春，聂勇．济宁市农产品质量安全预警分级及应急预案研究［J］．农业环境与发展，2007（12）：58 -60．

［48］周莲娟．瘦肉精对健康的危害及其食品安全监管对策［J］．中国卫生监督杂志，2007（6）：431 -433．

［49］路平，肖肖，张衍海．我国"瘦肉精"监管现状分析及对策建议［J］．中国动物检疫，2011（4）：4 -6．

［50］蒋先进．我国食品安全应急管理体系构建研究——基于中美比较的思考［J］．长江大学学报（社会科学版），2011（11）38 -40．

［51］龚朝辉．完善我国食品安全危机应急管理体系研究［J］．中国商界（下半月），2010（10）：246 -247．

［52］洁彬．食品安全性［M］．北京：中国轻工业出版社．1999．

［53］范维澄．公共安全科技问题与思考［Z］．新观点新学说学术沙龙文集15：发展中的公共安全科技：问题与思考，2007 -11 -26：6 -11．

［54］Clancy K. In consumer demands in the market place: public policies Relate to Food Safety［M］. Quality and Human Health, Washington DC: Resources for the Future, 1986.

［55］Henson S. Caswell J. Food safety regulation: an overview of contemporary issues. Food Policy. 1999 (24), 589 -603.

［56］Caroline Smith Dewaal. Safe food from a consumer perspective［J］. Food Control, 2003, 14: 75 -79.

［57］Jean Kinsey. Food safety in three dimensions: Safety, Diet Quality, and Bio-Security CHOICES, 4th Quarter 2005.

［58］S. French, A. J. Maule, G. Mythen, examples of inhandling foodrisk, 56 (8).

[59] Philip. J. Hilts, Protect public health: the supervision course of food and drug in USA [M]. 2006, (7).
[60] Lisa M. Berger, Food safety for managers perfect paperback [M]. Journal of Hazardous Materials, 2010 (52): 17-21.
[61] 胡萍. 香港食物安全中心的监管运作与突发事件应对 [J]. 海峡预防医学杂志, 2011. 17 (2): 93-95.
[62] 郭应良. 当前我国食品安全中的政府公信力研究 [D]. 昆明: 云南大学, 2012.
[63] 龚朝辉. 我国食品安全危机应急管理体系问题研究 [D]. 南昌: 江西财经大学, 2010.
[64] 黄焕. 危机管理理论在食品安全突发事件处理中的应用 [D]. 上海: 上海交通大学, 2007.
[65] 曹霞. 我国食品安全监管中的政府责任研究 [D]. 南京: 南京师范大学, 2012.
[66] 曹冬英. 我国食品安全领域的全面整合危机管理体系要素与构建途径 [J]. 前沿, 2013. 11: 140-144.
[67] 樊江芝. 论我国食品安全管理中的政府责任 [D]. 太原: 山西大学, 2010.
[68] 董海楠. 基于突发事件中公众脆弱性的政府应急管理问题研究 [D]. 青岛: 中国海洋大学, 2014.
[69] 崔立平. 广州市工商行政管理机关食品安全突发事件应急处置体系研究 [D]. 广州: 华南理工大学, 2012.
[70] 龚玉霞. 基于案例推理的食品安全突发事件风险预警系统探索 [J]. 食品科学, 2012. 37 (7).
[71] 黄雯. 浅谈食品安全应急管理体系建设 [J]. 新西部, 2014. 30. 15-17.
[72] 靳薇. 中国政府与加拿大政府食品安全管理比较研究 [D]. 昆明: 云南大学, 2011.
[73] 计卫东. 食品安全突发事件的应急管理处置及应对策略 [J]. 中国食品药品监管, 55-56.
[74] 蒋相辉. 突发公共卫生事件应急管理研究—以宁波市海曙区为例 [D]. 上海: 同济大学, 2007.
[75] 李凤麒. 建国以来《人民日报》食品安全事件报道研究 [D]. 合肥: 安徽大学, 2013.
[76] 李丽. 食品安全及其治理文献综述. 安徽工业大学学报 (社会科学版), 2011, 28 (2): 26-28.
[77] 李倩. 央视近事件公共突发事件的管理事件 [D]. 太原: 山西大学, 2010.
[78] 李明云. 食品安全事件的应急管理体系研究 [D]. 南京: 南京航空航天大学, 2014.
[79] 李若广. 食品安全突发事件危机的应对模式 [J]. 中国质量技术监督, 2012, 2 (62-63).
[80] 李洁. 我国食品安全事故政府应急处置法律制度研究 [D]. 北京: 中国计量学院, 2013.
[81] 李兴国. 食品安全风险监控体系研究 [D]. 天津: 天津大学, 2012.
[82] 李晓敏. 食品安全突发事件预防的多方治理研究 [D]. 西安: 西北大学, 2008.
[83] 李莹. 公共危机管理中的政府公信力影响因素研究 [D]. 昆明: 云南大学, 2012.
[84] 刘畅. 日本食品行业 FCP 的运行体系与功能研究 [J]. 公共管理学报, 2011. 8 (4): 96-127.
[85] 刘艳. 试析韩国危机管理体系及其对中国的启示 [J]. 中国人民大学学报, 2005. 2. 104-108.
[86] 马建雄. 我国食品安全预警体系研究 [D]. 石家庄: 河北师范大学, 2012.
[87] 穆木. 提高依法应对科学处置突发事件能力 [J]. 中国食品安全报, 2012, 7. 7. B01.
[88] 沐杉. 我国食品安全报道研究 [D]. 广州: 暨南大学, 2010.
[89] 戚建刚. 我国食品安全风险规制模式之转型 [J]. 法学研究, 2011, 1: 33-49.
[90] 舒荣超. 突发事件中网络舆情监控预警研究 [D]. 湘潭: 湘潭大学, 2012.
[91] 申新鑫. 公共危机管理中政府公信力研究 [D]. 上海: 华东师范大学, 2012.
[92] 沈家. 浅论食品企业的安全危机预防管理 [D]. 上海: 复旦大学, 2009.
[93] 汤金宝. 我国食品安全管制中公众参与问题研究 [D]. 南京: 南京航空航天大学, 2009.
[94] 邰晓维. 突发事件中的食品安全管理 [J]. 中国卫生工程学, 2006, 5 (3): 188-189.
[95] 唐禾. 我国食品安全应急管理问题与对策研究 [D]. 西安: 电子科技大学, 2008.
[96] 唐琳琳. 我国食品安全危机管理 [D]. 北京: 中国人民解放军军事医学科学院, 2013.
[97] 解蕾. 我国食品安全危机管理应急处理体系研究 [D]. 西安: 西北大学, 2011.

[98] 汪成华. 我国公共危机管理中的政府责任研究 [D]. 重庆：重庆大学, 2010.

[99] 王二朋. 食品安全事件冲击下的消费者食品安全风险感知与应对行为分析 [D]. 南京：南京农业大学, 2011.

[100] 王二朋. 从英美应对疯牛病事件成败经验看我国食品安全事件的应急管理 [J]. 中国食物与营养, 2012, 18 (9): 8-11.

[101] 王杕. 我国农产品质量安全应急管理研究 [D]. 北京：中国农业大学, 2014.

[102] 王岳. 广东省食品安全危机管理体系研究 [D]. 湘潭：湘潭大学, 2012.

[103] 王杰斌. 广东省食品安全突发事件中政府与媒体沟通问题研究. 广州：华南理工大学, 2014.

[104] 王鑫. 广东公共安全应急管理行政体制研究 [D]. 广州：华南理工大学, 2010.

[105] 王彦青. 公共危机事件中政府-媒体与公众间的互动关系研究 [D]. 北京：首都师范大学, 2014.

[106] 王宇. 我国食品召回制度探析 [D]. 重庆：西南政法大学, 2010.

[107] 吴振科. 食品安全危机中舆论引导影响因素研究 [D]. 上海：上海交通大学, 2012.

[108] 徐园园. 基于系统思考的食品安全危机管理研究 [D]. 石家庄：河北经贸大学, 2012.

[109] 辛立艳. 面向政府危机决策的信息管理体系研究 [D]. 长春：吉林大学, 2014.

[110] 薛荣. 食品安全危机预警体系建构问题研究 [D]. 成都：西南交通大学, 2009.

[111] 严江. 应对突发公共事件中我国政府形象管理的研究 [D]. 中共江苏省委党校, 2014.

[112] 叶金珠. 新媒体下食品安全突发事件演变体系研究 [J]. 电子政务, 2015, 5 (26-33).

[113] 叶成利. 农产品（食品）供应链风险管理文献综述 [J]. 农业经济问题, 2007, (增刊): 200-207.

[114] 杨玲. 风险分析在食品安全突发事件处置中的应用 [J]. 食品科技, 2011, 1 (36): 285-288.

[115] 余波. 广东省应急管理现状与对策研究 [D]. 广州：华南理工大学, 2012.

[116] 詹承豫. 食品安全突发事件预警中的社会参与体系研究 [D]. 北京：中国政法大学, 2009. 146-153.

[117] 赵丽娜. 我国食品安全危机管理中的信息沟通研究 [D]. 西安：陕西师范大学, 2012.

[118] 张全琪. 我国食品药品安全应急管理体系研究 [D]. 兰州：兰州大学, 2010.

[119] 张曹力. 关于我国公共危机预警体系的研究 [D]. 西安：西安交通大学, 2007.

[120] 张喜才. 食品安全危机事件与制度变迁基于—1978年以来重大食品安全事件的研究 [D]. 北京：中国人民大学, 2012.

[121] 张耸. 信息时代下食品安全危机管理研究 [D]. 济南：山东师范大学, 2012.

[122] 张小岩. 我国食品安全的政府监管 [D]. 郑州：郑州大学, 2014.

[123] 郑丹桂. 我国食品安全危机管理中的政府能力——基于三聚氰胺事件的案例分析 [J]. 广东农工商职业技术学院学报, 2010, 26 (2): 62-69.

[124] 周锦锋. 我国食品安全危机预防管理现状分析与对策研究 [D]. 上海：上海交通大学, 2007.

[125] 周全福. 浅谈流通环节食品安全突发事件应急处置对策 [J]. 中国工商报, 2011, 4.13 (A03).

[126] 邹立海. 食品安全危机预警体系研究 [D]. 北京：清华大学, 2005.

[127] 朱爱勇. 美国食品和药品管理局协调突发响应对我国食源性突发事件应急响应的启示 [J]. 海军医学杂志, 2014, 35 (3): 243.

[128] 安晓林. 我国食品安全政府规制研究 [D]. 武汉：华中师范大学, 2012.

[129] 常存平. 我国食品安全监管的整合与协同体制构建研究 [D]. 西安：电子科技大学, 2010.

[130] 陈立伟. 广州市食品小作坊生产加工监管研究 [D]. 广州：华南理工大学, 2014.

[131] 陈跃辉. 网络环境下食品安全危机信息的传播模型及其仿真研究 [D]. 广州：华南理工大学, 2012.

[132] 杜茜. 我国食品安全应急管理多元参与体系研究 [D]. 杭州：浙江财经大学，2012.

[133] 冯东旺. 新时期食品药品安全应急管理研究 [D]. 北京：中央民族大学，2010.

[134] 冯洁. 我国公共危机管理中的问题及对策 [D]. 西安：西北大学，2010.

[135] 不断完善应急管理体系 积极妥善处置食品药品安全突发事件 [Z]. 广东省食药监部门，2014.

[136] 广东省食品药品安全事件应急预案 [Z]. 广东省食药监部门，2013.

[137] 广东省突发公共事件应急管理专家组工作规则工作要点 [Z]. 广东省人民政府，2010.

[138] 广东省食品药品监管应急管理的现状与对策 [R]. 广东省食药监部门，2013.

[139] 广东省重大食品安全事故应急预案操作手册 [Z]. 广东省食药监部门，2013.

[140] 广东省食品安全应急管理工作情况 [Z]. 广东省食药监部门，2013.

[141] 艾尔东·莫里斯，卡洛尔·麦克拉吉·谬勒. 社会运动理论的前沿领域 [C]. 北京：北京大学出版社，2002：98，94，178.

[142] 牛文元. 社会物理学与中国社会稳定预警系统 [J]. 中国科学院院刊，2001（1）：15-20.

[143] Taylor S. E, Peplau L. A, Sears D. O. 社会心理学：第10版 [M]. 北京：北京大学出版社，2004：33-34，77.

[144] 查尔斯·蒂利. 集体暴力的政治 [M]. 上海：上海世纪出版集团，2006：4.

[145] 马奔，毛庆铎. 大数据在应急管理中的应用 [J]. 中国行政管理，2015，(3)：136-138.

[146] 常宁宁. 基于多智能体的群体性事件仿真研究 [D]. 长沙：国防科技大学，2008.

[147] 张建勇. 论群体性突发事件的产生原因及有效防范 [J]. 兰州学刊，2004，(3)：901-902.

[148] 管仕廷. 我国群体性矛盾高发的社会心理因素分析 [J]. 湖北行政学院学报，2010，49（1）：73.

[149] 孙立平. 失衡：断裂社会的运作逻辑 [M]. 北京：社会科学文献出版社，2004：5.

[150] 马克·I. 利希巴赫. 社会理论与比较政治学 [A]. // 马克·I. 利希巴赫等. 比较政治：理性、文化和结构 [C]. 北京：中国人民大学出版社，2008：334.

[151] Barton L. Crisis management：Preparing for and managing disasters [J]. Cornell Hotel and Restaurant Administration Quarterly，1994，35（2）：59-65.

[152] Michael Regester, Judy Larkin. Risk issues and crisis management in public relations [M]. Kogan Page Publishers，2006，24（7）：323-363.

[153] Ralf Darendorf. Study on social stability model and forecast method of social safety [J]. Proceedings of the First International Conference on Risk Analysis and Crisis Response，2007，60（3）.

[154] 曼瑟尔·奥尔森. 集体行动的逻辑 [M]. 上海：上海人民出版社，1995：2-6.

[155] 周晓虹. 集群行为：理性与非理性之辨 [J]. 社会科学研究，1994（5）：53-57.

[156] 刘静逸. 沿海城市生命线系统灾害连锁反应下的群体行为建模与仿真研究 [D]. 广州：华南理工大学，2015.

[157] 罗雄，邵荃，张海蛟，等. 航班延误引发的旅客群体性事件仿真研究 [J]. 航空计算技术，2014，44（6）：25-34.

[158] 王丽新，唐好选. 基于情绪传染模型的群体仿真技术研究 [J]. 智能计算机与应用，2012，2（4）：81-85.

[159] 刘箴，金炜，黄鹏，等. 人群拥挤事件中的一种情绪感染仿真模型研究 [J]. 计算机研究与发展，2013，50（12）：2578-2589.

[160] Bispo J, Pa1 V A. A model for emotional contagion based on the emotional contagion scale [C]. //3rd International conference on affective computing and intelligent interaction and workshops, Amsterdam：IEEE，2009：1-6.

[161] Pereira G, Dimas J, Prada R, et al. A generic emotional contagion computational model [C]. //4th Bi-Annual international conference of the humaine association on affective computing and intelligent interac-

tion, memphis: Springer-Verlag, 2011: 256 – 266.

[162] 殷雁君, 唐卫清, 李蔚清. 基于情绪感染的虚拟个体情绪模型 [J]. 计算机仿真, 2013, 30 (8): 216 – 220.

[163] 乔晓征, 朱力. 谣言在群体性突发事件中的发生机制 [J]. 江苏警官学院学报, 2007. (1).

[164] 全胜庆. 群体性事件中的谣言传播及其仿真研究 [D]. 南京: 南京大学, 2013.

[165] Jager W, Popping R, Van de Sande H. Clustering and fighting in two-party crowds: simulating the approach-avoidance [J]. Journal of Artificial Societies and Social Simulation, 2001, 4 (3): 43 – 57.

[166] Epstein J M. Modeling civil violence: A agent-based computational approach [R]. Arthur M. Sackler Colloquium of the National Academy of Science, Adaptive Agents, Intelligence, and Emergent Human Organization: Capturing Complexity through Agent-Based Modeling, Arnold and Mabel Beckm an Center of the National Academies of Science and Engineering in Irvine, CA, 2001.

[167] Yiu S Y, Gill A, Shi P. Investigating strategies for managing civil violence using the MANA agent based distillation [C]. Land Warfare Conference, Brisbane, Australia, 2002.

[168] 杨志谋, 司光亚, 李志强, 等. 群体行为建模理论基础与建模方法研究 [J]. 系统仿真学报, 2009, 21 (8): 1 – 4.

[169] 孙继真, 卜凡亮. 群体性暴力事件的对抗仿真研究 [J]. 中国人民公安大学学报, 2012 (1): 68 – 72.

[170] 陈鹏, 陈建国, 袁宏永. 基于 Agent 的突发性群体事件人群聚集效应分析 [J]. 计算机工程与应用, 2014, 50 (24): 21 – 25.

[171] 常钦. 基于 Agent 的群体性事件动力学模型研究 [J]. 中国人民公安大学学报 (自然科学版), 2010, (4): 84 – 86.

[172] Neil Couch, Bill Robins. Big data for defence and security [EB/OL]. https://www.rusi.org/downloads/assets/RUSI_BIGDATA_Report_2013.pdf.

[173] 维克托·迈尔·舍恩伯格, 肯尼思·库克耶. 大数据时代: 生活、工作与思维的大变革 [M]. 盛杨燕, 周涛译. 杭州: 浙江人民出版社, 2012. 13.

[174] 张鼎华, 范旭, 伍仁为, 等. 基于案例推理的农民工群体性事件应急管理决策支持模型 [Z]. 广州: 华南理工大学, 2014.

[175] 骆振辉. 城市管理行政执法引发群体性事件的分析与对策 [R]. 广州: 广州市公安局, 2015.

[176] 宋国恺. 城乡结合部研究综述 [J]. 甘肃社会科学, 2004, 02: 104 – 108.

[177] 袁静. 论群体性事件中的政府治理 [J]. 新闻世界, 2009, 12: 176 – 177.

[178] 王天戌. 基于案例推理的应急预案管理研究 [J]. 现代计算机 (专业版), 2008, 07: 40 – 43, 47.

[179] Ase. H, Kobayashi. S, A case-based reasoning system for intelligent retrieval. RTICAI – 90, 1990.

[180] 钱静, 刘奕, 刘呈, 等. 案例分析的多维情景空间方法及其在情景推演中的应用 [J]. 系统工程理论与实践, 2015, 35 (10): 2588 – 2595.

[181] 师花艳. 基于事件链的应急领域知识导航模型研究 [D]. 大连: 大连理工大学, 2009.

[182] Carroll J C. The effect of imagining an event on expectations for the e-vent: An interpretation in terms of the availability heuristic [J]. Journal of Experimental Social Psychology, 1978, 14 (1): 88 – 96.

[183] 袁宏永. 事件链和预案链在突发事件应急管理中的应用 [EB/OL]. [2012 – 01 – 15]. http://cpfd.cnki.com.cn/Article/CPFDTOTAL-DIDD200711002024.htm.

[184] 李藐, 陈建国, 陈涛, 等. 突发事件的事件链概率模型 [J]. 清华大学学报 (自然科学版), 2010, 50 (8): 1173 – 1177.

[185] 史培军. 四论灾害系统研究的理论与实践 [J]. 自然灾害学报, 2005, 14 (6): 1 – 7.

[186] 裘江南, 师花艳, 王延章. 基于事件链的知识导航模型研究 [J]. 中国管理科学, 2009, 17 (1): 138 – 143.

[187] 周剑,李燕. 突发事件应急预案的事件链表达策略 [J]. 图书情报工作, 2012, 56 (15): 68-71.

[188] Li Xiaolei, Zhao Tingdi, Rong Mei. A multi-factor coupling event chain model based on petri nets [EB/OL]. [2012-03-01]. http://ieeexplore.ieee.org/xpl/mostRecentIssue.jsp? punumber = 5235204.

[189] Liu Y, Feng Y, Zhang H, et al. Study on mult-dimensional scenario-space method for case-based reasoning [C]. //The 10th International Conference on Cybernetics and Information Technologies, Systems and Applications, Orlando, FL, USA, 2013: 9-12.

[190] 朱荣. 基于扎根理论的产业集群风险问题研究 [J]. 会计研究, 2010 (3): 46-50.

[191] 马克思恩格斯全集(第23卷)[M]. 北京:人民出版社, 1972: 92.

[192] 道格·麦格亚当,西德尼·塔罗,查尔斯·蒂利. 斗争的动力 [M]. 北京:译林出版社, 2006: 17, 41, 170].

[193] Potter MC, Short-term Conceptual Memory for Pictures. Journal of Experimental Psychology: Human Learning and Memory, 1976, 5 (2): 509-522.

[194] 古斯塔夫·勒庞. 乌合之众 [M]. 北京:中央编译出版社, 2015: 11-12.

[195] 郑刚. 钟华赟. 广东电网受台风影响风险辨析. 电气时代, 2015, (3): 80-8.